GISELA SCHINZEL-PENTH

Sagen und Legenden um Fünfseenland und Wolfratshausen

SAGEN UND LEGENDEN

UM FÜNFSEENLAND UND

WOLFRATSHAUSEN

Gauting, Andechs, Weßling, Herrsching, Grafrath, Inning, Utting
Dießen, Wessobrunn, Raisting, Pähl, Starnberg, Tutzing,
Seeshaupt, Münsing, Gelting, Wolfratshausen,
Icking, Schäftlarn, Geretsried,
Ascholding

gesammelt und neu erzählt von Gisela Schinzel-Penth

21 Federzeichnungen von Heinz Schinzel

Am Starnberger See. Gemälde von Johann Beckmann, Mitte 19. Jh.

Titelbild: Kloster Andechs.
Aus: Das Büchlein vom heiligen Berge Andechs. Magnus Sattler 1882
Daraus auch Abb. S. 57,61,69,71,72,73,75,77,78,79,110

Deutsche Nationalbibliothek - Einheitsaufnahme
Sagen und Legenden um Fünfseenland und Wolfratshausen:
ges. u. neu erzählt von Gisela Schinzel-Penth
1. Auflage 2001, 3. bearbeitete und erweiterte Aufl. 2017
21 Federzeichnungen u. 2 Fotos von Heinz Schinzel, dazu zahlreiche alte Abb.
Covergestaltung, Layout u. Foto auf Rückumschlag: Heinz Schinzel
Lektorat: Antonie Schuch
Ambro Lacus Buch- und Bildverlag – München – www.ambrolacus-verlag.de

EAN - ISBN 978-3-921445-41-9

Druck: Druckerei und Verlag Steinmeier GmbH & Co. KG - Deiningen

Inhaltsverzeichnis

Vorwort

„Unsere Zeit verwischt so viel von dem, was unsere Vorfahren erfreut und bewegt hat. Und doch dürfen wir den Zusammenhang mit der Vergangenheit unserer Heimat nicht verlieren, wollen wir nicht auf der eigenen Heimaterde Fremdlinge sein."

Dieser Spruch aus der Sagensammlung der Frisinga von 1730 hat auch heute, mehr als 270 Jahre später, seine Gültigkeit.

„Die Beachtung ureigener Sitte und alten Herkommens, die Bewahrung heimatlicher Geschichte und Sage in örtlicher Beschränktheit ist kein unbedeutendes Monument wahrhafter Volksbildung..." betont der Sagenforscher Dr. Alexander Schöppner in seinem Sagenbuch der Bayerischen Lande aus dem Jahre 1853.

Die Bedeutung dieses „Zusammenhanges mit der Vergangenheit" wird den Menschen heute immer mehr bewusst. Sie wollen wissen, wo sie ihre Wurzeln haben und mit diesen Wurzeln auch ein Heimatgefühl verbinden können. Das zeigt sich auch in dem großen Interesse, das in jüngster Zeit Heimat- und Sagenbüchern entgegengebracht wird. Als Sagenforscher und -sammler kann man sich der Unterstützung durch die Einheimischen bei der Suche nach alten Überlieferungen sicher sein, wenn leider heute viel früher noch Gewusstes in Vergessenheit geraten, ja geradezu verschüttet ist und oft nur sehr mühsam zu Tage gefördert werden kann.

Das Echo auf meine bisherigen Sagenbücher ist so erfreulich, dass ich mich in meiner Arbeit bestärkt sehe. Immer wieder bekomme ich Anrufe oder Briefe, in denen die Leute mir weitere Sagen und Geschehnisse berichten, die in die Sammlungen über die einzelnen Gebiete noch aufgenommen werden können.

Allen, die mir bei meinen Nachforschungen behilflich waren, die mir geduldig die einzelnen Orte, an denen die Geschichten spielen, gezeigt haben (auch wenn sie dabei durch unwegsames Gelände gehen oder durch dichtes Unterholz schlüpfen mussten, um mir etwa den Eingang zu einem unterirdischen Gang zu zeigen, den sie in ihrer Kindheit noch benützt haben), allen, die mir die Erzählungen aus alter Zeit, an die sie sich noch erinnern konnten, geduldig mitgeteilt haben und mich mit Menschen bekannt gemacht haben, „die auch noch etwas wissen könnten“, allen Leitern von Archiven und örtlichen Heimatzeitungen, die mich stundenlang in ihren Schätzen stöbern ließen, möchte ich auf diese Weise meinen Dank aussprechen. Nur mit ihrer Hilfe konnte dieses Sagenbuch entstehen.

München, im Frühling 2017

Gisela Schinzel-Penth

Hinweis: Das Westufer des Ammersees wurde zum Fünfseenland hinzugenommen. Die Sagen und Legenden um Dietramszell, Sachsenkam und Reutberg sind in meinem Buch „Sagen und Legenden um Tölzer Land und Isarwinkel“ enthalten.

An der Würm.
Letztes Gemälde von Johann Georg Dillis, Mitte 19. Jahrhundert

Die Schlossfräulein vom Karlsberg an der Würm

In der Ruine des Schlosses auf dem Karlsberg an der Würm sollen sich große Reichtümer befinden, die dem, der sie findet, zu einem Leben wie es sonst nur Könige führen, verhelfen könnten. Irgendwo im verfallenen Kellergewölbe – niemand kennt den genauen Platz – stehen drei alte eiserne Truhen. Jede von ihnen ist bis zum Rand mit Schätzen angefüllt. In der ersten sind lauter Kupferpfennige, die zweite enthält wertvolle Perlen und die dritte ist voll mit Edelsteinen von sagenhafter Schönheit. Schon oft haben Glücksritter versucht, die Truhen zu finden. Sie mussten jedoch immer unverrichteter Dinge wieder abziehen. Entweder hatten sie sich in dem verzweigten Gemäuer hoffnungslos verirrt oder sie wurden so lange von einem bösen Spuk genarrt, bis sie vor Angst das Weite suchten. Dieser Schatz wird, so heißt es, von drei wunderschönen Fräulein bewacht. Sie sind durch einen Zauber dazu verdammt, so lange in dem verfallenen Schloss auszuharren, bis es jemandem gelingt, sie zu befreien. Seit Jahrhunderten warten sie nun schon Jahr um Jahr vergeblich auf ihre Erlösung.

Es war an einem Weihnachtsabend vor mehr als hundert Jahren, da ging ein Knecht, der in der Oberen Mühle bei Leutstetten im Würmtal diente, über den Karlsberg zur Christnachtsfeier. Als er in die Nähe des alten Schlosses kam, erblickte er auf einmal drei wunderschöne Fräulein, die helle Lichter in ihren Händen trugen und leise sangen. Sie waren gar seltsam anzusehen: Zwei von ihnen waren ganz in flatternde weiße Gewänder gehüllt, die dritte aber, die in der Mitte ging, war nur vom Kopf bis zum Gürtel weiß, unterhalb davon war sie schwarz wie die Nacht, die sie umgab. Es schien, als schwebe ihr halber Körper ohne Beine des Weges daher.

Der Mühlknecht war vor Schrecken ganz versteinert und verharrte wie angewurzelt an der Stelle, an der er sich gerade befand. Da näherten sich ihm die drei seltsamen Gestalten und die halb weiße/halb schwarze sprach mit einer feinen hohen Stimme:

„Wir sind die Fräulein vom Schloss. Ein böser Fluch hält uns dort gefangen und zwingt uns, die Schätze im Keller zu bewachen. Nur einmal im Jahr, in der Heiligen Nacht, dürfen wir es verlassen und um Hilfe bitten. Wenn du uns befreist, dann wollen wir dich so reich machen wie einen König! Willst du uns retten?“

Der Mühlknecht nickte stumm, denn er wagte nicht „nein“ zu sagen, aus Angst, die Geister könnten ihm dann etwas antun. Da freuten sich die drei Fräulein und führten ihn zum alten Schloss. Sie gingen über verwilderte Parkanlagen, durch halbverfallene Gewölbe und über von Unkraut überwucherte Mauerreste. Endlich blieben sie vor einer verwitterten dicken Bohlentüre stehen, die der Bursche noch nie gesehen hatte. Wieder nahm die halb weiße, halb schwarze Gestalt das Wort und erklärte:

„Wenn du uns erlösen willst, musst du durch diese Pforte treten. Dann wirst du an neun verschlossene eiserne Türen kommen. Durch die musst du hindurchgehen. Hinter jeder einzelnen lauern böse Geister auf dich, die dich von deinem Vorhaben abhalten und dir Angst einjagen wollen. Doch sei ohne Furcht, sie können dir nichts anhaben. Alles ist nur Blendwerk des Bösen. Wenn du den Mut nicht verlierst und alle Tore durchschreitest, kommst du in das Gemach, in dem die Truhen stehen. Sobald du alle drei Deckel geöffnet hast, ist der Zauber gebannt und wir sind befreit. Zum Dank soll dir dann der ganze Schatz gehören.“

So sprach das Geisterfräulein und zog sich mit ihren beiden Begleiterinnen etwas zurück, um ihm freie Bahn zu lassen. Der Mühlknecht legte mutig die Hand an den Griff der Türe und versuchte sie zu öffnen. Da vernahm er mit einem Mal ein grauenvolles Stöhnen dahinter, so furchterregend, wie es aus keines Menschen Mund kommen konnte.

Der Bursche, der sonst recht tapfer war, wurde weiß wie ein Leintuch und vor Schreck sträubten sich ihm die Haare. Da verzichtete er lieber auf den versprochenen Schatz, um sich nicht den Gefahren ausliefern zu müssen, die hinter der Türe auf ihn lauerten. Er wandte sich um und rannte in wilder Flucht den Schlossberg hinunter. Hinter sich vernahm er die wehklagenden Rufe der um ihre Befreiung betrogenen Fräulein. Doch er hielt nicht inne und schaute nicht zurück. Erst als er in der Mühle angelangt war, wo er sich sicher fühlte, schöpfte er Atem. Niemals aber konnte er vergessen, was er auf dem Karlsberg gehört und gesehen hatte. Noch oft vernahm er die weinenden Stimmen der Verzauberten. Dann hielt er sich die Ohren zu, bis sie verstummt waren. Und er wagte sich nie mehr in die Nähe des Schlosses, so lange er lebte (Anmerkung 1).

Schloss Leutstetten. Stich um 1784

Der Brunnen in Ried

In Ried bei Petersbrunn in Leutstetten befindet sich ein sehr, sehr tiefer Brunnen. Er ist – laut Sage – so unergründlich, dass man das Aufschlagen eines hineingeworfenen Steines nicht mehr vernehmen kann. An manchen Tagen soll man in der Tiefe einen Hahn krähen hören. Früher soll der Würmsee bis hierher gereicht haben.

Der Petersbrunnen von Leutstetten

Vom Petersbrunnen in Leutstetten sagt man, dass er eine Heilquelle ganz besonderer Art ist. Sein Wasser soll gut sein gegen Hautkrankheiten, Geschwüre, offene Wunden aber auch bei Verrenkungen, Gicht oder Rheumatismus lindernd wirken (Anmerkung 2). Friedrich Panzer schrieb Mitte des 19. Jahrhunderts darüber:

Im Umkreis von zwei bis drei Stunden holten einige Leute Wasser vom Petersbrunnen bei Leutstetten in Oberbayern. Sie besprengten damit den Flachs, wenn der Same etwa fingerlang aufgegangen war; das schützte ihn vor Erdflöhen. Andere füllten kleine Fässer mit Peterswasser und benetzten damit den Kohl, wodurch der grüne Wurm abgehalten wurde.

Leutstetten.
Aus C. Lebschée: Malerische Topographie Bayerns 1818

Die drei frommen Frauen in Leutstetten

Auf einem Bild an der Südwand der Kirche von Leutstetten sind drei Jungfrauen dargestellt. Jede von ihnen hat eine Krone auf dem Haupt und in der rechten Hand einen Zweig. Die mittlere trägt außerdem ein Buch, die beiden anderen jeweils einen Pfeil. Darüber steht geschrieben: S. Ainpet, S. Gherpet, S Firpet.

Von diesen drei Frauen berichtet die Sage, dass sie einst aus dem Westen, wo ihnen die Völker keinen Frieden gewährt hatten, ins Würmtal gekommen sind. In der Nähe von Leutstetten bauten sie sich mit Hilfe von Einheimischen eine kleine Klause. Jede hatte darin ein Kämmerchen mit eigenem Eingang, denn jede wirkte für sich und auf ihre eigene Art. Sie waren sehr mildtätig und erwiesen dem einfachen Volk viele Wohltaten. Sie lehrten das Wort Gottes, kümmerten sich um Arme und Kranke, lebten selbst aber nur von Wurzeln und Kräutern und den milden Gaben der Leute.

Eines schlimmen Tages aber war es mit dem Frieden im Würmtal vorüber. Wilde Krieger aus dem Morgenland zogen durch die stille Waldlandschaft und brachten Unglück, Mord und Totschlag mit sich. Sie beraubten und misshandelten die Leute, zündeten die Häuser an und zerstörten die Felder.

Da verließen die drei Jungfrauen ihre Zufluchtsstätte und wanderten wieder fort, denn sie verabscheuten nichts mehr als Unfrieden. Die Menschen im Würmtal aber gedachten noch lange ihrer Wohltäterinnen und bauten an Stelle ihrer Klause eine kleine Kapelle. Noch bis ins 18. Jahrhundert machten Frauen, die ein Kind erwarteten, Wallfahrten dorthin, legten kleine Wiegen aus Holz, Wachs oder Silber vor dem Bild der Jungfrauen nieder und baten um Hilfe in ihrer schweren Stunde.

Die Kapelle selbst steht heute nicht mehr, nur das alte Bild in der Kirche von Leutstetten erinnert noch an S. Ainpet, S. Gberpet und S. Firpet, die drei geheimnisumwobenen Jungfrauen aus der Fremde (Anmerkung 3).

Leutstetten. Kupferstich v. Michael Wening um 1701

Die verschwundene Burg am Karlsberg

Eine Burg, oben auf dem Karlsberg zwischen dem Bahnhof Mühltal und Leutstetten gelegen, war schon um 955 ein gut befestigter Zufluchtsort vor den Einfällen der Hunnen. Der Überlieferung nach soll sie den Karolingern gehört haben – Karl der Große soll hier in der Nähe, in der Reismühle, geboren worden sein – daher auch der Name Karlsburg. Diese erste Burg soll, so die Sage, von den Hunnen zerstört worden sein. Erwähnt ist die daraufhin neu errichtete Burg urkundlich erstmals in der Mitte des 12. Jahrhunderts (Anmerkung 3a). Sie gehörte zu dieser Zeit den Pfalzgrafen von Scheyern-Wittelsbach. Die Burg auf dem Karlsberg soll in Sichtverbindung mit dem Schlossberg in Percha (Burgstall vgl. S. 249) und der Burg am Schlösselberg (vgl. S. 21) bei Gauting gestanden haben und zur Zeit der Ungarneinfälle wohl Teil eines Verteidigungssystems gegen die Eindringlinge aus dem Osten gewesen sein.

Der Überlieferung nach – nicht historisch belegt – soll sie während der Bruderkämpfe unter den Wittelsbacher Herzögen Rudolf und Ludwig zwischen 1311 und 1313 erneut zerstört worden und nach dem Schiedsspruch von Kaiser Ludwig dem Bayern nicht mehr als Burg wieder aufgebaut sondern künftig nur als Jagdhaus genützt worden sein. Aber schon Anfang des 16. Jahrhunderts war nur noch eine wahrscheinlich unbewohnte Halbruine auf dem Karlsberg vorhanden, die den Bewohnern ringsum als „Steinbruch" zum Bau ihrer Häuser diente, etwa um 1565 bei der Errichtung von Schloss Leutstetten. Um 1700 sollen nur noch zwei dicke Mauern vorhanden gewesen sein. Im Jahr 1816 ließ der damalige Schlossherr von Leutstetten, Staatskassier von Ertl, auf dem Burgstall vom Karlsberg einen Obelisken aufstellen, auf dem geschrieben war „Der Erinnerung eines hier von Karl dem Großen errichteten Schlosses". Zudem wurden Steinbrocken aus der im Zuge der Säkularisation in München abgebrochenen „Alten Hof-Kapelle" hierher gebracht und „romantisch" darum angeordnet.

Der Burgstall auf dem Karlsberg, von dem nur noch wenige Überreste (Anmerkung 4) zeugen, war den Leuten früher unheimlich. Sie glaubten, dass dort Hexen geheime Zusammenkünfte hätten und ihre verbotene Schwarze Magie betrieben. Noch heute (!)treffen sich am Grab der Druidin im Mühltal unterhalb des Karlsberges sog. „Weiße Hexen" und führen dort an bestimmten Tagen und zu bestimmten Zeiten ihre Rituale durch (Anmerkung 5).

Eine unheimliche Begegnung auf dem Karlsberg

An einem schönen Sommerabend zu Beginn des 19. Jahrhunderts ging einmal der Knecht eines Bauern von Leutstetten auf den Karlsberg um Nüsse zu sammeln. Er war eifrig bei seiner Tätigkeit und merkte zu spät, dass schon die Dunkelheit hereinbrach. Wohl hatte er gehört, dass es bei Nacht auf dem Karlsberg nicht ganz geheuer war, aber er fürchtete sich nicht, denn er war ein mutiger junger Mann.

Als er mit seiner Ausbeute an Nüssen wieder heimgehen wollte, kam ihm auf einmal – wie aus dem Nichts aufgetaucht – eine Gestalt entgegen. Vorsichtig abwartend blieb er stehen, bis er erkannte, dass es sich um ein wunderschönes Mädchen handelte. Der Bursche wunderte sich, dass es so alleine und ohne Schutz durch den dunklen Wald ging, und bot ihm freundlich seine Hilfe an. Da lächelte es geheimnisvoll und erlaubte ihm, es ein Stück des Weges zu begleiten. Freudig schritt er neben der schönen Fremden her und schaute sie immer wieder verstohlen von der Seite an. Je öfter er sie ansah, desto besser gefiel sie ihm. Als sie auf einer kleinen Lichtung angelangt waren, hielt er es nicht mehr länger aus und sagte:

„Du bist so schön, dass ich dich am liebsten küssen würde!"

Da lächelte die Unbekannte wieder rätselhaft und sprach: „Wenn es dir gelingt, mir drei Küsse zu geben, dann will ich dich so reich machen, dass du für dein ganzes Leben genug hast."

Der Bursche freute sich, denn das schien ihm leicht zu sein. Er nahm das Mädchen sogleich in die Arme und gab ihm einen herzhaften Kuss. Doch gerade als er es erneut küssen wollte, verwandelte es sich in eine Schlange, deren gespaltene Zunge ihm ins Gesicht fuhr. Vor Schreck ließ er sie mit einem lauten Schrei fallen wie eine heiße Kartoffel. Er hatte aber sein Entsetzen noch nicht überwunden, als mit einem Mal anstatt der Schlange der Leibhaftige selbst vor ihm stand und höhnisch grinsend den dritten Kuss verlangte.

Den armen Burschen schüttelte es vor Grauen. Er drehte sich um und lief so schnell er konnte durch den Wald davon. Da bekam er von unsichtbarer Hand eine Ohrfeige, die ihn fast zu Boden warf. Als er aufblickte, sah er plötzlich wieder das schöne Mädchen vor sich stehen. Es blickte ihn zürnend an und sagte:

„Du bist ein elender Feigling! Weil du mich nicht dreimal geküsst hast, sollst du auch nichts bekommen!" Mit diesen Worten ver-

Theresienhöhe bei Leutstetten. C. Lebschée:
Malerische Topographie Bayerns

schwand es, er wusste nicht wohin.

Er aber lief aus dem Wald heraus als wären alle Teufel der Hölle hinter ihm her und war froh, mit heiler Haut entkommen zu sein. Nie mehr in seinem Leben setzte er bei Dunkelheit einen Fuß auf den Karlsberg.

Der Burgstall am Schlösselberg

Auf dem sogenannten Schlösselberg am Würmufer zwischen der Reismühle bei Gauting und Mühltal stand einst eine Burg. Sie befand sich gegenüber der St. Ulrichskirche in Königswiesen. An der Würmbiegung zum Hang hin sind heute noch ein etwa 10 m tiefer Graben und die Erdwälle des Burgstalles erkennbar. Mauerreste sind aber nicht mehr vorhanden (Anmerkung 6).

Die Reismühle bei Gauting. Stahlstich um 1850

Die Geburt Karls des Großen in der Reismühle bei Gauting

König Pippin (Anmerkung 7), der Vater Karls des Großen, residierte einst auf einem seiner Schlösser, das in der Nähe von Freising auf dem Weihenstephaner Berg lag. Da kamen Gesandte aus Frankreich zu ihm, die von Graf Leon von Kärlingen – der heutigen Bretagne – geschickt waren und ihm dessen Tochter Berta als Gemahlin anbieten sollten. Pippin war nicht abgeneigt, sich mit diesem mächtigen Fürstenhaus zu verbinden, insbesondere als er das Bildnis der Prinzessin sah. Sie war darauf mit ihrem lieblichen Gesicht und der zarten, anmutigen Gestalt so bezaubernd dargestellt, dass er sich sogleich in sie verliebte. Voll Freude zeigte er seinem Hofmeister das Gemälde und befahl ihm, sich sofort auf den Weg zu machen, die schöne Braut abzuholen und zu seiner Residenz zu geleiten, wo die Hochzeit stattfinden sollte.

Dieser Mann, der Vertraute des Herrschers, war jedoch ein treuloser Schurke. Als er nämlich das Bild Bertas sah, bemerkte er voll Erstaunen die große Ähnlichkeit, die sie mit seiner eigenen Tochter hatte. Da erwachte ein schlimmer Gedanke in seinem Kopf. Er beschloss, sich der fremden Prinzessin zu entledigen und statt ihrer sein Kind mit dem König zu vermählen und so noch größeren Einfluss auf ihn zu gewinnen.

Mit diesem finsteren Plan im Herzen reiste er ins Kärlingerland und nahm dort die Braut in Empfang. Sie war noch sehr jung, jünger als seine eigene Tochter, und schön wie der lichte Tag. Ihr liebenswürdiges Wesen und ihre große Tugendhaftigkeit wurden im ganzen Reich gepriesen. Der Hofmeister überreichte ihr stellvertretend für den König – durch Stellvertreter geschlossene Ehen waren zur damaligen Zeit in höchsten Kreisen nicht selten – feierlich den mit kostbaren Edelsteinen besetzten Ehering. Dann verabschiedete sich Berta weinend von ihren Eltern und folgte dem Gesandten Pippins in das ihr unbekannte Land und in eine unbekannte Zukunft. Außer ihrer Mitgift nahm sie auch ihr Lieblingshündchen und ihre Handarbeitssachen mit. Sie war nämlich sehr geschickt in feinen Nadelarbeiten und fertigte in ihrer freien Zeit gern schöne Dinge an.

Als der prachtvolle Zug, mit dem die Prinzessin in das Reich Pippins geleitet wurde, nur noch etwa eine Tagereise vom Schloss des Königs entfernt war, hielt der Hofmeister die Zeit für gekommen, seinen verwerflichen Plan in die Tat umzusetzen. Er ließ deshalb das Lager für die Nacht inmitten einer wilden, dicht bewachsenen Gegend zwischen Amper und Würm aufschlagen. Er wartete, bis sich alle Reisenden zur Ruhe gelegt hatten, dann rief er heimlich zwei Knechte zu sich, die ihm blind ergeben waren. Er befahl ihnen, Berta unbemerkt in den Wald zu entführen und sie dort zu töten.

Sogleich machten sich die beiden Spießgesellen an die Ausführung des finsteren Planes. Sie schlichen sich in das Zelt der Prinzessin, von dem der Hofmeister vorsorglich die Wachen entfernt hatte, bemächtigten sich der Ahnungslosen und schleppten sie in ein dichtes Gestrüpp, das weit vom Lager entfernt war. Dort zog einer der Knechte seinen Hirschfänger und wollte ihn der Unglücklichen ins

Herz stoßen. Sie aber warf sich auf die Knie und rief flehentlich:

„Was habe ich Euch getan, Ihr Herren, dass Ihr mir ans Leben wollt? Ich bitte Euch um aller Heiligen willen, lasst mich frei! Stoßt mich nicht in die Nacht des Todes, ich fürchte mich so sehr davor!“

Sie weinte, dass ihr die Tränen in hellen Bächen über die Wangen rannen. Da wurden die rauen Knechte von ihrer Jugend und ihrer Schönheit so gerührt, dass sie es nicht übers Herz brachten, sie zu töten. Und einer von beiden sprach:

„Wir wollen Euch verschonen, doch müsst Ihr uns bei Gott und Eurer Ehre schwören, dass Ihr nie, hört Ihr, niemals versuchen werdet, in Eure Heimat zu gelangen. Auch darf kein Wort je über Eure Lippen kommen über das, was hier geschehen ist, noch welcher Abkunft und welchen Standes Ihr seid. Nur unter diesen Bedingungen können wir Euch das Leben schenken.“

In ihrer Todesangst versprach Berta alles, was sie verlangten. Da töteten die Knechte an ihrer Stelle das kleine Hündchen, das als einziges den Raub bemerkt hatte und seiner Herrin nachgelaufen war. Sie tauchten eines ihrer Kleidungsstücke in sein Blut und brachten dieses zusammen mit der Zunge des Hündchens dem Hofmeister als Beweis dafür, dass sie die Tat auftragsgemäß erledigt hätten. Voll Freude hüllte der ruchlose Mann daraufhin seine eigene Tochter, die von seiner Frau heimlich zu diesem Ort gebracht worden war, in die prachtvollen Gewänder der Prinzessin und führte sie tags darauf König Pippin als Gemahlin zu. Diesem schien die Braut zwar nicht so schön zu sein, wie es ihr Bildnis versprochen hatte, doch er wollte sein Wort nicht brechen und verheiratete sich alsbald mit ihr.

Inzwischen verbarg sich die unglückliche Berta in den dunklen Wäldern. Sie fürchtete, die Knechte könnten doch noch anderen Sinnes werden und sie trotz ihres Versprechens töten. Als aber der Hunger unerträglich wurde, verließ sie ihr Versteck und versuchte, Menschen zu finden. Verzweifelt irrte sie in der Wildnis umher. Nach einigen Tagen, während derer sie sich nur von Beeren und Wurzeln ernährt hatte, gab sie die Hoffnung auf, jemals wieder aus diesem undurchdringlichen Baumgewirr herauszukommen. Völlig erschöpft kauerte sie sich in einen hohlen Baum und schlief ein. So fand sie ein armer Köhler, der in der Gegend Holz suchte. Er weckte das schöne Mädchen und fragte: „Was tut Ihr hier so alleine mitten im Wald? Fürchtet Ihr Euch denn nicht vor den wilden Tieren und wo sind Eure Begleiter, die Euch beschützen?"

Sie antwortete nicht auf seine Fragen, weil ja der geleistete Eid ihre Lippen band. Doch sie bat den gutmütigen Mann inständig, sie zu Menschen zu bringen, bei denen sie leben könne. Da führte sie dieser zu einer Mühle, die in der Nähe einer Ortschaft namens Gauting gelegen war und die „Reismühle" genannt wurde. Den Müller, der ein guter Bekannter von ihm war, bat er, der Fremden Obdach zu gewähren. Dieser war sehr erstaunt über die schöne Unbekannte mit den feinen Zügen und der vornehmen Art. Er stellte jedoch keine neugierigen Fragen und ließ sie bleiben.

Und er sollte es nie bereuen, sie aufgenommen zu haben.

Aus Dank für den Schutz, den er ihr in seinem Hause gewährte, fertigte sie ihm kunstvolle Gegenstände aus Seide und Goldfäden an, wie sie es am Hofe ihres Vaters gelernt hatte. Der Müller konnte diese kostbaren Handarbeiten in Augsburg, wo er einen Freund hatte und wohin die alte Römerstraße von Gauting aus führte, für gutes Geld verkaufen und wurde ein reicher Mann. Manchmal wollte ein Kunde wissen, woher er denn diese herrlichen Stickereien, die im ganzen Land nicht ihresgleichen hatten, beziehe. Er verweigerte jedoch immer die Antwort, hüllte sich in geheimnisvolles Schweigen und benahm sich so abweisend, dass ihn bald niemand mehr zu fragen wagte. Er behandelte Berta gut, wenngleich sie aus Bescheidenheit nicht mehr für ihre Arbeit verlangte als Kleidung und Nahrung.

So verging die Zeit, Tage wurden zu Monaten und Monate zu Jahren. Es währte schon an die sieben Jahre, dass die Prinzessin bei dem Müller als Magd diente. Da geschah es, dass König Pippin einst auf der Jagd durch die Gegend ritt. Er kam in den undurchdringlichen Wäldern vom Weg ab und verlor sein Gefolge. Nur sein treuer Freund, der ein berühmter Gelehrter, Arzt und Sterndeuter war, und ein Knecht waren noch bei ihm. Die Dunkelheit brach herein und der König glaubte schon, unter den Bäumen nächtigen zu müssen.

Nun wollte es der Zufall oder ein gütiges Geschick, dass die Ver-

Das Jagdgefolge Pippins. Fresko v. Moritz v. Schwind 1834-1836

irrten vom gleichen Köhler gefunden wurden, der auch Berta einst aus dem Wald geführt und gerettet hatte. Dieser brave Mann brachte sie zur Reismühle, wo sie Unterkunft fanden und sich stärken konnten. Als die Sterne am Himmel aufzogen, ging der Freund des Königs hinaus, um sie nach der Zukunft zu befragen. Kopfschüttelnd kehrte er nach einiger Zeit zurück und sagte zu Pippin:

„Herr, die Gestirne verkünden, dass Ihr noch diese Nacht mit Eurer Gemahlin einen Sohn zeugen werdet, vor dem alle Christenkönige und Heidenkönige sich beugen werden.“

Erstaunt und ungläubig fragte der König, wie denn das geschehen könne, da doch seine Gattin meilenweit von ihm entfernt sei. Der Gelehrte wusste es nicht zu sagen und ging deshalb nochmals hinaus, um in den Sternen zu lesen. Aber er bekam die gleiche rätselhafte Antwort und erklärte:

„Herr, im Himmel steht es geschrieben, dass Ihr noch diese Nacht bei derjenigen sein werdet, die Eure rechte Gemahlin ist und schon lange war. Das verstehe wer kann, ich nicht!“

Da wandte sich der König an den Müller und fragte ihn, wer außer ihm und den Seinen das Haus noch bewohne. Lange zögerte der gute Mann, doch dann gestand er, dass eine wunderschöne Fremde unter seinem Dache weile, die auf gar merkwürdige Art und Weise vor etwa sieben Jahren zu ihm gekommen sei.

Sofort befahl Pippin, dieses Mädchen herbeizuholen. Als er Berta gegenüberstand, erkannte er zu seiner höchsten Verwunderung, dass sie genau dem Bild der Prinzessin glich, das der Graf von Kärlingen einstens gesandt hatte, viel mehr als seine ihm von dem Hofmeister zugeführte und angetraute Frau. Er bestürmte die zutiefst erschrockene Berta mit Fragen über ihre Herkunft und ihre Geschichte. Sie aber schlug die Hände vors Gesicht und weinte.

Da gewahrte er an ihrem Finger den Ring, den er vor sieben Jahren seiner Verlobten geschickt hatte, und von dem seine Frau immer behauptet hatte, dass sie ihn verloren habe. Er erkannte in Berta seine rechtmäßige Gemahlin. Voll Freude umarmte und küsste er sie und beide waren glücklich, einander endlich gefunden zu haben. Als der König jedoch wissen wollte, wie es gekommen sei, dass er die falsche Braut geheiratet habe, da weinte sie wieder und bat ihn inständig, ihr darüber niemals Fragen zu stellen, weil ein heiliger Eid ihre Lippen versiegle. Sie verbrachten einige glückliche Tage in der Mühle, doch dann musste Pippin wieder fort, weil er mit einem

Nachbarvolke in Fehde lag. Er rief den Müller zu sich und sagte:

„Ich muss ins Feld ziehen gegen die Sachsen. Solange ich im Krieg bin, vertraue ich dir meine Gattin an. Achte und beschütze sie wie bisher. Wenn sie mir ein Kind bringt, dann sende mir Nachricht: Einen Pfeil, so es ein Knabe, eine Spindel, so es ein Mädchen ist."

Nachdem der König gesprochen hatte, nahm er traurig von der Prinzessin Abschied und machte sich auf den Weg. Er rüstete einen großen Feldzug aus. Zur Verzierung für sein Zelt erstand er eine herrliche Stickerei, die ihm Augsburger Händler anboten. Noch nie hatte er eine feinere Arbeit gesehen. Als er sie jedoch näher betrachtete, erschrak er bis ins Herz. Er erkannte darauf Berta, seine rechtmäßige Gemahlin, und seinen Hofmeister. Ohne es zu wissen, hatte er ein Werk der Kärlinger Prinzessin erstanden, das sie in der Mühle angefertigt hatte. Sie hatte darauf das schlimme Schicksal dargestellt, das ihr widerfahren war. In mehreren Bildern war zu sehen, wie der Hofmeister sie von der Burg ihrer Eltern abgeholt, wie er sie den beiden Knechten ausgeliefert hatte und wie diese das Hündchen an ihrer Stelle getötet hatten. So kam die schurkische Tat des treulosen Hofmeisters an den Tag, ohne dass die Prinzessin ihren Eid gebrochen hatte. Es war ja kein Wort über ihre Lippen gekommen.

Der König geriet in fürchterliche Wut über dieses ruchlose Verbrechen. Sofort ließ er die Knechte kommen, die auf den Bildern dargestellt waren. Er bedrohte sie mit dem Tode für den Fall, dass sie nicht sagen würden, was sich damals zugetragen hatte. Da fielen sie auf ihre Knie nieder und bekannten alles. Hierauf rief Pippin seinen Hofrat zusammen, dem auch der Hofmeister angehörte. Er erzählte von dem Verbrechen, das an der Fürstentochter verübt worden war, ohne jedoch Namen zu nennen. Zum Schluss wandte er sich an den Hofmeister und fragte:

„Sag an, du mein getreuer Diener, was soll mit demjenigen geschehen, der eine so schlimme Missetat auf dem Gewissen hat?"

Da wurde dieser weiß wie die Wand und wusste keine Antwort, denn er wollte sich nicht selbst verdammen. Die Räte aber, vor denen ihn der König daraufhin des Verbrechens bezichtigte, verurteilten ihn einstimmig zum Tode. Nun brach ein fruchtbares Strafge-

Pippin holt Berta und Karl nach Weihenstephan.
Fresco von Moritz v. Schwind 1834-1836

richt über den Hofmeister und seine Familie herein: Er selbst wurde hingerichtet, seine Frau, die Mitschuldige seines Verbrechens, wurde lebendig eingemauert und die falsche Königin wurde in ein tiefes Verließ geworfen, wo sie bald darauf vor Gram starb. Die beiden Knechte aber, die das Leben der Prinzessin geschont hatten, wurden reich belohnt. Nachdem dies geschehen war, zog der König ins Feld, wo er fast ein Jahr gegen die Sachsen kämpfen musste, bis er sie besiegt hatte. Auf dem Heimweg in sein Reich kam ihm der Müller von der Reismühle entgegen und überbrachte ihm lächelnd eine Pfeilspitze. Da wusste Pippin, dass er Vater eines Knaben geworden war. Voller Freude brach er mit einigen seiner Edelleute auf, um seine Gemahlin und seinen Sohn auf sein Schloss zu holen. Unter großem Jubel wurde die echte Königin daraufhin in Weihenstephan gekrönt und das Kind auf den Namen Karl getauft. Dieser Sohn Pippins wurde als Carolus Magnus einer der bedeutendsten Herrscher des Abendlandes (Anmerkung 8).

Schloss Fußberg. Kupferstich von Michael Wening um 1701

Die alte Burg Fußberg

Wo heute Schloss Fußberg, steht war früher eine Burg aus mittelalterlicher Zeit. Rüdiger von Reichert dazu: *Viel spricht dafür, dass Fußberg im Mittelalter ein Wasserschloss gewesen, an zwei Seiten von der Würm umflossen, im Westen im Halbkreis von jener Mulde umgeben, die entweder ständig unter Wasser stand oder zumindest flutbar war* (Anmerkung 9).

Der keltische Kultplatz bei Buchendorf

In Buchendorf gibt es eine Viereckschanze (Anmerkung 10), die von den Einheimischen oft „Römerschanze" genannt wurde, weil hier – wie in dem ganzen Gebiet um Gauting bis hin nach Seefeld – viele Funde aus der Römerzeit entdeckt wurden und werden und weil unmittelbar bei der Schanze eine ehemalige Römerstraße vorbeiführt (Richtung Osten weiter durch den Forstenrieder Park).

Es handelt sich aber um eine Viereckschanze aus der Zeit der Kelten, der Vindeliker. Mitte der Südseite befand sich einst der Eingang zu dieser Befestigung, nicht im Südeck, wo sich Bauern späterer Zeiten einen Zugang geschaffen hatten, um die Fläche leichter bewirtschaften zu können. Es soll sich hier nicht nur um eine Befestigungsanlage gehandelt haben sondern auch um einen Kultplatz, an dem Opfer – wie bei den meisten anderen Keltenschanzen auch – gebracht wurden.

Herzog Sigismund und der Bär

Der Königswieser Forst im Würmtal war neben dem Forstenrieder Park eines der beliebtesten Jagdreviere der bayerischen Herzöge und Kurfürsten. So eine Jagd war eine ungemein kostspielige Angelegenheit. Nur sehr reiche Adelige oder Kirchenfürsten konnten sich dieses Vergnügen leisten. Man benötigte oft bis zu 1200 Treiber, 270 berittene Jäger, 120 dressierte Hunde und eine Unzahl anderer Hilfsmittel wie Schirm-, Feder- und Netzwagen, sowie Hirschkästen, Käfige und Bagagewagen. Gejagt wurden Rot- und Schwarzwild, bestimmte Vogelarten und Bären, die damals noch in den ausgedehnten Wäldern hausten (Anmerkung 11).

Einst hielt Herzog Sigismund, der wie sein Bruder Christoph in dem Rufe stand, ungeheuer stark zu sein, wieder einmal eine Hofjagd ab. Den ganzen Tag über hetzte die fröhliche Gesellschaft dem Wild nach und hatte schon reiche Beute gemacht. Als der Abend hereinbrach, schlug man in der Nähe von Königswiesen das Nachtlager auf. Ein Teil der erlegten Tiere wurde gleich am offenen Feuer zubereitet und die Jäger erzählten sich beim fröhlichen Gelage ihre Jagdgeschichten und Abenteuer. Erst zu sehr später Stunde begaben sie sich in ihre Zelte und auch Herzog Sigismund legte sich endlich zur Ruhe nieder. Er hatte noch kaum ein Auge geschlossen, da brach im Lager mit einem Mal ein ohrenbetäubender Lärm los. Waffen klirrten, aufgeregte Menschen rannten laut schreiend durcheinander und dazwischen konnte man ein dumpf grollendes Gebrumm hören. Plötzlich riss ein Knappe den Vorhang am Zelt des Herzogs beiseite und rief mit vor Entsetzen ganz heiserer Stimme:

„Herr, kommt schnell, ein riesiger Bär verwüstet das Lager!“ Herzog Sigismund hatte sich noch nicht ganz von seiner Liegestatt aufgerichtet, da erblickte er auch schon den angekündigten Meister Petz, der neugierig durch den Eingang hereinschaute. Es war wahrhaftig ein Prachtexemplar von einem Braunbären, das sich da unwillig brummend ins Zelt schob.

Sofort sprang Sigismund auf und stellte sich dem Eindringling in den Weg, waffenlos, wie er war. Er packte ihn mit bloßen Händen und rang mit ihm. Der Knappe und einige Diener beim Zelt waren vor Schrecken wie erstarrt, als sie das sahen. Sie hörten die beiden Kämpfer keuchen, hörten Knochen knacken und wussten nicht, ob es die des Herzogs oder die des Bären waren. Endlich gab sich das Tier, das den schlauen Finten des Menschen nicht gewachsen war, geschlagen und trollte sich von dannen. Schwer atmend wischte sich Sigismund den Schweiß von der Stirne und sagte zu den Anwesenden: „So, der wäre draußen, da könnte ja jeder kommen!“

Er scheuchte seine jubelnden Leute hinaus und begab sich wieder zur Ruhe, als wäre nichts geschehen.

Die Wallfahrt bei Unterbrunn

Einst war die kleine Laurentiuskapelle in Unterbrunn ein aus der näheren Umgebung viel besuchter Wallfahrtsort. Votivtafeln aus dem 19. Jahrhundert geben Hinweise auf die Verehrung des hl. Laurentius als Viehpatron. Der Heilige wurde auch bei menschlichen Krankheiten angerufen, wie hölzerne Votivgaben (Hände, Arme, Beine, Krücken) zeigen.

Die Wallfahrt zum hl. Laurentius in Unterbrunn wurde spätestens ab 1482, wie eine Wandzeichnung, die bei Renovierungsarbeiten gefunden wurde, beweist, durchgeführt. Es fanden viele Gebetserhörungen statt, wie durch die Votivtafeln und -gaben dokumentiert wird.

Ab 1888, der Zeit, aus der das jüngste Votivbild stammt, kamen immer seltener Pilger, bis die Wallfahrt nach Unterbrunn ganz unüblich wurde. Die hölzernen Votivgaben befinden sich heute im Nationalmuseum in München.

Das Bumperhölzl bei Gauting

Das „Bumperhölzl“ ist ein kleines Waldstück im Würmtal und liegt in der Nähe von Gauting. Alte Leute, die als Kinder in den Bauernhöfen der Umgebung wohnten und auf ihrem Schulweg daran vorbeigehen mussten, erzählten, dass bei Dämmerung oder gar bei Dunkelheit niemand in die Nähe des unheimlichen „Bumperhölzls“ kommen wollte. Alle fürchteten sich, weil dort ein Geisterhund hauste. Er hatte, so wird berichtet, riesige Augen, die wie rotglühende Teller aussahen.

Späte Wanderer, die durch den Wald gingen, verfolgte er wütend und verjagte sie mit seinem schaurigen Gebell, das man weit durch die Nacht hören konnte (Anmerkung 12).

Die Mäuseplage von Krailling

Vor mehr als 200 Jahren wurde Krailling einmal von einer schrecklichen Mäuseplage heimgesucht. Die kleinen Tiere traten in solchen Mengen auf, dass die Menschen sich ihrer nicht erwehren konnten. Zu Hunderten saßen sie in den Feldern und benagten die Wurzeln der Getreidehalme, so dass diese kein Wasser mehr bekamen und zugrunde gingen. Sie fraßen die Rüben und Kartoffeln an und verursachten dadurch einen ungeheuren Schaden auf den Äckern und Fluren.

Aber sie wüteten nicht nur auf den Feldern. Auch in den Häusern war nichts vor ihren gefräßigen Mäulern sicher. Die Menschen mussten angeknabbertes Brot, halb gefressenen Käse und angebissene Äpfel essen, wenn sie nicht hungern wollten.

Die Mäuse verschonten nicht einmal die Möbel und nagten Tischbeine, Stühle und Schränke an. Die Katzen des Ortes, die schon zu anderen Zeiten genug zu tun hatten, wurden der Unzahl von Mäusen nicht mehr Herr.

In ihrer Not stellten die Kraillinger so viele Fallen auf, wie sie auftreiben konnten, streuten vergifteten Weizen und setzten auf den Balg jeder erlegten Maus einen Preis aus. Aber es nützte alles nichts. Es schien vielmehr, als kämen für jede getötete Maus hundert neue Mäuse hinzu.

Als schon die gesamte Ernte zugrunde zu gehen drohte und sie keinen Ausweg mehr sahen, erinnerten sich die Kraillinger der Schutzpatronin ihrer Kirche, der hl. Margareta. Sie hielten eine Bittprozession über die gefährdeten Fluren ab und gelobten feierlich, diesen Gang jedes Jahr zu wiederholen, wenn die schreckliche Plage durch die Fürbitte der Heiligen ein Ende hätte.

Und sie wurden erhört.

Die dankbaren Kraillinger haben seither nie ihr Gelübde gebrochen, wenn auch die Zeiten noch so schwer waren. Jedes Jahr am dritten Sonntag im Juli halten sie die versprochene Prozession ab.

Die Hexenprobe von Stockdorf

Es heißt, dass man erkennen kann, wer eine Hexe (Anmerkung 13), ist, wenn man sich einen Schemel aus dem Holz von neun verschiedenen Bäumen fertigt. Folgende Arten soll man dazu verwenden: Eibe, Lärche, Föhre, Fichte, Tanne, Latsche, Zirbel, Sandel und Wacholder. Alle diese Hölzer müssen in der Walpurgisnacht gesammelt und in der Thomasnacht zugeschnitten werden. Bei diesen Arbeiten darf man sich nur der linken Hand bedienen. Wenn man nun in der Christmette durch das Handloch des selbstgefertigten Schemels schaut, so kann man sehen, wer von den Kirchenbesucherinnen eine Hexe ist.

Anfang des 19. Jahrhunderts diente einmal der Sohn eines Schullehrers von Schöngeising als Knecht bei einem Bauern in Stockdorf an der Würm. Er hatte von seinem Vater von den geheimen Kräften des Schemels aus neunerlei Holz gehört. Da packte ihn die Neugier und er wollte wissen, ob im Dorf eine Hexe sei. Deshalb fertigte er unter vielen Mühen den Schemel und nahm ihn am folgenden Weihnachtsfest in die Christmette mit. Nahe am Eingang der Kirche kniete er nieder und harrte der Dinge, die da kommen sollten. Als das Glöcklein endlich die Wandlung einläutete, nahm er den Schemel hoch und blickte durch das Handloch.

Da sah er in den vorderen Reihen neun Hexen. Sie knieten verkehrt in den Bänken und machten das Kreuzzeichen höhnisch auf dem Rücken statt vorne. Alle hatten sie an Stelle von Hauben alte Bienenstöcke auf den Köpfen, in denen Hühner brüteten. Sieben dieser Frauen waren schon immer in dem Ruf gestanden, Hexen zu sein, von zweien jedoch hatte man es noch nicht gewusst. Mit wilden Augen blickten die Entlarvten den erschrockenen Burschen an. Aber so sehr sie sich auch bemühten, sie konnten ihn nicht erkennen, weil sein Gesicht durch den Schemel völlig verdeckt war. Nachdem er gesehen hatte, was er wollte, packte der Bursche den Schemel und stürzte damit zur Kirchentüre hinaus. So schnell er konnte, lief er in den Hof, auf dem er wohnte, und verbrannte dort

Mühle an der Würm bei Stockdorf. Ebert Carl um 1879

das verräterische Möbelstück. Nun konnten ihm die Hexen die bis zum Ende der Wandlung in der Kirche verharren mussten, nichts mehr anhaben. Sie konnten ja nicht mehr feststellen, wer durch den Schemel geschaut hatte. Hätte der Bursche nicht so rasch gehandelt, dann hätten sie ihn vor dem Gotteshaus in der Luft zerrissen.

Die alte Glocke von Gilching

Einst soll auf dem Gründelberg bei Gilching ein Schloss gewesen sein, das aber ganz verschwunden ist. Dort wurde, so heißt es, eine im Boden vergrabene uralte Glocke gefunden, die Arnoldusglocke, wohl um das Jahr 1180 in Form einer Glockenblume gegossen:

In der Kirche des Pfarrdorfes Gilching... befindet sich eine Glocke, die zu den ältesten in ganz Bayern gehört. Von dieser geht die

Sage wie von mancher ihrer uralten Schwestern (Anmerkung 14), *dass sie aus dem Schoß der Erde ausgewühlt worden sei, und zwar aus dem Gründelberg bei Gilching, wo vorzeiten ein Schloss gestanden haben soll. Heutzutage hat diese Glocke nur noch die Feierabende anzukünden, Kinderleichen zu Grabe zu geleiten, an die Schiedung Christi zu erinnern und das Fronleichnamsfest mitzufeiern.* Oberb. Archiv, I, 149

Die Arnoldusglocke hängt heute in der alten Pfarrkirche St. Vitus als Sakristeiglocke (Anmerkung 15).

Der Römerstein in Argelsried

Durch Raetien, wie das Gebiet zur Römerzeit hieß, führte von Augsburg (Augusta Vindelicorum) aus eine Handels- und Heerstraße nach Salzbug (Juvavum) ins Noricum. Dabei wurde das Ampermoos durch einen Pfahlrost überbrückt. Sie verlief von Gauting aus durch den Kreuzlinger Forst weiter nach Gilching. In Argelsried erinnert eine Steinsäule an diesen alten Verbindungsweg aus der Römerzeit.

Die Wilde Jagd bei Weßling

Nach dem Glauben mancher Leute sind der Wilde Jäger und sein Gefolge ganz unten in der tiefsten Hölle angeschmiedet. Am ersten Adventsonntag aber werden sie losgelassen und dürfen von da an durch die ganze Weihnachtszeit hindurch ihr Unwesen treiben. Erst am Dreikönigstag, wenn der Krisam geweiht ist und der neue Weihrauch angebrannt ist, muss das Geisterheer in die Hölle zurück.

Für Menschen soll es nicht ratsam sein, sich während dieser gefährlichen Zeit abends außer Haus aufzuhalten. Die Alten haben das gewusst und sich danach gerichtet, aber seit etwa hundert Jahren gerät der Glaube an das Wilde Heer immer mehr in Vergessenheit.

So scheute sich einmal ein Mann aus Weßling nicht, sich in der Adventszeit erst in der Nacht von Gauting aus auf den Heimweg zu machen. Und er dachte sich auch nicht das Geringste dabei, sondern schritt, fröhlich vor sich hinpfeifend, durch die Dunkelheit. Als er in die Nähe der Wegkreuzung nach Unterbrunn gekommen war, hörte er hinter sich in weiter Ferne ein Klingeln wie von tausend hellen Glöckchen. „Wird wohl ein Schlitten mit Fremden sein", meinte er unbekümmert, „seltsam, dass die so spät noch unterwegs sind. Vielleicht haben sie kein Nachtquartier gefunden."

Als das Geläut lauter wurde, packte ihn doch die Neugier und er schaute sich um. Da sah er einen riesigen silberschimmernden Schlitten, der von acht geisterhaften Pferden gezogen wurde und sich in Windeseile näherte.

„Das wird doch nicht die Wilde Jagd sein", fuhr es ihm plötzlich mit Schrecken durch den Sinn und er erinnerte sich der warnenden Erzählungen seiner alten Großmutter, schaute auf seine Uhr und stellte bestürzt fest: „Wahrhaftig, es ist schon Mitternacht!"

Aber die Erkenntnis kam zu spät. Wie ein rasender Wirbelsturm war der Schlitten einen Augenblick darauf bereits über ihm. Es war ihm, als zerrten ihn Hunderte von Händen hoch. Sie rissen ihn trotz seiner verzweifelten Gegenwehr erbarmungslos mit. Dabei wurde er in einem fort geschlagen, getreten und gestoßen, dass er bald glaubte, keine heile Stelle mehr an seinem Körper zu haben. Als die Quälereien kein Ende nahmen, erfasste den Mann eine solche Todesangst, dass er fast wahnsinnig wurde. Doch so plötzlich, wie er begonnen hatte, war der grauenhafte Spuk auch wieder vorbei, so, als hätte ihn eine höhere Macht verjagt. Der arme Mann fand sich stöhnend, weit von der Stelle entfernt, wo ihn die Geister mitgerissen hatten, wieder. Mühsam schleppte er sich mit seinen zerschlagenen Gliedern in die Richtung, in der er seinen Heimatort vermutete. Es dauerte einige Stunden, bis er endlich dort angelangt war. Das letzte Stück kroch er nur noch vorwärts, weil er nicht mehr anders konnte. Mit letzter Kraft klopfte er an seine Haustüre.

„Wer ist da?“ fragte seine Frau und schaute zum Fenster heraus.

Er antwortete nur mit einem unverständlichen Murmeln, denn mehr brachte er nicht zustande. Die Frau jedoch erkannte in dem übel zugerichteten Wesen, das vor dem Haus kauerte, ihren Mann nicht sofort. Sie erschrak sehr und schrie laut um Hilfe. Da kamen die Nachbarn herbei, um zu sehen, was los war und ihr beizustehen. Nun erst wagte sie sich heraus und erkannte in dem Zerschlagenen vor der Türe voller Entsetzen ihren eigenen Mann.

„Oh Gott, was ist mit dir geschehen?“ schluchzte sie laut.

Zusammen mit den Nachbarn trug sie ihn ins Haus und versorgte ihn dort. Der Ärmste aber war nicht in der Lage, auch nur eine der Fragen, mit denen ihn alle bestürmten, zu beantworten. Zwei Tage lang konnte er weder sprechen noch Nahrung zu sich nehmen, so sehr hatte ihm das schreckliche Erlebnis zugesetzt. Erst viel später erzählte er, wie ihn die Wilde Jagd (Anmerkung 63) mitgerissen und so grausam zugerichtet hatte. Sein Lebtag lang aber vergaß er diese grauenvolle Begebenheit nicht mehr und hütete sich, um Mitternacht noch irgendwo unterwegs zu sein.

Maria Grünsink

Vor ungefähr zweihundert Jahren waren in der Gegend um Weßling die Wälder noch sehr ausgedehnt und unwegsam. Sogar Leute, die das Gebiet verhältnismäßig gut kannten, konnten sich darin verlaufen. Dieses Missgeschick stieß einmal einem Jäger des Grafen von Seefeld zu. Bei einer Hetzjagd verfolgte er einen Hirsch so ungestüm, dass er von seiner Jagdgesellschaft abkam und sich hoffnungslos verirrte. aber er verlor nicht den Mut. „Ich werde hier schon herausfinden", dachte er, „mein ganzes Leben lang habe ich in dieser Gegend gelebt, ich kenne doch jeden Weg und Steg!"

Zuversichtlich ritt er immer weiter und weiter. Die Stille des Waldes, der ihn immer dichter umgab, wurde nur durch das Zwitschern der Vögel und ab und zu durch ein Knacken im Unterholz unterbrochen. Einige Stunden irrte der Jäger so umher und trotz aller Anstrengungen konnte er den rechten Weg nicht mehr finden. Als der Tag sich neigte und langsam die Dunkelheit alles einhüllte, verlor er jegliches Richtungsgefühl. Da beschlich ihn Furcht, denn es war zur damaligen Zeit sehr gefährlich, in einem Wald alleine zu nächtigen, gab es doch Bären, Wölfe und andere wilde Tiere und auch Räuber, denen ein Menschenleben nichts galt. In seiner Angst begann der Jäger zu beten und flehte die Mutter des Herrn um Beistand an:

„Gnädigste Jungfrau Maria, wenn Ihr mir helft, das grüne Tal am Etterschlager Weg zu erreichen, so will ich aus Dankbarkeit Euer Bild dort aufstellen, dass jeder Wanderer, der dort vorbeikommt, an Euch gemahnet wird!"

Kaum hatte er dieses Versprechen gegeben, als ihm mit einem Mal die Gegend vertrauter schien. Es währte nicht lange, da hatte er den Pfad gefunden, der zur „grünen Senke" führte. Als er diese endlich erreicht hatte, fiel er auf die Knie nieder und dankte für seine Rettung. Sodann machte er sich auf und ging in die Einöde von Schluifeld, die ganz in der Nähe war.

Freundlich nahm der Bauer den Verirrten auf, ließ ihn in seinem Haus übernachten und schenkte ihm auf sein Bitten hin ein kleines

Bild der Gottesmutter. Dieses trug der Jäger zur grünen Senke und stellte es dort in einen alten hohlen Birnbaum. Sein Erlebnis sprach sich bald in der ganzen Gegend herum. Von da an blieben die Leute, die den Etterschlager Weg gehen mussten, oft vor dem Bild stehen, um der Gottesmutter ihre Sorgen, Nöte und Anliegen vorzutragen. Viele wurden in ihren Bitten erhört, darum ließ die Gräfin von Seefeld bei dem alten Birnbaum eine kleine Kirche bauen, „Maria Grünsink", die seither das Ziel vieler Wallfahrten aus der näheren Umgebung ist.

Die St.-Anna-Wallfahrt nach Grünsink

Eine der bedeutendsten Wallfahrten zu der noch heute einsam und mitten im Wald gelegenen Kapelle Maria Grünsink ist die am St.-

Wallfahrtsfest bei Grünsink. Bild v. F. Hennings 1892
Aus der Zeitschrift: „Über Land und Meer" Jg. 1892

Annatag, dem 26. Juli. Es wird vor allem um die Fürbitte der Großmutter bei ihrm Sohn Jesus um gutes Wetter für die Ernte gefleht. In einer Zeitschrift aus dem 19. Jahrhundert (Über Land und Meer, Jg. 1892) ist darüber zu lesen:

Wallfahrtszüge aus den Dörfern und Siedlungen der weiten Umgebung treffen schon am frühen Morgen an der Stätte des Heils ein; die kleine Kirche vergmag die Menge der Andächtigen nicht zu fassen und deshalb sind Vorkehrungen getroffen, der Andachtsübung Gelegenheit im Freien zu verschaffen. Hier nächst der großen Buche steht ein Beichtstuhl, in dem ein „Herr" am frühen Morgen die Wallfahrer hört und den Bußfertigen, meist Weibern und Mädchen, die Gnadenmittel spendet. Unter dem grünen Laubdach, dem Kirchlein gegenüber, erhebt sich ein Predigtstuhl und alle die Hunderte, die hieher kamen, lagern sich nun im weiten Kreise, um das Wort Gottes zu hören.

Nach dem Gottesdienst beginnt der fröhliche Teil des Festes.

Für das leibliche Wohl ist bestens gesorgt und an verschiedenen Verkaufsbuden kann jeder Wallfahrer erwerben, was er als Erinnerung an den Tag mitnehmen will.

Das Fest dauert bis zum Einbruch der Dunkelheit, dann kehren die Wallfahrer in ihre Dörfer zurück.

Römergräber im Mischenrieder Wald

Im Jahr 1957, als ein Forstweg durch den Mischenrieder Wald angelegt werden sollte, wurde in etwa 1,4 m Tiefe ein römisches Gräberfeld aus der Zeit zwischen 160 und 360 n. Chr. gefunden. Es waren 23 Skelett- und 6 Brandgräber; Grabbeigaben waren Schmuck, Tonkrüge und Kleingetier.

Hier wird auch eine römische Ansiedelung vermutet, denn man entdeckte Mauerreste aus der Zeit.

Der Grünsinker Pudel

In der Nähe der Kapelle „Maria Grünsink“, die in früheren Zeiten „Grünsiek“ hieß, soll es einstmals nicht geheuer gewesen sein. Zu Nachtzeiten soll dort ein geisterhafter Pudel gespukt haben. Wie diejenigen, die behaupteten, ihn gesehen zu haben, berichteten, war er kohlrabenschwarz und hatte keinen Kopf.

Man nannte dieses Gespenst „Grünsieker Pudel“ und mied bei Dunkelheit die einsam gelegene Kapelle, wo er bevorzugt sein Unwesen trieb (Anmerkung 12).

Der Gedenkstein auf der Meillinger Höhe

Oberleutnant Georg Ritter und Edler von Rauscher war als junger Offizier im Ersten Weltkrieg mit dem Bayerischen Infanterie-Leibregiment beim Gebirgskrieg in den Dolomiten eingesetzt und erlitt dort 1915 eine schwere Verwundung. Schon 1916 übernahm er eine Kompanie bei Verdun und fiel am 23. 6. 1916 beim Sturm auf das Dorf Fleury (Anmerkung 16). Er war erst 24 Jahre alt.

Die überlebenden Kameraden setzen ihm und den anderen Gefallenen auf der Meillinger Höhe ein Denkmal. Der Münchner Bildhauer Karl Kroher gab in dem Relief auf dem Gedenkstein, das St. Georg, den Drachentöter zeigt, dem heiligen Georg das Antlitz von Oberleutnant Georg Ritter und Edler von Rauscher. Sein und die Namen der anderen Gefallenen wurden auf der Tafel unter dem Relief eingraviert. Früher trafen sich beim „Rauscherstein“, wie das Denkmal fortan genannt wurde, am Todestag des jungen Offiziers die Überlebenden seiner Kompanie und andere Kameraden zu einer Gedenkfeier, bei der auch immer das Lied vom guten Kameraden gesungen wurde. Seit den 70er Jahren des vergangenen Jahrhunderts wird dieser Brauch aber nicht mehr fortgeführt.

Das Hungerbächlein

An der Straße nach Oberalting liegt ein kleiner Tümpel. Von dort führt ein ausgetrocknetes Bachbett von etwa einem Meter Breite durch die Hochstadter Au zum Aubach. Oft schon verschwand das Wasser darin, doch ist es immer wieder, zu ganz bestimmten Zeiten, zurückgekommen. Von den Leuten wird der ungewöhnliche Bach nur „Hungerbächlein" genannt. Diesen seltsamen Namen verdankt es dem Umstand, dass jedes Mal, wenn in dem ausgetrockneten Bachbett Wasser zu fließen begann, eine große Teuerung über das Land hereinbrach oder eine Hungersnot, ein Krieg oder sonst eine schlimme Zeit. Im Jahr 1853 soll das Hungerbächlein nach jahrelanger Trockenheit plötzlich zu plätschern angefangen haben. Darauf folgte 1854 dann das furchtbare Cholerajahr, das so viel Unglück und Leid über die Bevölkerung brachte.

Solche Beispiele für die Richtigkeit des Wasserorakels soll es noch viele geben. Die Einheimischen glaubten jedenfalls früher fest an die Vorhersage des Hungerbächleins und schauten von Zeit zu Zeit besorgt nach, ob es floss oder nicht (Anmerkung 17).

Die Sühnekapelle von Seefeld

Dort, wo heute das Krankenhaus von Seefeld steht, befand sich früher eine kleine Kapelle. Wie es heißt, wurde sie zur Sühne für eine schlimme Bluttat erbaut (Anmerkung 18). Der als sehr jähzornig bekannte und darum gefürchtete Hans von Törring erschlug einst seinen Knecht Christian. Zur Erinnerung daran und zur Sühne für den Mord wurde die kleine Kapelle errichtet.

Hans von Törring starb ohne direkten Nachfolger. Sein Erbe ging an die Familie seiner Schwester, die mit Caspar von Törring, dem Besitzer von Schloss Perstenstein, Burg Stein an der Traun und Gut Tüssling im Chiemgau, verheiratet war (Anmerkung 19).

Der rätselhafte Grabstein und römische Münzen bei Widdersberg

An der Außenwand der Kirche von Widdersberg wurde vor Jahren ein uralter Grabstein angebracht, auf dessen Relief in einem Kreis, das von einem Viereck umrahmt und von einem Kapitell gekrönt ist, zwei Personen dargestell sind, von denen man nicht weiß, wen sie darstellen. Dieser Grabstein stammt, wie es heißt, aus einem Militärfriedhof von Augsburg. Ein Widdersberger hatte ihn von dort erworben. Es wird vermutet, dass es sich um einen römischen Grabstein handelt.

In Widdersberg selbst wurde im Jahr 1913 ein sensationeller Fund gemacht, ein Skelett, dem als Grabbeigabe acht römische Münzen aus der Zeit von Kaiser Konstantin (Regierungszeit 306-337 n. Chr.) mitgegeben worden waren.

Hofmark Walchstadt. Stich von Michael Wening um 1701

Die verschwundene Stadt am Wörthsee

Bei Walchstadt am Wörthsee soll vor Zeiten eine große Stadt gewesen sein. Wie die Sage zu berichten weiß, soll sie bis Hochstadt nahe Weßling gereicht haben. Empfenseder schreibt dazu:

In Walchstadt nannte man nach dem Abzug der Römer die zurückbleibenden Siedler die Welschen. Die Walchen oder auch Welschen waren eine kelto-römische Mischbevölkerung.

Die Mausinsel im Wörthsee

Vor vielen hundert Jahren, lange vor dem Geschlecht derer von Törring, lebte auf dem Schloss von Seefeld ein Graf, der ein unermesslich großes Vermögen sein eigen nannte. Doch obwohl er so reich war wie ein Märchenkönig und eine riesige Kammer voll der seltensten Schätze besaß, war er so hartherzig, dass es schien, als habe er statt eines warmen, mitfühlenden Herzens einen seiner kalten Edelsteine in der Brust. So arm wie in seinem Gebiet waren die Bauern nirgendwo sonst, denn er presste mit seinen habgierigen Händen auch noch den letzten Heller aus ihnen heraus und zwang sie dadurch in immer tieferes Elend. Eines Tages nun brach eine große Teuerung über das Land herein, die eine schreckliche Hungersnot nach sich zog. Zu Tausenden starben die Armen auf den Straßen. Den reichen Grafen aber kümmerte das nicht.

„Was soll das Gejammer über schlechte Zeiten“, rief er ungerührt und überheblich und rüstete ein verschwenderisches Fest aus, „wir haben doch alles, was wir wollen. Der Leute sollen für sich selber sorgen, sie brauchen nur zu arbeiten!“

Am Abend des Festes aber rottete sich eine große Menge des Bettelvolkes vor den Toren des Seefelder Schlosses zusammen und schrie aufgebracht:

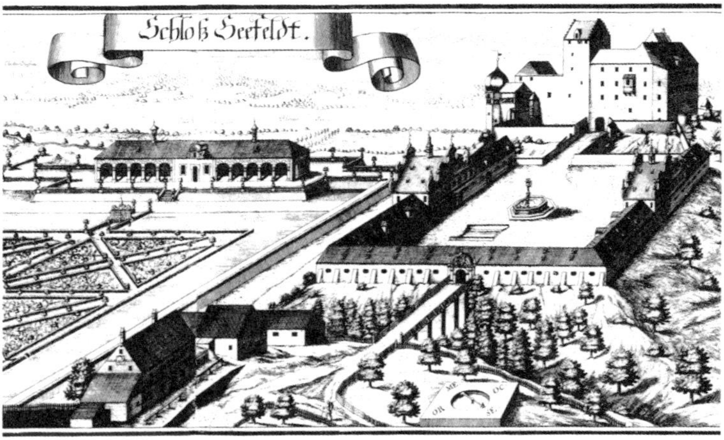

Schloss Seefeld.

Kupferstich (Ausschnitt) von Michael Wening um 1700

„Hilf uns! Gib uns zu essen! Rette unsere Kinder vor dem Hungertod!“

Der Graf, der ein sehr jähzorniges Gemüt hatte, geriet darüber in fürchterliche Wut. Er befahl seinen Kriegsknechten, die Tore herunterzulassen und das elende Volk zusammenzutreiben und in eine Scheune zu sperren. Als dies geschehen war, ritt er ebenfalls hinaus und gebot: „Zündet nun die Scheune an und schafft mir diese unnötigen Fresser vom Hals!“

Aus Furcht vor dem gestrengen Herrn wagte keiner der Knechte eine Widerrede und sie taten, was er angeordnet hatte. Die Unglücklichen, die nicht mehr aus dem brennenden Stadel entkommen konnten, weil die Landsknechte ihn auf Geheiß des Grafen umstellt hielten, schrien vor Angst und Schmerzen:

„Gnade! Gnade! Habt Erbarmen, edler Herr, und lasst uns frei!“

Ungerührt hörte der grausame Graf das verzweifelte Wehklagen und Bitten und rief spöttisch: „Ihr wolltet doch, dass ich euch vom Hunger befreie! Habe ich das etwa nicht getan?“

Als das Weinen und Stöhnen in der Scheune leiser wurde, wandte er sich an seine Henkersknechte und höhnte:

„Hört ihr das Wimmern der Mäuse und Ratten? Gut, dass dies Ungeziefer bald ausgerottet ist!“

Er lachte nochmals laut auf und ritt dann zu seinem Schloss zurück. Stumm vor Entsetzen verharrten die Knechte an der Stätte des Grauens. Bald war dort nichts anderes mehr zu vernehmen als das Prasseln des Feuers. Die Vergeltung für diese himmelschreiende Untat aber sollte nicht lange auf sich warten lassen:

So, als hätten sich die in den Flammen gemordeten Menschen wirklich in Ratten und Mäuse verwandelt, suchten diese Tiere mit einem Mal das Seefelder Schloss heim. Zu Tausenden liefen sie in dem Gebäude umher, nichts war vor ihnen sicher. Sie vernichteten die Nahrungsmittelvorräte des Grafen, benagten Tische, Stühle und Schränke und rissen Löcher in Kleider und Vorhänge. Der unselige Graf konnte auch nicht mehr in Ruhe essen oder trinken, denn sie liefen so ungeniert über die Tafel und fraßen aus seinen Tellern, dass er vor Ekel nichts mehr genießen konnte. Wenn er schlief, krochen sie in sein Bett und zwickten und bissen ihn, dass er keinen Schlaf mehr finden konnte und ununterbrochen an seine eigenen Worte denken musste:

„Hört ihr das Wimmern der Mäuse und Ratten? Hört ihr das Wimmern der Mäuse und Ratten?“

Überall, wohin er auch ging, hörte er sich selbst, wie er grausam lachend diesen Satz sprach, und er glaubte wahnsinnig zu werden.

Als die Tiere immer mehr und mehr wurden und weder Mausefallen noch eine Jagd der gesamten Dienerschaft Abhilfe brachten, konnte sich der Graf der unheimlichen Nager nicht mehr erwehren und sah sich gezwungen, sein Schloss zu verlassen.

Er flüchtete sich auf die Insel im Wörthsee, in der Hoffnung, dass ihm das Ungeziefer dorthin nicht folgen könnte. Aber er hatte sich getäuscht. Unzählige Ratten und Mäuse stürzten sich ins Wasser und schwammen ihm nach. Und obwohl er sein Bett an eisernen Ketten hoch über dem Boden hatte aufhängen lassen um ihnen zu entgehen, fanden sie trotzdem eine Möglichkeit hineinzugelangen und fraßen ihn eines Nachts bei lebendigem Leibe auf. So traf ihn eine schreckliche Vergeltung für sein grausames Verbrechen. Nach seinem Tode verschwanden die Ratten und Mäuse aus Seefeld und man konnte das Schloss wieder bewohnen. Seit der Zeit aber heißt die Insel im Wörthsee „Mausinsel“ (Anmerkung 20).

Das Schloss auf der Insel Wörth im Wörthsee um 1446

Die Bluttat von Bachern

Im Osterholz bei Bachern am Wörthsee wurden frühgeschichtliche Grabhügel gefunden; über die Entstehungszeit des Ortes selbst ist aber nichts bekannt. Auf dem Weg, der im Norden von Bachern nach Inning durch das Osterholz führt, steht an einem Baum ein Holzkreuz mit Tafel, deren Inschrift an eine schlimme Bluttat erinnert, die sich hier ereignet hat.

Ein Bauernsohn aus Inning hatte am 9. Oktober 1927 seine im 5. Monat schwangere Geliebte, eine Magd, die beim Bauern Lieb in Bachern im Dienst stand, vergewaltigt und erdrosselt. Er war geständig und wurde zu 15 Jahren Zuchthaus und 10 Jahren Ehrverlust verurteilt. Die Angehörigen der Ermordeten stellten am Tatort, wo man die Magd gefunden hatte, ein Kreuz auf, das aber schon kurz darauf von unbekannter Hand wieder entfernt wurde. Es wurde erneuert und erinnert bis heute an das schreckliche Verbrechen.

Die Glocke von Drößling

Im Altertumskabinett von Andechs befindet sich ein Kessel aus Eisen, von dem vermutet wird, dass es sich dabei um ein heidnisches Opfergefäß handelt. Laut Sage wurde er in der zweiten Hälfte des 15. Jahrhunderts bei Drößling von einem Schwein aus dem Boden gescharrt. Den genauen Platz, wo er gefunden wurde, beschrieb der Sagenforscher Friedrich Panzer im 19. Jahrhundert:

Er bildet eine Anhöhe, die gegen dritthalbtausend Fuß von Dreiling entfernt ist, und heißt Einbett. Hundert Schritt davon liegt die Maierlake, ein gegen neuntausend Quadratfuß großer Sumpf. Mit der Glocke soll auch ein Götze zum Vorschein gekommen sein, der im Messnerhaus zu Dreßling aufbewahrt wurde, aber bei dem Brande vom Jahre 1788 verlorenging.

Bis zum Jahr 1850 wurde dieser Kessel, versehen mit einem Schwengel, von den Drößlingern als Wetterglocke benützt.

Die Wallfahrt zum Gnadenbild von Drößling

Früher war die Drößlinger Mariä-Himmelfahrts-Kirche eine beliebte Wallfahrtskirche, wie noch zahlreiche erhaltene Votivbilder bis zur Beginn des 19. Jahrhunderts bezeugen. Aus über sechzig

Gnadenbild von Drößling. 18. Jahrhundert

Ortschaften im engern und weiteren Umkreis kamen die Wallfahrer nach Drößling.

Am Fest Mariä Himmelfahrt war im 18. Jahrhundert der Andrang der Gläubigen zu „Maria vom Berge Karmel“ so groß, dass zusätzlich Beichtstühle im Friedhof um die Kirche herum aufgestellt werden mussten. Im Mirakelbuch der Kirche sind über vierhundert Gebetserhörungen und Wunder verzeichnet.

In der Barockzeit gründete sich eine Gebetsbruderschaft „Unserer Lieben Frau vom Berge Carmel“. Das Gnadenbild aus dem Jahr 1470 befindet sich auf dem linken Seitenaltar der Kirche, der auch als Bruderschaftsaltar festgelegt wurde.

Die Mitglieder dieser Skapulierbruderschaft trugen *ein Skapulier, ein Band mit je einem Tuchstreifen, das über Schulter und Rücken herabhing.* In der Säkularisation und danach hatte die Wallfahrskirche nur mehr geringen Zulauf und die Wallfahrt zur „Maria vom Berge Karmel“ erlosch bald ganz.

Das Gespenst im Loachholz

Ein Waldstück zwischen Perchting, Hadorf, Auing und Seefeld wird heute noch „Loachholz“ genannt. Dort trieb früher ein unheimliches Gespenst sein Unwesen. Es soll sich dabei um einen Geisterpudel gehandelt haben, der nächtliche Wanderer, die das Gebiet durchquerten, mit wild rollenden, glühenden Augen, furchterregendem Gebell und Drohgebärden in Angst und Schrecken versetzte (Anmerkung 12).

Er wurde „Loachbudl“ genannt.

Die Kinder, die am Abend nicht ins Bett und lieber noch draußen spielen wollten, warnte man:

„Wenn ihr nach dem Gebetläuten net herin seids, dann kimmt der Loachbudl und nimmt enk mit!“

Ähnliche Geschichten erzählt man sich auch von der Gegend um den Wörthsee. Dort soll der unheimliche Loachbudl am Paradieswinkel, am Gremberg oder sogar mitten im See wie ein umherirrendes Licht gesehen worden sein, immer aber nur bei stockdunkler Nacht. Katharina Hartmann aus Schlagenhofen schreibt im vorigen Jahrhundert über den Loachbudl:

Die stärksten Männer hat er zum Fürchten gebracht. So auch den Kern Sepp von Inning, der täglich zu Fuß von Inning nach Seefeld zur Brauerei in die Arbeit ging. Wenn er im Finstern zum Gremberg kam, zog er seine Stiefel aus, nahm sie in die Hand und ging barfuß den Berg hinauf, dass ihn der Loachbudl nicht hören konnte.

Wenn einer sehr lang in der Wirtschaft gehockt hatte und sich dann ohne Begleitung auf den Heimweg machte, riefen ihm die anderen Gäste nach:

„Pass auf, dass di der Loachpudl net dawischt und mitnimmt!"

Ein anderer Mann, namens Karl Beckers, der den gefährlichen Weg oft bei Dunkelheit zurücklegen musste, versuchte mit anderen Mitteln den Loachbudl auszutricksen. Er sprach laut mit sich selbst, aber einmal mit hoher, einmal mit tiefer Stimme, dann wieder piepsig oder dröhnend, so als wären mehrere Leute unterwegs, die sich miteinander unterhielten, denn der Loachbudl ließ sich nur blicken, wenn jemand alleine unterwegs war. Immer gelang ihm dieses Täuschungsmanöver aber nicht, denn er behauptete, das Gespenst mehrmals gesehen zu haben, wobei er eine geisterhafte Stimme vernommen habe, die verzweifelt fragte:

„Der Stoa (Stein), da Stoa, wohi?"

Da antwortete ihm der Beckers Karl einmal trotz seiner Angst:

„Dua'n halt do hi, wo'stn weg hast!"

Von da an war der Loachbudl für immer verschwunden. Da wussten die Leute, dass es sich um die Arme Seele eines Grenzsteinversetzer gehandelt haben musste, der in der Ewigkeit keine Ruhe gefunden hatte, bis er sein zu Lebzeiten begangenes Unrecht wieder gutgemacht hatte (Anmerkung 21).

Der ungewöhnliche Fund am Hasenbichl bei Auing

Bei der Öffnung einer Kiesgrube auf der Auinger Flur, am Hasenbichl, wurde 1879 ein großes Gräberfeld gefunden, datiert aus der Zeit zwischen dem 6. und 8. Jahrhundert n. Chr. Unter den zahlreichen Grabbeigaben wie Waffen, Schmuck, Wehrgehänge stach ein Fund besonders hervor:

In einem der bajuwarischen Kriegergräber in Auing wurde eine Blechscheibe aus Bronze gefunden, auf der das Gesicht eines Mannes mit langen Haaren eingepresst ist. Nach Ansicht von Archäologen handelt es sich dabei um eine der frühesten, in unsere Zeit überkommenen Darstellungen von Christus, wie Vergleiche mit langobardischen Christusbildern oder anderen aus dieser frühen Zeit bestätigen.

Pressblechscheibe Bronze, 7. Jahrhundert

Der Heilige Berg von Andechs

Den Namen „Heiliger Berg“ verdankt die Anhöhe am Ostufer des Ammersees, auf der auf den Resten der ehemaligen Burg der Grafen von Andechs-Dießen heute Kloster Andechs steht, nicht nur der Tatsache, dass sich dort ein Kloster und ein berühmter Wallfahrtort mit einem wundertätigen Madonnenbild befinden, sondern auch der Tatsache, dass dort einer der bedeutendsten Reliquienschätze der Christenheit aufbewahrt wird.

Ein Teil davon ist in der Schatzkammer des Klosters zu besichtigen, der weitaus größere Teil ist aber im Lauf der Jahrhunderte in schlimmen Zeiten vergraben, versteckt oder an andere Orte gebracht worden und bis auf den heutigen Tag nicht mehr wiedergefunden worden.

Der Sage nach befinden sich die Reliquien in einem unterirdischen Gang, der schon zu Zeiten der Grafen von Andechs-Dießen, also vor etwa 800-1000 Jahren, vom Andechser Berg bis zum Schatzberg nach Dießen geführt haben soll, wo sich die ehemalige Stammburg des Andechs-Dießener Adelsgeschlechtes, das sich seit jeher durch besondere Frömmigkeit auszeichnete, befand. Erst im Jahre 1132 übersiedelten die Dießener Grafen, die im frühen Mittelalter zu den mächtigsten und reichsten Adelsgeschlechtern in Europa gehörten von Dießen nach Andechs. Aus diesem Geschlecht stammen 8 Heilige, deren berühmteste Hedwig und Mechthild sind, 13 Selige, 3 Kardinäle, 22 Bischöfe, 6 Äbtissinnen und 1 Abt. Im Jahre 1248 starb der letzte Nachkomme der regierenden Dynastie dieses Hauses.

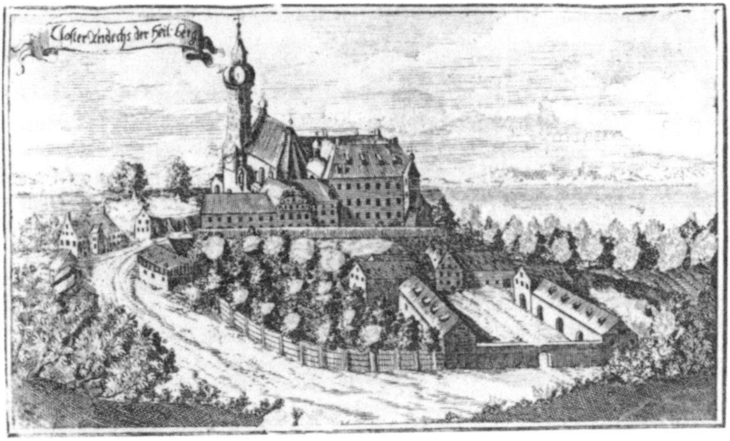

Kloster Andechs. Abb. Aus dem Chur-Bayerischen Atlas 1687/90

Der Reliquienschatz von Andechs

Den weltberühmten Reliquienschatz von Andechs hat größtenteils Graf Rasso, der jüngere Bruder von Graf Rochus, dem Andechs gehörte, nach seinem glorreichen Sieg über die Hunnen von seiner anschließenden Pilgerfahrt ins Heilige Land mitgebracht. Dort erhielt er, wie P. Magnus Sattler in „Das Büchlein vom heiligen Berge Andechs“ im 19. Jahrhunderts berichtete, folgende Reliquien:

a) Den Leib des Propheten Simeon, der, den Erlöser in seinen Armen, das „nunc dimittis servum tuum in pace“ (nun lässt Du deinen Diener in Frieden scheiden) gesprochen...

b) Die Gebeine des heiligen Timotheus, Jüngers des heiligen Paulus, des großen Völkerlehrers.

In Konstantinopel, wo der oströmische Kaiser einen ungeheuren Schatz an Reliquien besaß und bei dem Graf Rasso auf seiner Rückreise zu Gast war, erhielt er folgende Reliquien, wie Sattler weiterschreibt:

c) die Hälfte des vom Angstschweiße geröteten Tuches, dessen der Herr sich am Oelberge bedient hatte. Die herrliche Fassung dieser kostbaren Reliquie in einer silbernen Rahme mit einer wunderschönen vergoldeten Nebenverzierung ist dem Erzherzog Sigmund von Oesterreich zu verdanken. Auf der Rückseite ist das braunschweigische, steiermärkische, kärntnische und altösterreichische Wappenschild angebracht.

Sigmund ließ 1556 diese Fassung anfertigen, da diese Reliquie Schaden zu nehmen drohte.

d) auch die Reliquie vom Tischtuche beim Abendmahle des Herrn soll er von Jerusalem mitgebracht haben. -

Von Konstantinopel zogen die Wallfahrer wieder nach Rom, wo Papst Agapit ihnen mit aller väterlichen Liebe begegnete und dem seligen Rasso seinem Wunsche gemäß viele kostbare Reliquien überließ; darunter sind besonders nennenswert:

e) Die Reliquien von den Aposteln Petrus, Paulus, Simon, Judas, Philippus, Jakobus, Bartholomäus, das Haupt und der rechte Arm

„Der Bischof Otto schicken wollt'
Den Schatz von Bamberg Graf Berthold."

„Als Bayerland gänzlich war turbiert,
Wird dieser Schatz nach Andechs g'führt."

des Apostels Philippus; die Kinnlade des heiligen Johannes des Täufers; der Arm des heiligen Bartholomäus. Diese Reliquien mussten bei den fortgesetzten Unruhen in Sicherheit gebracht werden. Viele davon sind noch nicht gefunden.

f) Zu Mailand erhielt Rasso die Reliquie des Apostels Barnabas, nämlich seine Hirnschale.

Zu den wertvollen Reliquien, die sich in Andechs befinden, zählen auch die weltbekannten heiligen drei Hostien (siehe S. 64), das Siegeskreuz Karls des Großen, das Graf Rasso bei den Hunnenfeldzügen immer bei sich getragen haben soll (siehe S. 62) und das Marientuch, in dem die Gottesmutter begraben wurde.

Außer diesen Reliquien soll der Schatz von Andechs aber noch etwa 280 andere wertvolle Reliquien enthalten haben, die aber bis heute verschollen sind. Sie werden in einem Verzeichnis aus dem 18. Jahrhundert aufgelistet. Der Sage nach befinden sie sich in einem unterirdischen Gang, der zu den Zeiten der Grafen von Andechs-Dießen vom Andechser Berg aus bis zum Schatzberg bei Dießen, wo der Stammsitz der Grafen war, geführt haben soll. Möglicherweise befand sich der Schatz aber auch an einer anderen Stelle und wurde bei den vielen Umbauten der letzten 250 Jahre aus Versehen eingemauert. Bis auf den heutigen Tag hat ihn niemand wiedergefunden. Er ist verschollen.

Das blutende Kreuz von Andechs

König Philipp II. von Frankreich verliebte sich einst in die wunderschöne Grafentochter Agnes von Andechs. Er hielt um ihre Hand an, verschwieg aber dabei, dass er schon eine Gemahlin, namens Ingelberga, hatte. Diese hatte er verstoßen, um Agnes heiraten zu können. Die junge, ehrgeizige Gräfin hatte von alledem keine Ahnung. Sie fühlte sich hochgeehrt und wünschte sich nichts anderes mehr, als Königin von Frankreich zu werden und dadurch zu Macht

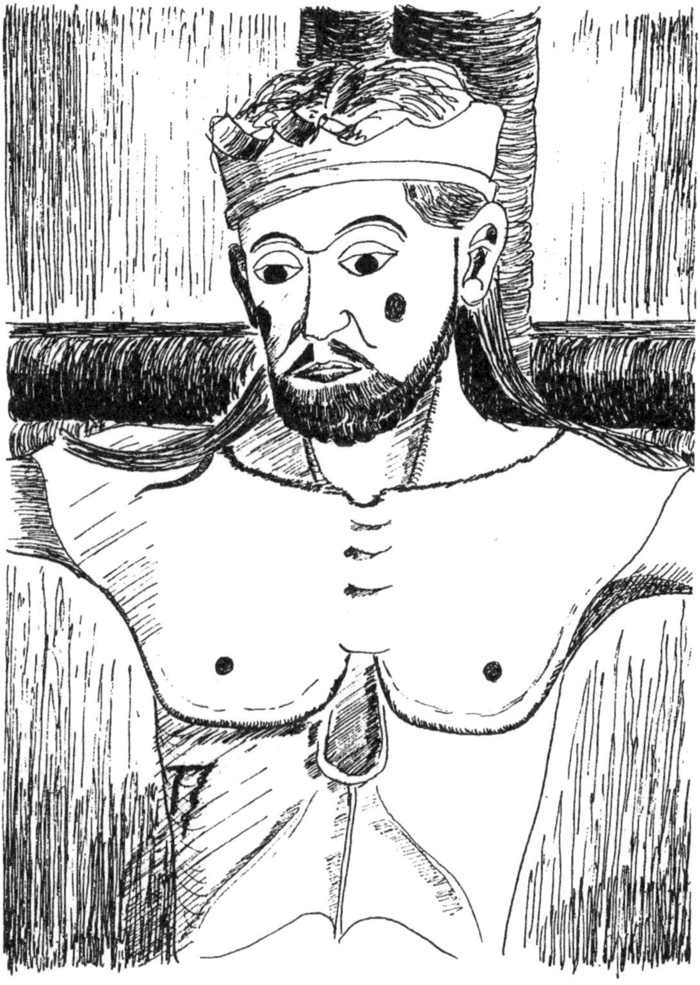

Das blutende Kreuz in Forstenried

und Würde zu gelangen. Oft betete sie in der Burgkapelle von Andechs vor dem Kruzifix, das Bruder Alaunus geschnitzt hatte, nachdem Jerusalem im Jahre 1187 von den Sarazenen eingenommen worden war. Er wollte damit die Schändung sühnen, die dem Kreuze Christi dabei zugefügt worden war.

Als die schöne Agnes wieder einmal vor diesem Kreuz kniete und lange um die Erfüllung ihres Herzenswunsches gefleht hatte, sank sie mit einem Mal in tiefen Schlaf. Im Traume war ihr, als blicke sie der Gekreuzigte ernst an und spreche zu ihr:

„Wenn du die erbetenen Gnaden erlangen willst, so kröne mich mit der Dornenkrone, mit der ich in meinem Leiden gekrönt war."

Nicht lange nach diesem Ereignis wurde Agnes im Jahre 1196 mit dem König von Frankreich vermählt und dadurch Herrscherin über dieses Land. Als sie so ihren Wunsch erfüllt sah, erinnerte sie sich des seltsamen Traumes, den sie vor dem Kruzifix in Andechs gehabt hatte. In Frankreich wurde damals der größte Teil der Dornenkrone Christi aufbewahrt, die der hl. Germanus im 6. Jahrhundert dorthingebracht hatte. Agnes bat ihren Mann, ein Stück der Dornenkrone nach Andechs schicken zu dürfen. Großzügig gewährte ihr der König den Wunsch. Da ließ sie sieben Zweige der Reliquie durch den Benediktinermönch Isaak aus Seeon, der sie in die Fremde begleitet hatte, nach Hause in ihre heimatliche Burg bringen.

Die Krone Frankreichs aber brachte Agnes kein Glück.

Kurze Zeit später musste sie das Land verlassen. Der Papst hatte ihre Ehe mit Philipp für ungültig erklärt und diesen so lange mit dem Kirchenbann belegt, bis er wieder seine rechtmäßige Gemahlin Ingelberga zu sich genommen hatte.

Gebrochenen Herzens kehrte die junge Frau, die den König in gutem Glauben, dass er frei wäre, geheiratet hatte, zu ihrer Familie zurück. Schon ein Jahr später starb sie aus Gram über die Trennung von dem geliebten Mann.

Der Sohn ihres Bruders, Markgraf Heinrich von Istrien, pflegte, gleich seiner unglücklichen Tante, oft vor dem Kreuz in Andechs zu beten. Eines Tages, als er ganz in Andacht versunken war, bemerkte er plötzlich, wie aus der Stirne Christi mit einem Mal dicke Blutstropfen quollen. Er glaubte erst, seine Sinne würden ihn trügen, aber als sich das seltsame Schauspiel acht Tage hindurch wiederholte, erfasste ihn tiefe Furcht. Er konnte sich das Wunder nur als warnendes Vorzeichen für sein Leben deuten. Wie recht er mit dieser Annahme hatte, zeigt sein weiteres Schicksal.

In den Wirren um die Ermordung Kaiser Philipps im Jahre 1208 fiel der Verdacht, an der Tat beteiligt gewesen zu sein, auch auf Heinrich. Wenige Wochen nachdem er das Kreuz hatte bluten sehen, musste er aus seiner Heimat fliehen und geächtet umherirren. Später begab er sich auf eine Pilgerfahrt ins Heilige Land, von wo er erst zurückkehrte, als seine Unschuld bewiesen war.

Nach der Flucht aber wurde seine Burg in Andechs 1209 von den Soldaten Herzog Ludwigs I. zerstört. Vorsorglich hatten die Mönche, die den kostbaren Reliquienschatz hüteten, diesen an unbekannter Stelle vergraben, ehe sie das Kloster den Feinden überließen. Das blutschwitzende Kreuz aber nahmen sie mit, um es in ihr Benediktinerkloster nach Seeon zu bringen.

„Dies nämlich Kreuz, das Blut g'schwitzt hat,
Zu Forstenried wirkt Wunderthat."

Als sie bis Forstenried bei München gekommen waren, wurde das Kreuz mit einem Mal so schwer, dass die sechs Pferde den Wagens, auf dem es befördert wurde, trotz aller Anstrengungen nicht mehr ziehen konnten.

Die Mönche deuteten dies als den Wunsch des Herrn, sein Bild an dieser Stelle zu belassen. Zwei von ihnen, jener Isaak, der die Zweige der Dornenkrone aus Frankreich gebracht hatte, sowie sein Mitbruder Bertold, blieben in Forstenried zurück. Sie erbauten eine Kirche für das Kreuz, die später ein berühmter Wallfahrtsort wurde.

Das Siegeskreuz Karls des Großen

Zur Zeit, als Graf Rasso von seinem Freund, dem Bayernherzog Heinrich (genannt „der Zänker"), das Oberkommando über die vereinigten Streitkräfte bekommen hatte, um die Hunnen besiegen und aus dem Land vertreiben zu können, soll er stets das Siegeskreuz Karls des Großen in seinen Schlachten bei sich getragen haben.

Bei diesem Kreuz handelt es sich um ein romanisches Vortragskreuz aus Kupfer von unschätzbarem Wert. Es wurde einst, so berichtet die Legende, Karl dem Großen von einem Engel überreicht. Als Pippin, dessen Sohn, der König in unserem Lande war, in erbittertem Kampfe mit den Ungläubigen stand, sandte Karl der Große ihm dieses Kreuz, damit es ihm zum Sieg verhelfe.

Rasso nahm das berühmte Kreuz später mit nach Ungarn. Dort ging es aber verloren, und niemand wusste, wo es hingekommen war. Bis in die Zeit Stephans I., der von 997-1038 König von Ungarn war, blieb es verschollen. Dann kam es durch einen wundersamen Vorfall wieder ans Tageslicht. Dem frommen Fürsten erschien das Siegeskreuz nämlich eines Tages an einer bestimmten Stelle und als dort nachgegraben wurde, fand man das schon für immer verloren geglaubte Kreuz.

Das Andechser Heiligtum, die Stifter und die Hauptheiligen.
Kupferstich von Wolfgang Kilian um 1651/55

Da ließ König Stephan an dem gleichen Platz eine schöne Kirche zu Ehren Gottes errichten. Es war die erste im ganzen ungarischen Reich.

Lange Jahre danach kam das Siegeskreuz wieder nach Andechs zurück. Gertrud, die Mutter der hl. Elisabeth, war eine Tochter des Grafen Berchtold III. von Andechs und wurde mit dem ungarischen König Andreas vermählt. Sie ließ das kostbare Kruzifix wieder in ihre Heimat bringen. Seither gehört es zum Schatz von Andechs.

Die heiligen drei Hostien

Auf dem Heiligen Berg zu Andechs werden in einer kostbaren silbernen Monstranz, die Herzog Albrecht II. von Bayern Mitte des 15. Jahrhunderts dem Kloster schenkte, die weltberühmten heiligen drei Hostien aufbewahrt. An die erste, die von Papst Gregor (509-604) konsekriert wurde, knüpft sich folgende Geschichte, die der Biograph jenes Papstes, Diakon Paulus, Benediktiner in Monte Cassino, im 8. Jahrhundert berichtet (Vita S. Greg. 1 II, c5, 41):

Als der heilige Vater Gregorius in den Stationskirchen einmal das heilige Opfer feierte, brachte eine Matrone – die Tradition nennt sie Eluira, eine spanische Fürstin – die gewöhnlichen Opfergaben dar. Als er ihr darauf das heiligste Altarssakrament darreichen wollte und sprach „Corpus Domini nostri Jesu Christi conservet animam tuam (der Leib unsers Herrn Jesu Christi bewahre deine Seele)" lachte sie höhnisch. Sofort zog er seine Rechte von ihrem Munde weg und legte diesen Teil des Fronleichnams auf den Altar. Nach Vollendung des feierlichen Gottesdienstes fragte er die Matrone in Gegenwart des Volkes, warum sie zu lachen gewagt habe, als sie den Leib des Herrn empfangen sollte. Nach längerem Zögern gestand sie endlich unwirsch:

„Weil du das Brot, von dem ich weiß, dass ich es mit eigenen Händen bereitet habe, als Leib des Herrn ausgegeben hast."

Die wunderbaren heiligen drei Hostien auf dem heiligen Berge Andechs.

Hierauf warf sich Gregorius mit dem ganzen Volke um des Unglaubens dieser Frau willen zum Gebete nieder, und als er bald darauf sich wieder erhob, fand er das Brot-Stücklein, welches er auf den Altar gelegt hatte, in Fleisch verwandelt, welches er in aller Gegenwart der ungläubigen Matrone zeigte und wodurch er sowohl bei ihr die Gnade des Glaubens wieder erwecken, als auch das gan-

ze Volk darin befestigen konnte. Wiederum warf er sich mit dem Volke nieder zum Gebete, und das Fleisch verwandelte sich in die ursprüngliche Gestalt des Brotes.

Über die Herkunft der zweiten Hostie ist nichts bekannt. Sie soll aber auch aus der Zeit Gregors stammen. Weil in dem Bericht des Diakon Paulus aber nur von einer Hostie die Rede ist, glauben manche, dass die Konsekration der zweiten ein anderes Mal erfolgt ist, obwohl es durchaus gleichzeitig der Fall gewesen sein kann, man weiß es aber nicht.

Jedenfalls wurden beide Hostien bereits durch Jahrhunderte hindurch in Rom hochverehrt, bevor sie erst nach Bamberg und dann nach Andechs kamen.

Die dritte Hostie stammt von Papst Leo IX., dem Heiligen, einem der wenigen deutschen Päpste. Im Jahre 1051, nach seinen Bemühungen zwischen den Deutschen und den Ungarn Frieden zu stiften, hielt er einmal in Regensburg eine hl. Messe. Als er eine Hostie konsekrierte, auf welcher der Name Christi mit IHS eingeprägt war, erschienen diese Schriftzeichen plötzlich in blutroter Farbe.

Das Wunder wurde allgemein als Gottesurteil betrachtet, denn zur damaligen Zeit traten Prediger auf, die behaupteten, Christus sei bei der Wandlung von Brot und Wein nur anwesend, was im Gegensatz zu der Lehre der Kirche steht, die darin die tatsächliche Verwandlung von Brot und Wein in das Fleisch und Blut Christi selbst sieht.

Andechs erhielt die drei Hostien, die früher in Bamberg aufbewahrt wurden, aus der Hand des Bischofs Otto II., der sie von Rom erworben hatte. Er war ein Bruder der Grafen Berchtold von Andechs, der ihn um die Heiligtümer gebeten hatte, weil sein Land durch Hungersnöte, Seuchen und Unwetter schweren Schaden erlitten hatte. Der Bischof erfüllte den Wunsch.

Als die heiligen drei Hostien in Andechs ankamen, soll, laut Überlieferung, das Unheil von der Grafschaft gewichen sein. Seit dieser Zeit befinden sich die heiligen drei Hostien, abgesehen von kurzen Unterbrechungen, als höchster und wertvollster Schatz in Andechs.

Herzog Albert III. (der Fromme) stiftet, unter Mitwirkung des Kardinals Nikolaus Cusanus, das Benediktinerkloster auf dem heiligen Berge Andechs.

Die Klostergründung von Andechs

Um das Jahr 1209 wurde die stolze Burg der Andechser Grafen zerstört. Damals verschwand der berühmte Reliquienschatz des „Heiligen Berges“ und war für lange Zeit verschollen. Niemand konnte sagen, wohin die unersetzlichen Werte gekommen waren. Viele Jahre später hatte einmal eine blinde Frau aus Widdersberg einen höchst seltsamen Traum. Eine überirdische Stimme befahl ihr darin: *„Wenn du dein Gesicht wieder erlangen willst, so gehe auf den Berg Andechs; zur linken Seite des Altares der seligsten Jungfrau wirst du einen Wacholderstrauch finden; ziehe denselben heraus, nimm die Erde an den Wurzeln des Strauches, berühre damit deine Augen und du wirst das Gesicht wieder erlangen.“*

Der Traum war so eigenartig und so wirklichkeitsnah, dass die Frau beschloss, die Weisung, die sie erhalten hatte, zu befolgen. Sie pilgerte nach Andechs und fand dort alles so vor, wie es ihr beschrieben worden war. Als sie sich mit der Erde die Augen bestrichen hatte, lichtete sich das Dunkel, das sie umgeben hatte, und sie konnte wieder sehen.

Fassungslos vor Freude teilte sie allen Menschen, denen sie begegnete, ihr Glück mit und erzählte immer und immer wieder das große Wunder, das an ihr geschehen war.

Da ließ Herzog Ludwig der Strenge, als die Kunde davon auch zu ihm gedrungen war, die Andechser Kirche, die seit der Zerstörung der Burg 1209 dem Verfall preisgegeben worden war, wieder aufbauen. Bald pilgerten – wie in früheren Zeiten – viele Wallfahrer zum Heiligen Berg, obwohl die berühmten Reliquien noch nicht gefunden worden waren.

Das Kloster Andechs selbst entstand aus einem im Jahre 1438 für Weltgeistliche gegründeten Kollegiatstift. Dieses wurde 1455 von Herzog Albrecht III. dem Frommen unter Mitwirkung des Kardinals Cusanus in ein Benediktinerkloster umgewandelt; die Klosterkirche Mariä-Verkündigung wurde 1458 geweiht.

„Von Widdersberg ein Weib stockblind,
Das Augenlicht zu Andechs find't."

Kloster und Kirche fielen am 3. Mai 1669 einem durch Blitzschlag ausgelösten, verheerenden Brand zum Opfer, wobei jedoch die Kapelle, in welcher der Reliquienschatz aufbewahrt wurde, *auf eine außerordentliche Weise unversehrt blieb, indem sich die Wut des Feuers plötzlich an einem Querbalken brach, durch den die heilige Kapelle mit der Kirche in baulicher Verbindung stand.* So wird in einer alten Schrift berichtet.

Was von der gotischen Kirche noch stand, wurde beim Aufbau des neuen Gebäudes verwendet, das 1676 geweiht und ab 1751 im Stil des Rokoko ausgeschmückt wurde. Das Kloster auf dem Heiligen Berg gehört zu den bedeutendsten Wallfahrtsorten in Bayern, wie zahlreiche Kerzen und Votivgaben aus allen Jahrhunderten bezeugen. Wallfahrt und Prozessionen zum Heiligen Berg mit seinen Reliquien sind schon seit 1128 urkundlich nachweisbar.

Der verlorene Schatz von Andechs

Spätestens seit dem Jahre 1248, als der letzte Spross des Hauses Andechs-Dießen verstarb, galt der berühmte Reliquienschatz auf dem Heiligen Berg von Andechs als verschollen. Irgendwann in den Wirren seit 1209, als die Burg zerstört worden war und Markgraf Heinrich von Istrien, dem sie gehörte, auf Pilgerreise im Heiligen Land war, war er vergraben oder versteckt worden, niemand wusste mehr wo.

Über seine Auffindung im Jahre 1387 berichten die ältesten bayerischen Geschichtsschreiber Vitus Arnbeck und Aventin. Magnus Sattler schreibt, wobei er sich auf diese beiden bezieht, über den wundersamen Vorfall:

Mit der Abhaltung des Gottesdienstes an der Kirche zu Andechs waren die Benediktiner des Klosters Ebersberg betraut. Als der Kaplan Jakob Dachauer einmal die heilige Messe feierte, beobachtete er am Fuße des Altares eine Maus, welche einen Zettel, mit dem man heilige Reliquien zu versehen und zu unterscheiden pflegte, bei einer kleinen Öffnung der Altarstufen hervorbrachte. Dieser Zettel unterstützte das lebendige Volksbewußtsein von der Anwesenheit kostbarer Reliquien, und gab Anlass, nähere Nachforschungen anzustellen. Die bayerischen Herzöge Stephan und Friedrich, die man hievon in Kenntnis setzte, fanden es nicht unter ihrer Würde, persönlich Zeugen der Nachforschungen zu sein.

An der bezeichneten Stelle wurde sofort nachgegraben und man stieß bald auf eine mit Eisen beschlagene Kiste. Darin befanden sich die heiligen drei Hostien in einer Bleikapsel mit den Pergamentinschriften, welche in das Kleid der heiligen Elisabeth eingewickelt waren, das Schweißtuch, dessen sich der göttliche Heiland am Oelberge bedient hatte, die Zweige von der Dornenkrone mit vielen anderen (jedoch nicht mit allen in Andechs ehedem vorhandenen) Reliquien. Zeugnis für die Echtheit dieser Reliquien, das man durch frivolen Spott und böswillige Verdrehung geschichtlicher Tatsachen nicht entwerten kann, geben die heute mit ihren Inschriften noch

„Ein' Maus zeigt durch den Zettel an,
Wo man das Heilthum finden kann."

„Nach hundert neun und fünfzig Jahr
Der Schatz noch unversehret war."

„Das Heiligthum wird nach München geführt
Und von vielen Tausenden venerirt."

vorhandenen Pergamentblättchen, welche als nächste Hülle der heiligen Hostien dienten, denen teilweise noch Merkmale der Brotkrume ankleben, die sich infolge der Feuchtigkeit, der sie mehr oder weniger in einem Zeitraume von 159 Jahren ausgesetzt waren, abgelöst und mit den Pergamentblättchen verklebt haben, wie denn die Unverweslichkeit dieser 700 und beziehungsweise 1300 Jahre alten Brotsgestalten schon wunderbar erscheint.

So berichtet P. Magnus Sattler vor mehr als 130 Jahren über den wundersamen Vorfall, wobei er sich auf die vorgenannten Geschichtsschreiber bezieht. Nach der Auffindung des Schatzes fanden zahlreiche wunderbare Ereignisse statt, die in der Kirche bildlich dargestellt wurden und den ohnehin schon großen Strom der Wallfahrer noch gewaltig anschwellen ließen.

Der damalige Abt des Benediktinerklosters Ebersberg, Philipp Höhenberger (1385-1412), war der Meinung, der heilige Schatz fände in Ebersberg einen sichereren Verwahrungsort und bessere

„Den Schatz zurückzugeben diese Stadt
Gott mit vielen Wundern gewarnt hat.“

„Am Erdbeben Friedrich so erschrickt,
Daß er den Dorn zurücke schickt.“

Verehrung und Pflege als zu Andechs und trug sich deshalb mit dem Plane, denselben nach Eberberg zu überführen, wozu er sogar die Genehmigung des Herzogs zu erwirken wusste. Allein sein Vorhaben kam nicht zur Ausführung, indem die heiligen Reliquien nicht wahrgenommen und gefunden werden konnten, wiewohl dieselben vor dem Abte auf dem Altare gestanden sein sollen.

Für die Zeit der notwendig gewordenen Kirchenvergrößerung wurde der Reliquienschatz um 1389 nach München überführt und unter Begleitung des herzoglichen Hofes in der alten Hofkapelle St. Jakob am Anger untergebracht. Dort befand er sich etwa 20 Jahre.

Die Münchner wollten den Schatz nicht an die Andechser zurückgeben, wurden aber, so berichtet die Legende *durch außerordentliche Mahnzeichen* wie die Bruderkriege im Haus des Herzogs sowie die verheerenden Hochwasserkatastrophen von 1406 und 1408 zur Rückgabe veranlasst.

Der unteilbare Reliquienschatz

Ein weiterer seltsamer Vorfall, der sich zu der Zeit zugetragen haben soll, als sich der Andechser Reliquienschatz in München befand, wird von P. Magnus Sattler im 19. Jahrhundert erzählt:

Herzog Friedrich von Bayern-Landshut trug nämlich ein sehnliches Verlangen, eine Reliquie von der Dornenkrone Christi zu besitzen, die er auch durch seine Vettern in München erhielt und mit sich nach Landshut nahm.

Als in der darauffolgenden Nacht eine ungewöhnliche Erderschütterung das Schloss Trausnitz bedrohte, betrachtete er dies als ein Zeichen göttlichen Zornes für die Verletzung am heiligen Schatze und schickte die Reliquie, in einem kunstreich gearbeiteten Kreuze gefasst, wieder zurück. –

„Weil Ernst umsonst die Zeit vertreibt,
Ganz Magdalenens Gürtel bleibt."

„Der Ketzer Wut vor Furcht und Graus
Konnt' dieses Bild nicht graben aus."

Diese Tatsache erzählte der Fürst selber, so dass derselben öfters auch auf der Kanzel Erwähnung geschah.

Wie es heißt, hätte der Fürst auch gerne ein Stück des Gürtels der hl. Magdalena gehabt, doch er konnte nicht auseinandergeschnitten werden. Da verzichtete er wohl oder übel auf die begehrte Reliquie.

Die Rettung des Andechser Gnadenbildes

Nachdem Herzog Ernst von Bayern die zerstörte Klosterkirche von Andechs wieder hatte aufbauen lassen, stiftete er dem neuen Gotteshaus für den Hochaltar eine selten schöne Madonna mit Kind. Die als Himmelskönigin dargestellte Gottesmutter umfasst mit der linken Hand ihren göttlichen Sohn, in der rechten Hand trägt sie ein Zepter. Zu ihren Füßen schwebt ein schmaler Halbmond und ihr Haupt wird von einem Sternenkranz umstrahlt. Lange Jahre erfuhr dieses Bild große Verehrung durch die Pilger, die zum Heiligen Berg kamen.

Im Dreißigjährigen Krieg wurde das Kunstwerk aus Sicherheitsgründen in einer Höhle des Klostergartens vergraben. Den weltberühmten Reliquienschatz aber brachte man unter umfangreichen Schutzmaßnahmen nach Salzburg. Glücklicherweise hatten die Mönche so klug und vorsorglich gehandelt, denn kurze Zeit später fielen, wie befürchtet, die Schweden in Andechs ein. Sie durchkämmten das ganze Kloster auf der Suche nach den Schätzen und kehrten das Unterste zuoberst. Als sie aber trotz aller Anstrengungen nichts finden konnten, gerieten sie in Wut. Sie trieben die Klosterbewohner zusammen und befragten sie, unter Androhung der schlimmsten Foltern, nach dem Versteck der Reliquien. Aus Furcht vor den bekannt grausamen Soldaten gestand ein Knecht, wo das Bild der Himmelskönigin verborgen war und führte die Feinde an den bezeichneten Ort. Voller Vorfreude auf eine reiche Beute begannen diese sogleich eifrig zu graben. Doch sie konnten ihr Vorhaben nicht zu Ende führen, denn mitten in der Arbeit wurden sie mit einem Mal von einer nicht erklärbaren Furcht ergriffen. Schaufeln und Spaten entfielen ihren zitternden Händen und sie verließen in wilder Hast den plötzlich so unheimlich gewordenen Ort. Durch diesen wundersamen Vorfall wurde das Gnadenbild von Andechs vor der Schändung durch die schwedische Soldateska gerettet.

Die standhafte Marienstatue

Während der Zeit im Dreißigjährigen Krieg, in der das Gnadenbild im Klostergarten versteckt war, stellten die Andechser auf die leere Stelle am Hochaltar eine andere Marienfigur, deren Platz sonst am oberen Choraltar war.

„Mariä Bild vom Hochaltar
Konnt' stürzen nicht der Schweden Schaar."

Bild der unbefleckten Jungfrau Maria auf dem oberen Altare.

Als die Schweden kamen und alles durchsuchten, vermuteten einige von ihnen unter dieser Statue der Unbefleckten Empfängnis die wertvollen Reliquien von Andechs. Kurzerhand packten zwei bärenstarke Soldaten das Marienbild und wollten es von dem Sockel, der ihrer Meinung nach die Schätze verbarg, herabreißen.

Zu ihrem Erstaunen gelang es ihnen aber nicht, es auch nur das kleinste Stück zu verrutschen, so sehr sie sich auch mühten. Fluchend legten daraufhin auch andere Soldaten mit Hand an und halfen ihren Kameraden.

Sie schoben, zerrten und zogen an der Figur, bis den Männern der Schweiß in hellen Bächen von den Stirnen lief. Doch alles war umsonst. Unverändert gütig blickte die Madonna auf sie herab, unverändert fest stand sie auf ihrem Platz.

Mutter Gottes vom untern Altare.

Da packte die Soldaten blinde Wut, und ein besonders wüster Kerl, der vor nichts Ehrfurcht hatte, brüllte zornig:

„Teufel noch mal, wir werden schon sehen, wer stärker ist, wir oder du!“

Geschwind holte er ein Seil herbei und schlang es um die Statue. Dann zerrte er zusammen mit zehn anderen Männern mit aller Gewalt daran. Aber es war wieder vergebens. Wie angewachsen stand das Madonnenbild da, obwohl es erst kurze Zeit vorher zwei Klosterbrüder mühelos vom oberen Choraltar gehoben und zum Hauptaltar gebracht hatten.

Nun wurden die Männer von Schrecken ergriffen und flüsterten einander zu:

„Wahrhaftig, das geht nicht mit rechten Dingen zu!“

Einige von ihnen liefen zu ihrem Oberst und berichteten ihm den eigenartigen Vorfall. Da verbot ihnen dieser bei schwerer Strafe, weiter an der Statue herumzureißen und sprach:

„Ich habe von unserem König keinen Auftrag, Krieg mit Heiligenbildern zu führen!"

Der Offizier wurde später nach Kloster Ettal beordert. Dort gab er diese seltsame Begebenheit bekannt, weil er keine vernünftige Erklärung dafür fand. Die Soldaten aber, die dabei gewesen waren, kamen bald darauf nach Rosenheim. Sie erzählten dieses Wunder ebenfalls mehreren Leuten und berichteten weiter, dass derjenige, der am hartnäckigsten versucht habe, das Marienbild zu stürzen, nahe dem Heiligen Berg auf eine jähe und schreckliche Art und Weise sein Leben habe lassen müssen. Ein anderer sei durch dieses Wunder und den Tod des Kameraden dazu bewegt worden, zum katholischen Glauben zu konvertieren.

Heute befinden sich die beiden Marienfiguren, die der Himmelskönigin und die der Unbefleckten Empfängnis, wieder an ihren angestammten Plätzen und werden von den Pilgern hochverehrt.

Der Andechser Kreuzweg

Im Jahr 1870 wurde die Friedenskapelle zur Erinnerung an den Frieden von 1870/71 auf der Andechser Flur, dort, wo sich heute der Parkplatz befindet, erbaut und 1871 eingeweiht. 1875 wurde von der Kapelle aus bis zur Klosterkirche ein Verbindungsweg mit vierzehn Kreuzwegstationen an den Seiten errichtet. Diese Stationen, die Entwürfe dafür sind von Architekt Margraff, die Reliefs von dem Bildhauer Schönlaub gefertigt, werden von Birken eingerahmt.
Der Preis dafür waren 8000 Gulden, damals eine sehr hohe Summe. Wie es heißt, hat ihn die Witwe des Drechlsers und Hoflieferanten Stoffel, Frau M. Anna Stoffel gestiftet, weil ihre Gebete bei der Gnadenmutter in Andechs Erhörung fanden.

Der Kreuzweg nach Andechs auf alter Postkarte.

Warum sie das Gelübde abgelegt hatte, ist nicht bekannt, aber sie hat es getreulich erfüllt.

Die Geldsaat des Andechser Abtes

In Moritzing bei Bozen hatten die Andechser Besitzungen und Weinberge. Am 21. Sept. eines jeden Jahres, dem Fest des hl. Matthäus fuhr früher der Abt von Kloster Andechs in Begleitung von Pater Ökonom und Pater Kellermeister sowie mit zwei oder drei weiteren Patres zum sog. „Wimmet", der Weinlese auf ihren Gütern in Südtirol, um diese zu überwachen.

Meist verlief die Reise über Benediktbeuern und Walchensee oder über Garmisch nach Mittenwald, wo zum ersten Mal übernachtet wurde, dann ging die Fahrt weiter über den Zirler Berg nach

Innsbruck zum zweiten Nachtquartier. Nach der Überquerung des Brennerpasses wurde in Brixen ein letztes Mal übernachtet, bevor man das Ziel, den Guglerhof, südwestlich von Bozen gelegen, erreichte.

Im Jahr 1764 oder 1765, genau weiß man das nicht mehr, waren die Mönche bei ihrer Ankunft auf ihrem Südtiroler Weingut aber alles andere als fröhlich. Wie immer hatten sie für ihre Reise Geld im Wert von 1000 Gulden mitgenommen, in lauter 24-er Münzen. Um die vielen Geldstücke gut transportieren zu können und auch immer gleich zur Hand zu haben, wenn man sie brauchte, waren sie eine leere kleine Kiste aus Eichenbrettern, in der sonst eigentlich Wacholderbeeren aufbewahrt wurden, geschüttet worden.

Die Geldkiste wurde im Vorderteil der Kutsche unter dem Sitz des Kutschers verstaut. Dann ging die Fahrt bei herrlichem Wetter los. Als die Reisenden über den Brenner fuhren, brannte die Sonne fast wie im Sommer nieder. Durch die Hitze wurden die Fugen der nur grob zusammengenagelten Wacholderbeerkiste so erweitert, dass eins ums andere der Geldstücke eine Lücke fand, um hindurchzufallen, verstärkt natürlich durch die holprige Fahrt über schlechte Wegstücke.

Die Mönche bemerkten erst nichts, nicht einmal bei Pferdewechsel; sie wunderten sich nur, warum so viele Leute hinter ihrer Kutsche herwanderten, ja, manche kehrten sogar mit einem Besen den Boden. Als sie in Brixen bezahlen wollten, merkten sie warum. Die Hälfte des Geldes war durch die Ritzen in der Wacholderbeerkiste herausgerutscht und auf die Straße gefallen.

G. Empfenzeder schreibt im vergangenen Jahrhundert:

Das Kloster Andechs stellte nun an alle Ortschaften das Ersuchen, man möge von der Kanzel den Verlust verkünden und die Leute zur Rückgabe auffordern. Die Reaktion war kaum nennenswert. Dieses Ereignis der „Andechser Geldsaat" wurde Gesprächsthema zwischen Innsbruck und Bozen. Selbst der Abt musste sich leisen Spott gefallen lassen und mancher Pater wurde gefragt, ob er schon Nachschau gehalten habe, ob die Geldsaat aufgegangen sei.

Elisabeth=Brünnlein.

Der Brunnen der hl. Elisabeth in Andechs

Nachdem ihr Gatte, der Landgraf von Hessen und Thüringen, gestorben war, weilte die hl. Elisabeth, die eine Tochter des ungarischen Königs Andreas und dessen Gemahlin Gertraud von Andechs war, einige Zeit bei ihrem Onkel auf der Burg in Andechs.

Der Legende nach ging die fromme Gräfin eines Tages, ganz in Gedanken versunken, am Abhang des Heiligen Berges entlang. Es war sehr heiß und nach einer Weile verspürte sie großen Durst. Da betete sie um ein wenig Wasser, und sogleich entsprang zu ihren Füßen eine klare Quelle, aus der sie trinken konnte.

Später wurde dieses Bächlein in einen Brunnen gefasst und eine kleine Kapelle (Anmerkung 22) darüber errichtet. An diesem „Elisabethbrunnen" erfrischen sich bis auf den heutigen Tag die müden Pilger und Wanderer, bevor sie auf den Heiligen Berg gehen. Viele waschen sich auch die Augen, denn das Wasser soll vor allem bei Augenleiden Heilkraft besitzen. Wie heißt ist diese Quelle soll auch in trockensten Jahren niemals versiegt.

Die Kuttenmiedl im Kiental

In das wildzerklüftete Kiental zwischen Herrsching und Andechs zog sich vor langer Zeit einmal eine Einsiedlerin zurück. Sie wurde von den Leuten – wohl wegen ihrer Kleidung – „Kuttenmirl" oder „Kuttenmiedl" (ihr Vorname war Maria) genannt. Warum sie diese damals sehr abgeschiedene Gegend wählte und aus welchem Grund sie sich von der Welt in die Einsamkeit zurückzog, weiß heute niemand mehr.

Der Sage nach soll sie aus adeligem Geschlecht gewesen sein. Sie lebte dort in der Höhle eines eigenartig geformten Felsens aus Nagelfluh, der im Volksmund, vielleicht wegen seines ungewöhnlichen

Nagelfluhfels und Moränenhügel bei Kloster Andechs.
Federzeichnung von Mattheus Schuster um 1906
nach einem Aquarell von Carl Wilhelm von Gümbel

Aussehens, „Teufelskanzel" heißt. Er fällt etwa acht Meter senkrecht zur Straße hin ab. Zu einem Kreuz auf dem Gipfel des Felsens und einem Betstuhl, den die Einsiedlerin dort oben eingerichtet hatte, führen einige steile Holztritte hinauf. Sie soll hier oft stundenlang gebetet haben. Wie es heißt, ernährte sie sich nur von Waldfrüchten, Pilzen und Kräutern.

Als die Straße durch das Kiental angelegt wurde, entdeckte man die Höhle. Außer ein paar bescheidenen Habseligkeiten wurde auch ein Totenschädel darin gefunden, der dieser frommen Frau, wie es heißt, als Betrachtungsgegenstand für die Vergänglichkeit der Welt gedient haben soll.

Es wurde ihr – zur damaligen Zeit nicht unüblich – unterstellt, dass sie eine Hexe sei, weil die Leute mit ihrer ungewöhnlichen Lebensweise nicht zurechtkamen. Auch wurde die fromme Einsiedlerin, die niemals jemand etwas Böses getan hat, in Erling als Kinderschreck benützt:

„Wenn'st net brav bist, kommt die Kuttenmiedl und holt di!"

Der Überlieferung nach starb sie im Armenhaus von Erling im Alter von 80 Jahren und fand im Friedhof von Erling auch ihre letzte Ruhestätte (Anmerkung 23).

Kaiserin Elisabeth in Andechs

Prior Magnus Sattler (1827-1901), der unter anderen Schriften auch „Das Büchlein vom heiligen Berg Andechs" verfasst hat, wurde vom Abt seines Ordens 1873 zum Prior von Kloster Andechs ernannt. Bis zu seinem Lebensende 1901 bestimmte er das Leben auf dem Heiligen Berg mit fester Hand.

Magnus Sattler war auch Ehrenbürger von Erling und bekam auch ein Mitspracherecht bei der Namensgebung der neugeborenen Kinder. So wurden Namen wie Kastulus, Wunibald, Roman oder Joachim in Erling gebräuchlich, die sonst in der Gegend nicht so üblich waren.

Der Heilige Berg. Stich um 1620

Noch heute erzählt man sich viele Anekdoten über den oft derben, mit seinem langen Bart vor allem den Kindern furchteinflößenden, in seinen Ansichten und Methoden nicht selten auch bei seinen kirchlichen Vorgesetzten umstrittenen Mönch. Eine davon berichtet G. Empfenzeder im vorigen Jahrhundert:

Als der österreichische Kronprinz Rudolph in Mayerling 1889 freiwillig aus dem Leben schied, kam seine Mutter, die Kaiserin Elisabeth (vom Volk liebevoll Sissi genannt) *zu Prior Sattler. Sie suchte bei ihm Trost in ihrem Leid. Statt ihn zu finden, musste sie sich sagen lassen:*

„Majestät, hätten sie ihn zu uns in die Strafanstalt heraufgegeben, so wäre das nicht vorgekommen."

Die Kaiserin verließ höchst verletzt das Kloster und ließ sich lange nicht mehr auf dem Heiligen Berg sehen.

Die angesprochene Erziehungsanstalt war aber sehr gut und aus ihr sind sogar Priester und bekannte Persönlichkeiten, wie etwa der Volkssänger Weiß Ferdl, gekommen.

Stich um 1730/40

Die Römervilla am Glasberg

Das Gebiet von Andechs wurde schon zu Zeiten von Kaiser Augustus, 15 v. Chr., von den Römern eingenommen. Neben zahlreichen anderen römischen Funden aus der Umgebung, etwa aus Widdersberg, Frieding oder Machtlfing, wurde südlich von Andechs, am Glasberg, Mitte des 19. Jahrhunderts eine römische Villa mit Bad und Heizung, eine sog. Villa rustica (Anmerkung 25), gefunden.

Wahrscheinlich verlief eine Römerstraße (heute unter der jetzigen Bundesstraße gelegen), die von Raisting kommend Richtung Gauting weiterführte, hier bei Andechs und Erling, südlich des Heiligen Berges, vorbei. In der 1. Hälfte des 19. Jahrhunderts und noch bis 1860 verwendeten die Bewohner der Umgebung die Steine für den Bau ihrer Häuser. Das römische Bad, etwas außerhalb der Villa am Waldrand des Glasberges, erhielt sich am besten (Anmerkung 25).

Wie es heißt, soll die Villa, die wohl im 3 .Jahrhundert zerstört wurde, sogar einen Turm gehabt haben.

Der Bauer und der Schäuferlmann

Von dem ehemaligen Dorf Ramsee (Anmerkung 26) führte der Dreifaltigkeitsweg über die Schwellbachbrücke nach Andechs. An dessen Steg war es, so wird erzählt, zu nächtlicher Stunde nicht geheuer. Dann spukte dort ein riesengroßer schwarzer Mann. Seinen breitkrempigen Hut tief in die Stirne gedrückt und um die Schultern einen weiten schwarzen Mantel, der die knochendürre Gestalt darunter verbergen sollte, so schaufelte er die ganze Nacht unter der Brücke. „Schäuferlmann" nannten ihn deshalb die Leute.

An einem Abend vor mehr als zweihundert Jahren zechte einmal ein Bauer aus Ramsee im Andechser Bierstüberl. Der edle Gerstensaft schmeckte ihm nach jeder Maß besser und er dachte nicht ans

Heimgehen. Endlich, als die Stunde schon sehr vorgerückt war, mahnten ihn seine Zechkumpane lachend:

„Jetzt schau aber zu, dass du heimkommst! Sonst könnt's leicht sein, dass dich der Schäuferlmann erwischt."

„Und nimm Weihwasser mit", grinste ein anderer, „dass er dir, wenn du ihm begegnest, nichts anhaben kann."

„Ich fürcht' mich nicht vor Gespenstern und solchem Zeug", lallte der Bauer mit schwerer Zunge. „Und Weihwasser brauch' ich erst recht keines, ich traue mich auch so heim!"

Mit diesen Worten nahm er seinen Hut und machte sich auf den Weg. Draußen in der Dunkelheit aber verließ ihn der Mut, mit dem er in der Wirtsstube geprahlt hatte. Seine Selbstsicherheit schwand zusehends, je mehr er sich der berüchtigten Schwellbachbrücke näherte. Als er den Ramseer Wald durchquerte, erhob sich mit einem Mal ein Sturm. Wild fuhr er durch die Bäume und Sträucher und deren Ächzen und Knarren klang dem Bauern wie ein eigenartiger Totengesang in den Ohren.

Schaudernd zog er seinen Umhang fester zusammen und beschleunigte seine Schritte. Endlich erreichte er die gefürchtete Brücke, die ihn noch von seinem Haus und der Sicherheit trennte. So schnell er konnte, rannte der darüber. Als er gerade in der Mitte war, erfasste ihn plötzlich eine unsagbare Angst. Er blickte sich um und gewahrte zu seinem Entsetzen dicht hinter sich das Brückengespenst. Überlebensgroß und schaurig stand es da mit seinem wehenden schwarzen Mantel, hager wie eine Vogelscheuche und mit tief in die Stirne gedrücktem Hut. Über der Schulter trug es die schwere Schaufel.

Kalter Schweiß brach dem Bauern aus allen Poren bei diesem Anblick und er begann zu rennen, wie er seiner Lebtag noch nicht gerannt war. Doch als er sich wieder umblickte, bemerkte er zu seinem Entsetzen, dass ihn das Gespenst lautlos, mit drohend erhobener Schaufel verfolgte. Bitter bereute er jetzt, kein Weihwasser mitgenommen zu haben, aber nun war es zu spät. Fast von Sinnen vor Angst hastete er weiter und stammelte unablässig Gebete vor sich hin. Endlich kam er in die Nähe seines Hofes und schrie schon von weitem so laut er konnte:

„Mach auf, Bäuerin! Um Gottes willen, mach auf!“

Aber gerade als er die Haustüre erreicht hatte und sich in Sicherheit glaubte, hatte ihn das Gespenst eingeholt. Es versetzte ihm mit der schweren Schaufel einen gewaltigen Hieb über den Kopf und war dann spurlos verschwunden.

Die Frau des Bauern, die auf sein Rufen hin sofort geöffnet hatte, fand ihn bewusstlos am Boden. Mit Hilfe von zwei Knechten trug sie ihn ins Haus und brachte ihn zu Bett. Von Stund an aber war der Mann krank. Er sprach kaum mehr und starrte immer nur geistesabwesend vor sich hin. Er konnte sich von dem Schrecken nicht mehr erholen. Als acht Wochen vorüber waren, wurde er mit dem Totengespann auf den Gottesacker gefahren.

Bild vom Dorf Ramsee vor 1860.

Wartaweil und die „Weiße Säule“

Unterhalb von Andechs und Erling steht am Ostufer des Ammersees eine weiße Säule aus Tuffstein. Sie wurde im Jahr 1629 dort als vom See aus gut erkennbare Markierung von Fischern aus Dießen errichtet, weil an dieser Stelle die Boote und Fähren, die von Dießen oder von St. Alban kamen, hier anlegten. Heute ist der See stark verlandet und die Säule ist von Gestrüpp und Bäumen umgeben. Viele Wallfahrer nahmen früher den Weg über den See, um dann weiter auf den Heiligen Berg zu pilgern. Ab 1808 gab es hier sogar das Einödhaus eines Fischers, das den Namen „Zur Weißen Säul“ hatte.

Der Andrang der Wallfahrer war oft so groß, dass nicht alle Mitglieder einer Gruppe auf einmal befördert werden konnten. Darum sollen die Abfahrenden den Zurückbleibenden häufig tröstend zugerufen haben:

„Wart a Weil! Nächst’s Mal kommt’s a mit!“

So bekam eine weitere Fischereinöde, die ganz in der Nähe im Jahr 1826 gebaut wurde, den Namen „Wartaweil“.

Geistermusik in Schloss Mühlfeld

Bei Herrsching am Ammersee liegt das im 16. Jahrhundert erbaute Schloss Mühlfeld. Dort waren einmal vor gar nicht so langer Zeit zwei Herren aus München zu Gast. Sie waren gute Freunde des Schlossbesitzers, daher wurde das Wiedersehen ausgiebig gefeiert. Die Nacht war schon halb vorüber, als man sich endlich entschloss, zu Bett zu gehen. Die Gastgeberin wies den beiden Münchnern ein schönes Zimmer zum Übernachten an. Dann wurden die Lichter gelöscht und langsam legte sich Stille über das ganze Haus. Der reichlich genossene Alkohol tat seine Wirkung und bald schliefen alle tief und traumlos.

Schloss Mühlfeld am Ammersee.
Ausschnitt aus Kupferstich von Michael Wening um 1701

Nicht lange aber, da erwachte einer der Gäste plötzlich, weil er glaubte, im Schloss von irgendwoher eine wundersame Musik zu vernehmen.

„Nanu, ist die Feier denn noch nicht aus?“ murmelte er verblüfft, setzte sich im Bett auf und lauschte eine Weile. Außer den eigenartig bezaubernden Klängen aber war alles totenstill, kein Gelächter, kein Tanzlärm, keine Gespräche. Das kam ihm unheimlich vor und er weckte seinen Freund.

„Hörst du auch, was ich höre“, fragte er ihn, „oder bin ich betrunken?“

„Ja doch, da wird eine wunderschöne Musik gespielt“, antwortete dieser nach einer Weile des Lauschens. „So habe ich mich also nicht getäuscht!“ triumphierte sein Gefährte. „Doch was soll das jetzt um Mitternacht? Das geht doch nicht mit rechten Dingen zu!“

Nach kurzer Beratung beschlossen die beiden, der Sache auf den Grund zu gehen. Sie standen auf, warfen sich einige Kleidungsstücke über und verließen das Zimmer. Auf dem Gang vernahmen sie die seltsame Melodie noch viel lauter. Vorsichtig schlichen sie in die Richtung, aus der sie kam, und stellten nach einer Weile erstaunt fest, dass sie vor der Türe zur Galerie der Schlosskapelle standen. Ganz deutlich und klar konnten sie jetzt die Musik hören.

„Wird hier mitten in der Nacht eine Messe gefeiert?“ fragte der eine Herr verwundert. Er bückte sich und lugte durch das Schlüsselloch. Alle Lampen in der Kirche waren angezündet und brannten hell und festlich. Menschen aber waren nicht zu sehen. Nachdem sein Freund auch einen Blick hindurchgeworfen hatte, schlug er mit gedämpfter Stimme vor:

„Machen wir doch einfach auf, dann merken wir schon, was los ist!“

Da öffneten sie behutsam die Türe. Im selben Moment jedoch verstummte die Musik, das Licht verlöschte wie von Geisterhand weggewischt und es herrschte mit einem Mal eine beklemmende Stille. Erschrocken blieben die beiden Herren eine Weile stehen und schauten sich betreten an. Als sich nichts weiter ereignete, schlichen sie vorsichtig in ihr Zimmer zurück. Sie schlossen aber die ganze Nacht kein Auge mehr, weil sie dauernd über die eigenartige Begebenheit nachgrübeln mussten. Am nächsten Morgen erwähnten sie ihren Gastgebern gegenüber nichts von ihrem nächtlichen Abenteuer, denn sie fürchteten, nicht ernst genommen zu werden. Als sie aber auf ihrer Rückreise nach München in Andechs einkehrten, berichteten sie einem Klosterbruder, den sie dort kannten, was sich in Schloss Mühlfeld zugetragen hatte.

„Ob das wohl Gespenster waren?“ fragte der Erzähler zweifelnd am Ende seiner Geschichte.

Da lächelte der Mönch und sagte:

„Liebe Freunde, das braucht euch nicht weiter zu beunruhigen. Solche Dinge geschehen oft auf Schloss Mühlfeld. Dort gehen nämlich die Armen Seelen um. Sie spielen des Nachts in der Kirche ihre Musik, doch sie tun niemandem etwas zuleide.“ (Anmerkung 27)

Die Meerfräulein im Ammersee

Man war früher felsenfest davon überzeugt, dass der Ammersee irgendwie durch eine unterirdische Wasserader mit dem Meer verbunden sein müsse. Wie anders sei es sonst zu erklären, dass es im Ammersee Meerfräulein gebe, meinten die Leute.

Diese Meerfräulein sind, laut Sage, besonders häufig im 19. Jahrhundert gesehen worden. Es sind zarte Geschöpfe mit langen Haaren und sehen bis zur Taille wie Frauen und von da abwärts wie große Fische aus. Sie sind gutmütig und freundlich und fügen keinem Menschen Schaden zu. Des Nachts hat man sie oft vom See her seltsame, wenngleich wunderschöne Lieder singen hören.

In der Herrschinger Gegend will eine Schulklasse am hellen Tag einmal solch ein Meerfräulein auf- und untertauchen gesehen haben.

Herrsching am Ammersee um 1820.

Die Waldkapelle am Rieder Holz

In den Jahren 1840-1844 gab es in der Gegend um den Ammersee eine verheerende Viehseuche, bei der die Tiere in Massen erkrankten und verendeten. In ihrer Verzweiflung brachen ganze Dorfgemeinschaften zu Wallfahrten in die umliegenden Gnadenorte auf und flehten dort um Beendigung der schlimmen Seuche, die ihre Lebensgrundlage bedrohte.

Wohl als Erfüllung eines Gelübdes bei Beendigung dieser Heimsuchung, die auch in die Ställe ihres Gutes Ried bei Herrsching Einzug gehalten hatte, ließen die Gutsbesitzer am Weg zwischen Herrsching und Breitbrunn eine kleine Waldkapelle erbauen. Bei der Grundsteinlegung am 27. Juli 1845 wurde von jeder damals in Bayern gültigen Münze ein Exemplar mit eingemauert, ebenso ein Schriftstück mit folgendem Text:

Um den Bau dieser Kapelle zu Ehren Gottes machten sich verdient Johann Baptist Graf, königlicher Centralrat; Ritter vom Orden des hl. Michael, Herr auf Ried; und seine Ehefrau Rosalie, geborene von Krempelhuber.

Noch heute ist die kleine Waldkapelle, die 1846 eingeweiht wurde, ein gern besuchter Ort zum stillen Gebet.

Der heilige Leuthold von Breitbrunn

Breitbrunn am Ammersee war zur Zeit des Dreißigjährigen Krieges ein vielbesuchter Wallfahrtsort. Man verehrte dort einen Mann namens Leuthold, der sein Leben als frommer Pilger verbracht haben und im Rufe der Heiligkeit gestorben sein soll. Wie es heißt, stammte er aus dem Weiler Ellwang zwischen Hechendorf und Breitbrunn. Als er fühlte, dass sein Ende nahe sei, habe er gebeten, seinen Leichnam auf ein Ochsengespann zu legen und ihn an der Stelle zu bestatten, wo dieses von selbst anhalten würde. So soll er nach Breitbrunn gekommen sein.

Fast hundert Jahre lang verwahrte sich die Kirche umsonst gegen diesen Heiligen, den sie nicht anerkannte, weil seine historische Existenz bezweifelt wurde. Obwohl das Ordinariat mehrmals die Wallfahrt zu seinem angeblichen Grabe verboten hatte, kamen immer neue Pilgerscharen.

Als sein Grab am 4. August 1734 geöffnet wurde, fand sich kein Skelett darin, noch irgendwelche Anzeichen, dass sich je hier eines befunden hatte, worauf der Kult von Seiten der Kirche noch heftiger bekämpft wurde und kirchliche Behörden die Reste seines angeblichen Grabes beseitigen ließen, obwohl der Mesner Kirnberger damals gestand, dass die Pilger immer die Erde des Grabes als heilkräftig mit heimgenommen hatten und er es deshalb immer wieder heimlich aufgefüllt habe und so vielleicht das Skelett verschwunden sei.

R. Wünnenberg erklärt das Verschwinden der Reliquien des Heiligen so:

Die Gebeine sollen nach Dießen überführt worden sein. Der Maler Johann Georg Bergmiller nahm dort 1736 einen Seligen Luitpold neben den übrigen frommen Gestalten des Andechser Geschlechts in sein großes Fresko der Chorkuppel auf, in den „Andechser Heiligenhimmel".

Vielleicht, so glauben manche, hat sich in der Legende vom heiligen Leuthold im Volk eine Erinnerung an den Grafen Leupold von Dießen, der 1038 starb, erhalten. Er wird von den Geschichtsschreibern nicht als Heiliger anerkannt, weil keine Urkunden über ihn erhalten sind. In den dauernden Wirren und Kriegen, in welche die Adelsgeschlechter der damaligen Zeit verwickelt waren, gingen aber viele wertvolle Dokumente verloren.

Obwohl er nie heiliggesprochen wurde, scheint dieser Graf Leupold, so es ihn doch gegeben hat, der Sohn des Grafen Friedrich II. von Dießen und seiner Gemahlin Kunigunde und das Vorbild für den heiligen Leuthold gewesen zu sein.

Der Jaudesberg bei Breitbrunn

Eine Anhöhe bei Breitbrunn, oberhalb des Erholungsheimes Seeheim hieß einst „Jaudesberg". Hier wurde nämlich in früheren Zeiten ein an mehreren Orten Bayerns üblicher, unschöner Brauch gepflegt. Jeweils am Karfreitag eines Jahres wurde eine Strohpuppe, die Judas Iskariot, den Verräter Jesu, darstellen sollte, auf einem Scheiterhaufen verbrannt (Anmerkung 28). Später, als der unchristliche Brauch abkam, weil kirchlich und polizeilich (um 1800) verboten, wurde die Anhöhe in „Königsberg" – nach König Ludwig I. – umbenannt.

Ab 1913 stand hier oben ein Aussichtsturm mit Sternwarte, bis er 1974 wegen Baufälligkeit abgebrochen werden musste.

König Ludwig I. von Bayern.
Gemälde von J. Stieler 19. Jh.

Der Seedonner

In manchen Jahren, wenn es im Winter so bitterkalt wird, dass sogar der weitflächige Ammersee von einer Eisschicht überzogen ist, kann man dort in den Nächten, in denen die Witterung umschlägt, ein eigenartiges, drohendes Krachen und von Zeit zu Zeit ein ganz unheimliches Donnern vernehmen. Dann entstehen mit einem Mal lange, gefährliche Risse im Eis und an manchen Stellen schieben sich die Schollen übereinander.

„Der See grölt wieder!“ flüsterten sich die Fischer bei diesen Geschehnissen früher erschrocken zu. Sie hatten große Angst, denn sie glaubten, der See sei aus irgendeinem Grund unzufrieden mit ihnen und rufe nach einem Menschenopfer. Lange Zeit wagte sich dann niemand auf das feindliche Gewässer hinaus.

Erst, wenn irgend jemand den nassen Tod gefunden hatte, sei es ein Kind beim Spielen auf dem Eis oder ein unvorsichtiger Fischer, wenn also der See sein „Opfer“ hatte, dann ließ die Furcht nach, und die Leute fuhren wieder wie sonst auf das Wasser hinaus.

Der verbrannte Stock

Die Alten erzählten sich in den langen Winterabenden manch seltsame Geschichte vom Ammersee. Einige von ihnen führten den Fischreichtum darin auf drei sagenhafte Fräulein zurück, die vor undenklichen Zeiten in der Nähe des Sees, der sich damals noch viel weiter erstreckte als heute, gewohnt haben sollen. Sie verfügten, so heißt es, über geheimnisvolle Kräfte. Einst sprach eine von ihnen den Wunsch aus, der Ammersee möge voll von Fischen sein. Kaum hatte sie dies gesagt, da tummelte sich auch schon eine unzählbare Menge davon im Wasser.

Viele Fischer haben sich seither um den Ammersee angesiedelt. Fleißig gingen sie ihrem Beruf nach, fuhren so oft sie konnten mit ihren Booten hinaus und brachten fast immer reiche Beute heim. So gelangten sie bald zu Wohlstand.

Einmal nun, es war an einem hohen Fest der Christenheit, begaben sich einige von ihnen auf den See zum Fischen hinaus, obwohl sie an diesem Feiertag nicht hätten arbeiten dürfen. Als sie den Stock ins Wasser steckten, an dem sie das Boot festbinden wollten, schlugen plötzlich helle Flammen daraus hervor. Vor ihren entsetzten Augen verbrannte er von der Spitze bis herunter zu der Stelle, wo er ins Wasser tauchte.

Von einer tiefen Furcht ergriffen suchten die Fischer das Weite. Seither haben die Männer niemals wieder einen Feiertag missachtet.

Der Taucher im Ammersee

In einer alten Sage heißt es, dass auf dem Grund des Würmsees (Starnbergersees) eine riesige Schlange schlafe. Die Neugier ließ den Menschen am Ammersee nun keine Ruhe und sie versuchten zu erforschen, was sich in den Tiefen dieses Gewässers verberge. Niemand aber hatte den Mut, hinabzutauchen und nachzuschauen. Nun geschah es einmal vor langer Zeit, dass ein Mann durch eine ruchlose Tat sein Leben verwirkt hatte. Da stellte ihn der Richter vor die Wahl, sich entweder in einem Glassturz auf den Grund des Sees hinabzulassen und ihn zu erkunden oder aber sogleich den Tod am Strang zu sterben. Der Verbrecher fürchtete sich zwar genau wie alle anderen vor dem tiefen Wasser, doch er dachte:

„Entscheide ich mich für den Galgen, so muss ich auf jeden Fall sterben. Wähle ich jedoch die Glaskugel, so besteht noch eine geringe Hoffnung, dass ich mit dem Leben davonkomme."

Und er erklärte sich bereit, die Sache zu wagen.Sogleich wurden geschickte Handwerker beauftragt, für das Abenteuer eine Glocke

Ammerseebucht um 1820.

aus Glas anzufertigen.Sie musste groß genug sein, dem Verurteilten ausreichend Luft zu gewährleisten und ihm die Möglichkeit zu geben, rundum alles zu sehen, was sich in der Tiefe ereignete. Zudem musste sie so dicht sein, dass kein Wasser eindringen und dadurch den Plan gefährden konnte. Nach vielen Versuchen gelang es endlich, einen Glassturz herzustellen, der den Anforderungen entsprach.

Da ließ man in allen Dörfern rund um den Ammersee verkünden, wann und wo der Versuch, das Gewässer zu erkunden, gewagt werden sollte. Tausende von Schaulustigen kamen an dem festgesetzten Tag zusammen, um Augenzeugen des mutigen Unterfangens zu sein. Unter tosendem Beifall wurde der Verurteilte vorgeführt und zu einem großen Boot gebracht, auf dem die Glocke bereitstand. Er musste in das durchsichtige Gehäuse steigen, dann machten sich fünf Männer daran, es wasserdicht zu verschließen, indem sie alle Ritzen mit Wachs und Pech verklebten. Nachdem diese schwierige

Arbeit beendet war, banden sie lange, schwere Taue an einen Ring oben am Glassturz und ruderten auf den See hinaus. Dort hoben sie ihn vorsichtig über Bord und ließen ihn, nachdem sie ihn mit Blei beschwert hatten, ins Wasser hinabgleiten, so weit die Seile reichten. Nun warteten die Männer eine geraume Weile und zogen die Glocke mit dem Verbrecher wieder herauf.

In atemloser Stille verfolgten die Zuschauer vom Ufer aus alle diese Vorgänge. Als der Glassturz wieder aus dem Wasser auftauchte, ging ein erregtes Raunen durch die Menge und alle wollten sehen, was mit dem Mann darin geschehen war.

Dieser lag leichenblass, mehr tot als lebendig in dem Gehäuse und der Angstschweiß stand ihm auf der Stirne. Als er aus seinem gläsernen Gefängnis befreit war, war er noch lange Zeit nicht fähig, die Fragen, die ihm von allen Seiten gestellt wurden, zu beantworten. Erst als er ein starkes, heißes Getränk zu sich genommen hatte, berichtete er mit vielen Unterbrechungen, in denen er die Luft tief in seine Lungen einzog, als könne er vom Atmen nicht genug bekommen:

„Dem Himmel sei Dank, der mich wieder ans Licht zurückkehren ließ. Ich hatte schon geglaubt, nie mehr die Sonne zu erblicken. Als ich ins Wasser tauchte, war erst eine sanfte Bläue um mich. Dann wurde es ganz grün und als ich noch tiefer kam, umgab mich stockdunkle schwarze Nacht. Nichts, aber auch gar nichts konnte ich erkennen, so unheimlich und undurchdringlich war die Finsternis.“

Wieder atmete der Verurteilte lange und tief, um neue Kraft für seine Erzählung zu schöpfen. Schweigend verharrte die gespannt lauschende Menge. Endlich redete der Mann weiter.

„In meinen Ohren dröhnte es“, schilderte er, „und in meinem Kopf war ein so gewaltiges Summen, dass ich glaubte, er würde zerspringen. Dann kreiste auf einmal alles vor meinen Augen wie in einem wilden Wirbel und fast wahnsinnig vor Angst warf ich mich auf den Boden. Da vernahm ich eine grauenerregende Stimme, die drohend grollte:

‚Ergründ'st du mich, so verschling ich dich!’

Mehr weiß ich nicht, denn dann schwanden mir die Sinne.“

Dies berichtete der Verurteilte. Das Volk ringsum aber wurde von einem großen Schrecken ergriffen. Einige weise Männer traten zusammen und beschlossen, alle Jahre am Ammersee eine hl. Messe lesen zu lassen und einen goldenen Ring als Opfer ins Wasser zu werfen. So hoffte man, den See zu besänftigen. Sonst, so fürchtete man, würde er über seine Ufer treten und das ganze Land überschwemmen.

Die verschwundene Kirche von Buch

Die Gemeinde hat erst 1742 auf ihre Kosten ein kleines Kirchlein für ihre Nachmittage Andacht zu Ehren der Himmelfahrt Mariä erbauet, nachdem von der Alten nichts mehr, als die Sage übrig war, daß jemals eines dagestanden seye… schreibt Josef Dillitzer zu Beginn des 19. Jahrhunderts.

Im Jahr 1962 wurden bei Straßenbauarbeiten an der Stelle Gräber aus der Merowingerzeit gefunden, die diese alte Sage, dass hier einst eine Kirche stand, bestätigen.

Das Kaiserhaus von Inning

Nachdem Heinrich II. von Papst Benedikt VIII. 1014 in Rom zum Kaiser gekrönt worden war, besuchte der Papst sechs Jahre später den Kaiser – mit dem ihn ein geradezu freundschaftliches Verhältnis verband – und dessen Gemahlin Kunigunde (Anm. 29) in Bamberg. Als Gastgeschenk brachte er zwei der drei Heiligen Hostien mit, die sich heute in Andechs befinden. Bei seinem 3. Feldzug nach Italien soll der Kaiser am 15. November 1021 mit einem 60.000 Mann starken Heer in Inning übernachtet haben, das Heer in einem Feldlager, der Kaiser in dem Haus, an dem sich heute das Gemälde befindet.

Fresco am Kaiserhaus in Inning. Foto von Heinz Schinzel

Die Rettung des Grafen Berthold aus Seenot

Vor mehr als tausend Jahren, als der Ammersee noch bis Kottgeisering, das damals Geising hieß, reichte, unternahm Graf Berthold von Dießen-Andechs, ein Vorfahre des später so berühmten Grafen Rasso, an einem schönen Sommertag eine Kahnfahrt über den Ammersee. Er befand sich mitten im See, als das Wetter mit einem Mal umschlug. Ein schreckliches Gewitter zog auf, das mit Blitz, Sturm und Hagelschlag den ruhigen See plötzlich in eine entfesselte Naturgewalt verwandelte.

Die Fischer von Geising sahen die Not des edlen Herrn, aber keiner wagte sich auf das wild schäumende Gewässer. Da sprang ein junger Mann – sein Name war Wirint – in seinen Kahn und eilte dem Schiffbrüchigen zu Hilfe. Unter eigener Lebensgefahr gelang es ihm, den Grafen in sein Boot zu ziehen und ihn zurück zum Ufer zu bringen.

Zum Dank für diese Heldentat ernannte Berthold den jungen Wirint zu seinem Fischermeister.

Die verschwundene Burg von Mauern

Einst soll in dem schon zur Römerzeit bestehenden Ort Mauern eine Burg gewesen sein, wo genau, das weiß heute aber niemand mehr. Wolfgang Völk schreibt:

In mauern, das seinen Ortsnamen vom lateinischen „murus" hat, weil einst auf dem Berg römische Wachhäuser mit Legionären darin standen, um die beiden römischen Verbindungsstraßen nach Schöngeising und nach Gauting über Weßling zu beschützen (vgl. S. 37), *stand auch eine Burg. Doch weiß man nicht genau, war die Burg auf dem Vogelberg hoch über dem kleinen Dorf mit Kapelle (dem Römerheiligen Georg geweiht) oder war sie gleich hinter der Villa des einstigen Gutsbesitzers Gustav Edler von Reiningshausen.*

Wo der hl. Rasso geboren wurde

Widersprüchliche Legenden knüpfen sich an die Geburt des Grafen Rasso aus dem Geschlecht von Andechs-Dießen, der später in der Geschichte große Berühmtheit erlangte. A. Schöppner schreibt Mitte des 19. Jahrhunderts nach einer mündlichen Überlieferung:

Zwischen den Dörfern Mühlhausen und Gerezhausen in der Nähe des Städtchens Landsberg sieht man einen Burgsel (Burgstall). *Am Fuß dieses Berges, am Weg, der von Mühlhausen nach Gerezhausen führt, steht eine steinerne Säule, in der eine Tafel eingeschlossen ist, die das Bild des hl. Rasso oder Ratho, Grafen von Andechs-Dießen, enthält, bei dem sich auch eine Frau aufgezeichnet findet, die dessen Mutter darstellt. Die Säule mit dem beschriebenen Bild ist merkwürdiger, als man glaubt. Das Volk der Gegend ist allgemein der Meinung, daß hier der heilige Rasso oder Ratho geboren sei. Seine Mutter sei nämlich vor der Grausamkeit ihres Ehegemahls Rathold geflohen, um sich unter den Schutz ihres Bruders zu stellen, der zu jener Zeit Pfarrherr in Gerezhausen gewesen ist. Da sie hoch schwanger war, konnte sie das Dorf Gerezhausen und auch die nahe gelegene Burg nicht mehr erreichen und gebar einen Sohn, der den Namen Rasso oder Ratho erhielt. Dies ist der so mächtige und berühmte Graf Ratho, der in Bayern als ein Heiliger verehrt wird.*

Noch wallfahren manche Bewohner des Lechrains zu dieser Säule, wie auch jene, die die Begräbnisstätte des heiligen Grafen Ratho besucht haben, im Nachhausegehen öfter bei seiner Geburtsstätte haltmachen und hier ihre letzte Andacht verrichten.

Im Münchner Merkung stand dagegen im Juli 1957 in einem Artikel über den Heiligen zu lesen:

...Wenn alle Begebenheiten im Leben dieses großen Streiters auch bekannt sind, die Geburtsstätte St. Rassos ließ sich nicht ermitteln. Es bestand wohl eine mündliche Überlieferung, aber es fand sich keiner, der der Sache nachging.

In einem Leserbrief zu diesem Artikel wird darauf hingewiesen:

...Kaum glaublich erscheint auch, daß der Graf von Hohenwarth ein kümmerliches Leben als Landpfarrer geführt hätte. Vielmehr ist anzunehmen, daß eine unbemittelte Bauersfrau an dieser Stelle überraschend ihr Kind gebar. In ihrer Bedrängnis habe sie St. Rasso um Hilfe angerufen und ihm aus Dankbarkeit für die gute Geburt eine Steinsäule setzen lassen. St. Rasso ist auf der steinernen Säule als Helfer in der Not dargestellt.

Dazu sei die Frage gestellt, woher wohl eine „unbemittelte Bauersfrau“ das Geld für solch eine Säule hätte nehmen können. Und warum soll der Graf von Hohenwarth nicht als einfacher Landpfarrer gewirkt haben? Auch der berühmte Graf Rasso scheute sich nicht, als einfacher Laienbruder den Rest seines Lebens in einem Kloster zu verbringen! Heimatpfleger Wolfgang Völk, der viel über Graf Rasso geforscht hat, schreibt dazu:

Der Gedenkstein aus Sandstein trägt die Inschrift. Geburtsstätte des hl. Rasso. Auf dem Bild ist der hl. Rasso in Ritterrüstung inmitten der Wolken und unter ihm eine betende Frau. Nach Aussagen der Bevölkerung soll es die Mutter des hl. Rasso sein. Am Christi-Himmelfahrtstag (1954) wurde eine in der Nähe des Gedenksteines

Hl. Rasso von Grafrath.
Kupferstich aus Bavaria Sancta (1615/1627)

neu erbaute St. Rasso-Kapelle auf dem Berg des Burgstallwäldchens eingeweiht. Die Eltern der Mutter des hl. Rasso sollen hier ehedem ihre Burg gehabt haben. Die Fluren des Burgstallwäldchens sind durchwegs Wiesen... Noch heute heißt eine davon „die Grafrather".

Dr. Bruno Schweizer, der sich viel mit Graf Rasso und seiner Geschichte beschäftigt hat, schreibt 1950 zu diesem Thema:

...mit dem Vater des Hl. Rasso... dem als grausam geschilderten Radhold von Dießen, der seine Gemahlin Adalona kurz vor der Geburt ihres Sohnes Rathbot verstieß, so daß sie auf freiem Felde bei Gerezhausen gebären mußte (Anmerkung 30). *Radhold fiel in der Ungarnschlacht bei Preßburg 902* (nach anderen Quellen 907) *mit der Elite des bayerischen Uradels.*

Unwahrscheinlich ist also nicht, was uns die Sage über mehr als tausend Jahre hinweg überliefert.

Die Klostergründung von Grafrath

Nach schweren, blutigen Kämpfen war es Graf Rasso von Andechs-Dießen gelungen, die Hunnen aus Bayern zu vertreiben (Anmerkung 31). Da unternahm der fromme Ritter – wie es damals üblich war – eine Pilgerfahrt nach Jerusalem. Er wollte dort Gott für seine Hilfe danken und an heiliger Stätte Reliquien für sein Heimatland holen. Reich beladen kehrte er von dieser abenteuerlichen Reise zurück. Damit die wertvollen Schätze sicher untergebracht werden konnten, entschloss er sich, ein Kloster zu bauen und sie den Mönchen, die es bewohnen würden, anzuvertrauen.

„Ich werde das Kloster dort errichten, wo meine Lanze niederfällt!" sprach er, als er auf seiner „Altenburg" angekommen war. Weil ihn die Gegend um Wildenroth an der Amper so sehr an Bethlehem erinnerte, schleuderte er die Waffe in diese Richtung.

Rasso aber war bärenstark wie kein Zweiter unter der Sonne. Sausend durchschnitt die Lanze die Lüfte und flog so weit, als wolle sie überhaupt nicht mehr zur Erde zurückkommen. Erst im Ampermoos draußen, nahe bei Wildenroth, fiel sie nieder.

Der fromme Graf baute an der Stelle, die ihm durch die Waffe

„Im Kloster Werdt der groß Graf Rath
Den großen Schatz verwahret hat.“

bezeichnet worden war, ein Kloster (Anmerkung 33), in das er später selbst als einfacher Mönch eintrat. Er liegt auch dort bestattet.

Noch heute stehen die Besucher der Grafrather Kirche in ehrfürchtigem Erstaunen vor dem Grab des berühmten Ungarnhelden, der wahrhaftig ein Riese gewesen sein muss, weil sein Gebein in dem Sarkophag über acht Fuß, also mehr als 250 cm, lang ist.

Ein Jahr nach dem Tod Rassos fielen die Hunnen erneut in Bayern ein. Das Kloster ihres ehemaligen Bezwingers wurde ein Raub der Flammen. Da brachte die Familie des Grafen die Reliquien, die er gesammelt hatte, in das Stammhaus nach Andechs, wo sie sich zum Teil noch heute befinden (Anmerkung 33).

Die Ratzen- oder Rassoburg

Einst stand auf dem Kapellenberg bei Wildenroth, hoch über der Amper, eine alte Burg. Sie soll dem Gaugrafen Rasso, dem Bezwinger der Ungarn, gehört haben und nach seinem Tod im Jahre 955 von diesen aus Rache zerstört worden sein. Später befand sich dort die Marschallenburg der Herren von Wildenroth, die vermutlich mit den Herren von Althegnenberg verwandt waren und als Marschalle und Truchsesse (Anm. 34) des bairischen Herzogtums bis zum Jahre 1388 mehrfach in Schriftstücken erwähnt werden. Heute ist an der Stelle der Ratzenburg noch ein Burgstall sichtbar (Anm. 35).

„Razzoburg“ in Wildenroth. Ausschnitt aus Votivbild von 1773

H. S.

Das Ulrichsbrünnlein bei Grafrath

„Graf Rasso ist tot!" Als diese Nachricht ins Ungarnland gedrungen war, brach dort ein großer Jubel aus. Sofort rüsteten die Hunnen ein riesiges Heer aus, um sich für die Niederlagen zu rächen, die ihnen dieser berühmte Kriegsheld beigebracht hatte. Raubend und mordend durchzogen sie Bayern, denn sie wollten vor allem mit Bischof Ulrich von Augsburg, dem besten Freund Rassos, abrechnen.

Auf ihrem Weg in die alte Lechstadt kamen sie auch nach Grafrath. In wildem Hass zerstörten sie dort alle Besitztümer ihres verstorbenen Bezwingers, vergifteten die Brunnen, brannten die Häuser nieder und quälten die Bewohner auf unmenschliche Art oder ermordeten sie. Das Grab des hl. Rasso aber fanden sie, wie mit Blindheit geschlagen, nicht.

Als sie endlich weiterzogen, hatten sie die blühende Landschaft in eine sterbende Gegend verwandelt, die verzweifelt nach unverseuchtem Wasser dürstete.

Bald darauf erreichten die Hunnen Augsburg. Dort wurden sie bei der Schlacht auf dem Lechfeld (Anmerkung 36) von Bischof Ulrich und Kaiser Otto vernichtend geschlagen. In wilder Flucht traten sie den Rückzug an.

Bei der Verfolgung der Feinde kam Bischof Ulrich auch durch die zerstörte Heimat seines Freundes Rasso. Mit Trauer und Entsetzen sah er das große Elend der übriggebliebenen Einwohner, die zu allem Unglück auch noch kein Wasser hatten, weil sämtliche Brunnen vergiftet waren. Von dieser Not zutiefst angerührt, warf sich der Kirchenfürst zu Boden und flehte inständig zu Gott:

„Herr, erbarme Dich des armen Volkes", rief er, „lasse gutes Wasser aus der Erde quellen und bereite dem Unheil ein Ende! Erbarme Dich, o Herr, erbarme Dich!"

Da öffnete sich der Boden, und zum höchsten Erstaunen der Anwesenden sprudelte frisches, kristallklares Wasser hervor. Über dieses Wunder gerieten alle in große Freude. Jubelnd fielen sie einander in die Arme, labten sich dann an dem ersehnten Nass und priesen laut die Güte und Macht Gottes. Der Legende nach soll sich der letzte, noch nicht getaufte Bewohner der Gegend daraufhin zum Christentum bekehrt und an dieser Quelle taufen lassen haben.

Die Quelle ist seither nie versiegt. Bald fassten die Leute sie in einen Brunnen und nannten diesen aus Dankbarkeit „Ulrichsbrünnlein“ (Anmerkung 37).

So heißt er bis auf den heutigen Tag.

Der Schimmel ohne Kopf

Ein Sattler hatte einst im Ampergebiet nahe beim Ammersee gearbeitet und war erst spät am Abend fertig geworden. Als er sich endlich auf den Heimweg machte, war die Dunkelheit schon hereingebrochen. Doch das störte ihn wenig. Er war ein Mann, der mit beiden Beinen auf der Erde stand und weder abergläubig noch furchtsam war. Die Einsamkeit, die drohend über den nachtdunklen Wäldern und den vom Mond in gespenstisches Licht getauchten Wiesen lastete, schreckte ihn ebenso wenig wie unheimliche Geschichten, die ihm über diese Gegend zu Ohren gekommen waren.

Munter schritt er vorwärts und dachte freudig an zu Hause, wo ihn seine junge Frau, die er erst vor kurzer Zeit geheiratet hatte, sicher schon sehnsüchtig erwartete. Als er gerade überlegte, was sie ihm wohl Leckeres gekocht haben könnte, wurde seine Aufmerksamkeit durch ein sonderbares weißes Wesen gefesselt, das plötzlich in der Ferne erschienen war und sich ihm zu nähern schien.

„Nanu, was ist denn das?“ Der Mann schüttelte den Kopf voller Verwunderung und er blieb neugierig stehen, um es genauer beobachten zu können.

Das unbekannte Etwas näherte sich ihm in völliger Lautlosigkeit, aber mit geradezu unheimlicher Geschwindigkeit. Als es nicht mehr weit entfernt war, erkannte der Sattler, dass es sich um einen riesenhaften Schimmel handelte, der ohne Kopf durch die Gegend raste.

„Um Gottes willen, der Gespensterschimmel!“ Während dem Mann dies klar wurde, erschrak er bis ins Herz und seine Knie wurden ihm weich vor Entsetzen. Er stand wie gelähmt, und kalter Schweiß brach ihm aus allen Poren. Wie oft hatte er die Leute von diesem unheimlichen, grausamen Geist erzählen hören! Er hatte ihre Geschichten immer nur lachend als „Hirngespinste“ abgetan. Und nun raste das „Hirngespinst“ unbeirrbar und mit tödlicher Sicherheit auf ihn zu, obwohl es ihn ohne Augen ja eigentlich nicht hätte sehen dürfen.

Immer näher kam das kopflose weiße Ross, das in Wirklichkeit noch grausiger und furchterregender war, als es sich der Sattler, den Schilderungen nach, vorgestellt hatte. Fast hatte es ihn schon erreicht. Da, in seiner höchsten Not, kam ihm in den Sinn, was eine uralte Frau als Mittel gegen den höllischen Spuk empfohlen hatte:

„Wenn man dem Geisterschimmel begegnet“, so hatte sie mit geheimnisvoller Stimme geraunt, „muss man sich augenblicklich zu Boden werfen, Arme und Beine überkreuzen und beten, so innig man kann. Dann kann einem das böse Gespenst nichts anhaben.“

Damals hatte er über die wunderliche Alte gelacht. Nun aber befolgte er unverzüglich ihren Rat. Ohne Rücksicht auf seine Kleidung warf er sich zu Boden, drückte das Gesicht in die schlammige Erde und überkreuzte Arme und Beine. Am ganzen Körper vor Angst schlotternd, stammelte er in wirrer Reihenfolge alle Gebete, die ihm in den Sinn kamen. Jeden Augenblick fürchtete er, von den riesigen, scharfen Hufen des Gespensterpferdes zermalmt zu werden.

Da tat es auf einmal einen so schrecklichen Knall, dass der arme Mann meinte, sein letztes Stündlein sei gekommen. Er presste sein Gesicht noch tiefer in die Erde und wartete zitternd auf den Tod.

Doch es geschah nichts weiter.

Lange verharrte er regungslos in der unbequemen Stellung und wagte nicht, sich zu erheben. Dann endlich lugte er vorsichtig zwischen den Armen durch und sah zu seiner unsagbaren Erleichterung, dass der kopflose Geisterschimmel verschwunden war.

Da rappelte er sich auf und rannte nach Hause, so schnell er konnte. Nicht ein einziges Mal blieb er stehen, um zu verschnaufen. Völlig erschöpft und verschmutzt langte er endlich dort an. Seiner Frau, die ihn schon in großer Sorge erwartet hatte, erzählte er stammelnd, was ihm zugestoßen war. Da knieten beide im Herrgottswinkel nieder und dankten Gott für seine Errettung.

„Du kannst von Glück sagen, dass du gleich das Richtige getan und dich unter den Schutz des Allerhöchsten gestellt hast“, bestätigten ihm die Leute, denen er am anderen Morgen sein schreckliches Abenteuer mitteilte. „Sonst wärst du nicht mit dem Leben davongekommen. Der Schimmel ohne Kopf hätte dich mit seinen messerscharfen Hufen zu Tode getrampelt!“

Seit diesem Erlebnis lachte der Sattler nicht mehr über geheimnisvolle Geschichten vom Ampermoor und er vermied es ängstlich, erst bei Anbruch der Dunkelheit nach Hause zu gehen (Anm. 63).

Inning. Lithographie von Johann Babtist Dilger um 1840

Der betrogene Teufel bei Inning

Zwischen Grafrath und Inning liegt mitten auf einer einsamen Wiese ein riesiger Felsbrocken. Zu zwei Dritteln steckt er in der Erde, ein Drittel ragt daraus hervor. Er wird nur der „Teufelsstein" genannt. Diese Bezeichnung verdankt er einer Sage, die sich die Einheimischen von ihm erzählen.

Die schöne Kirche von Grafrath war dem Teufel seit ihrer Erbauung ein Dorn im Auge. Er ärgerte sich jedes Mal von neuem, so oft er ihrer ansichtig wurde. Da beschloss er eines Tages, sie vom Erdboden zu vertilgen. Er begab sich in die Alpen, um dort einen geeigneten Felsbrocken zu holen, mit dem er das Gotteshaus mit einem Schlag zertrümmern könnte. Nach langem Suchen hatte er endlich einen gefunden, der ihm zusagte. Er wuchtete ihn auf seine Schultern und machte sich damit auf den Weg nach Grafrath.

Es war ein drückend heißer Sommertag. Der Beherrscher der Hölle, der doch einiges an Hitze gewöhnt sein musste, schwitzte unter der schweren Last derartig, dass ihm das Wasser in Strömen herunterlief, als wolle es sein schwarzes Gesicht mit aller Gewalt reinwaschen. Weil er, von dem Stein tief niedergebeugt, nicht auf den Weg achten konnte, verirrte er sich kurz vor seinem Ziel.

Als er bemerkte, dass er Grafrath nicht und nimmermehr finden konnte, lud er den Felsbrocken auf einer Wiese im Wald ab, um sich ein wenig Ruhe zu gönnen. Erschöpft ließ er sich darauf niederfallen und wischte sich den Schweiß von der Stirne.

Da kam eine alte Bäuerin den Weg entlang gehumpelt. Sie hatte einen Korb mit zerrissenen Schuhen auf dem Rücken, die sie zum Schuster bringen wollte. Sie erschrak zutiefst, als sie sich so plötzlich dem Leibhaftigen gegenübersah, der auch nicht einmal so viel Schamgefühl besaß, seinen hässlichen, behaarten Bocksfuß zu verbergen.

„Heilige Muttergottes, steh mir bei!" murmelte das Weiblein und bekreuzigte sich hastig.

Dabei versuchte es, sich möglichst unbemerkt an der gefährlichen Stelle vorbeizudrücken. Doch gerade, als es glaubte, dies glücklich geschafft zu haben, schaute der Teufel auf. Er war hocherfreut, jemanden zu treffen, den er nach dem Weg fragen konnte. Sich auf seine besten Manieren besinnend, zog er höflich sein grünes Hütchen und flötete:

„Gute Frau, sagt, bin ich hier auf dem richtigen Weg zur Grafrather Kirche?"

„Was will denn der Höllische in unserer Kirche?" dachte das Weiblein empört. „Das wird bestimmt nichts Rechtes sein! Ich werde ihm eins auswischen!"

Und obwohl er gar nicht mehr weit hätte gehen müssen, schlug sie in gespieltem Entsetzen die Hände über dem Kopf zusammen und rief:

„Oh je, da seid Ihr ja in die ganz falsche Richtung gelaufen, fremder Herr! Seht, ich komme aus Grafrath und alle diese Schuhe hier habe ich schon durchgelaufen, so weit ist der Ort noch entfernt. Da kommt Ihr heute gewiss nicht mehr hin!"

Bei diesen Worten trat sie mutig auf ihn zu und zeigte ihm den Inhalt ihres Korbes. Da überkam den Teufel, der beileibe keine Lust mehr verspürte, den tonnenschweren Stein in der Bruthitze noch lange herumzuschleppen, eine solche Wut, dass er sich schier selbst hätte zerreißen können. Ohne sich zu besinnen, packte er den Felsbrocken und schleuderte ihn mit aller Kraft auf den Boden. Dabei fluchte er gotteslästerlich.

Er hatte aber mit solcher Wucht geworfen, dass der schwere Stein weit in die Erde fuhr und nur noch ein Stück davon daraus hervorragte. Auf diesem trampelte der Teufel eine Weile, außer sich vor Zorn, herum und verschwand dann in einer Wolke von Rauch und Gestank. Da lächelte das alte Weiblein pfiffig und setzte vergnügt seinen Weg fort.

Seit dieser Zeit aber heißt der Felsbrocken zwischen Inning und Grafrath bei den Leuten nur noch „Teufelsstein" (Anmerkung 39).

Blick auf Stegen.
Dominikus Hummel um 1800

Die Mooskuh im Ampermoor

In dem großen Moor, das sich einst zwischen Stegen am Ammersee und Grafrath erstreckte, hauste vor Zeiten ein unheimliches Gespenst. Obwohl kein Mensch es jemals gesehen hatte, zweifelte doch niemand an seinem Dasein. Viele hatten nämlich seine Stimme vernommen und waren nur durch eilige Flucht einem schrecklichen Schicksal entronnen. Manch fremder Wanderer aber, der die Gefahren der Gegend nicht kannte, ist, so erzählt die Sage, dem schauerlichen Geist zum Opfer gefallen. So hat sich oft einer noch des Nachts, wenn ringsum Dunkelheit herrschte und nur die Irrlichter schemenhaft über das Moor huschten, auf den Weg gemacht, ohne auf die Warnungen der Einheimischen zu hören.

Da konnte es geschehen, dass er mit einem Mal, ganz in seiner Nähe, das angstvolle Brüllen einer verirrten Kuh hörte. Wenn er dann mitleidig dem verzweifelten Ruf folgte, um das arme Tier zu retten, rannte er blindlings in die tödliche Falle des bösartigen Gespenstes. Er konnte die vermeintliche Kuh niemals erreichen, obwohl es ihm dauernd schien, als befände sie sich nur einige Schritte vor ihm.

Immer weiter lockte der grausame Spuk auf diese Weise sein Opfer vom Weg ab, bis es den festen Boden verlor, von dem sumpfigen Morast festgehalten und rettungslos in die Tiefe gezogen wurde.

Viele Menschen wurden, nachdem sie eines Abends das Moor betreten hatten, niemals mehr gesehen. Und wenn die Einheimischen des Nachts das unheimliche Brüllen der Geisterkuh über die verrufene Gegend hallen hören, dann bekreuzigen sie sich und denken schaudernd an den Unglücklichen, der von dem teuflischen Spuk ins Verderben gelockt wird (Anmerkung 40).

Stegen am Ammersee.
Dominikus Hummel um 1800

Gräber aus der Vorzeit bei Stegen

Dort, wo die Amper aus dem Ammersee fließt, bei Stegen, führte schon zur Zeit der Römer und im Mittelalter eine Brücke über den Fluss, die strategisch sehr wichtig war. Ein paar Anwohner, ein Wirt und ein Fischer hatten sich hier angesiedelt. Es ging früher die Sage, das sich im Wald des Stegener Berges Römergräber voller Schätze befänden (Anmerkung 41).

Auf diese Sage hin wurden im Jahr 1887 sechs der Grabhügel geöffnet, um die Schätze zu heben. Dabei stellte sich heraus, dass die untersten Schichten der Gräber sogar noch aus der jüngeren Bronzezeit (vor 750 v. Chr.) stammten, wie anhand der Grabbeigaben von Schmuck oder Waffen festgestellt werden konnte. Die Schichten darüber konnten der Hallstattzeit (750-500 v. Chr.) und der La-Tène-Zeit (500-15 v. Chr.) zugeordnet werden.

Die Pestkapelle von Eching

Der Schwarze Tod, die furchtbare Geißel, die unzählige Menschen dahinraffte und manche Orte nahezu zum Aussterben brachte, machte auch vor den einsam gelegenen Dörfern am Nordufer des Ammersees nicht halt (Anmerkung 42). Etwas außerhalb des Ortskerns von Eching, an der ehemaligen Landsberger Straße, befindet sich eine Kapelle, die an diese schreckliche Zeit erinnern soll und aus Dankbarkeit für das Erlöschen der Pest errichtet wurde. Die drei Pestheiligen Sebastian, Rochus und Wendelin sind darin dargestellt.

Auf einer Tafel steht geschrieben: *Als die laidige Sucht der Pest alda starckh Eingerissen, umb Abwendung derselbigen diese Capellen und Altär auf Ihrem aignen gmains fleckhen auf Richten und bauen lassen, geschehen 1560. Jahr.*

Daneben steht eine Pestsäule vom Jahr 1546, die zum Dank für das Aufhören einer schrecklichen Viehseuche aufgestellt wurde.

Das Armenseelen-Opfer am Ammersee

Früher hatten die Leute vor den Toten Angst und glaubten, ihnen Opfer bringen zu müssen, um sie zu besänftigen; ein Denken, das wohl auf eine Urangst aus der heidnischen Zeit zurückgeht, die das Christentum nicht völlig beseitigen konnte.

Eine alte Frau, die am Ammersee lebte, berichtete 1923 darüber noch dem Sagenforscher Bruno Schweizer aus Dießen:

Früher hat man nach altem Brauch gekocht und nicht nach städtischer Art. Aber am Samstag wurden immer – alle Samstag – kleine Nudel gebacken. Das war ein „Almosen für die Armen Seelen". Solche kleine Nudel aus Teig, die hat man ins Feuer geworfen und dabei hat man sagen müssen: „Für die arma Seala!" Das haben halt die älteren Leut erzählt" (Anmerkung 43).

Früher wurden am Allerseelentag auch sog. Seelenbretzeln, Allerseelenzöpfe oder Krapfennudeln auf die Gräber gelegt oder auf die Grabkreuze gesteckt. Auch dieser Brauch ist als ein überkommener Rest alter heidnischer Totenopfer anzusehen. Man sagte früher auch „etwas für die Armen Seelen übriglassen" wenn jemand nicht aufaß, und Speisereste auf seinem Teller zurückblieben.

Das Sühnekreuz bei Greifenberg

An der Ausfahrt Greifenberg der Autobahn von München Richtung Lindau befand sich an der Stelle, wo die Straße nach Türkenfeld von der weiter nach Landsberg führenden Landstraße abzweigt, auf der rechten Seite eine prächtige Linde mit einem Feldkreuz darunter. Vor dem Feldkreuz, halb im Boden versunken, war ein uraltes steinernes Sühnekreuz. Es deutete darauf hin, dass hier einst eine Bluttat geschehen ist, die der Schuldige durch das Aufstellen eines

Kreuzes sühnen wollte. Im Landkreisbuch von Landsberg (Anmerkung 45) steht darüber:

Aus dem Mittelalter stammen zwei Steinkreuze in der Greifenberger Flur, die zur Sühne für Totschlag errichtet werden mussten.

Früher wurde ein Mord oder ein Totschlag nicht unbedingt mit der Todesstrafe geahndet, vielmehr musste der Täter eine hohe Summe Geldes an die Hinterbliebenen seines Opfers zahlen und an der Stelle des Verbrechens ein Sühnekreuz aus Stein errichten. Hochgestellte reiche Leute mussten auf Kreuzzüge gehen, Klöster oder Kirchen stiften, um ihre Schuld zu begleichen.

Hier sei an Herzog Ludwig den Strengen erinnert, der aus blinder Eifersucht seiner völlig unschuldigen jungen Gemahlin Maria von Brabant das Haupt hatte abschlagen und ihr Hoffräulein ebenfalls hatte ermorden lassen, und der zur Sühne für die Bluttaten Kloster Fürstenfeld erbauen ließ.

Solche Sühnekreuze durften nicht versetzt werden, auch wenn sie mitten in einem Feld oder an sonst einem ungünstigen Platz waren, weil nach dem Glauben der Leute sich der Tote dann rächen würde. Aus diesem Grund wurden viele Sühnekreuze, die besonders störend im Weg standen oder in unseren Tagen den Betrieb der landwirtschaftlichen Maschinen beeinträchtigten, an der Stelle, wo sie sich befanden, in der Erde vergraben.

Das Sühnekreuz bei Greifenberg aber wurde im Zug der Flurbereinigung von Josef Gall zu Beginn der Sechzigerjahre des 19. Jahrhunderts etwas versetzt. Es stand früher ein Stück weiter nordöstlich am Fußweg nach Beuern. Ob es sich wirklich um ein Sühnekreuz (Anmerkung 18) handelt, gilt zwar als sehr wahrscheinlich, aber wissenschaftlich ist diese Annahme nicht gesichert, weil keine schriftlichen Unterlagen darüber vorhanden sind.

Manche behaupten, es handle sich bei dem alten Steinkreuz um ein Pestkreuz und es sei an der Stelle errichtet worden, wo von den Bewohnern der Nachbarorte die Lebensmittel niedergelegt wurden, als in Greifenberg die Pest herrschte. Wieder andere halten das Steinkreuz, das aus Tuffstein besteht, für eine alte Grenzmarkierung des Klosters Wessobrunn, zu dem Greifenberg einst gehörte.

Schloss Greifenberg. Stich von Michael Wening um 1700

Der letzte Greif von Greifenberg

Dort, wo heute Schloss Greifenberg steht, befand sich früher eine Burg. Sie war im Besitz des Adelsgeschlechtes der Greifen (um 1257 wird ein Griffo de Greifenberg erwähnt), denen ein großer Teil des Gebietes am Ammersee gehörte. Sie galten als besonders gute und sattelfeste Turnierreiter und waren oft mit allem Zubehör auf solchen Kampfveranstaltungen. Im Volksmund hieß es daher:

Von Greifenberg die Greifen
kommen mit Singen und Pfeifen!

Ritter Otto von Greifenberg liebte sein Rittertum so sehr und war so stolz darauf, dass er sich auch in Rüstung, Schild und Waffen, die er 1328 von Ritter Eberhard von Widdersberg samt Kleinod erhalten hatte, zu Grabe tragen lassen wollte. Er ließ daher alles dafür Nötige in das Kloster Dießen bringen, sogar sein Streitross. Über das traurige Schicksal des letzten Greifenbergers berichtet G. Empfenzeder:

Ritter Hans beteiligte sich mit 200 bayerischen Rittern an einem Kreuzzug, den der spätere Kaiser Sigismund anführte. Auch ein Münchner Bürgersohn, Hans Schiltberger, war dabei.Dieser Kreuzzug endete 1396 mit einer Schlacht bei Nikropolis. Der siegreiche Sultan Bajesid ließ Taudende der Kreuzfahrer hinrichten.

Unter ihnen war auch Ritter Hans, der letzte Greif von Greifenberg, mit dem dieser Zweig des Geschlechtes erlosch.

Aus den Aufzeichnungen von Hans Schiltberger, der Zeuge der Geschehnisse war:

Und da sah ich vorführen Herrn Hans von Greiffen, selbviert an einem Seil, und er sprach: „Gehabet euch wohl alle Ritter und Knecht! Wann unser Blut jetzt vergossen wird von christlichen Glaubens wegen, sind wir, so Gott will, Himmelskinder!"Und alsbald er da sprach, kniete er nieder und ließ sich enthaupten.

Die Stadt Urusa bei Utting

Vor langer Zeit soll das Dorf Utting eine große Stadt gewesen sein. A. Schöppner schreibt Mitte des 19. Jahrhunderts darüber:

Auch die Bewohner von Utting wollen den Ruhm behaupten, dass ihr ansehnliches Dorf ehedem eine Stadt gewesen sei, die bis zum See oder Unterschondorf gereicht habe. Diese Stadt habe Urusa geheißen, und es seien bei Unterschondorf die Bäder gewesen, die reiche Römer angelegt hatten.

Der nahe gelegene Wald „Zum Weingarten" genannt, der den Hofmarchherren von Greifenberg gehört, soll zu Weinbergen gedient haben. Man versichert auch, dass, wenn durch diesen Wald nahe am Ammersee ein geladener Wagen fährt, ein klingender Schall vernommen wird, wie wenn ein unterirdisches Gewölbe vorhanden wäre. Die Ausgrabung von einer zweihundert Fuß langen

Grundmauer im Jahre 1795, mit einem schönen Estrich von hartem Marmor, und die Entdeckung einer ebensolchen Mauer 1815 haben die Sage von einer ehemaligen Stadt nur bestätigt.

Das Erdmännlein in Unterschondorf

In einem Wald bei Unterschondorf, der Weingarten heißt, gleich bei der römisch-romanischen Kapelle, soll vor Zeiten ein Nonnenkloster gewesen sein, das einen großen Weingarten hatte. Durch unterirdische Gänge soll es mit den Klöstern von Andechs und Dießen verbunden gewesen sein.

Zeichnung: L. Bechstein Sagen a. deutschen Landen 1853

In diesem Kloster wohnte siebzig Jahre lang – so berichtet die Sage – ein Erdmännlein. Es machte sich nützlich, wo es nur konnte, schwang das Rauchfass in der Kirche, trug die Schleppe der Äbtissin Frau Hatulun und verrichtete dergleichen Arbeiten mehr.

Solange sich das kleine Wesen im Kloster befand, war es, als ruhe ein besonderer Segen darauf.

Einmal aber wurde dem Erdmännlein von einer jungen Novizin, die es nicht mochte, ein Leid zugefügt.

Da verließ es das Kloster und verschwand für immer. Mit ihm wich auch der Segen.

Schlag auf Schlag brach schweres Unglück über das Kloster herein: Die Weinstöcke verdorrten, Frau Hatulun legte sich zum Sterben nieder, und an ihrem Todestag zündeten die Hunnen das Kloster an und machten es dem Erdboden gleich.

Angeblich stand diese Geschichte in einem alten Buch mit goldenen Beschlägen, das noch Mitte des 17. Jahrhunderts in der Kirche des Dießener Klosters angekettet gewesen sein soll.

Der Goggolore

Zur Zeit des Dreißigjährigen Krieges trieb in der Gegend um den Ammersee, hauptsächlich um Utting und Finning, ein Kobold sein Unwesen. Er wurde Goggolore genannt und gehörte zum „heimlichen Volk".

Nach Meinung der Leute wohnten diese Erdmännlein in den Höhlen unter der Erde, wo sie die edlen Erze, kostbares Gestein und dergleichen Schätze mehr vor dem Zugriff der Menschen hüteten. Beim Goggolore ist wahrscheinlich die Erinnerung an einen keltischen Gott (Anmerkung 45) gleichen Namens, der als gutmütig und verschmitzt galt, im Volk lebendig geblieben.

Der Sage nach war der Goggolore ein Männchen, etwa so groß wie ein Männerschuh, hatte ein apfelgroßes Köpfchen, riesige grüne Augen in einem uralten Gesicht und einen spärlichen weißen Bart. Seine Ohren sollen groß und spitz wie die der Fledermäuse gewesen sein. Er galt als ein rechter Schalk und trieb gerne seinen Schabernack mit Leuten, die ihn nicht leiden konnten. Wer aber freundlich zu ihm war, dem half er, wo er konnte. Rund um den Ammersee erzählte man sich früher viele Geschichten um den kleinen Kobold.

So soll er oft in den Höfen der Bauern Unfug getrieben haben, etwa Kuhfladen ins Zimmer geschleppt, sich in die Schüssel mit angesetztem Hefeteig gelegt oder die Würste im Rauchfang durcheinander gedreht haben.

Einmal soll er gar dem Herrn Pfarrer, der ihn nicht mochte, einen großen Haufen Kot auf die Butter im Butterfass gesetzt haben.

Bruchstücke dieser Sage über die Streiche des Goggolore, die in jedem Ort etwas anders überliefert wurden und manchmal auch anderen Kobolden zugeschrieben wurden, fügte Professor Dr. Otto Reuther, der mit seinen Geschwistern in Gut Achselschwang aufwuchs und der von Kinderfrauen, Mägden oder Leuten aus den umliegenden Ortschaften viel über den Goggolore gehört hatte, zu einer zauberhaften romanartigen Geschichte zusammen. Die einzelnen Kapitel, in denen er jeweils einen oder mehrere dieser Streiche verarbeitete, sandte er per Feldpost an einen seiner Brüder, der direkt an der Front stand und darüber schwermütig geworden war, um ihn aufzuheitern und ihm neuen Lebensmut zu geben.

In einer glücklichen Stunde kam mir der Gedanke, den Goggolore zu beschwören, und mit ihm allen Segen und alle Kraft unserer Heimat, unserer Kindheit. Von da an schrieb ich Nachtwache für Nachtwache die nachfolgenden Geschichten nieder, um sie am Morgen der Feldpost anzuvertrauen... So ist das Buch vom Goggolore entstanden.

So schreibt Prof. Dr. Otto Reuther in dem Vorwort zu seinem Roman über den Goggolore, der 1935 in Buchform erschien. Wie mir sein Sohn, der Arzt Dr. Stefan Reuther, mitteilte, ist also ein Großteil des Buches über den Goggolore dichterische Erfindung seines Vaters, gegründet auf bruchstückhafte Überlieferung durch das Volk.

Die Schimmelfräulein von Westernschondorf

Nahe bei Westernschondorf liegen die sogenannten „Schimmelschwaigen“. Sie gehörten mit dem ganzen Land ringsum vor sehr langer Zeit einmal drei schönen Schwestern. Jede von ihnen besaß einen Schimmel, Tag für Tag kleideten sie sich in herrliche Gewänder und ritten auf ihren Pferden den Besitz ab. Den Leuten gegenüber, denen sie dabei begegneten oder die auf den Ländereien arbeiteten, zeigten sie sich überaus hochmütig. Eines Tages sagte eines der Fräulein zu einem alten Knecht, der im Schweiße seines Angesichtes ein Feld pflügte:

„Wenn das Zuschauen schon so schön ist, wie schön muss da erst das Pflügen sein!“

Sie sprang von ihrem Pferd herab, nahm dem Knecht den Pflug aus der Hand und befahl ihm, die Ochsen anzutreiben. Sie stellte sich aber derart ungeschickt an, dass sie alles durcheinanderbrachte. Da warf sie das Ackergerät zornig hin, schwang sich auf ihr Pferd und ritt von dannen. Der arme Knecht hatte seine liebe Mühe, das Geschirr wieder in Ordnung zu bringen.

Nach ihrem Tode aber mussten die drei Damen umgehen, als Strafe für ihren Hochmut. Wenn ein hohes Kirchenfest nahte, so geschah es häufig, dass jemandem im Dorf eines der „Schimmelfräulein“ erschien. Es stellte sich gewöhnlich des Abends neben das Bett des Betreffenden und starrte ihn beschwörend an. Dann verschwand es wieder, ohne auch nur ein Wort gesprochen zu haben. Manche fürchteten sich so sehr vor dem nächtlichen Spuk, dass sie es nicht wagten, ohne Licht zu schlafen.

Die Schimmelfräulein haben jedoch nie einem Menschen etwas zuleide getan. Seit geraumer Zeit sind sie nun schon nicht mehr gesehen worden. Vielleicht hat sie jemand erlöst oder sie haben ihre Strafe schon abgebüßt und endlich Ruhe in ihren Gräbern gefunden.

Der Schatzhügel bei Utting

In der Nähe von Utting am Ammersee erhebt sich unmittelbar neben der Straße nach Dießen ein eigenartig geformter Hügel. Er ist viereckig und an zwei Seiten fließen Bäche an ihm entlang. Außerdem ist er mit Wall und Graben versehen. Es soll sich um einen Kultplatz aus der Keltenzeit handeln.

Auf diesem Platz soll früher einmal ein Schloss gestanden haben. Auch wird behauptet, dass in der Tiefe des Hügels ein wertvoller Schatz verborgen sei. Vor mehr als hundert Jahren, so heißt es, haben die Leute oft in der Nacht ein schönes Fräulein in schneeweißen Gewändern dort umherwandeln sehen. Man munkelte, dass es wohl die Hüterin des sagenhaften Schatzes sei.

Vor langer Zeit haben einmal einige Leute, die schnell und ohne allzu viel Mühe zu Geld kommen wollten, im Hügel gegraben. Doch anstatt der ersehnten Reichtümer von Gold und Edelsteinen sind sie nur auf eine alte Tierhaut gestoßen. So ruht der verschollene Schatz wohl noch heute unentdeckt in der Erde.

Die Totenbeschwörung von Utting

Mitte des 19. Jahrhunderts starb in Utting am Ammersee eine junge Frau bei der Geburt ihres ersten Kindes. Das Neugeborene folgte ihr kurz darauf in den Tod.

Damals herrschte der schöne Brauch, in solch einem traurigen Fall das Kind in die Arme seiner Mutter zu legen und diese dann mit ihm wie eine Jungfrau zu bestatten. Die Menschen glaubten nämlich, die Gebärende habe durch ihren Opfertod ihre ursprüngliche Reinheit wiedererlangt und komme geradewegs in den Himmel. Der alten Sitte gemäß, wurde auch die Frau aus Utting mit Kranz und Schleier und in einem weißen Sarg zu Grabe getragen.

Damals schmiedeten fünf Männer aus dem Ort einen Plan, wobei sie hofften, mit Hilfe dieser geläuterten Seele zum großen Geld zu kommen. Ohne Ehrfurcht vor dem Tode, wollten sie die eben Verstorbene beschwören, ihnen die richtigen Nummern bei der nächsten Lotterie anzugeben.

Nach einer uralten Überlieferung begannen sie ihr makaberes Werk Schlag zwölf Uhr Mitternacht. Beim letzten Ton der Glocke schlichen sie sich, völlig entkleidet, auf den Gottesacker. Sie öffneten das frische Grab und hoben den Sarg mit der jungen Frau und dem Kind heraus. Sodann stieg einer von ihnen in die Grube und nahm den Platz des Sarges ein. Er legte auf seinen Mund ein Stück Papier, auf dem alle neunzig Nummern der Lotterie deutlich vermerkt waren.

Die vier anderen Männer aber wollten die Tote beschwören, ihnen die richtigen Zahlen für die drittnächste Ziehung, an der sie sich alle beteiligen wollten, bekanntzugeben. Sie luden den Sarg auf ihre Schultern und trugen ihn feierlich mit abgemessenen Schritten dreimal um den Friedhof. Dabei wahrten sie vollkommenes Stillschweigen. Nach dieser Zeremonie brachten sie die Verstorbene in ihr Grab zurück und derjenige, der an ihrer Stelle darin gelegen hatte, sprang heraus. So schnell sie konnten, schaufelten sie es wieder zu und verließen den Ort der Beschwörung.

Sie begaben sich in das Haus von einem der Frevler und besahen sich dort das Papier mit den Nummern bei Licht. Da entdeckten sie zu ihrer unbeschreiblichen Freude, dass tatsächlich fünf der darauf geschriebenen Zahlen verschwunden waren, so, als hätten sie nie dagestanden. Erwartungsvoll setzten die fünf Männer bei der bestimmten Lotterie alles auf diese Ziffern. Und wirklich, genau diese wurden gezogen.

Nun hätten die Verschwörer einen großen Gewinn ihr eigen nennen können, wenn nicht durch Zufall ihre schmähliche Leichenschändung ans Tageslicht gekommen wäre. Die fünf Männer wurden verhaftet und ins Gefängnis geworfen. Außerdem wurde ihre Teilnahme am Spiel und somit auch ihr Gewinn für ungültig erklärt, da es dabei ja nicht mit rechten Dingen zugegangen war, und sie erhielten nichts.

So war also alles umsonst gewesen und sie mussten zu ihrer Strafe noch die Verachtung der Leute ertragen, die voller Empörung über diese gemeine Tat waren.

Ausschnitt aus Karte von Apian (16. Jh.).

Ambro Lacus – lateinischer Name des Ammersees –
ist Namensgeber des Ambro Lacus Buch- und Bild-Verlages,
der früher seinen Sitz in Frieding hatte, heute in München.

Der Erhängte, den niemand haben wollte

Mitte des 19. Jahrhunderts erhängte sich in Thaining ein Mann. Damals galt der Aberglaube, dass ein Selbstmörder Unwetter und Hagelschlag an den Ort herziehe, an dem er begraben sei. Aus diesem Denken heraus ist es verständlich, dass jedes Dorf tunlichst vermied, solch einen Unglücklichen in seinem Bereich zur letzten Ruhe zu betten.

Die Thaininger übergaben daher die Leiche der Gerichtsmedizin einer nahegelegenen Stadt und hofften, so um die Beerdigung herumzukommen. Die Ärzte nahmen den Toten zwar gerne an, weil sie an ihm ihre Studien betreiben konnten, brachten ihn aber – nach Abschluss derselben – wieder nach Thaining zurück. Er musste in dem Ort bestattet werden, in dem er sich das Leben genommen hatte, verlangte das Gericht.

Zähneknirschend fügten sich die Thaininger der Obrigkeit, aber sie dachten gar nicht daran, die Leiche zu behalten und dadurch die Gefahr des Hagelschlages auf ihren Ort herabzubeschwören. Heimlich gruben sie den Toten wieder aus und verscharrten ihn weit abseits von ihrem Ort an einem geheimen Platz.

Als den Richtern in der Stadt der Vorfall zu Ohren kam, ließen sie, bestrebt den alten Aberglauben auszurotten, einige der mutmaßlichen Täter verhaften und hielten sie so lange in Gewahrsam, bis einer von ihnen, nach anfänglichem Leugnen gestand, wo sie die Leiche hingebracht hatten.

Da wurde nun der Selbstmörder abermals ausgegraben und wieder im Friedhof von Thaining bestattet. Die Einwohner des Dorfes waren darüber sehr erbost und sannen auf Abhilfe. Inzwischen jedoch war die makabere Geschichte bereits in der ganzen Gegend bekannt geworden. Das Tagesgespräch in allen Wirtschaften drehte sich darum. Da beschlossen einige junge Burschen aus dem Umkreis, den geplagten Thainingern beizustehen und der uneinsichtigen Obrigkeit ein Schnippchen zu schlagen.

Bei Nacht und Nebel schlichen sie sich auf den Friedhof, um den armen Toten nochmals aus seinem Grab zu holen. Doch als sie es geöffnet hatten und den Sack mit der Leiche herausziehen wollten, ertönte plötzlich ein dumpfes, geisterhaftes Grollen. Der Tote sperrte sich und wehrte sich nachdrücklich dagegen, schon wieder herumgezerrt zu werden. Er wollte endlich Ruhe haben. Von allen Seiten kamen mit einem Mal schwarze gespenstische Geißböcke und eigenartige Fabeltiere herbei, um ihm beizustehen.

Den Burschen standen die Haare zu Berge vor Schrecken, als sie dies sahen. Hals über Kopf stürzten sie davon. Nur einer von ihnen, ein Kerl, der sich vor nichts fürchtete und dem nichts heilig war, ließ sich nicht irremachen. Er riss den Sack mit Gewalt aus dem Grab und trug ihn fort.

Niemand erfuhr je, wo er ihn hingebracht hatte. Wohl versuchten die Behörden in der Stadt alles, es herauszufinden, aber es gelang ihnen zur Freude der Bauern nicht. Die Einheimischen freilich glaubten zu wissen, wo der Unglückliche endlich seine letzte Ruhe gefunden hatte. Hinter vorgehaltener Hand munkelten sie, dass er wohl in den Lechstrudel gekommen sei, wie schon viele vor ihm und wahrscheinlich auch nach ihm.

Das Marienbild von Thaining

In der Nähe von Thaining steht auf einem kleinen Hügel eine Kapelle mit einem Bildnis Unserer lieben Frau von Altötting.Vor langer Zeit nun, kam es einem Mann in den Sinn, dieses Bild zu stehlen und für gutes Geld an einen Kunsthändler zu verkaufen. Er schlich sich heimlich in die Kapelle, holte es heraus und machte sich davon.

Wer aber beschreibt den Schrecken des Diebes, als er bemerkte, dass das geraubte Bild mit jedem Schritt, den er sich von dem Gotteshaus entfernte, schwerer wurde. Erst wog es so viel wie ein Holzklotz, dann so viel wie ein Sack Kartoffeln und später soviel wie ein

Mühlstein. Nach etwa hundert Schritten hatte es bereits solch ein Gewicht, dass der Mann die Last nicht mehr tragen konnte und darunter zusammenbrach. Da packte ihn eine seltsame Angst und es wurde ihm ganz unheimlich zumute. Zitternd warf er sich auf die Knie und bat:

„Herr Jesus Christus, vergib meine Freveltat. Ich will umkehren und das Bild Deiner hochverehrten Mutter wieder dorthin bringen, wo ich es hergenommen habe. Vergib mir armen Sünder!"

Voll Reue machte er sich daran, das schwere Bild zurückzuschaffen. Er bot alle seine Kräfte auf, um es hochzuheben. Doch zu seinem größten Erstaunen war es wieder so leicht wie vorhin in der Kirche. Ohne Mühe konnte er es an seinen angestammten Platz zurückbringen. Dort befindet sich das wundertätige Bild noch heute und wird von der Bevölkerung hoch in Ehren gehalten.

Burg Schönenberg bei Dießen und der Burgstall Iringsberg

Einst lag auf dem „Shonenberch" bei Dießen eine Höhenburg, die im 11. Jahrhundert durch die Grafen von Dießen erbaut worden war und den Namen „Schönenberg" erhielt (Anmerkung 46). Heute ist sie verschwunden. Wie überliefert wird, wurde sie von Graf Heinrich von Wolfratshausen im Jahr 1157 an das Kloster Dießen verschenkt, mit der Auflage, dass sie niedergerissen und bis in alle Zukunft nicht wieder aufgebaut werden dürfe (vgl. S. 230).

Im CODEX TRADITIONUM von Kloster Dießen (Bayr. Staatsarchiv Handschrift 1018 fol. 5) steht in der Schenkungsurkunde des Grafen Heinrich von Wolfratshausen (gest. 1157) dieser Abschnitt in Latein, der übersetzt lautet:

Er schenkte auch eine bestimmte auf den Bergen gelegene Burg, die „Shonenberg" genannt wird und einen benachbarten Berg, der „Iringsberg" heißt, sowie das angrenzende Ackerland bis Wengen –

und zwar unter der Bedingung, dass die Burg abgebrochen werde und sich niemals irgend jemand unterfange, die vorgenannten Berge künftighin zu befestigen und er schenkte zum Zeugnis dieser Bedingung einen halben Hof im Orte Wengen.

Links neben der Thronenden Madonna Heinrich II. dargestellt.
Aus „Traditiones Diessenses“ Handschrift von 1206

Warum er Burg Schönberg dieses Schicksal bestimmte, ist nicht bekannt. Die Burg verfiel zur Ruine, die Bauern der Umgebung holten hier durch Jahrhunderte hindurch das Baumaterial für ihre Häuser. Im Jahr 1664 wurden die restlichen Steine zur Errichtung der Kirche „Maria Schnee“ verwendet. Auf dem Berg gegenüber, dem

Iringsberg, heute „Schatzberg“ genannt, befand sich die Gipfelburg „Iringsberg“ (Anmerkung 47), von der heute nur noch der Burgstall vorhanden ist und die möglicherweise Teil von Burg Schönberg war, wahrscheinlich aber eigenständig, weil sie in einer Schenkungsurkunde von 1157 erwähnt wird. Zwischen den beiden Burgen oder Burgteilen (Anmerkung 48) befindet sich eine kleine Hochebene, die Burgfeld heißt. Es bestand einst Sichtverbindung zur Burg Menburg, südlich von Raisting (vgl. S. 187).

Maria Schnee in Bischofsried

In Bischofsried bei Dießen steht eine schöne Kapelle aus dem 17. Jahrhundert. Darin hängt ein Bild, auf dem die Gottesmutter mit einer Fülle goldblonder Locken dargestellt ist.

Über die Entstehung dieser Kirche erzählt man sich folgende Geschichte: Als die Schweden im Dreißigjährigen Krieg Bayern heimsuchten, hatte besonders die Landbevölkerung schwer unter ihnen zu leiden. Da gab eine fromme Bäuerin aus Bischofsried in ihrer Angst das Versprechen, eine Kapelle zu errichten, wenn die Himmelskönigin verhindern würde, dass die Feinde ihren Hof zerstörten. Ein paar andere Bewohner des Dorfes schlossen sich diesem Gelöbnis an. Und Maria half.

Als die Schweden raubend und mordend die Gegend durchstreiften, zogen sie an Bischofsried vorüber, ohne den Ort zu bemerken. Es herrschte nämlich ausgerechnet an diesem Tage ein solch dichter und undurchdringlicher Nebel, dass die Gehöfte vollkommen eingehüllt waren und jeder Laut gedämpft und nur auf geringe Entfernung hörbar war. Außerdem hielten sich die Bewohner ganz still, als die lärmenden Soldaten vorbeimarschierten. So wurden sie wunderbar vor der schrecklichen Plage des Feindes gerettet.

Voll Dankbarkeit gingen die Bauern bald nach Ende des Krieges daran, ihr Versprechen einzulösen. Sie konnten sich aber nicht einigen, an welchem Platz die Kapelle errichtet werden sollte. Da baten sie die Muttergottes, ihnen den Ort kundzutun, an dem sie das Gotteshaus wünsche.

Und siehe da, mitten im Winter fiel, zum höchsten Erstaunen aller, eines Tages auf einen kleinen Hügel bei Bischofsried roter Schnee. Nun zögerten die Bauern nicht länger und erbauten an dieser Stelle die Kapelle. Aus einem alten Silberschatz, den sie einst im Ort gefunden hatten und der niemandem gehörte, ließen sie eine wunderschöne silberne Glocke gießen und hängten sie in „Maria Schnee“, wie die Kirche von da an genannt wurde, auf (Anmerkung 49). Die Kirche steht noch heute, die Glocke aber ist verschwunden. Vielleicht wurde sie während eines späteren Krieges geraubt oder in Notzeiten verkauft. Niemand weiß es.

Rathard von Dießen

Rathard entstammte dem mächtigen Adelsgeschlecht von Andechs-Dießen und lebte im 9. Jahrhundert. Er wurde Priester und führte ein gottesfürchtiges Leben. Seinen ganzen Besitz schenkte er der Kirche. Am Ammersee, wo heute Dießen ist, gründete er ein Kloster und baute eine Kirche zu Ehren des hl. Georgs. Er starb etwa um das Jahr 900 n. Chr. Seinem Wunsch entsprechend wurde er unter einem flachen Grabstein in St. Georgen bestattet.

Als um 955 die Hunnen mordend und brennend durch Bayern zogen, teilte St. Georgen das Schicksal vieler Gotteshäuser und wurde ein Raub der Flammen.

Viele Jahre später, um 1020, machten sich zwei fromme Priester, Ulrich und Adalbert, an den Wiederaufbau der zerstörten Kirche. Bei den Grabungen für das Fundament stießen die Arbeiter auf einen großen, behauenen Stein, den sie nicht von der Stelle bewegen konnten, obwohl alle mit Hand anlegten. Da lief einer von ihnen zu den geistlichen Herren und berichtete ihnen davon.

Dießen am Ammersee zwischen 1827 und 1846 .
Die Klosterkirche ist ohne Turm, 1827 wurde der Turm der Kirche durch Brand zerstört, erst 1846 wieder aufgebaut.

Ulrich begab sich sogleich an den betreffenden Platz, um ihn in Augenschein zu nehmen. Seine Handwerker zeigten ihm, wie sie sich umsonst anstrengten. Da kniete sich Ulrich nieder und betete mit seinen Leuten um Hilfe.

Als er daraufhin alleine versuchte, den Stein zu verschieben, gelang ihm das so leicht, als habe der zentnerschwere Brocken kaum ein Gewicht. Unter dem Stein kamen die Gebeine des hl. Rathard, der das Kloster gestiftet hatte, zum Vorschein. Wider alle Vernunft entströmte dem Grab ein lieblicher Duft und mehrere Kranke, die, als sie von der Auffindung des Grabes hörten, herbeieilten, wurden geheilt.

Seit der Zeit wurde Rathard vom Volk sehr verehrt. Viele Kranke machten Wallfahrten zu seinem Grab, in der Hoffnung auf Heilung von ihren Leiden. Später wurden seine Reliquien nach Dießen überführt. Ein kleiner Teil davon blieb aber in St. Georgen, weil die Einwohner dort auf ihren geliebten Heiligen nicht ganz verzichten wollten.

Die Geistermesse in St. Georgen

Zwei Bauern von St. Georgen bei Dießen gingen einmal spät in der Nacht nach Hause. Als sie an der Kirche des Ortes vorüberkamen, bemerkten sie zu ihrem Erstaunen, dass sie hell erleuchtet war.

„Ja, was ist denn da los?“ fragte der eine. „Hält der Herr Pfarrer etwa jetzt noch eine Andacht!“

„Es scheint so“, meinte der andere, „die Orgel spielt ja auch! Unser Pfarrer ist schon ein sehr frommer Mann, aber man kann's auch übertreiben!“

Achselzuckend wollte er weitergehen, aber sein Freund hielt ihn am Arm fest und sagte nachdenklich:

„Ich weiß nicht, mir kommt die Sache nicht ganz geheuer vor. Warte hier auf mich!“

Er schlich sich zur Kirchentüre und versuchte sie zu öffnen. Doch sie war versperrt.

„Es ist abgeschlossen", flüsterte er aufgeregt, "das geht nicht mit rechten Dingen zu! Der Herr Pfarrer sperrt doch nicht ab, wenn er eine Andacht hält!“

„Irgend etwas stimmt da nicht“, gab ihm sein Begleiter recht, „ich glaube, wir müssen nachsehen, was los ist. Wer weiß, vielleicht sind Räuber in unserer Kirche und plündern sie in aller Ruhe aus!“

Sie berieten kurz, wie sie in das versperrte Gotteshaus gelangen könnten. Dann holten sie vom Hof neben der Kirche eine lange Leiter und lehnten sie an die Mauer. Einer der beiden kletterte hinauf, um beim Fenster hineinzuschauen, während der andere die Leiter hielt. Kaum aber hatte der eine einen Blick in den hell erleuchteten Innenraum geworfen, da stieß er einen Schrei aus und stieg so schnell die Leiter herunter, dass er oftmals die Sprossen verfehlte und mehr fiel als stieg. Totenbleich und an allen Gliedern zitternd gelangte er unten an.

„Was ist los? Was hast du in der Kirche gesehen? So rede doch schon endlich!“ forderte ihn sein Freund aufgeregt auf.

Der andere aber antwortete nicht. Heftig atmend presste er eine Hand auf sein Herz und versuchte krampfhaft, seinen Schrecken zu überwinden und sich ein wenig zu beruhigen. Dann berichtete er mit stockender Stimme: „Die ganze Kirche ist voll von Menschen, von denen ich nicht einen einzigen kenne. Es sind lauter uralte Männer mit eisgrauen Bärten, die so lang sind, dass sie fast darauf treten. Auf ihren Köpfen haben sie eigenartige Hüte mit drei Stufen. Ich habe noch nie solche Hüte gesehen!“

„Weiter, weiter“, drängte sein Freund mit ängstlicher Stimme, als der Erzähler eine kleine Pause machte, um sich des Grauens zu erwehren, das ihn bei seinem Bericht erneut befiel.

„Die alten Männer sind in einer langen Reihe feierlich immer wieder um den Altar herumgeschritten und haben dabei seltsame Weisen gesungen. Länger habe ich nicht zugeschaut, weil ich solche Angst gekriegt habe, dass ich es fast nicht ausgehalten habe.“

„Das ist sicher eine Geistermesse, die du da beobachtet hast“, flüsterte der andere, und seine Stimme war heiser vor Entsetzen, „komm, wir wollen schnell fort von hier, solange wir noch können!“

So rasch sie konnten, verließen die beiden Bauern den Ort. Als sie am nächsten Morgen erzählten, was sie in der Nacht erlebt hatten, erfuhren sie von solchen, die es wissen mussten, dass sie die Seelen derjenigen gesehen hatten, für die keine Jahrmessen mehr gelesen würden. Diese sollen in St. Georgen so oft umgegangen sein, bis alle versprochenen Messen nachgeholt waren und sie endlich ihre ewige Ruhe fanden (Anmerkung 28).

Der Schatzberg bei Dießen

In grauer Vorzeit stand auf einem Berg bei Dießen eine gewaltige Burg. Sie war ganz von hohen Bäumen und wildem Gestrüpp umschlossen. Dort wohnten drei junge Mädchen von zauberhafter Schönheit. Zwei von ihnen hatte eine Haut so weiß und rein wie frisch gefallener Schnee. Die dritte aber, obwohl von Gestalt und Antlitz genauso anmutig wie ihre Schwestern, war schwarz wie die Nacht (Anmerkung 1).

Eines Tages weidete ein Hirt in dieser Gegend seine Schafe. Da geschah es, dass sich eines von ihnen verlief. Er ließ die Herde unter der Obhut seiner Hunde zurück und machte sich auf die Suche nach dem verlorenen Tier. Weil der junge Mann aber die Gegend nicht kannte, geriet er immer tiefer in den undurchdringlichen Wald und hatte sich nach einiger Zeit völlig verirrt. Er war daher sehr erleichtert, als er plötzlich vor einem riesigen grauen Gemäuer stand.

„Hier wohnen Leute, die ich nach dem Weg fragen kann“, dachte er erleichtert und machte sich daran, das Eingangstor zu suchen. Da stand mit einem Mal ein Mädchen neben ihm, das von Kopf bis Fuß schwarz war. Er erschrak zutiefst, denn er hatte es nicht kommen hören und hatte zudem noch nie einen Menschen mit so dunkler Hautfarbe gesehen. Als sie ihn mit sanfter, lieblicher Stimme anredete, schwand seine Furcht, und er vernahm mit großem Erstaunen, was sie ihm sagte.

„Fremdling“, sprach sie, „wie dankbar bin ich dem Geschick, das dich hierher geführt hat. Vielleicht bist du zu meiner Rettung gesandt worden. Wisse, ich war nicht immer so schwarz, wie du mich jetzt vor dir siehst. Auch ich war einst so schön und weiß wie meine Schwestern. Als Strafe für eine böse Tat aber wurde ich dunkel wie die Nacht. Doch habe ich nun lange genug gebüßt. Es ist mein sehnlichster Wunsch, wieder meinen Schwestern zu gleichen. Wenn du willst, kannst du mich erlösen, es wird dein Schaden nicht sein. Willst du mir helfen?"

Flehend legte sie eine Hand auf seine Schulter und blickte ihn aus ihren schönen Augen beschwörend an. Da konnte er ihr den Wunsch nicht abschlagen und er sagte: „Edles Fräulein, wenn es in meiner Macht steht, Euch zu helfen, so will ich es gerne tun."

Da erleuchtete die Freude wie ein strahlender Sonnenschein das Gesicht des schwarzen Mädchens, und es bat eifrig:

„Komme heute um Mitternacht wieder hierher. Dann will ich dir sagen, wie du mich erlösen kannst."

Sie nahm ihn bei der Hand und geleitete ihn durch den Wald zu seiner Herde zurück. Dort verabschiedete sie sich und ließ sich noch einmal feierlich von ihm schwören, dass er auch gewiss kommen und sie nicht im Stich lassen würde. Anschließend kehrte sie um und war bald im Dunkel des Waldes verschwunden.

Als es Nacht geworden war und die Stunde der Mitternacht nahte, machte sich der Hirte, wie versprochen, auf und begab sich zu dem Schloss. Am Tag hatte er keine Furcht verspürt, aber nun, da er vor dem riesigen Gemäuer stand, das ihm in der Dunkelheit noch größer und irgendwie bedrohlich erschien, befiel ihn eine seltsame Beklemmung, die ihm die Brust zuschnürte und das Atmen schwer machte. Tapfer versuchte er, sich davon zu befreien und ging zu der Stelle, wo er das schwarze Mädchen getroffen hatte. Es wartete schon auf ihn und begrüßte ihn freudig. Er aber fragte mit allem Mut, den er aufzubringen imstande war:

„Edles Fräulein, nun verratet mir, wie ich Euch helfen kann."

„Du musst in den Keller des Schlosses hinabsteigen. Dort wirst du auf einer Truhe, die bis oben hin mit Schätzen gefüllt ist, einen schwarzen Hund sitzen sehen. Er trägt in seinem Maul einen goldenen Schlüssel. Wenn es dir gelingt, ihm diesen zu entreißen, so bin

ich erlöst. Als Dank will ich dir dafür den ganzen Schatz schenken, den er bewacht."
Nachdem das Mädchen so gesprochen hatte, führte es ihn in die Burg hinein und stieg mit ihm eine steile Treppe hinab. Sie gelangten in einen langen Gang. Dort blieb es stehen und schickte ihn alleine weiter. Dem Hirten war ganz unheimlich zu Mute, als er in der Dunkelheit weiterschritt. Trotz seiner Angst aber nahm er sich fest vor, standhaft zu bleiben und die Aufgabe, die ihm das Fräulein gestellt hatte, zu erledigen. Er machte sich selbst Mut, indem er sich einredete, dass er vor einem Hund ja keine Furcht zu haben brauchte, weil er doch ständig mit diesen Tieren zu tun hatte und ihr Verhalten genau kannte. Mit einem Mal stand er vor einer verschlossenen Türe.

„Jetzt gilt es", dachte er, nahm seinen ganzen Mut zusammen und riss sie mit einem Ruck auf. Hätte er sich nicht noch am Griff festgehalten, so wäre er vor Schrecken über den Anblick, der sich ihm bot, zu Boden gestürzt. Da stand mitten im Raum die Schatzkiste, ganz so, wie das Fräulein es beschrieben hatte. Doch auf der Kiste saß ein solches Ungeheuer von Hund, wie er sein Lebtag noch keines gesehen hatte. Wild fletschte es die gefährlich scharfen Zähne und sträubte das struppige, kohlschwarze Fell, aus dem glühende Funken stoben. In seinem riesigen Maul hielt es einen goldenen Schlüssel.

Der Hirt verharrte wie versteinert vor Furcht und wagte keine Bewegung, um die Bestie nicht noch mehr zu reizen. Dennoch knurrte der Hund drohend, und es hörte sich an wie dumpfes Donnergrollen bei einem Gewitter. Er streckte sich und machte Anstalten, sich auf den Eindringling zu stürzen. Da hielt es der arme Bursche nicht länger aus. Er machte auf dem Absatz kehrt und hastete in wilder Angst den Gang entlang und auf den Ausgang zu. Dort wartete noch immer das schwarze Mädchen. Als es den Hirten so kopflos, in panischem Schrecken vorbeistürzen sah, schrie es verzweifelt auf: „Verliere nicht den Mut, der Hund kann dir nichts tun, so furchtbar er auch aussieht. Versuche es noch einmal und erlöse mich bitte, bitte von meinem unseligen Geschick!"

Sie versuchte den Fliehenden am Arm zurückzuhalten. Er aber kümmerte sich nicht um ihr Flehen. Grob stieß er sie zur Seite und suchte eilends das Weite. Da schlug das arme, enttäuschte Fräulein verzweifelt mit dem Kopf gegen die Mauer und schluchzte bitterlich. Lange stand es so, dann hob es das von Tränen überströmte schwarze Gesicht und wandte es dem Tal zu.

„Oh ihr elenden, feigen Menschen dort unten", rief es und seine Stimme zitterte vor Zorn, „seid verflucht! Niemals mehr soll mir einer von euch vor die Augen kommen. Wasser soll vom Himmel und aus der Erde fluten und euch allesamt vernichten!"

Es drehte sich um und verfluchte auch das Schloss. Da ächzte und krachte das alte Gemäuer und versank mit allem, was sich darin befand, im Berg. Die ganze Gegend ringsum wurde in einen riesigen See verwandelt, der heute Ammersee heißt.

Die Einwohner von Dießen nennen den Hügel, auf dem einst das Schloss gestanden hatte, den „Schatzberg". Viele Abenteurer haben schon versucht, die wertvolle Truhe zu finden. Es ist jedoch noch keinem gelungen. So wartet der Schatz noch heute auf seine Entdeckung. Damals sollen aus dem Jungfernberg, wie der Schatzberg früher hieß, auch zahlreiche Quellen entsprungen sein, die sich zu dem Bach vereinigten, der heute Bischofsrieder Bach heißt und in den Ammersee fließt.

Der Hakenmann

Im Bischofsrieder Bach, dort, wo er durch Dießen fließt, haust, so wussten noch vor einigen Jahren alte Bewohner des Ortes zu erzählen, der Hakenmann. Er ist, im Gegensatz zu den freundlichen Meerfräulein, ein ganz besonders böser Wassergeist. Mit einem langen dreizackigen Stab gabelt er seine Opfer auf, zieht sie unter Wasser und ertränkt sie. Viele Menschen, besonders Kinder, sollen durch ihn schon den nassen Tod gefunden haben.

Der Drachentöter von Dießen

Auf der Burg in Dießen lebte vor Zeiten ein Ritter namens Radhold. Er war von riesenhaftem Wuchs, stark wie ein Bär und hässlich wie die Nacht. Und so hässlich wie sein Gesicht, so hässlich war auch seine Seele. In weitem Umkreis war er wegen seiner Wildheit und seiner Streitsucht gefürchtet. Er war grausam und gottlos und führte mit seinen gleichgesinnten Kumpanen und liederlichen Frauenzimmern ein lasterhaftes Leben.

In der Nähe, auf dem Eichberg bei Rott, wohnte ein alter adeliger Herr mit seiner Tochter, die schön und fromm wie ein Engel war. Das Unglück wollte es, dass sich in jener Zeit ein Drache, damals gab es noch Drachen, in einer Schlucht, nicht weit von seiner Burg entfernt, einnistete. Er hatte mehrere Köpfe und war so scheußlich anzusehen, dass jedem, der ihn erblickte, vor Schrecken das Herz stehenblieb. Und er war so gefräßig, dass kein Tag verging, an dem er nicht Menschen oder Tiere anfiel, sie tötete und fraß. Bald wagten sich die Leute aus Furcht vor dem Ungeheuer kaum mehr aus ihren Häusern. Der Burgherr auf dem Eichberg war zu alt für einen Kampf mit dem Drachen. Er sandte daher eine Botschaft an alle Ritter im Umkreis und bat sie, ihm in seiner Not beizustehen. Demjenigen, dem es gelingen würde, das Untier zu töten, wollte er seine Tochter zur Gemahlin geben.

„Das ist eine feine Sache!“ grölte Radhold, der gerade mit seinen Kumpanen zechte, als er die Botschaft erhielt. „Zuerst habe ich ein lustiges Abenteuer mit einem Drachen und dann gehört mir das schönste Mädchen weit und breit.“

Schon am nächsten Morgen rüstete sich der Ritter mit seinem Harnisch, packte sein Schwert und sprengte auf seinem Schlachtross zu der besagten Schlucht. Laut brüllend und stinkend wie die Pest wälzte sich ihm der Drache entgegen. Ohne sich auch nur im Mindesten bei dem grauenhaften Anblick zu erschrecken, drang Radhold auf ihn ein und schlug ihm mit einem einzigen Hieb einen seiner gefräßigen Köpfe ab.

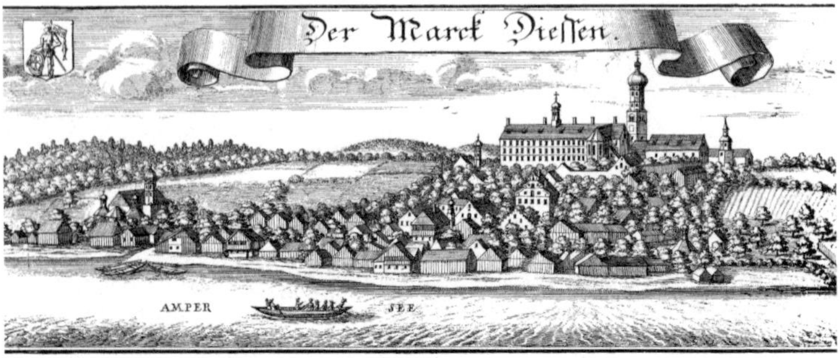

Der Markt Dießen und St. Alban.
Stich von Michael Wening um 1700 (Ausschnitt)

Da schrie der Lindwurm vor Schmerz so laut auf, dass die Felsen ringsum erzitterten, und peitschte mit seinem Schwanz den Boden, dass die Erde um ihn herum zu einer dichten Wolke aufwirbelte. Doch der Staub hinderte den Ritter nicht, den Drachen bei seinem zweiten Ansturm abermals um einen Kopf kürzer zu machen. Dann zog sich Radhard hinter einen Felsen zurück und wartete auf eine Gelegenheit, das tobende Ungeheuer ganz unschädlich zu machen.

Die Gelegenheit dazu war bald da, denn der Drache verlor aus seinen schrecklichen Wunden so viel von seinem Lebenssaft, dass er zusehends schwächer wurde. Nun sprang der tollkühne Ritter aus seinem Versteck hervor und stieß ihm sein Schwert mitten ins Herz. Nach einem letzten Aufbäumen sank das Untier in sich zusammen und war tot. Da bückte sich Radhard, packte eines der bluttriefenden Häupter, warf sich auf sein Ross und sprengte mit seiner schaurigen Beute zur Burg auf dem Eichberg. Dort trat er vor den Schlossherrn und dessen Tochter, hielt ihnen den Drachenkopf vor die entsetzten Gesichter und verkündete prahlend: „Ich, Radhold von Dießen, habe den Lindwurm getötet. Nun seid Ihr mein, schönste Maid! Gebt Eurem Bräutigam zum Lohn einen Kuss!“

Die arme Edeldame war angesichts des hässlichen Riesen, der über und über mit Blut besudelt war, bleich wie die Wand geworden. Angeekelt wich sie zurück, warf sich dem Vater zu Füßen und flehte unter Tränen, sie doch nicht diesem Rohling auszuliefern, dessen schlimmer Ruf sogar bis in ihre stillen Gemächer gedrungen war. Aber noch ehe der alte Mann antworten konnte, rief der Ritter mit höhnischem Lachen: „Euer Sträuben nützt Euch nichts, edles Fräulein. Euer Vater hat sein Wort verpfändet! Ich bin gekommen, es einzulösen und ich will nicht lange warten!"

Er beugte sich zu der Weinenden hinunter und zog sie grob in die Höhe. Als sie sich verzweifelt wehrte, grinste er und sprach: „Bin ich mit dem Drachen fertig geworden, so werde ich auch mit Euch fertig, mein Täubchen! Ihr werdet schon sehen!"

Da aber entrissen ihm die Knechte des Burgherrn das zitternde Mädchen und dieser rief laut, wobei seine Stimme vor Empörung bebte: „Wohl habe ich mein Wort gegeben, meine Tochter dem Drachentöter zu vermählen. Doch lieber werde ich wortbrüchig, als dieses reine Kind solch einem wilden Gesellen und wüsten Rohling wie Euch, Radhold von Dießen, zu überantworten. Wäre ich Euch nicht, Eurer mutigen Tat wegen, zu Dank verpflichtet, so hätte ich Euch auf Grund Eures unverschämten, eines Ritters nicht würdigen Benehmens schon lange aus meiner Burg gewiesen. Fordert einen anderen Lohn! Meine Tochter bekommt Ihr niemals zur Frau!"

Weiß vor Wut und zähneknirschend vernahm der wilde Mann diese Rede: „Ich will aber keinen anderen Lohn!" schrie er zornig. „Ich will Eure Tochter! Und ich werde sie auch bekommen, ob es Euch passt oder nicht!"

Bei diesen drohenden Worten machte er auf dem Absatz kehrt und verließ wutschnaubend die Burg. Er ritt aber nicht heim nach Dießen sondern sprengte nur ein Stück des Weges entlang, gerade so weit, dass er nicht mehr beobachtet werden konnte. Dann suchte er sich ein Versteck im Wald und wartete, finstere Rachegedanken wälzend, auf eine Gelegenheit, das schöne Mädchen in seine Gewalt zu bekommen. Nach drei Tagen endlich, schien ihm das Glück hold zu sein. Er sah das Edelfräulein, nur von einer Dienerin begleitet, von der Burg heruntersteigen. Die junge Dame wollte, wie es ihre Gewohnheit war, in das Dorf am Fuße des Eichberges gehen und die

Kranken dort besuchen, ihnen Trost spenden und ihnen Heilkräuter bringen. Fröhlich plauderten die beiden Mädchen miteinander, als sie am Versteck des wilden Ritters vorüberkamen. Dieser machte sich schon bereit, gleich einem Raubtier, mit einem Satz herauszuspringen, das Edelfräulein zu packen und zu entführen, als zufällig die Dienerin in seine Richtung schaute. Entsetzt erkannte sie den Feind und schrie laut:

„Herrin, rettet Euch, der schreckliche Radhold lauert Euch auf!“

Diese begriff augenblicklich die Gefahr, in der sie schwebte. Sie zögerte nicht, schürzte ihren langen Rock, damit er sie beim Laufen nicht behinderte, und sprang leichtfüßig wie ein Reh davon. So schnell sie es vermochte, folgte ihr die treue Dienerin. Die Angst beflügelte die Schritte der beiden und es gelang ihnen, dem schwerfälligen Riesen zu entkommen. Listig schnitt dieser ihnen den Weg zur Burg zurück ab, aber sie kannten etwas weiter unten im Wald eine feste Blockhütte. Dorthinein flüchteten sie sich und verriegelten Fenster und Türen. Als der Ritter endlich, schnaufend wie ein Walross, anlangte, war ihm der Zutritt verwehrt. Vergebens rammte er mit seinen mächtigen Schultern das verschlossene Tor. Es war fest und gut gebaut und bot seinen Angriffen Trotz. Da packte ihn blinde Wut und er brüllte mit fürchterlicher Stimme:

„Ihr freut Euch zu früh! Ich werde es Euch schon zeigen! Freiwillig werdet ihr mir öffnen, edles Fräulein, denn ich werde Euch und Eure Dienerin ausräuchern wie Ratten!“

Und er schleppte riesige Arme voll dürren Reisigs herbei, häufte alles um das Blockhaus und zündete es an. Mit einem bösen Lächeln in seinem hässlichen Gesicht beobachtete er, wie sich die Flammen durch das trockene Geäst fraßen und gierig an der Hütte emporzüngelten. In kurzer Zeit war der Zufluchtsort der Verfolgten von einem lodernden Flammenkreis umgeben.

Die armen Mädchen wurden bleich vor Schrecken, als sie sahen, was der Bösewicht vorhatte. Sie warfen sich auf die Knie und flehten den Himmel um Beistand an. Radhold wollte sich darüber schier ausschütten vor Lachen und spottete:

„Wie schön und rührend Ihr beten könnt! Betet nur, betet so lange

Ihr wollt! Das wird Euch auch nichts nützen!"

„Der Herr wird uns beschützen und aus Eurer Hand befreien!" rief das Edelfräulein und fuhr fort, Gott um Hilfe anzurufen.

Plötzlich ließ ein dumpfes Grollen die Luft erzittern. Die Sonne, die eben noch strahlend vom Himmel gelacht hatte, wurde plötzlich von schweren Wolken verdunkelt, die sich in Windeseile zusammengeballt hatten. Kurz darauf prasselte ein sintflutartiger Regen hernieder und brachte die Flammen im Handumdrehen zum Verlöschen. Da erfasste ein heiliger Schrecken den wüsten Ritter. Voller Furcht blickte er zum Himmel und bekreuzigte sich. Dann sprang er auf, suchte sein Pferd und jagte davon.

Die beiden Mädchen dagegen jubelten vor Freude. Sie dankten Gott für ihre Rettung und rannten dann in ihre sichere Burg zurück. Radhold von Dießen aber ließ fortan, geschreckt durch dieses Wunder, das schöne Edelfräulein vom Eichberg in Frieden.

Gräfin Mechthild von Dießen

Mechthild, die 1125 geborene Tochter des Grafen Berthold II. von Andechs-Dießen und seiner Gemahlin Sophie, ist die Stammheilige des Ortes Dießen. Die schöne junge Gräfin mit dem berühmten Goldhaar trat schon früh in das Dießener Kloster, in dem sie seit dem Tode ihrer Mutter erzogen worden war, ein und wurde nach dem Tod der Oberin deren Nachfolgerin. Sie führte ein genügsames und heiligmäßiges Leben. Es heißt, dass sie niemals Fleisch gegessen oder Wein getrunken hat. Sie starb schon sehr jung, mit nur 35 Jahren. Die Legende berichtet von vielen wundersamen Begebenheiten, die sich zu ihren Lebzeiten und vor allem nach ihrem Tod zugetragen haben sollen. Einmal sollte sie, auf Wunsch des Kaisers Barbarossa, der ein entfernter Verwandter von ihr war, beim Hof zu Regensburg erscheinen. Obwohl sie es nicht gerne tat, fügte sie sich dem Willen des Kaisers und begab sich mit ihren Rittern, Dienerin-

Familie der Andechs-Meranier, zu Füßen der Eltern Mechthild.
Aus dem „Schlackenwerther Codex“ von 1353

nen und allen Begleitpersonen, die sie wegen ihres hohen Ranges mitnehmen musste, in die alte Donaustadt. Der ganze Hof geriet in Erstaunen über die Schönheit und Majestät der jungen Äbtissin, als diese hoch zu Ross einzog.

Sie passte sich so weit als möglich den Hofsitten an, ließ aber von ihrem asketischen Leben nicht ab. Bei allen Gastmählern, bei denen ihre Anwesenheit gefordert wurde, beharrte sie darauf, nur Wasser anstatt Wein zu trinken und lehnte jegliche Fleischspeise ab. Der Ritter, der sie – wie es damals üblich war – bediente, achtete diesen Wunsch und legte ihr nur Mehlspeisen, Salate, Gemüse und andere fleischlose Gerichte vor und reichte ihr dazu reines Quellwasser. Dennoch musste er sich einmal den Tadel Mechthilds gefallen lassen, denn als sie von dem Trunk, den er ihr gebracht hatte, kostete, stellte sie verwundert fest, dass er wie Wein schmeckte.

Der Ritter, der sich keiner Schuld bewusst war, lief vor ihren und der anderen Gäste Augen abermals zum Brunnen, damit alle sehen konnten, dass er wirklich Wasser holte. Als aber Mechthild davon trank und auch den anderen zu kosten gab, war das Wasser wiederum zu Wein geworden. Noch ein drittes Mal ging der Mundschenk zum Brunnen, begleitet von unbestechlichen Rittern des kaiserlichen Hofes, und brachte das Wasser unter deren strenger Kontrolle zu seiner Herrin. Wieder aber war es zu reinem Wein geworden. Da verließ die Äbtissin eiligst Regensburg, denn sie wollte kein Aufsehen. Die Hofleute jedoch, die Zeigen des Vorfalles gewesen waren, hielten ihn für ein Zeichen des Herrn.

In Dießen soll die heiligmäßige Gräfin einmal eine alte Nonne von einer unheilbaren Augenkrankheit geheilt und ein besessenes Mädchen aus den Banden des Teufels gelöst haben. Als Mechthild so jung an Jahren starb, herrschte tiefe Trauer über den Verlust der geliebten und verehrten Äbtissin. Unter großer Anteilnahme der Bevölkerung wurde sie im Kloster aufgebahrt. Da trat ein Mann vor den offenen Sarg, der seit langer Zeit an schier unerträglichen Kopfschmerzen litt, dass er meinte, es nicht länger aushalten zu können. Er kniete nieder und bat die Verstorbene, bei Gott für ihn zu bitten, dass er von dieser Qual befreit werde. Er neigte ehrfürchtig sein Haupt, bis er damit das der Toten berührte. Wie es heißt, war er im gleichen Augenblick für immer von seinem Leiden befreit.

Seit diesem Tag gilt Mechthild als diejenige Heilige, die bei Kopfschmerzen angerufen werden soll. Von dem Tuffstein, der ihr einst zur Askese als Lagerstätte für ihr Haupt gedient hatte und der in der neuen Klosterkirche neben dem Taufbecken eingemauert worden war, schabten die Leute, die von Kopfweh geplagt waren, noch Anfang des letzten Jahrhunderts etwas Staub ab und banden sich diesen in einem Tuch um die Stirne. Eine Quelle, die am Burgberg von Dießen entspringt und Mechthildenbrunnen heißt, soll besondere Heilkraft gegen Augenleiden haben.

Mechthild gilt auch als Schutzheilige bei Gewitter. Man zündete dann die dicken Kerzen an, die an ihrem Grabe standen. Sogenannte „Mechthildenkränzchen“, die aus Kräutern gefertigt und an den Reliquien der Heiligen angerührt worden waren, vergruben die Bauern früher auf ihren Feldern und erhofften dadurch Verschonung vor Hagelschlag. Das wunderschöne goldblonde Haar wurde der Äbtissin nach ihrem Tode abgeschnitten und in einer Kapsel in die Wetterglocke von Dießen eingeschmolzen (Anmerkung 50). Immer wenn schwere Unwetter im Anzug waren, läutete man damit aus Leibeskräften. Es werden viele Geschichten über die Wirksamkeit dieser berühmten Glocke erzählt. Als sie im Jahre 1827 beim Brand des Kirchturmes schmolz, kamen die Haare der Heiligen unversehrt daraus zum Vorschein. Sie sind aber später verlorengegangen.

Bis auf den heutigen Tag wird die hl. Mechthild von der Bevölkerung Dießens geliebt und verehrt.

Die verschlossene Kirchentüre

Die Mutter der Stiefschwester der hl. Mechthild, Kunigunde oder Cunissa, wie sie damals in höfischen Kreisen genannt wurde, starb ebenfalls wie diese im Ruf der Heiligkeit. Sie war mit Friedrich II. von Dießen verheiratet, der auf einer Pilgerfahrt ins Heilige Land ums Leben kam. Die junge Witwe baute in Dießen ein Kloster und eine Kirche, die dem hl. Stephan geweiht war.

Die Legende berichtet, dass Cunissa, die in dem nahegelegenen Schloss zu Wengen wohnte, täglich um Mitternacht, von einer Dienerin begleitet, in das Gotteshaus kam, um der Mette beizuwohnen. Jedes Mal, so heißt es, habe sich die Kirchentüre von selbst vor ihr geöffnet, um sie einzulassen. Eines Tages aber war der Pfad vom Schloss herab glitschig und gefährlich, weil vorher ein starker Regenguss niedergegangen war. Da nahm die edle Dame einen Pfahl aus dem Zaun am Weg und benützte ihn als Stock. Als sie endlich bei der Kirche ankam, tat sich zu ihrer Verwunderung die Türe nicht wie sonst auf. Auch alle Versuche Cunissas, sie zu öffnen, waren vergeblich. Sie blieb verschlossen, obwohl darin der Gottesdienst schon begonnen hatte.

„Ich habe etwas getan, was nicht recht war“, sprach daraufhin die Heilige zu ihrer Dienerin. „Ich habe fremdes Eigentum an mich genommen, ohne zu fragen und ohne zu beachten, dass dem Besitzer

vielleicht Schaden entsteht, weil sein Vieh davonlaufen kann. Das muss ich wieder in Ordnung bringen!“
Sie kehrte um, trug den Pfahl zurück und setzte den Zaun wieder instand. Und siehe da, als sie wieder zur Kirche kam, öffnete sich ihr das Tor wie immer. Der Eintritt in das Gotteshaus wurde ihr nicht länger verwehrt (Anmerkung 51).

Die Klopfzeichen aus dem Sarg

Die dritte der vier Töchter des Grafen Berthold II. von Andechs-Dießen, namens Euphemia, fühlte sich ebenso wie Mechthild und Cunissa zum zurückgezogenen Leben in einem Kloster berufen. Sie trat als einfache Nonne in das Kloster Altomünster ein. Als die dortige Äbtissin, Hitrudis II., verstarb, wurde sie als deren Nachfolgerin eingesetzt. Lange Jahre übte sie dieses Amt zum Segen ihrer Umwelt aus. Nach einem heiligmäßigen Leben wurde sie, als sie gestorben war, nach Dießen überführt und neben ihrer berühmten Schwester Mechthild zur letzten Ruhe gebettet. Von Euphemia berichtet die Sage, dass sie von Zeit zu Zeit vernehmlich an die Wände ihres Sarkophages klopft. Dadurch will sie, so glauben die Leute, die Lebenden immer wieder daran erinnern, dass Cunissa und ihre Schwester Mechthild schon lange heiliggesprochen sind, während man anscheinend vergessen habe, ihr die gleiche Ehre zu erweisen.

St. Martin am Vogelherd

Eines der ältesten Gotteshäuser Oberbayerns soll die ehemalige St.-Martinskirche am Vogelherd oder am Häderanger bei Dießen gewesen sein, die abgebrochen wurde und nicht mehr besteht. Sie soll schon zu Zeiten der römischen Besatzung gegründet worden sein, wahrscheinlich unter der Regierung Diokletians, denn der Legende nach hat sie während der Christenverfolgung unter diesem Kaiser, bei der die hl. Afra von Augsburg im Jahre 303 n. Chr. den Märtyrertod erlitt, schon einen eigenen Priester gehabt.

Der Sagenforscher Dr. Bruno Schweizer schreibt dazu:

Der Sage nach soll die Kirche St. Martin sogar von einem christlichen römischen Statthalter oder Landpfleger erbaut worden sein. Der Patron St. Martin sei erst unter Karl dem Großen auf das Gotteshaus übertragen worden. Ob es vorher einen anderen Patron hat-

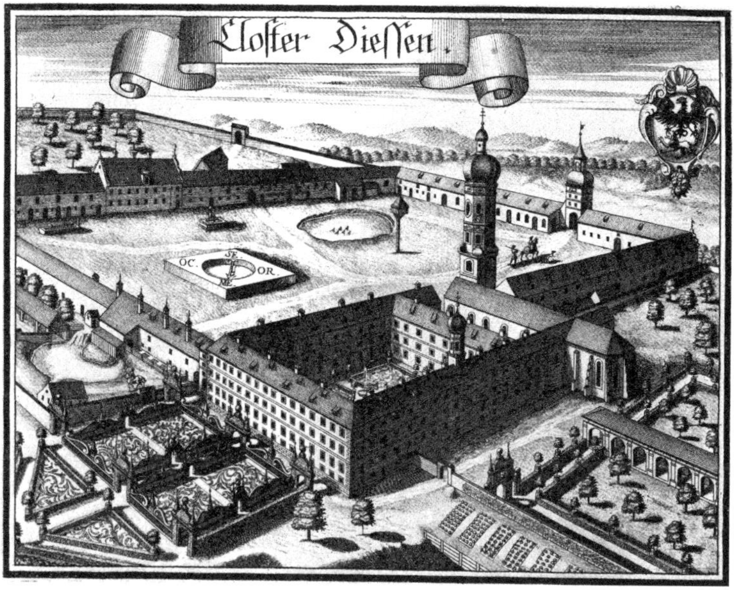

Kloster Dießen. Kupferstich von Michael Wening um 1697

te, weiß man nicht. Nach der Niederbrennung des Klosters St. Georgen wurde angeblich die Martins-Kirche 960 restauriert und durch den hl. Ulrich wieder eingeweiht und diente bis 1020 als Pfarrkirche für die ganze Umgebung.

Nach einer anderen Überlieferung soll die Kirche von dem vor der Christenverfolgung aus Spanien geflüchteten hl. Narzissus gegründet worden sein, der Bischof war und unter vielen anderen auch die hl. Afra von ihrem sündigen Leben bekehrt haben soll.

Seltsame Ereignisse in Hädern am Vogelherd

Die uralte Kirche St. Martin am Vogelherd wurde, wie viele andere Gotteshäuser in Bayern auch, zur Zeit der Säkularisation zum Abbruch bestimmt und für einen Spottpreis verkauft. Als sie aber niedergerissen werden sollte, traten unerklärbare Phänomene auf, die den Männern, die dies durchführen wollten, das Fürchten lehrte.

Josef Anton Hugo, Pfarrer von Dießen, schreibt darüber im Jahr 1901 in der Chronik von Dießen:

Ein Schäffler von St. Georgen, mit Namen Leonhard Sepp, hatte um 90 Gulden (nach anderen gar bloß 39 Gulden) die Kirche St. Martin gekauft und übernahm den Abbruch. Alles jammerte und klagte über dessen Frevelmut. Hatte später auch kein Glück mehr gehabt...

St. Martin. Illustration von Eduard Gabelsberger um 1901

Wie er nun im Inneren der Kirche die Mauersteine besichtigte und berechnete, wie hoch der Gewinn ausfallen möchte, flogen 2 Steine von den Fenstern auf ihn herein. Er ging hinaus um zu sehen, allein es fand sich niemand, ja nicht einmal eine Menschenspur auf dem Schnee. Er ging also wieder hinein und besichtigte auf dem Choraltar die Steine. Aber auf einmal hörte er ein Gepolter, als wenn es Steine über ihn herabregnen wollte. Weil er aber keinen Stein sah, überfiel ihn eine ungeheure Angst und Schrecken, dass er nach Hause wankte. Viele Gedanken quälten ihn auf diesem Wege und vorzüglich ängstigte ihn die Mahnung: „Es könnte halt doch nicht recht sein, daß ich diese alte Kirche abbreche."

So schwebte er lange zwischen Wohl und Übel. Auf einmal aber bemächtigte sich seiner mit Riesenkraft der Wuchergedanke: Die Kirche ist gekauft. Die Steine tragen Geld – und hiermit war das Los der Kirche entschieden. Als der Abbruch beginnen sollte und die Arbeitsleute, worunter auch sein Sohn war, auf das Dach und den Turm zu steigen anfingen, überfiel sie Alle Übligkeit und ein solcher Schwindel, dass sie Alle heruntersteigen mussten. Sie gingen daher nach Hause mit dem Bemerken: „Diese Kirche lässt sich nicht abbrechen." Später versuchten sie es ein zweites Mal, allein gleichfalls ohne Erfolg. Erst zum dritten Male gelang es ihnen, den Abbruch zu beginnen und ohne Unglück zu vollenden.

So wurde eine Kirche von unschätzbarem historischem Wert zerstört und ging der Nachwelt für immer verloren (Anmerkung 52).

Das Kreuz in Hädern

Eine andere merkwürdige Begebenheit vom Häderanger, die er selbst erlebt hat, schreibt Wolfgang König aus Dießen. Er lebt in einem Haus in Dießen, bei dem, so heißt es, noch Steine vom Schatzberg zum Bau verwendet wurden:

An der Stelle, an der einst die Kirche stand, wurde in den 50er Jahren des 20. Jahrhunderts ein Gedenkkreuz von Bürgern der Marktgemeinde errichtet. Das schwere Eisenkreuz mit Korpus stand auf einem aus Feldsteinen gemauerten Sockel. Bei einem Spaziergang im Winter 2010/11 stellte ich fest, dass das Kreuz dringend eine Restaurierung benötigt. Die Feldsteine des Sockels wurden von einem Maurer und mir neu verfugt, der Korpus vom Kreuz abgenommen um ihn zu vergolden, die alte Gedenktafel wurde entfernt um sie durch eine neue mit historisch belegten Daten zu ersetzten:

SANKT MARTIN IN HÄDERN

An dieser Stelle stand einst
Die Kirche St. Martin in Hädern.
Nach der Legende vom Hl. Bischof Ulrich von Augsburg
um 960 geweiht.
Um 1330 neu errichtet. 1500 renoviert.
1740 erweitert.
Nach der Säkularisation von 1803
abgebrochen.

Wenige Tage nach diesen Arbeiten, im April 2011, wurde das Kreuz aus seiner Verankerung gerissen und umgestoßen. Am 22. April 2011 (Karfreitag!) wurde das Kreuz wieder aufgestellt und solide befestigt. Doch wenige Tage später lag der Körper (Gott sei Dank unversehrt) neben dem Kreuz. Wieder am Kreuz befestigt wurde das Kreuz nun am 20. Mai 2011 von Pfarrer Mayr gesegnet; anwesend waren auch der Bürgermeister und einige Interessierte. Die Freude währte aber nur kurz. Bei einem heftigen Sturm am 22. Juni 2011 (Tag vor Fronleichnam) fiel eine mächtige Buche auf das restaurierte Kreuz und zerstörte es. Das war es dann, mal schauen wie es weiter geht. Man könnte fast abergläubisch werden, wenn man an die Ereignisse denkt, die sich sowohl beim Abbruch der Kirche, wie auch bei der Wiederherstellung des Denkmals ereigneten. Zu allem Überfluss kam noch hinzu, dass während der Renovierungsarbeiten sowohl der Schlossermeister Walter Spensberger, der sich um das Eisenkreuz kümmerte, wie auch ich selbst plötzlich ins Krankenhaus mussten. Auch wenn wir uns für aufgeklärte Menschen halten, gibt uns das doch zu denken. Es scheint, als birgt der Ort auch heute noch ein Geheimnis.

Der Christus in der Burgkapelle

Als die St. Martinkirche auf dem Häderanger abgebrochen wurde, wurden die Steine zuerst an einige Interessenten aus den umliegenden Orten verkauft. Dann aber entschloss man sich, auf Anregung des Bürgers Josef Festl, der nicht zulassen wollte, dass Steine, die so lange Zeit einem Gotteshaus als Schutz gedient hatten, zu profanen Zwecken genommen würden, davon die Burgkapelle von Dießen zu errichten.

Fr. Bleicher aus Dießen berichtete 1923 dem Sagenforscher Dr. Bruno Schweizer, was sie aus dem alten Mechthildenbüchlein, das einmal ein Kaplan von Dießen verfasst hatte, noch wusste:

Zuerst lag beim Wirt zu St. Georgen auf dem Dachboden lange Jahre ein Christus, und von diesem Christus ging allen Leuten, die ihn sahen, eine eigentümliche Furcht zu. Das erste war dann, dass man den Christus auf der Burg droben an eine mächtige alte Buche hing und ein Dächlein darüber anbrachte. Später haben sie dann eine hölzerne Kapelle dafür erbaut; die war aber so klein, dass niemand darin unterstehen konnte, wenn gerade ein Unwetter kam. Und auf die Anregung vom Festl Josef hat man dann die Steine der alten Martinskirche hergenommen, dann hat man Geld gesammelt und die jetzige Burgkapelle gebaut.

Der Christus in der Burgkapelle gilt als wundertätig und es wurden von den Leuten der näheren Umgebung oft Wallfahrten zu ihm unternommen. Fr. Bleicher berichtet weiter:

Ich weiß noch, dass bis vor wenigen Jahren eine große Menge von Krücken und Kreuzen und Zöpfen droben waren: die müssen erst vor kurzem weggeräumt worden sein. Das waren lauter heilige Verlobungen. Mein Vater ist einmal einem begegnet, der hat ein schweres Kreuz bis von Wielenbach hergetragen. Der muss wohl ein schweres Anliegen gehabt haben. Die Kreuze sind früher alle an der Außenseite der Kapelle angenagelt worden. Die Krücken sind bei der Nacht hingebracht worden.

Die weinende Madonna von Dießen

Über dem Eingangstor der Klosterkirche von Dießen ist ein zartes Madonnenbild aus Alabaster angebracht. Es soll nach den Zügen der Kurfürstin Amalia von Bayern, die oft und gerne am Ammersee weilte, gemeißelt worden sein.

Das Kunstwerk entspricht ganz dem Zeitgeschmack des Barock. Daran aber nahm ein besonders strenger und frommer Bischof Anstoß. Er empfand es als zu irdisch und daher nicht würdig genug für ein Bild der Lieben Gottesmutter. Darum ordnete er kurzerhand die Entfernung der für seinen Geschmack zu weltlichen Madonna an. Doch als die Plastik von ihrem Platz herabgeholt werden sollte, da geschah etwas Unerwartetes. Dicke Tränen perlten auf einmal über das zarte Antlitz Mariens.

Angesichts dieses Wunders brachten es die Leute nicht über sich, den Befehl des Bischofs zu befolgen. Als der Kirchenfürst von der seltsamen Begebenheit erfuhr, nahm auch er Abstand von seinem Vorhaben.

So befindet sich das schöne Madonnenbild bis auf den heutigen Tag an der Außenseite der Kirche über dem Eingangstor.

Wenn man es genau betrachtet, so heißt es, kann man noch immer die Spuren sehen, welche die Tränen darauf hinterlassen haben (Anmerkung 53).

Das Kreuz von Dießen

In der Ratgeberkapelle bei Dießen hängt ein selten schönes Barockkreuz. Es soll eine Arbeit des bekannten Bildhauers Thomas Schaidthauf aus Raisting sein. Dieses Kunstwerk war so berühmt, dass König Ludwig I. seinetwegen nach Dießen kam, um es mit eigenen Augen zu sehen. Der Ausdruck des Antlitzes Christi ist von ergreifender Eindringlichkeit, und es ist kein Wunder, dass die Leute dieses Kreuz besonders verehren und schon manche Legende um es gewoben haben.

Es heißt, dass der Gekreuzigte, der früher im Refektorium des ehemaligen Augustiner-Chorherrnstifts von Dießen hing, bei der Einweihung der Kapelle, in die er dann überführt wurde, seinen rechten Fuß ein wenig in die Höhe gezogen hat. Auch soll er, so wissen die Leute zu erzählen, von Zeit zu Zeit seine Augen bewegen und umherschauen, so, als sei Leben in ihm.

Bittgang nach St. Alban (an der Emporenbrüstung in St. Alban).

Der Grenzpfahlversetzer von Dießen

Es ist schon weit mehr als hundert Jahre her, da war es auf dem Martinsfeld bei Dießen nicht ganz geheuer. Nacht für Nacht sahen die Leute dort ein eigenartiges, geheimnisvolles Licht. Es huschte hierhin und dahin, so, als suche es verzweifelt nach etwas Unbekanntem. Dazu war eine geisterhafte Stimme zu hören, die jedem, der sie vernahm, kalte Schauer über den Rücken jagte. Wer genau lauschte, konnte die Worte, die sie in einem fort seufzte, verstehen:

„Wo soll ich ihn hintun? Wo soll ich ihn hintun?“

Die Leute munkelten, dass es sich bei diesem Gespenst um einen verstorbenen Bauern handelte, der zu seinen Lebzeiten einen Grenzpfahl ausgegraben hatte und so sein Land auf unrechtmäßige Art und Weise vergrößert hatte. Das war in früherer Zeit, wo es kaum eine Landvermessung gab, eine häufige Art des Diebstahls, weil sie sehr schwer nachzuweisen war. Solche Missetäter aber mussten –

Gemälde von Karl Vorhölzer, Mitte 19. Jahrhundert.

nach dem Rechtsempfinden der Menschen – wenn sie schon im irdischen Leben nicht zur Rechenschaft gezogen worden konnten, als ausgleichende Gerechtigkeit nach ihrem Tode umgehen.

So soll es auch mit der Armen Seele am Martinsfeld gewesen sein. Lange Zeit hindurch hallte jede Nacht ihre verzweifelte Frage durch die Stille:

„Wo soll ich ihn hintun? Wo soll ich ihn hintun?"

Das dauerte so lange, bis es einem braven Bürger von Dießen zu dumm wurde. Und weil er ein beherzter Mann war, der sich nicht vor Gespenstern fürchtete, antwortete er einmal, als wieder der schaurige Ruf ertönte, ganz ungehalten:

„So tue ihn halt dorthin, wo du ihn hergenommen hast!"

„Vergelt's Gott! Du hast mich erlöst!" klang da die Geisterstimme frohlockend zu ihm herüber und im gleichen Augenblick verschwand auch das Irrlicht. Seit der Zeit hat es niemand mehr gesehen und ebenso ist das Rufen für immer verstummt (Anm. 21).

Votivbild mit St. Alban (Ausschnitt). Rieden um 1867

Die Gründung von St. Alban am Ammersee

Die fromme Gräfin Cunissa, die als Gründerin von St. Alban gilt, erhielt der Legende nach einst vom Mainzer Erzbischof Aribo eine Reliquie des hl. Alban. Das soll im Jahr 1018 gewesen sein.

Der hl. Alban war ein Priester, der vor allem in Oberitalien wirkte und über Ostgallien ins Rheinland zog, wo er in Mainz im Jahr 406 als Märtyrer starb. Er wurde enthauptet. Sein letzter Wunsch vor seinem Tod war die Bitte und etwas Wasser, um seinen Durst zu stillen. Seine grausamen Henker verweigerten ihm dies. Da sollen, so die Legende weiter, plötzlich überall aus den Berghängen und aus dem Boden ringsum Quellen hervorgesprudelt sein, dass er trinken konnte. Dies ist der Grund, warum der hl. Alban vor allem an Seen, Flüssen oder anderen Gewässern verehrt wird. In St. Alban bei Dießen finden sich Votivgaben aus Wachs oder Eisen, die von der Errettung aus Seenot oder anderen lebensbedrohenden Gefahren Zeugnis ablegen. Über den Ammersee und von weit her kamen die Wallfahrer hierher, um den Heiligen um Hilfe zu bitten oder für die Erhörung ihrer Anliegen zu danken. 1490 wurde die Kirche abgerissen, weil sie baufällig geworden war, und wieder neu errichtet. Die Enthauptung des Heiligen ist am Hauptaltar dargestellt, an den Seitenaltären St. Florian und St. Nepomuk, ebenfalls „Wasserheilige".

Wie der Ammersee entstand

Vor Urzeiten lag dort, wo sich jetzt der Ammersee erstreckt, eine schöne, stolze Stadt namens Damasia. Sie war so groß, dass sie vom heutigen Weilheim bis nach Wartaweil zur weißen Säule reichte. Am Rande der Stadt wohnten einst zwei Schwestern, welche sich zur Aufgabe gemacht hatten, das sumpfige Land ringsum urbar zu machen. Die beiden aber vertrugen sich wie Hund und Katz und lebten ständig in Streit und Unfrieden miteinander. Eines Tages brach auf ein eben mühsam gerodetes Stück durch die Unachtsamkeit der jüngeren Schwester das Wasser erneut ein und zerstörte alles. Da geriet die Ältere in schrecklichen Zorn. Sie ballte die Fäuste gegen den Himmel und stieß einen bösen Fluch aus: „Ich wünschte, alle Felder und Wiesen hier würden zu Wasser! Dann hätte diese elende und unnütze Schinderei ein für allemal ein Ende!"

Sie hatte die Verwünschung kaum ausgesprochen, als sich auch schon aus heiterem Himmel plötzlich dunkle, schwere Wolkenmassen drohend zusammenballten. Dann brach ein Unwetter los, wie die Welt es noch nicht gesehen hatte. Blitze zischten herab und der Donner erfüllte die Luft mit solch lauten Schlägen, dass sich alles Lebendige ängstlich verkroch. Dann öffnete der Himmel seine Schleusen und der Regen stürzte gleich einer Wasserwand hernieder. Überall riss die Erde auf und aus den Spalten quoll Wasser in Strömen hervor und bedeckte in kurzer Zeit das ganze Land ringsum. Immer höher stieg die Flut und immer neue Wassermassen wälzten sich heran. Sie schwappten in die Straßen der schönen Stadt, überschwemmten Häuser und Gärten und rissen an allen Befestigungen und Mauern, bis diese den entfesselten Naturgewalten nicht mehr widerstehen konnten und zusammenkrachten. Fast alle Gebäude von Damasia versanken in der Tiefe und wurden von dem unersättlichen Wasser verschlungen.

Als die Elemente endlich zu toben aufhörten, lag anstelle der stolzen Stadt ein riesiger See da. Nur ein paar Häuser, die auf einem hohen Hügel standen, hatten die schreckliche Katastrophe überdauert. So ist, laut Sage, der Ammersee entstanden. Der Rest der ehemals riesigen Stadt Damasia aber ist das heutige Dießen, so behaupteten noch viele alte Leute im vorigen Jahrhundert (Anmerkung 54).

Die Diebesbeschwörung

Einst lebte in der Gegend am Ammersee ein Mann, der vom Unglück geradezu verfolgt wurde. Nicht genug, dass ihm in einer Gewitternacht sein Haus abbrannte und dabei fast sein gesamtes Hab und Gut den Flammen zum Opfer fiel; sein letzter Besitz, eine eiserne Kassette mit Geld, die er aus den rauchenden Trümmern hatte retten können, wurde ihm gestohlen, während er schlief. Nun hatte er gar nichts mehr. Verzweifelt rannte er durch das Dorf und erzählte allen, was geschehen war. Da riet ihm eine mitleidige Frau:

„Geh doch zum Kloster Wessobrunn. Dort lebt ein Weiser, der hat schon oft gestohlene Sachen wieder herbeischaffen können. Er wird dir sicher helfen.“

Viel versprach sich der arme Mann zwar nicht davon, doch ob er nach Wessobrunn ging oder anderswohin, das blieb sich gleich, er hatte hier nichts und da nichts. So suchte er also den Genannten auf und trug ihm sein Anliegen vor. Dieser hörte ihm aufmerksam zu, sagte aber dann: „Ich befasse mich schon lange nicht mehr mit solchen Sachen. Da musst du dich an die Obrigkeit wenden.“

Nun fing der Mann zu jammern an, schilderte sein ganzes Unglück und bat den Weisen händeringend, ihm doch zu helfen. Der Alte wurde von Mitleid gerührt und versprach, zu tun, was er könne. Er ging ins Nebenzimmer, holte ein Stück feines Papier und schrieb ein paar seltsame Zeichen darauf. Dann faltete er es sorgsam zusammen und gab es dem Bauern mit den Worten:

„Leihe dir von deinem Nachbarn einen Wagen und fahre mit ihm vor dein abgebranntes Haus. Dort stecke diesen Zettel in die Speichen des Vorderrades, das der Türe zugewandt ist und drehe es langsam. Dabei musst du sagen 'Dieb, Dieb, im Namen des Allerhöchsten, komm und bring mein Eigentum zurück!'

Sowie du zu drehen beginnst, muss der Dieb anfangen zu laufen und dir das gestohlene Geld zurückbringen. Du musst dich aber hüten, das Rad aus Ungeduld zu schnell zu drehen, denn sonst muss der Dieb zu schnell laufen. Leicht kann er dann stürzen und wird so am Kommen gehindert."

Der Bauer versprach, sich alles gut zu merken, bedankte sich voller Freude bei dem Alten und kehrte zu seinem Hof zurück. Bereitwillig lieh ihm sein Nachbar den gewünschten Wagen. Dann tat der Mann, was ihm aufgetragen worden war und harrte der Dinge, die da kommen sollten. Doch es ereignete sich nichts. Er sah keinen Dieb heranrennen, obwohl er das Rad unentwegt drehte, und von seinem Geld sah er ebenfalls nichts. Da ging er wieder zu dem Weisen nach Wessobrunn und klagte:

„Ich habe alles so gemacht, wie du gesagt hast, aber mein Geld habe ich trotzdem nicht zurückbekommen!"

„Hast du auch wirklich überall in deinem Haus gesucht?" fragte ihn dieser. „Das musst du nämlich tun, denn es kann sein, dass sich der Dieb unbemerkt herangeschlichen hat."

Der Mann kehrte heim, und siehe da, nachdem er eine Weile in den Trümmern seines Hofes gesucht hatte, fand er das Geld auf dem halbverbrannten Herd. Es war in einen alten Handschuh gewickelt und von dem Dieb anscheinend durch den Kamin geworfen worden. Jubelnd eilte der Bauer sogleich wieder nach Wessobrunn, um dem Weisen zu danken und ihn für seinen guten Rat zu belohnen. Der aber weigerte sich, auch nur das Geringste für seine Hilfe anzunehmen: „Du brauchst das Geld notwendiger für den Aufbau deines Hauses“, meinte er lächelnd und schickte ihn wieder heim.

Wie Kloster Wessobrunn entstand

Herzog Tassilo III. befand sich im Jahre 753 mit zweien seiner treuesten Ritter namens Wesso und Tharingari einmal auf Wildschweinjagd in dem Gebiet, wo heute Wessobrunn liegt. Die Herren liebten diesen Zeitvertreib sehr und durchstreiften frohen Mutes die ganze Gegend. Zur damaligen Zeit aber waren die Wälder wild und unwegsam. So geschah es, dass sich die drei Waidmänner verirrten. Sie konnten den Weg zurück nicht mehr vor Einbruch der Dunkelheit finden und waren gezwungen, die Nacht im Freien zu verbringen. „Lasst uns hier unser Lager aufschlagen“, rief Herzog Tassilo, als er eine riesige Linde sah, deren Krone wie ein schützendes Dach wirkte, „hier sind wir einigermaßen vor Regen sicher. Legt euch nieder und rastet. Ich werde die erste Wache übernehmen!“

Doch die beiden Ritter ließen dies nicht zu. Tharingari bestand darauf, die erste Wache zu übernehmen, weil die beiden anderen bei der Jagd weiter geritten waren und daher auch müder sein mussten als er. Also legten sich der Herzog und Wesso nieder, während der Freund das Lager bewachte. Tassilo fiel sofort in tiefen Schlaf und hatte einen ganz eigenartigen Traum. Deutlich sah er drei kristallklare Quellen vor sich, die aus drei verschiedenen Himmelsrichtungen entsprangen und an einer bestimmten Stelle zusammenflossen. Es sah aus wie ein Kreuz. An dem Ort aber, an dem sie sich vereinigten, schwang sich eine goldene Treppe ganz schwerelos in die Höhe, immer weiter und weiter, bis sie in einer lichten Wolke verschwand. Engel schwebten darauf auf und nieder. Oben aber stand der heilige Petrus und blickte gütig auf den Schläfer hinab.

„Welch seltsamer Traum“, murmelte Tassilo, als er am nächsten Morgen erwachte, „fast schien er mir Wirklichkeit zu sein, so klar

Tassilolinde in Wessobrunn.
Foto von Walter A. Kremnitz 1999

habe ich alles vor mir gesehen“. Er erzählte seinen Freunden, was er geschaut hatte.

„Wer weiß, ob das alles nur ein Traum war!“ sprach Tharingari nachdenklich, als der Herzog geendet hatte. „Vielleicht ist dies ein Fingerzeig Gottes und es gibt diese Quellen wirklich!“

„Was hindert uns, die Quellen zu suchen?“ fiel Wesso eifrig ein. „Wenn es sie gibt, müssen sie irgendwo hier in der Nähe sein.“

Von der Begeisterung seiner Freunde angesteckt, machte sich Tassilo mit ihnen auf die Suche.

Und siehe da, es währte nicht lange, da hatte Wesso die drei Quellen gefunden. Sie wiesen genau die Kreuzesform auf, die der Herzog im Traum erblickt hatte. Voll Ehrfurcht knieten die Männer an der Stelle nieder und lobten Gott. Tassilo ließ im gleichen Jahr dort ein Kloster zu Ehren des hl. Petrus errichten, das nach dem Entdecker der Quellen „Wessobrunn“ genannt wurde.

Über die drei Quellen wurde im 16. Jahrhundert eine Halle gebaut (Anmerkung 55). In früheren Zeiten verbrachten oft schwangere Frauen eine Nacht in dieser Halle. Sie glaubten, in ihren Träumen an diesem heiligen Ort, Andeutungen über das Schicksal des erwarteten Kindes zu erhalten.

Der mächtige Baum, unter dem Herzog Tassilo seine Vision gehabt haben soll und der über tausend Jahre alt sein muss, steht noch heute und heißt seither „Tassilolinde“. Überlebt hat diese Linde nur, weil der bekannte Historiker und Sagenforscher Prof. Dr. J. N. Sepp im Jahr 1861, als nach der Säkularisation und den folgenden Jahrzehnten bereits große Schäden an der ganzen Anlage angerichtet worden waren, das Kloster samt der Linde kaufte und es erhielt.

Noch zwei weitere Linden, die ebenfalls zu den ältesten Bäumen Bayerns zählen, befinden sich auf dem Gelände des Klosters. Unter einer von ihnen steht auf einer Steintafel, wo er auf Veranlassung von Professor Sr. J. N. Sepp in Jahre 1875 angebracht wurde, der Text des berühmten Wessobrunner Gebets (Anmerkung 56). In der Nähe steht ein uraltes Sühnekreuz (Anmerkung 18) in der nachmittelalterlichen Form des „Eisernen Kreuzes“ (vgl. auch S. 201), von dem aber niemand mehr weiß, warum es errichtet werden musste.

Das Weinwunder des seligen Abtes Waltho.
Stich von Raphael Sadeler d. Ä.

Abt Waltho von Wessobrunn

Einst stand dem Kloster Wessobrunn ein vorbildlicher Abt vor, der den Namen Waltho trug. Er war im Jahre 1129 zu dem ehrenvollen Amt berufen worden und führte es über ein Vierteljahrhundert treu und gewissenhaft aus. Seine edle Gesinnung und sein untadeliges, heiligmäßiges Leben waren vorbildhaft für viele Männer, auch aus den höchsten Kreisen, und waren Anlass für sie, in sein Kloster einzutreten und gleich ihm ein einfaches, frommes Leben als Mönch in Dienste Gottes zu führen. Über ein Wunder, das er gewirkt haben soll, steht in der „Bavaria Sancta“ geschrieben:

Einst litt das Kloster einen so großen Mangel an Wein, dass nicht einmal für das heilige Messopfer einer vorhanden war. Da rief der Abt einen Diener zu sich und befahl ihm, ein Krüglein Wasser aus dem Wessobrunnen zu schöpfen und ihm zu bringen. Als ihm der Diener das Wasser gebracht hatte, segnete es der Abt und augenblicklich war es in Wein verwandelt. Das Krüglein aber, ein großes, weißes, mit blauen Knöpflein verziertes Glas hat man in Wessobrunn zum ewigen Gedächtnis an dieses Wunder aufbewahrt.

Abt Waltho starb im Jahre 1155. Nach seinem Tod soll er, der Legende nach, noch viele Wunder gewirkt haben.

Das Gnadenbild von Wessobrunn

Der Legende nach soll der künstlerisch besonders begabte Benediktinermönch Innozenz, der aus dem Kloster Prüfening bei Regensburg kam, das berühmte Gnadenbild Mariens, das sie als „Mutter der schönen Liebe“ darstellt, nach den Zügen einer bayerischen Prinzessin gemalt haben. Eine andere Vermutung über die Frau, die für das weithin bekannte Gemälde als Vorbild gedient haben soll, berichtet Prof. Dr. Sepp 1876:

Mutter der schönen Liebe.
In Prüfening (Regensburg) v. Bruder Innozenz um 1706 gemalt

Ein kunstreicher Klosterbruder zu Wessobrunn malte Tassilos Tochter, als es galt dem Bilde den letzten Hauch zu geben, hieß er sie nicht mehr zu kommen. So entstand die berühmte Wessobrunner Muttergottes, deren Fest auf Maria Schnee begangen wird.

Mit „Tassilos Tochter“ ist wahrscheinlich die Tochter von Tassilo Zöpf, einem anderen Künstler der 18. Jahrhunderts, gemeint. Das Gemälde stammt aus der Zeit um 1706 und wurde wegen seiner Schönheit und des außergewöhnlichen Liebreizes der mit Blütenkranz dargestellten Madonna häufig kopiert, sogar in einer kleinen Hofkapelle, in der Reinbrechtskapelle in Oberhögl, im Berchtesgadener Land. Zahlreiche Wallfahrer kamen zu diesem Gnadenbild nach Wessobrunn und beteten um Erhörung in ihren Anliegen. Im Jahr 1711 wurde eine Bruderschaft gegründet. Das ehemalige, vor der „Mutter der schönen Liebe“ verehrte Gnadenbild von Wessobrunn, eine 1,13 Meter hohe romanische Steinskulptur der Madonna aus der Zeit um 1250, die einen großen kunsthistorischen Wert hat, war nach der Säkularisation lange verschollen und wurde erst 1888 in dem Ort Hofstetten von Dr. Hager, der später Generalkonservator für Denkmalspflege wurde, wieder aufgefunden. Sie befindet sich heute im Wessobrunner Saal des Nationalmuseums in München.

Der unterirdische Gang von Wessobrunn

Der Sagenforscher J. N. Sepp, der Wessobrunn nach der Säkularisation vor dem endgültigen Verfall gerettet hat, schreibt:

Von Hochkreut, dem Stammsitze Wezzo des Torers führte ein verborgener Gang nach dem römischen Monopyrgion von Wessobrunn (was hier gemeint ist, ist unklar; vielleicht ist der einzeln stehende, sehr alte steinerne Wehr- und Glockenturm gemeint, der bei den Leuten seit jeher „Römerturm“ hieß, obwohl er nicht aus der Antike sondern aus dem Mittelalter, etwa aus der Zeit des 13. Jahrhunderts, stammt), *der bis um die Mitte des XV. Jahrhunderts benützt wurde. Er wurde auch der „Graue Herzog“ genannt.*

Woher der Kreuzberg seinen Namen hat

Über eine schreckliche Begebenheit, die sich zur Zeit der Hunnenkriege zugetragen haben soll, berichtet A. Schöppner 1848:

Als der Abt Thiereto von Wessobrunn Nachricht von der Ankunft dieser Barbaren bekam, stellte er seinen Brüdern frei, ob sie sich durch Flucht retten oder auf ihrem Posten den Tod für Jesus erwarten wollten. Nun blieben sechs Ordensmänner bei dem heiligen Abt, der sich mit ihnen, als die Hunnen nahten, auf einen Hügel begab, wo sie mit christlicher Hingebung sich zum Tod vorbereiteten. Wirklich jagten ihnen die Barbaren nach, da sie das Kloster leer fanden, und ermordeten alle auf einem Stein. Die Einwohner von Wessobrunn begruben nachher die christlichen Helden auf dem Platz ihres Todes und pflanzten zum Gedächtnis ein Kreuz auf die Grabstätte, von daher kam der Name „Kreuzberg". Später wurde eine Kapelle aus Holz erbaut und im Jahre 1591 ein Kirchlein aus Stein, aber die Reliquien der Heiligen versetzte man in die Kirche des nahe gelegenen Klosters.

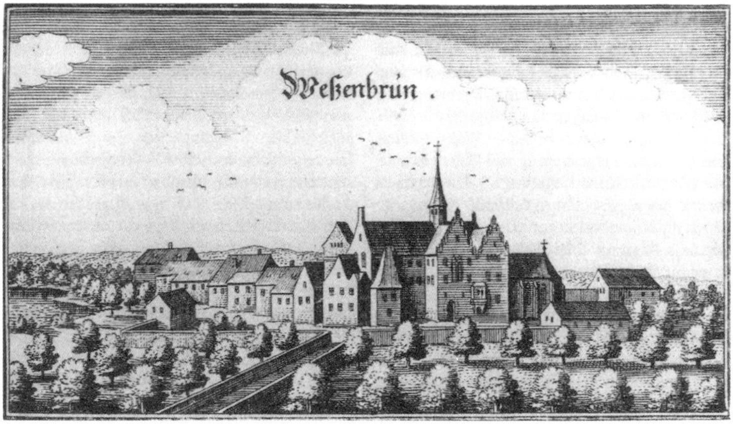

Kloster Wessobrunn vor 1644 (danach barocker Umbau).
Stich von Matthäus Merian

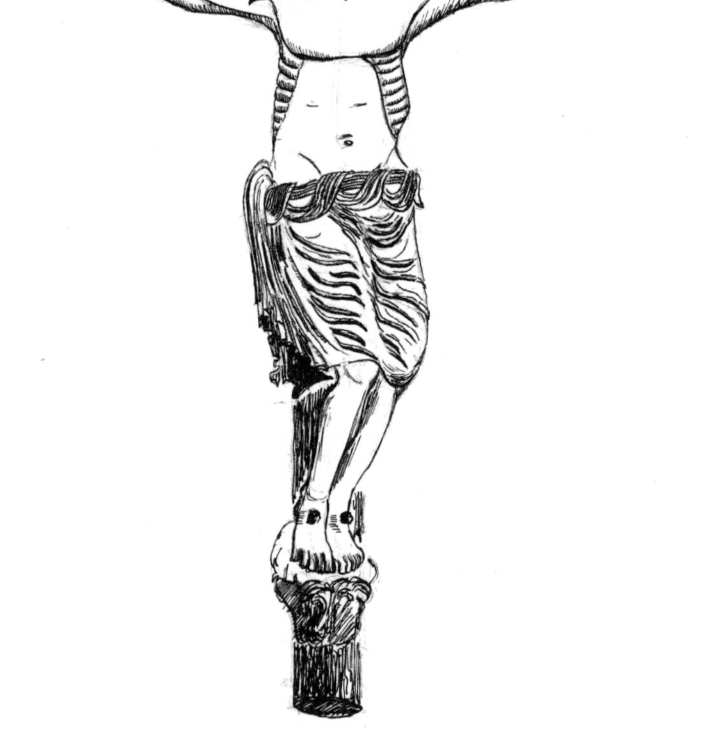

Das Wessobrunner Kreuz

In Wessobrunn hängt ein großes romanische Kruzifix, das in früheren Zeiten von den Leuten ganz besonders verehrt wurde. Es befand sich damals, im ursprünglichen Kirchenbau, über dem sogenannten Kreuzaltar, an dem Abt Waltho einst das Wunder der Wandlung von Wasser zu Wein gewirkt hatte.

Zur Zeit der Säkularisation wurde Wessobrunn einem Vetter des Ministers Montgelas, dem Chevalier de Montot, zur Verfügung gestellt. Jenen Herrn störte an dem altehrwürdigen Kloster besonders das majestätische Kruzifix über dem Kreuzaltar. Es war ihm ständig ein Dorn im Auge. Da ließ er das Kreuz abhängen und wollte es dann eigenhändig zerhacken und verbrennen, um so seinen persönlichen Sieg über Christus zu bekunden. Sein Kammerdiener, der ihm bei dem Zerstörungswerk behilflich sein sollte, ergriff als erster die Axt und schlug mit aller Kraft auf das Kruzifix ein, doch schon beim ersten Hieb zersprang die Axt und war nicht mehr zu gebrauchen. Nun versuchte es der Chevalier selbst.

Aber als er eben das Beil hob und zum Schlag ausholte, befiel ihn plötzlich eine unerklärliche, jedoch derart starke Übelkeit, dass er nicht mehr fähig war, ihn auszuführen. Von tiefer Furcht ergriffen, gab er sein Vorhaben auf.

Von da an versuchte er, das unliebsame Kreuz auf andere Weise loszuwerden, denn er empfand immer größere Angst davor. Eine alte Frau erwarb es schließlich für zwölf Scheite Holz von ihm. Als das Kreuz, an dem noch heute der Beilhieb des Kammerdieners zu sehen ist, später wieder Einzug in die Wessobrunner Klosterkirche hielt, herrschte große Freude unter der Bevölkerung.

Seither wird es, wie ehedem, hoch in Ehren gehalten und von vielen Pilgern besucht.

Nachweislich hat der Chevalier de Montot den Hochaltar der Kirche Wessobrunn und viele holzgeschnitzte Heiligenfiguren zerhacken und verbrennen lassen (Anmerkung 57).

Das goldene Kegelspiel

Kloster Wessobrunn besaß einst ein Kegelspiel von seltener Schönheit und unschätzbarem Wert. Die einzelnen Kegel waren neun Zoll (Anm. 58) hoch und aus purem Gold gearbeitet. Auch die Kugeln bestanden durch und durch aus diesem edlen Metall.

Zu jener Zeit, als die wilden Kriegshorden der Hunnen das Land ärger als eine der „sieben Plagen Ägyptens“ heimsuchten, versteckten die Mönche das kostbare Spiel. Auch den Kirchenschatz vergruben sie, wie man sagt in einer Glocke, dem „Herrgottsglöckl“, die wegen ihres wunderbaren Klanges von der Bevölkerung sehr geschätzt wurde. Als die Kämpfe mit den Hunnen endlich vorüber waren und das wilde Reitervolk aus Bayern vertrieben war, da wusste niemand mehr, wo Kegelspiel und Glocke verborgen waren.

Einige glaubten, die Schätze befänden sich unter der alten Kirche oder in irgendwelchen geheimen Gängen unter dem Kloster. Andere behaupteten, sie lägen im „Königsbruch“, einem Steinbruch, der im Besitz der Mönche von Wessobrunn war. Niemand aber wusste wirklich Bescheid über ihr Verbleiben. Viele haben seither auf eigene Faust versucht, den kostbaren Schatz zu finden, doch keinem ist es gelungen. Ein armer Schneider, dem ein Stück Land neben dem Königsbruch gehörte, forschte sein Leben lang danach.

„Wenn ich das Spiel finde, habe ich ausgesorgt für mein Leben!“ Das soll er oft geäußert haben. Aber wie die Glocke, blieb es verschwunden und ist bis auf den heutigen Tag nicht wieder ans Licht gekommen. So blieb denn auch der Schneider ein armer Mann.

Die feurigen Männchen

Früher erzählten die alten Leute viel von den feurigen Männchen (Anmerkung 59), die besonders bei Fischen, Pähl oder Raisting ihr Unwesen getrieben haben sollen. Viele glaubten, dass es sich um

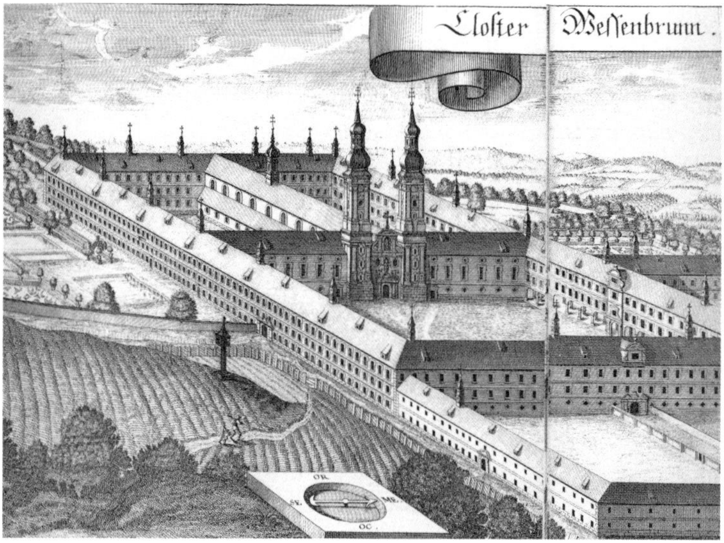

Kloster Wessobrunn (nach barockem Umbau)
Stich von M. Wening um 1700 (Ausschnitt)

Arme Seelen, die ihre Sünden noch verbüßen müssten, handle.

An Samstagen wurden die Männchen ungewöhnlich häufig gesehen. Da kamen die Bauern aus der ganzen Umgebung beim Wirt zusammen, tranken dort nach der schweren Arbeit während der Woche einige wohlverdiente Maß Bier und besprachen wichtige Angelegenheiten und Begebenheiten aus den einzelnen Ortschaften. Vor dem Heimweg graute den meisten ein wenig, denn dann zeigten sich fast immer die feurigen Männchen. Sie erhoben ganz plötzlich sich aus dem Moor neben dem See und wirbelten durch die Luft, dass sie aussahen wie brennende Räder.

Auch bei Wegkreuzen wurden sie häufig gesehen. Oft versammelten sie sich auch auf den alten Eichen und rauften dort oben miteinander, dass die Funken nur so stoben. Wenn sie genug davon hatten, sprangen sie herunter und begleiteten die Bauern nach Hause. Sie tanzten um sie herum, schlugen Purzelbäume und trieben allerlei

Schabernack, bis diesen angst und bang wurde.

Die Fischener Bauern haben sich dann gedacht: „Wenn ich nur das Steglein erreicht hätte“ wo man über die Ammer hinüber ist, vor man auf Fischen kommt übers Moos hinüber.

Die Feuermännchen griffen aber niemals Menschen an oder fügten ihnen Schaden zu. Da verloren die Leute mit der Zeit ihre Furcht vor den kleinen Geistern und nahmen sie als ganz selbstverständliche Naturerscheinung hin.

Die aufgeklärten Leute heutzutage behaupten zwar, dass es sich nicht um Männchen sondern nur um Ausdünstungen des Moores gehandelt habe, die von den berauschten Bauern für Geister gehalten worden seien, diejenigen aber, die ihnen selber begegnet sind, sind davon überzeugt, dass es wirklich Geister waren, eben solche, die den Menschen nichts tun.

Die Geister in der Lichtenau

Moore erschienen früher den Menschen, ganz gleich in welcher Gegend, unheimlich und bedrohlich. Man vermutete dort die Eingänge zur Unterwelt. Es ist deshalb nicht verwunderlich, dass die Leute versuchten, böse Geister dorthin zu bannen, wo sie ihrer Meinung nach hingehörten. Auch von noch nicht erlösten Armen Seelen behauptete man früher, dass sie als ängstliche Lichtlein auf den Mooren umherirren müssten. Als solch ein Toten- und Geistermoor (Anmerkung 60) gilt die Lichtenau bei Raisting.

Böse Geister, vor denen man verschont sein wollte, bannte man ehemals mit allerlei Zaubersprüchen kurzerhand in Flaschen, versiegelte diese und warf sie dann in der Lichtenau in ein bestimmtes Wasserloch, das als grundlos galt und wo sie für immer versanken. Besonders die Weilheimer, aber auch die Leute aus Dießen und der übrigen näheren Umgebung, entledigten sich auf diese Art und Weise öfter unliebsamer Geister.

Einst soll in Dießen eine Arme Seele lange Zeit als Klopfgeist umgegangen sein. Da wussten sich die Leute nicht mehr anders zu helfen, als den nächtlichen Ruhestörer in ein kupfernes Gefäß zu verwünschen. Dieses wurde fest verschlossen und versiegelt und dann unter größten Vorsichtsmaßnahmen in die Lichtenau befördert. Zwei Herren, die an der schwierigen Beschwörungszeremonie teilgenommen hatten, ließen sich von einem mutigen Kutscher, der die Gegend genau kannte, auf das Moor hinausbringen. Unterwegs mahnten sie ihn eindringlich:

„Fahre nur immer zu und schau dich nicht um, was immer auch passiert, sonst geht es uns schlecht!"

Als sie mitten im Moor waren, nahe bei der Stelle, an der die Flasche versenkt werden sollte, konnte der Mann aber seine Neugier nicht länger bezwingen und wandte den Kopf. Da erblickte er eine ungeheure Anzahl grauenvollster Gespenster. Sie verfolgten das Gefährt und versuchten immer wieder es aufzuhalten. Dem armen Kutscher standen vor Entsetzen die Haare zu Berge und er war nicht mehr fähig weiterzufahren. Den beiden Herren gelang es glücklicherweise, den Wagen selbst nach Dießen zurückzubringen, sonst wäre womöglich Fürchterliches geschehen.

Es heißt, dass sich der Mann seiner Lebtag lang nicht mehr von diesem Schrecken erholt hat.

Der Mann ohne Kopf

Die alte Frau Off, Bäuerin aus Stillern, erzählte etwa um 1920 von einem gruseligen Gespenst, das früher in den umliegenden Wäldern sein Unwesen getrieben haben soll. Ihr Großvater hatte ihr davon berichtet. Es handelte sich um einen großen Mann ohne Kopf mit einem riesigen Hund mit feurigen Augen. Nach dem Gebetläuten erschreckte er häufig Leute, die sich verspätet hatten, fast zu Tode, wenn er ihnen mit seinem furchterregenden Begleiter auf einem der einsamen Waldpfade begegnete und ihnen den Weg versperrte. Weil er sich immer im Wald blicken ließ, wurde er „Holzherr“ genannt. Besonders Sonntagskinder hatten darunter zu leiden und die Fuhrwerker, denen die Rosse, wenn sie ihn sahen, keinen Schritt mehr weitergingen.

Wie es heißt, handelte es sich bei dem Unheimlichen um den unseligen Geist eines Hofmarkrichters aus Wessobrunn, der ein richtiger Leuteschinder war und dem wegen seiner ungerechten Urteile viele den Tod an den Hals wünschten. Als er einmal rücklings einen hohen Abhang hinunterstürzte, sich den Kopf entzweischlug und so ums Leben kam, trauerte kein Mensch um ihn. Alle waren froh, dass es ihn nicht mehr gab.

Aber sie hatten sich zu früh gefreut, denn von Stund an spukte er in den Wäldern.

Manch mutiger Geistlicher hat versucht, den Spuk zu vertreiben, aber immer umsonst, bis es endlich einem neugeweihten Benediktiner von Wessobrunn gelang, ihn in eine kupferne Flasche zu bannen und ihn in der Lichtenau im Moor zu versenken.

Seither hat man vom „Holzherrn“ nie mehr etwas gehört.

Die Nebelfrau bei Stillern

In der sumpfigen Gegend um Raisting und Stillern treibt des Nachts die Nebelfrau ihr Unwesen. Sie ist von Kopf bis Fuß in schneeweiße spinnwebfeine Schleier gehüllt, ihr Gesicht kann man nicht sehen. In der Zeit vor Weihnachten ist sie besonders häufig unterwegs und führt späte Wanderer in die Irre. Wenn das Christfest vorbei ist, muss sie jedoch wieder verschwinden und darf erst in den Nebelmonaten des nächsten Jahres wieder kommen.

Einmal war ein Mann spät am Abend noch hinauf in den Forst von Stillern gegangen. Natürlich hatte er von der Nebelfrau gehört, aber er kannte die Gegend wie seine Hosentasche und glaubte daher, sich nicht

Braut und junge Frau aus dem Ammergau.
Aquarell von Ludwig Neureuther um 1805

verlaufen zu können. Er war noch nicht lange unterwegs, da begegnete ihm eine zarte Frau, ganz vermummt mit weißen Gewändern und Schleiern, die sie umwehten. Ohne ihn um Erlaubnis zu fragen, gesellte sie sich zu ihm.

„Ich weiß schon, wer du bist“, sagte der Mann mit lauter Stimme, wie um sich selber Mut zu machen, „aber bei mir bist du an den Falschen geraten. Scher dich weg, ich werde mich nicht von dir in die Irre führen lassen!“

Er blieb nicht stehen und verharrte, wie man es eigentlich tun soll, wenn man der Nebelfrau begegnet, bis ihr das Warten zu langweilig wird und sie sich wieder verzieht, nein, er schritt unverzagt weiter.

Da hob das Geisterweiblein die Arme und ließ die Schleier flattern. Federleicht hoben sie sich in die Luft und wurden immer länger und dichter. Sie wehten so nah vor den Augen des Wanderers, dass er nicht mehr sehen konnte, wohin er trat. Wütend wischte er die feinen Gespinste fort und beschleunigte seine Schritte. Doch die Nebelfrau wich nicht von seiner Seite. Sie begann vielmehr leichtfüßig um ihn herum zu tanzen. Ihre wirbelnden Schleier verdeckten ihm immer mehr die Sicht, bis er wie blind durch die Dunkelheit tappte.

Er stolperte über Wurzeln und Steine, fiel in Pfützen und rannte gegen Bäume. Da schlug er nach dem Gespenst, das ihn so hartnäckig narrte, aber seine Hände verfingen sich nur in den Ästen und Zweigen und trafen niemals die Nebelfrau.

„Geh weg, du böser Geist, geh endlich weg!“ schrie er das Weiblein in ohnmächtigem Zorn an. Aber es kümmerte sich nicht im Geringsten um seinen wachsenden Groll sondern blies ihm immer mehr und mehr von dem feinen Gespinst vor sein Gesicht.

Da blieb der Mann in seiner Verzweiflung stehen, um nicht noch weiter in die Irre zu laufen. Er war jedoch von dem feinen durchdringenden Nebel nass bis auf die Haut und begann so erbärmlich zu frieren, dass er dann doch lieber wieder weiter durch die Finsternis stapfte, um sich durch die Bewegung wenigstens ein bisschen zu erwärmen. Immer wieder befahl er der Nebelfrau, ihn doch in Ruhe zu lassen, aber es nützte nichts. Zuletzt wusste er nicht mehr, was er tun sollte und wie er sich des boshaften Gespenstes erwehren sollte. Es trieb unbarmherzig die ganze Nacht hindurch sein grausames Spiel mit ihm.

Er hatte keine Ahnung, wie lange es schon währte, als er in der Ferne leise die Glocken einer Kirche zum Gebet läuten hörte. Da blieb das Nebelweiblein ganz unvermittelt stehen, fing an, sich aufzulösen, wurde immer durchsichtiger und unwirklicher und war bald ganz von der Dunkelheit aufgesogen. Verwirrt blickte der Mann um sich und sah, dass er sich nicht weit ab von dem Weg befand, den er eigentlich hatte gehen wollen. Nun kam er rasch nach Hause.

Nicht nur ihm ist es so ergangen. Wie erzählt wird, mussten schon viele eine ganze Nacht unfreiwillig mit der Nebelfrau umherirren. Erst beim Gebetläuten am nächsten Morgen verlor sie die Macht über ihre Opfer, und die Genarrten konnten endlich wieder dorthin, wohin sie eigentlich wollten (Anmerkung 61).

Die Menburg bei Raisting

Südwestlich von Raisting, etwa 1925 m von der Kirche von Raisting entfernt, befindet sich ein Burgstall, der heute noch zugänglich ist, die Überreste der sogenannten „Menburg". Er ist auf einem Hügel über dem Zusammenfluss von Michelsbach und Rott gelegen. Schon zur Zeit der Römer bestand hier die Befestigung Urusa (etwa ab 250 n. Chr.). Die Burg selbst wurde von *„Welfischen Ministerialen Herren von Raistingen"* im 12. Jahrhundert gegründet, später wieder neu aufgebaut (Anmerkung 62) und im Jahr 1339 an Kaiser Ludwig den Baiern verkauft. Etwas mehr als hundert Jahre später, um 1451 muss sie aber schon wieder eine Ruine gewesen sein, denn sie wird nur noch als „Purckstal" erwähnt.

Noch heute kann man den Burgplatz und die Wallanlagen gut erkennen. Von der Menburg bestand Sichtverbindung zur Burg Schönberg nach Dießen.

Wie die St.-Johann Kapelle bei Raisting entstand

Die kleine Kapelle St.-Johann auf Heiligenstätten bei Raisting, die 1428 erstmalig erwähnt wird, ist eine Wallfahrtskirche. Neben ihr steht ein schöner alter Spitzahorn. Im Jahr 1811 stürzte bei einem fürchterlichen Unwetter der Turm der Kirche ein. Man nimmt an, dass der Baum während der folgenden fünfzehn Jahre, in denen die Kirche wieder instandgesetzt wurde, gepflanzt wurde. Damals wurden auch 25 Obstbäume und ein weiterer Ahorn um das Kirchlein herum eingesetzt. Überlebt hat nur der Spitzahorn, der mitsamt der kleinen Kapelle und den technischen Anlagen der Erdfunkstelle heute charakteristisch für Raisting ist.

Der Legende nach steht die Kirche auf einem sehr geschichtsträchtigen Ort. Hier soll eine wichtige Kreuzung zweier Römerstraßen gewesen sein. Auch erzählt man eine ähnliche Legende wie von der Gründung Wessobrunns, dass sich nämlich Tassilo III. bei der Jagd verirrt habe und aus Dankbarkeit, weil er an dieser Stelle eine lebensrettende Quelle fand, eine Kirche habe bauen lassen – natürlich eine Vorgängerin und nicht die jetzt bestehende, die ja jüngeren Datums ist.

Das Nachtgejaid um Stillern, Raisting und Wielenbach

Hier und in den umliegenden Gebieten (Anmerkung 63) der Lichtenau und der Moore von Stillern soll die Wilde Jagd ganz besonders heftig ihr Unwesen getrieben haben; sie wurde hier aber „Nachtgejaid“ (in alten Schriften lat. venationes nocturnae) genannt. Pfarrer Gailer, ein gebürtiger Raistinger, berichtet um 1750 in der „Vindelicia Sacra“ in lateinischer Sprache:

Von Gespenstern und Erscheinungen war hier früher viel die Rede und die Angst davor war so allgemein, dass sich unsere Vorfahren sorgsam hüteten, nächtlicher Weile heimzugehen. Besonders oft hörte man und bisweilen sah man auch die Gespenster in dem benachbarten wilden Gehölz „Lichtenau“ genannt, wie sie in laut lärmender Jagd, als wie mit Hunden, den ganzen Wald durchstreiften und weitum einen ungewöhnlichen Schrecken verbreiteten. (Übersetzung Dr. Bruno Schweizer)

H. Rathgeber aus Dießen erzählte dem Sagenforscher 1923:

Gedroht hat man uns alleweil: „S' Nachtglaot nimmt enk! Vor Gebetläuten kommt mir alles herein und nach Gebetläuten keines mehr raus!“ war bei uns eine alte Regel. Da hab ich als Mädchen schon davon gehört. Das (Nachtgejaid) *hat gesungen und gejodelt. Da hat man sich niederlegen müssen. Einmal, das war am Saniklas, da hat eine zu Raisting ihr Kind zum Fenster hinausgehebt „Seh*

Saniklas" hat sie gesagt, „nimm's nur mit!" Dann hat es das Nachtgloat mitgenommen. Ist nimmer zum Vorschein gekommen. Einmal ist beim „Nebl" ein Uhu vom Kamin herausgefallen. Wir wären bald närrisch geworden; wir haben gemeint, das Nachtgloat kommt herab. Aber der arme Vogel hat sich halt verflogen.

Fr. Tauber erzählte ihm ebenfalls 1923: *Wie ich zu Raisting gedient habe, da haben sie gesagt, dass zu Stillern draußen eine vor Gebetläuten gemistet hat. Da haben sie dahergesungen und dann ist sie hingestanden und hat zugehorcht. Da haben sie's gepackt und mitgenommen. Dann hat man aber gleich drauf Gebet geläutet. Derweil ist sie aber schon bis im Hart drüben gewesen* (etwa 2 km weiter). *Fallen lässt es die Leute, wos gerade ist, ganz gleich überm Wald, überm Wasser oder wo es ist.*

Der Bauer, wo ich in Wielenbach gewesen bin, der hat es auch immer gesagt. Wisst ihr die Hartkapelle, da sind einmal die Männer zum Mähen hinaufgegangen und die Dirn ist nachgekommen, die ist als letzte fort. Dann haben sich die vorderen immer gedacht, was hat die Dirn nur, dass sie heute so singt und sie hat gemeint, was haben denn die da vorne heute für einen Gesang. Dann haben sie auf den Bäumen droben gehört, dass etwas herumflattert und ganz sicher hätte es (das Nachgejaid oder Nachtgloat) *sie mitgenommen – aber im selben Augenblick haben sie das Gebet geläutet. Und sobald man die Glocken anzieht, lässt sie es fallen. Die singen und machen Musik, grade lustig kommen sie daher.*

Die Teufelskuchl und das Räubernest bei St.-Johann

Viele wilde Schluchten werden von den Leuten „Teufelsküchen" genannt, oft sind es Räuberhöhlen (Anmerkung 64).

...und man erzählt von ihnen der grausigen Begebenheiten viele. In ihnen hat der Böse Herrschaft, die Hexen und die Truden fahren gerne dahin zur Zusammenkunft. K. v. Leoprechting um 1853

Von der „Teufelskuchel“ bei St.-Johann erzählte 1923 der alte Bürgermeister Kölbl von Raisting dem Sagenforscher Bruno Schweizer:

Oberhalb von der Kreut-Höhe in der Nähe von St. Johann heißt man es „in der Teufelskuchel“. Woher der Name kommt, weiß ich nicht. Einmal war hier ein Jäger in unserer Gegend, der die Jagd gepacht hatte, der hat dann da droben einmal gespeist, damit er dann sagen konnte, er hat in des Teufels Küche gespeist. Das war so um1850-60 herum. Unterhalb von der Teufelskuchel ist die „Greithöln“ (Kreut-Höhle)*, da soll früher eine Räuberhöhle gewesen sein, es liegt am „Greitgraben“, wo das Moos zu Ende und der Lehm beginnt. Man soll dort am frühesten Siedlungsrand schon Skelette gefunden haben. Und gleich unterhalb davon, etwa 10 Minuten von der Greithöhle, hat man ein Schiff ausgegraben. Um 1806 wurden die Klostergründe verteilt, jeder Raistinger bekam etwa 8 Tagwerk. Und da hat man halt Gräben aufgemacht, um zu wissen, wo das „March“* (Grenzmarkierung) *ist. Und auf dem „Pfeffer“*(ältester Name von Raisting) *seiner Wiese gerade auf der Grenze, da haben sie ein eichenes Schiff ausgegraben und im Ort lange Zeit aufgehoben. Schließlich hat mans halt zusammengeschlagen und verbrannt. Aus einem Stück ist es gemacht gewesen* (wohl ein Einbaum).

Es wird vermutet, dass der Einbaum von einem ehemaligen Klosterweiher herstammte, der nach dem Dreißigjährigen Krieg in Vergessenheit geraten war.

Das Sühnekreuz bei Raisting

In der Gegend um den Ammersee, wie auch in vielen anderen Gegenden Bayerns, gab es früher viele Sühnekreuze aus schwerem Stein, oft mitten in einem Feld. Einige davon sollen nach Zweikämpfen zwischen Rittern oder nach einer Bluttat, bei der jemand ums Leben kam, errichtet worden sein (Anmerkung 18). In Raisting wurde einmal bei einem solchen Sühnekreuz nachgegraben und man fand alte Knochen und Waffen, was den Schluss nahelegt, dass der im Kampf Unterlegene an Ort und Stelle begraben wurde.

Die Geistermesse in Pähl

Es wird von vielen Kirchen oder Kapellen behauptet, dass dort „Geistermessen", also Messen von den Verstorben (nicht für sie!) abgehalten worden seien (Anm. 28). Bruno Schweizer schreibt:

Im Friedhof („älter Freithof", jünger „Gottesacker") haben die Toten ihr Reich und zu bestimmten Zeiten feiern sie, wie die Lebenden, ihre Gottesdienste...

Lebende, die irrtümlich oder durch Zufall in solche Gottesdienste geraten, sind in ernster Lebensgefahr, wenn sie nicht rechtzeitig die Versammlung verlassen...

Oft erkennt der lebende Besucher im Nachbar einen längst verstorbenen Verwandten, der ihm einen guten Rat zur Rettung seines Lebens gibt.

Beim Wandlungsläuten muss er die Kirche verlassen, und wenn er merkt, dass ihm einige folgen, muss er den Mantel oder sonst ein Kleidungsstück zurücklassen. Das findet sich dann am nächsten Morgen in lauter kleine Stückchen zerrissen vor und jedes Stücklein liegt auf einem der Gräber.

Die alte Frau Bleicher aus Dießen erzählte dem Sagenforscher 1923 folgende Geschichte über eine Geistermesse in Pähl:

„Mein Bruder, der ist in Pähl neun oder zehn Jahre lang Nachtwächter gewesen. Er lebt nicht mehr, hat ihn der Schlag getroffen. Der hat immer gesagt, in der Zeit, wo die Engelämter (Engelämter oder Roratemessen sind Frühmessen zur Adventzeit) *sind, da ist in der Kirch einmal die ganze Nacht Licht gewesen und so schön gesungen haben sie, als wenn halt lauter Engel singen täten.*

Bauer am Ammersee. Aquarell von Ludwig Neureuther um 1805

Hinein hat er nicht können. Gefürchtet hat der nichts, wenn auch die Geister im Freithof wären drinnen gestanden, der hätt' sich schon hineingetraut. Weil er halt nicht hinein hat können, jetzt hat er durchs Schlüsselloch hineingeschaut. Aber gesehen hat er da nichts. Bloß singen hat er hören, so schön, dass es nichts Schöneres nicht geben kann. Georgelt ist worden und gespielt, er hat sich gar nicht genug hören können. Hat ihn gar kein Schauder nicht angefallen, gar it. Hat gemeint, er muss etwas sehen, aber gar nichts!"

Die Wilde Jagd bei Pähl

Die Magd des Glasbauern von Pähl hütete einmal in der Nähe des Ammersees Kühe. Es war spät und die Dunkelheit war schon hereingebrochen. Mit einem Mal vernahm sie ein eigenartiges Brausen hinter sich und ein wirres Gelärme erfüllte die Luft. Sie erschrak zutiefst und wandte entsetzt den Blick, um die Ursache des unheimlichen Getöses zu ergründen. Doch ehe sie sich versah, war das wilde Heer bereits über ihr und riss sie mit unwiderstehlicher Gewalt in die Höhe. Vor Angst schwanden ihr fast die Sinne und sie meinte, ihr letztes Stündlein habe geschlagen. Um sie herum war ein Schreien und Toben, so schrecklich, wie sie es sich in ihren schlimmsten Träumen nicht hatte vorstellen können. Sie wusste bald nicht mehr wo oben und unten war und wurde so herumgewirbelt, dass ihr ganz schlecht wurde. Verzweifelt flehte sie zu allen Heiligen und wünschte, das grausame Spiel, das mit ihr getrieben wurde, möge endlich aufhören. Plötzlich hörte sie mitten in dem teuflischen Lärm von Ferne die Glocken einer Kirche zum Gebet rufen.

Da war der Spuk mit einem Mal wie ausgelöscht. Sie stürzte sausend aus den Lüften herab und fiel in ein dichtes Unterholz. Wohl zerkratzten sie die Äste ganz jämmerlich, aber sie dämpften ihren Fall und so langte sie ansonsten einigermaßen unverletzt am Boden an. Die arme Magd befand sich nun in einem Wald, den sie nicht kannte und in einer ihr völlig fremden Gegend. Da setzte sie sich nieder und schluchzte bitterlich, weil sie nicht wusste, was sie anfangen sollte. Als sie sich ein wenig gefasst hatte, erhob sie sich und lief durch den Wald, in der Hoffnung, irgendwo auf Menschen zu treffen. Weinend rannte sie immer weiter und weiter, bis sie endlich zu einem Haus kam. Verwundert sahen die Bewohner des Bauernhofes das ihnen unbekannte und völlig verstörte Mädchen herantaumeln. „Wer bist du und was ist dir passiert?“ wollten sie von ihr wissen.

Sie aber war am Ende ihrer Kräfte und nicht imstande, eine Antwort zu geben. Mühsam lallte sie einige unverständliche Worte und brach dann wieder in hemmungsloses Schluchzen aus. Da drangen die gutmütigen Leute nicht weiter in sie. Sorgsam führten sie die Fremde ins Haus, gaben ihr zu essen und zu trinken und ließen sie dann ausruhen. Einige Tage lang benahm sich ihr Gast so verschreckt und seltsam, dass die Bauersleute fürchteten, sie sei nicht recht bei Verstand. Nach einer Woche erholte sie sich endlich und konnte ihnen mitteilen, dass sie aus Pähl stammte und beim Glasbauern dort in Dienst stand. Da schlug die Bäuerin verwundert die Hände über dem Kopf zusammen und fragte: „Ja wie bist du denn da in einer Nacht bis zu uns nach Moorenweis gekommen?“

Nun erzählte die Magd, was ihr zugestoßen war.

„Oh je, da bist du dem Nachtgejaid in die Hände gefallen!“ erschrak die Frau, als sie das hörte. „Hast du denn nicht gewusst, wie man sich da verhalten muss?“ Als die Magd den Kopf schüttelte, erklärte die Bäuerin: „Du hättest nicht umschauen dürfen, als du den Lärm gehört hast! Du hättest dich sofort auf den Boden werfen und Hände und Füße kreuzweis übereinander legen müssen. Dann wäre das Nachtgejaid über dich hinweggezogen und hätte dir nichts anhaben können.“

Der gute Rat kam jedoch zu spät. Wohl kehrte die arme Magd, als sie sich einigermaßen erholt hatte, wieder nach Pähl zu ihrem Bauern zurück, aber sie konnte das schreckliche Erlebnis nicht vergessen. Nie mehr war sie so fröhlich wie früher und blieb still und in sich gekehrt ihr Lebtag lang (Anmerkung 63).

Prophezeiungen vom Weltuntergang am Ammersee

Bruno Schweizer überliefert eine Weltendeprophezeiung vom Ammerseegebiet um 1850:

Der Türke muss erst noch seinen Schimmel im Ammersee tränken. Dann wird eine Zeit kommen, wo die Dienstmägde beim „Schafflreiben" (das Holzgeschirr der alten Zeit musste täglich mit weißem Tuffsand blank gescheuert werden) ein Diadem aufsetzen und einen Hut von Krepp. Dann werden die Leute braune Mäntel tragen und spitzige Hüte und Röllelein (kleine Glöcklein) an den Schuhen. Wenn es einmal so weit ist, dass man mit einem Wagen, wo kein Ross dran gespannt ist, an jede Haustür hinfahren kann, dann geht die Welt unter.

1923 erzählt Trenkler aus Dießen: *Sie haben früher erzählt, dass die Zeit schlimm kommen wird. Die Leute werden einen eisernen Kopf aufhaben. Denn die Sachen, die kommen werden, sind so schlimm, dass nur diejenigen durchkommen, die einen eisernen Kopf aufhaben. Nur die werden das überwinden, was da kommt. Ich hab einmal ein Verslein gehört, da ist darin vorgekommen:*

...bal' di roatn Strimpf un die grean Hiat
der Entachrist (Antichrist) bald zu Ende geaht...

Aus Raisting ist aus dem Jahr 1923 von Kölbl überliefert:

Da habe ich davon gehört, wenn einmal das Salz weniger wird und das Wasser ausgeht und wenn die Tage plötzlich kürzer werden, dann werden die Leute rote Schuhe tragen, dann geht die Welt unter – aber ich meine es gibt ja jetzt schon lange Schuhe in allen Farben, da müsste also die Welt schon lange untergehn.

Ich hab einmal eine Dirn aus St. Georgen gehabt, die hat fest dran geglaubt, am 20. November geht die Welt unter. Von einer Klosterfrau von Dießen hat sie ein Gebet mitgebracht, die Mutter Gottes hat es ihr geoffenbart, hat es geheißen.

Die Mutter hätte es bald auch noch geglaubt auch und hätte auch das Beten angefangen, aber der Vater hat gesagt, das weiß niemand, wann die Welt untergeht. Die Dirn hat alle Tage zur Nacht gebetet und geweihtes Wachs angezündet und Zettel ausgeteilt, auf denen das Gebet gestanden ist. Dann ist der 20. November gekommen – da hätte am Abend um 5 Uhr die Welt untergehn sollen, dann hat mein Vater die Dirn geneckt und gesagt: „So jetzt richt nur dein Zeug alles zusammen, dass du es bei der Hand hast, wenn die Welt einen Purzelbaum macht." Wir haben sie alle recht ausgelacht und am Abend ist ein wunderschönes Wetter geworden mit Abendrot („hat sich gleich d' Sunn ausbrennt").

Alte Abbildung von Pähl mit Hochschloss.

Die Hesseloher Säule bei Pähl

Im Gebiet von Gut Rösselsberg bei Pähl steht eine Betsäule aus dem Jahr 1483, gekrönt mit einem überdachtem Würfel auf dessen Reliefs vorne die Kreuzigung Christi, seitlich das Wappen und Szenen aus dem Leben von Hans von Hesseloh abgebildet sind. Sie erinnert an diesen berühmten Minnesänger aus dem 15. Jahrhundert.

Die Hesseloher waren ein uraltes Rittergeschlecht und sollen ursprünglich ihren Sitz in der Schwaige Hesselohe im Isartal gehabt haben. Das Wappen der Hesseloher waren zwei gekreuzte Pferdeköpfe. Der Vater des Minnesängers, Niklas von Hesseloh, war 1418 Landrichter in Wolfratshausen, dann in München und ab 1443 in Weilheim, Gerichtssitz in Pähl, wo er auch begraben liegt. Sein älterer Sohn Andreas wurde nach seinem Tod Pfleger von Schloss Pähl. Sein jüngerer Sohn Hans Hesseloher war verheiratet mit Anna Schondorferin aus Pähl, die ihm als Mitgift das mittlere Schloss von Pähl mitbrachte, und hatte mit ihr zwei Töchter. Zusammen mit seinem älteren Bruder Andreas kaufte er 1453 den Sitz Rösselberg. Durch eine Sondererlaubnis der Herzöge Sigmund und Johann durften beide Brüder das Pflegamt und das damit verbundene Richteramt gemeinsam ausüben. Sie waren bei Hof in München hoch angesehen. Hans Hesseloher war zudem ein bedeutender Dichter und Minnesänger seiner Zeit. G. Empfenzeder schreibt über ihn:

Es gab in früheren Zeiten keinen Ball, keine Tanzmusik, keine Hochzeit, auf der nicht der „Heß" getanzt wurde. Dr. Hartmann von Weilheim schreibt diese besondere Tanzweise dem Dichter Hans Hesseloher zu. Es ist ein Springtanz (Anmerkung 65).

Sein berühmtestes Werk ist das vertonte Gedicht „Die Bauernschlacht" von 1471, dessen Text und Noten bis heute erhalten sind. Für den Einzug der Benediktiner in Kloster Andechs im Jahr 1455 stiftete er ein sehr wertvolles liturgisches Buch, ein Graduale, dazu eine hohe Summe für einen „Ewigen Jahrtag", an dem für ihn gebetet werden sollte. Er starb zwischen 1483 und 1487, genau weiß man das nicht, und wurde in Andechs beigesetzt, wie er gewünscht hatte.

Hesseloher Säule von 1483. Foto Heinz Schinzel

Als Prinz Heinrich Franz Wilhelm von Bayern – Sohn von Kronprinz Rudolf aus 2. Ehe – im Jahr 1958 in der Schmerzhaften Kapelle von Andechs bestattet werden sollte, wurde beim Ausschachten der Gruft das Grab des Minnesängers wieder entdeckt.

Die Totenbretter in Mitterfischen

An einer sehr alten Linde vor dem Friedhofseingang in Mitterfischen gibt es noch Totenbretter aus einer längst vergangenen Zeit. Dieser Brauch der Totenbretter (Anmerkung 66) war hauptsächlich im Bayerischen Wald beheimatet, aber auch im Bayerischen Oberland üblich, es gibt beispielsweise auch in Holzhausen am Starberger See noch welche. Der Tote wurde früher bis zur Sarglegung auf einem Brett im Haus aufgebahrt. G. Empfenzeder schreibt:

„Er liegt noch auf dem Brett", war in diesem Zusammenhang bei unserer Landbevölkerung in der Umgangssprache geläufig.

Nach der Beerdigung wurde das Brett bemalt und mit Schnitzereien verziert, die Lebensdaten des Toten und ein Gebet oder Sinnspruch darauf angebracht. Es war üblich, das Totenbrett aus einer Holzart zu fertigen, die schnell verwitterte, denn nach dem Glauben der Leute konnte die Seele des Verstorbenen erst in die Ewige Seligkeit eingehen, wenn sein Totenbrett völlig morsch oder ganz verfault war. Darum wurden sie häufig dort aufgestellt, wo es feucht war und dieser Prozess schnell vonstatten ging.

Warum die Hartkapelle erbaut wurde

„Auf der Hart" wird eine Anhöhe auf dem Höhenweg zwischen Erling und Pähler Weiher genannt. Dort steht eine kleine Waldkapelle, die „Hartkapelle". Sie erinnert an eine schreckliche Mordtat, die hier verübt wurde.

Am 21. März des Jahres 1653 ritt der Pfarrer von Pähl, Balthasar Fischer, diesen Weg von Andechs, wo er am Fest des Ordensheiligen teilgenommen hatte, nach Pähl zurück. Dort, wo heute die Kapelle steht, wurde der überfallen, ausgeraubt und ermordet. Seinem Pferd war es gelungen, sich loszureißen. Es galoppierte in wilder

Panik nach Pähl zurück und brachte damit die Kunde in den Ort, dass dem Pfarrer etwas Schlimmes zugestoßen war. Der Sage nach soll es sogar in menschlicher Sprache geredet haben.

1654, ein Jahr später, wurde die Hartkapelle vom Bruder des Geistlichen, Michael Fischer, der auch Pfarrer in Pähl gewesen war, zur Erinnerung an den Ermordeten erbaut.

Das Sühnekreuz bei Machtlfing

Ein sehr stark verwittertes, nachmittelalterliches Sühnekreuz in Form des „Eisernen Kreuzes“ – sehr ähnlich dem bei der Tassilolinde in Wessobrunn – dessen Jahreszahl (1627?) nicht mehr gut zu entziffern ist, auf der Flur Raingrub zwischen Erling und Machtlfing, gibt Zeugnis von einer hier in früheren Zeiten verübten Bluttat.

Niemand mehr weiß aber heute noch, wer Opfer oder wer Täter war und aus welchem Grund sie verübt wurde (Anmerkung 18).

Die Viehseuche in Machtlfing

Machtlfing wurde Mitte des 19. Jahrhunderts – wie viele Orte der Umgebung auch – von einer verheerenden Viehseuche heimgesucht. Die Tiere starben den Bauern geradzuzu unter den Händen hinweg, ohne dass diese etwas dagegen tun konnten (Anmerkung 67).

In ihrer großen Not wandten sie sich mit einer Bittprozession zur Kirche „Unserer Lieben Frau“ im „unteren Dorf“ an die Gottesmutter und flehten sie um Beendigung dieser schweren Heimsuchung an. Weil sie Erhörung fanden, hängten sie dort eine Votivtafel (1855) auf.

Votivtafel mit Ansicht von Machtlfing aus dem Jahr 1855.

Der Stephaniritt bei Machtlfing

Die Stephanikapelle auf dem Stephansbichl bei Machtlfing, etwas außerhalb des Ortes, ist eine der ältesten Kirchen im Ammerseegebiet überhaupt und wurde – wie es zur Zeit der Christianisierung üblich war – auf einer heidnischen Kultstätte errichtet (Anmerkung 68), die vielleicht dem nordischen Fruchtbarkeitsgott Fro (Freyr) geweiht war, denn Fro wurde damals oft durch den hl. Stephanus ersetzt. So konnten die Leute, nachdem sie den christlichen Glauben angenommen hatten, weiterhin zu ihrer gewohnten Kultstätte gehen und dort beten. Es könnte sich aber auch um eine ehemalige Thingstätte handeln (Anmerkung 69). Pferdeumritte und Pferdesegnungen haben ihre Wurzeln in vorchristlicher Zeit.

Hier bei der Stephanskirche von Machtlfing wurde früher jeweils am 2. Weihnachtsfeiertag der Stephaniritt abgehalten, zu dem Menschen aus weitem Umkreis mit ihren festlich geschmückten Pferden herbeikamen. Sie ritten zur Segnung von Mensch und Tier in einer feierlichen Prozession dreimal um die Stephanskapelle und wurden anschließend gesegnet. Im 19. Jahrhundert wurde der Umritt zur Marienkirche verlagert. Einmal wurde die kleine Statue des „Steffl" aus der Kapelle gestohlen, von einem Gastwirt in Perchting gutgläubig erworben und, nachdem sie von einem Gast erkannt worden war, wieder zurückgebracht. Der Wirt soll ihn gerne zurückgegeben haben und ganz erleichert gesagt haben:

„Nimm ihn mit, seitdem ich ihn im Haus hab, hab ich kein Glück mehr."

Heute wird die Figur sicher verwahrt.

Der alte Brauch wurde im 19. Jahrhundert wieder neu belebt.

Stephaniritte sind viel älter als die weitaus bekannteren Leonhardiritte (Anmerkung 70). In der unteren kleinen Marienkirche in Machtlfing befindet sich an der Seitenwand ein Votivbild aus dem Jahre 1800, auf dem der Umritt dargestellt ist.

Der verschwundene Ort bei Traubing

Der Sage nach soll südlich von Traubing einmal eine große Ansiedlung gewesen sein, die aber heute verschwunden ist.

A. Schöppner schrieb im 19. Jahrhundert darüber:

Südlich vom Dorf Traubing, in der Nähe eines kleinen Sees, den man Deichselfurther See nennt, links und rechts von der Landstraße, die von München und Starnberg nach Weilheim führt, befinden sich ziemlich hohe Hügel, auf denen ehedem Häuser, die Überreste einer alten Ortschaft (Stadt), gestanden haben sollen. Auf dem sogenannten Baderbüchel, sagt man, wäre die Kirche gewesen, und südlicher, wo noch eine viereckige Verschanzung eine alte Burg anzeigt, sei ein Schloss gestanden. Auf diesen Hügeln sind überall Spuren von Äckern sowie einzelne Römerhügel zu erkennen, daher wird angenommen, dass hier ein bedeutender Ort zu einer Zeit gestanden ist, wo das Tal von Traubing und Wieling noch ein Sumpf gewesen ist, der mit dem Maisinger See zusammen einen See gebildet hat, mit dem Deichselfurther See aber durch einen Ausfluss verbunden gewesen wäre.

Bei den genannten Hügeln handelt es sich nicht um „Römerhügel". Sie sind viel älter, als Schöppner damals annahm und stammen aus der Bronze- und Hallstattzeit.

Die Heiligkreuzwallfahrt bei Traubing

Die schreckliche Zeit des Dreißigjährigen Krieges war noch nicht lange vorüber, da fand einmal der Pfarrer von Traubing im Glockenturm seiner Kirche unter allerlei verstaubtem Gerümpel ein altes Kruzifix. Ehrfürchtig ließ er es herrichten und stellte es im Jahre 1688 westlich vom Ort, „beim Frauerl", auf. Es entstand eine Heiligkreuzwallfahrt zu der kleinen Kapelle, die um das Kruzifix gebaut worden war. Nach der Säkularisation wurde sie im Jahr 1817 abgebrochen und damit kam auch die Wallfahrt zum Erliegen. Das Kreuz ist heute in der Pfarrkirche.

Der Einsiedler bei Starnberg

Bei einem dem hl. Georg geweihten kleinen Kirchlein, das etwas außerhalb von Starnberg „in der Einsamkeit" nahe der Straße nach Weilheim stand, hatte sich im 18. Jahrhundert ein frommer Klausner niedergelassen. Er lebte in einer kleinen Zelle neben der Kapelle, diente Gott, kümmerte sich um das kleine Gotteshaus und erarbeitete sich seinen bescheidenen Lebensunterhalt dadurch, dass er die Bauernkinder der Umgebung unterrichtete. Hier soll er bis zu Beginn des 19. Jahrhunderts gewirkt haben. Der Überlieferung nach soll in einem Kirchenfenster noch das Wappen der Stahrenberger, der Stifter der Kapelle, gewesen sein, mit dem Wahlspruch:

Ich wag's mit Gottes Hilf. Hans Stahrenberger Anno 1594.

Heute steht St. Georg nicht mehr. Wohl in der Säkularisation wurde die Kirche abgebrochen, ebenso die Zelle des Klausners.

In dem lieblichen Tale hinter dem Schlosse entspringt der St. Georgenbach, vereinigt sich mit dem Meisingerbach, und ergißt sich außerhalb Stahrenberg in die Würm. C. Lebschée um 1818

Nur der Name dieses Baches erinnert heute noch an die Kapelle.

Das Fischerstechen bei Starnberg.
Nach einer Skizze von W. v. Breitschwert
aus „Ueber Land und Meer“ von 1874

Vom Panzen- und vom Fischerstechen in Starnberg

Ein sehr alter Fischerbrauch wird auf dem Starnberger See, wenn auch in etwas abgewandelter Form, bis auf den heutigen Tag ausgeübt, das berühmte Starnberger „Panzenstechen“ früher, das „Fischerstechen“ heute.

Wahrscheinlich geht diese Tradition bis auf die Zeit der mehrtägigen Seefeste unter den Wittelsbachern zurück, wo die Fischer zum Zeitvertreib für die vornehmen Hofgäste solche Wettspiele veranstalteten.

Beim Panzenstechen wurde über einen im Wasser stehenden Pfahl, der weiß und blau bemalt war, ein Holzfass, der „Panzen“, gesteckt. Die Boote der am Stechen teilnehmenden Fischer waren mit Fähnchen geschmückt und bildeten einen Kreis um den Panzen. Jedes war mit zwei Ruderern und einem im Heck stehenden Mann besetzt, der eine lange Stange hielt. Die Ruderer hatten die Aufgabe, ihren Stecher möglichst rasch in eine gute Position zum Panzen zu bringen, dass er diesen mit der Stange treffen konnte.

Derjenige von den Wettbewerbern, dem es gelang, das Fass so zu treffen, dass es zerbrach und ins Wasser fiel, war Sieger. Mehrere Schiedsrichter in einem Boot neben dem Panzen überwachten das Spektakel.

Etwa ab 1860 wurde das weitaus schwierigere „Fischerstechen“ durchgeführt. Erst durch die größere Verbreitung von Flachschiffen auf dem See gegenüber den vorher gebräuchlichen Einbäumen konnte es durchgeführt werden, weil die flachen Boote die Befestigung eines Standbrettes für den Stecher ermöglichten. Beim „Fischerstechen“ kämpfen jeweils zwei Wettbewerber gegeneinander. Wem es gelingt, den Gegner mit der Stange ins Wasser zu stoßen, ist Sieger dieser Runde und er tritt gegen einen anderen Gewinner an. Auf diese Weise wird der „Fischerkönig“ ermittelt und anschließend feierlich gekrönt.

Das Panzenstechen wurde nach einer fast fünfzigjährigen Pause 1929 zum letzen Mal abgehalten. Das Fischerstechen dagegen, weil viel lustiger für die Zuschauer, die jedes Mal in freudiges Gejohle ausbrechen, wenn einer der beiden Fechter ins Wasser muss, wird bis auf den heutigen Tag in fünfjährigem Turnus durchgeführt und erfreut sich größter Beliebtheit.

Le Chateau de Starenberg. Auschnitt a. Radierung: S. Stengel 1808

Der Ritter im Starnberger See

Einst lagen in Bayern zwei junge Ritter namens Parcival von Puchberg und Hartlieb von Sigenheim in erbitterter Fehde wegen eines Landstreifens. Der Streit zwischen den ehemaligen Freunden war von Ritter Wolf Esper von Stain angestiftet worden. Der hoffte nämlich insgeheim, dass sich die beiden gegenseitig totschlagen würden, und das umkämpfte Stück Land dann in seinen Besitz überginge.

Doch eines Tages geschah etwas, das seine finsteren Pläne durchkreuzte. Zufällig begegneten sich die beiden Streithähne einmal im Wald. Jeder war in Begleitung seiner Schwester. Und siehe da, von der Schönheit und Anmut der jungen Edeldamen bezwungen, versöhnten sich die feindlichen Freunde wieder und beschlossen, jeder des anderen Schwester als Gattin heimzuführen.

Bald war im ganzen Land bekannt, dass Ritter Parcival von Puchberg die wunderschöne Margaret von Sigenheim auf einer seiner Burgen in den bayerischen Bergen zu ehelichen gedachte. Seine Schwester sollte dort zur gleichen Zeit mit Hartlieb von Sigenheim vermählt werden.

Als Wolf Esper von Stain das erfuhr, geriet er in fürchterliche Wut. Durch die Versöhnung der beiden Ritter waren nicht nur seine Pläne mit dem umstrittenen Land zunichte gemacht worden sondern auch seine Heiratsabsichten vereitelt. Auch er hatte sich nämlich, als er einst Margaret bei einem Fest getroffen hatte, unsterblich in sie verliebt und beschlossen, sie zu seiner Frau zu machen. Er konnte es nicht verwinden, die schöne Braut dem Puchberger überlassen zu müssen und plante daher, sie zu entführen.

Mit vierzig seiner wildesten Kriegsknechte legte er in der Nähe von Starnberg einen Hinterhalt. Er hatte nämlich in Erfahrung gebracht, dass der Brautzug an dieser Straße, die den See entlangführte, vorüberkommen sollte. Dann sandte er einen Späher nach Starnberg, der ihm die Ankunft der Erwarteten unverzüglich melden sollte. Nach längerer Zeit, der Raubritter war schon ganz ungeduldig geworden, kehrte der Mann zurück und berichtete:

„Herr, sie sind eben durch Starnberg geritten. Der Puchberger und seine Braut sind den anderen weit voraus und es wird leicht sein, sie zu überrumpeln. Dennoch müssen wir vorsichtig sein und uns beeilen, denn Herzog Christoph jagt mit einigen Freunden in dieser Gegend und es wäre schlimm, wenn er uns überraschte."

„Der Herzog kümmert mich nicht", rief da der Ritter unwillig, „wenn er sich ungebeten in unsere Angelegenheiten einmischt, so wird er es bereuen. Wir werden auch mit ihm fertig!"

Possenhofen. Aquarell v. Lorenz Quaglio 19. Jh.

Während er noch so sprach, hörte man mit einem Mal Hufgetrappel und Parcival von Puchberg und seine Braut kamen in Sicht. Sie ritten sehr schnell, denn die Dämmerung brach bereits herein und sie wollten noch vor Dunkelheit in dem Schloss nahe bei Possenhofen sein, um dort zu übernachten.

Da stürzten Wolf Esper von Stain und seine Kumpane aus dem Hinterhalt hervor und überfielen das ahnungslose Paar.

„Kennst du mich?“ rief der Raubritter dem völlig überraschten Puchberger zu. „Nun werde ich mir dein Land und deine Braut holen!“

Mit diesen Worten drang er wild auf ihn ein und hieb ihn trotz seiner tapferen Gegenwehr vom Pferd. Besinnungslos lag der Puchberger auf der Erde, während seine Begleiter, die inzwischen herangekommen waren, sich verzweifelt mit der Übermacht der Feinde herumschlugen. Doch der Kampf dauerte nicht lange, denn es waren zu viele Räuber. Bald lagen die Gefährten Ritter Parcivals tot oder schwer verwundet neben ihrem Herrn.

Wolf Esper von Stain aber schleppte die weinende Margaret zum bereitliegenden Boot, um sie über den See in sicheren Gewahrsam zu bringen.

Da stürmte auf einmal wie ein wilder Wirbelwind Herzog Christoph von Bayern heran. Er hatte das Kampfgetümmel gehört und kam mit seinen Freunden den Bedrängten zu Hilfe. Wohl warfen sich ihm die Knechte des Raubritters entgegen, aber gegen den tollkühnen Herzog, der nicht umsonst den Beinamen „der Starke" führte, konnten sie nichts ausrichten und suchten ihr Heil in der Flucht.

Aufatmend wischten sich der Herzog und seine Kämpfer den Schweiß von den Stirnen. Da vernahmen sie plötzlich einen Hilfeschrei vom See her und sahen, wie die geraubte Braut, die sich heftig wehrte, gewaltsam in ein Boot gehoben wurde.

Possenhofen

Holzschnitt von A. Link

Ohne einen Augenblick zu verlieren eilte der Herzog mit großen Sprüngen zum Ufer hinunter. Doch als er angelangt war, befand sich das Boot schon weit im See, und der Raubritter rief höhnisch herüber: „Rette Margaret doch, wenn du kannst!“

Er lachte triumphierend und trieb unter Mithilfe eines Knechts mit kräftigen Ruderschlägen das Gefährt in eine sichere Entfernung vom Ufer.

Der Herzog aber lief mit Riesenschritten zum Kampfplatz zurück. Dort übergab er den schwer verwundeten Puchberger der Obhut seiner Freunde, die ihn zu einem heilkundigen Priester nach Starnberg ins Schloss bringen sollten. Er selbst schwang sich auf sein Ross und jagte in gestrecktem Galopp nach Possenhofen. Dort entlieh er sich von einem Fischer ein Boot und verfolgte damit den fliehenden Raubritter. Er ruderte aus Leibeskräften und der Kahn schoss wie ein Pfeil über das Wasser. Als er in die Nähe des Schurken gekommen war, hob er seine Lanze und rief drohend:

„Halt, du ehrloser Halunke! Gib Margaret von Sigenheim heraus oder du bist des Todes!“

„Oder du, großmäuliger Herzog!“ rief dieser und lachte böse. „Lass die Lanze fallen, sonst werfe ich die edle Dame den Fischen zum Fraße vor!“

Während er noch redete, schleuderte er seinen Speer. Der aber verfehlte Christoph den Starken und blieb federnd im Holz des Bootes stecken. Zischend fuhr daraufhin die Lanze des Herzogs durch die Luft und durchbohrte den Ruderknecht des Raubritters.

„Gib die Braut des Puchbergers heraus oder du wirst es bereuen!“ forderte Herzog Christoph nochmals.

„Nie im Leben!“ antwortete Wolf Esper von Stain und wollte die völlig verängstigte Margaret fassen. Doch da traf ihn sein eigener Speer, den der Herzog mit seinen Riesenkräften aus dem Boot gerissen und sofort gegen seinen Widersacher geschleudert hatte. Schwerverletzt stürzte dieser zu Boden. Christoph ruderte heran, um die Braut des Puchbergers in sein Boot zu heben. Da richtete sich der zu Tode getroffene Raubritter noch einmal mit letzter Kraft auf und drang mit dem Schwert auf den Herzog ein. Der jedoch packte ihn und warf ihn über Bord. Mit einem lautem Schrei versank Wolf Esper von Stain samt seiner Rüstung im See. Christoph der Starke führte die befreite Margaret von Sigenheim wieder ihrem Bräutigam zu. Weinend vor Glück dankte sie dem edlen Herzog. Als Ritter Parcival von Puchberg endlich von seinen Wunden genesen war, feierten sie Hochzeit, und natürlich war der Herzog Ehrengast.

Starnberg. C. A. Lebschée, gestochen v. Joh. Pöppel 1844

Im alten Friedhof von Starnberg liegen alle die begraben, die in dem Kampf ihr Leben hatten lassen müssen, Freund oder Feind, nur Herr Wolf Esper von Stain und sein Knecht fehlen, denn ihre Leichen wurden niemals gefunden.

Die Fischer vom See aber wissen geheimnisvolle Geschichten zu erzählen. Sie behaupten, dass an manchen Tagen bei Dämmerung zwei schimmernde Gestalten über den See schweben und winken.

Alle wissen, dass dies der Ritter und sein Knecht in ihren Rüstungen sind, die auf dem Grund des Sees keine Ruhe finden. Niemand aber wagt sich in die Nähe der Geister. Auch soll man des Abends, nahe der Insel im See, in der Tiefe des Wassers ein goldenes Gefunkel erkennen können. Das, so erzählen die Leute, ist der Harnisch von Wolf Esper von Stain.

Eine abenteuerliche Fahrt mit dem Bucintoro

In frühester Zeit, als noch ausgedehnte Wälder den Würmsee, wie der Starnberger See damals hieß, umschlossen, gehörte er allein den Fischern. Erst viel später unternahmen Fürsten und reiche Adelige darauf Vergnügungsfahrten, angelockt von der herrlichen Lage. In Starnberg *war einst der Sitz hoher Lust, gepaart mit fürstlicher Pracht, von Seite Bayerns Landesregenten, unter kaiserlichen und königlichen Gästen, und mit ihren lebensfrohen, von jeher häufig sich da einfindenden Münchnern aus allen Ständen.* (C. Lebschée um 1818) Herzog Albrecht V. ließ im 16. Jahrhundert eine eigene „Lustflotte" bauen, die aus einer „Königlichen Fregatte", drei Schiffen aus Lärchenholz mit Säulen verziert und mehreren kleinen Gondeln nach Art derer von Venedig bestand.

Ihre höchste Blüte aber erlebte die „herrschaftliche Schifffahrt" auf dem Würmsee unter Kurfürst Ferdinand Maria und seiner schönen, den Prunk liebenden Gemahlin Henriette Adelaide. Er ließ, nach dem Muster eines Galaschiffes des Dogen von Venedig, ein ähnliches Gefährt anfertigen. Es wurde, wie sein Vorbild, „Bucintoro" oder „Buccentaur" genannt, war aber ein Stockwerk höher und noch feudaler ausgestattet. Obwohl der Bucintoro zwei Segel besaß, wurde er doch meistens durch hundert Ruderer, die alle die bayerischen Farben weiß und blau trugen, fortbewegt. (Anmerkung 71)

Es muss ein phantastisches Bild gewesen sein, wenn sich der Bucintoro auf einer Fahrt befand. Das reichverzierte und bemalte

Schiff mit zahlreichen bunten Boten im Gefolge, die fröhliche, kostbar gewandete Hofgesellschaft und die einheitlich gekleideten Ruderer, das alles muss ein überaus beeindruckender Anblick gewesen sein, denn noch heute weiß jeder Starnberger über den Bucintoro Bescheid.

Doch so schön das Prunkschiff auch war, so seeuntüchtig war es auch. Man hatte nämlich eine falsche Bauart gewählt, weil man fälschlicherweise glaubte, im See befänden sich verborgene Klippen. Darum hatte es nur einen Tiefgang von 3 Fuß und kippte bei stärkerem Wellengang leicht. Auch der Kurfürst und seine Familie gerieten aus diesem Grund im Jahre 1669 einmal in Lebensgefahr.

Sie hatten gerade zusammen auf dem Schiff, das in der Nähe von

Der „Buccentaur“ vor Starnberg.
Aquarell v. Maximilian de Geer 1730 (Ausschnitt)

Possenhofen festgemacht hatte, gespeist, als mit einem Mal drohende Wolken am Himmel aufzogen. Niemand beachtete sie weiter, doch kurz darauf brach ein so heftiger Sturm los, dass der schwerfällige Bucintoro aus seiner Verankerung gerissen wurde und in den See hinaustrieb. Voller Angst rief die fürstliche Familie um Hilfe.

Zum Glück hatte der Fischer Georg Schrapp den Vorfall beobachtet, und als das Schiff auf seine Hütte zutrieb, sprang er bis zum Hals ins Wasser und half den Verunglückten an Land. Er brachte sie in sein bescheidenes Fischerhaus, wo sie sich trocknen und das Ende des Unwetters abwarten konnten. Aus Dankbarkeit übertrug der Kurfürst dem tapferen Mann Amt und Titel „Steuermeisterdienst zu Starnberg“. Obwohl erfahrene Seeleute dagegen waren, wurde das schwerfällige Schiff noch lange benutzt. Erst Mitte des 18. Jahrhunderts fand die Zeit der glanzvollen Feste auf dem Starnberger See ein Ende, und der Bucintoro wurde zerlegt.

Die Prinzeneiche

„Prinzeneiche“ wurde ein mächtiger Baum auf dem Weg vom Almeida-Schlösschen nach Pöcking genannt. Manche behaupteten damals sogar, die beeindruckende, uralte Eiche sei tausend Jahre alt. Unter diesem Naturdenkmal soll Prinz Carl von Bayern – Bruder von König Ludwig I. – besonders gerne Rast gemacht haben, wenn er von dem Schlösschen aus, das in rein italienischem Stil erbaut worden war und als Perle der Neubauten am Starnberger See galt, weite Spaziergänge machte.

Der alte Baum überlebte den Prinzen, aber im Frühling 1903, nachdem der Stamm völlig morsch geworden war, wurde – in Erinnerung an Prinz Carl – eine junge Eiche gepflanzt, die aber schon 1933, ebenso wie ihre Nachfolgerin, einging. Erst eine weitere Eiche, nach dem 2. Weltkrieg gepflanzt, hat bis heute überlebt und setzt die Tradition der Prinzeneiche fort.

Ruinen einer Kapelle auf der Roseninsel.
C. Lebschée: Malerische Topographie Bayerns 1818

Die Rätsel der Roseninsel

Auf der Rosen- oder Wörthinsel im Starnberger See wurden die Überreste einer uralten Kirche entdeckt (Anmerkung 72). Bei weiteren Grabungen vor langer Zeit kam unter der Stelle, an der sich der Hochaltar befunden haben muss, mit Kohlen und Gefäßteilchen vermischte schwarze Erde zum Vorschein. Niemand erkannte damals die Bedeutung des eigentümlichen Fundes, bei dem es sich wahrscheinlich um Überreste aus der Steinzeit von vor fast 4000 Jahren handelte. Mindestens seit dieser Zeit ist die Insel von Menschen bewohnt.

Manche Geheimnisse um diese Insel konnten bis in unsere Tage nicht geklärt werden. So ist es kein Wunder, dass sich Sagen um sie ranken.

Insel Wörth. Josef Anton Sedlmayr um 1825

Vor undenklichen Zeiten sollen einmal drei fromme Fräulein dort gelebt haben. Wie es heißt, waren sie verwunschen, sind aber später erlöst worden, wie, das weiß niemand mehr. Sie sollen auf der Insel bestattet liegen, doch bis auf den heutigen Tag sind ihre Gräber nicht gefunden worden.

In stürmischen Nächten, wenn sich kein Fischer auf den See hinauswagt, kann man, so berichtet eine andere Sage, einen kohlrabenschwarzen Reiter ohne Kopf auf einem geisterhaften weißen Ross auf die Roseninsel zujagen sehen. Er reitet in wildem Galopp an ihr vorüber und verschwindet dann in der Finsternis. Wer er ist, woher er kommt und warum er als Gespenst umgehen muss, niemand kann es sagen. Es ist in geheimnisvolles Dunkel gehüllt (Anmerkung 73).

Die Roseninsel, wie sie zu deren Zeit wegen des prächtigen Rosengartens genannt wurde, war ein beliebter Rückzugsort von König Ludwig II. und von der bayerischen Prinzessin Elisabeth, auch als sie schon Kaiserin von Österreich war (Anmerkung 74).

Der Pferdeumritt in Tutzing

Am zweiten Weihnachtsfeiertag, dem Tag des hl. Stephanus, wurde der berühmte Tutzinger Stephaniritt um die Stephanskirche, die eine Wallfahrtskirche war, abgehalten und Pferde samt Reitern gesegnet. Dieser Brauch ist noch älter als die bekannteren Leonhardiritte (Anmerkung 70). An diesem Tag wurde früher in Tutzing auch ein großes Pferderennen veranstaltet, zu dem die Teilnehmer mit ihren Pferden von weit her kamen und sich auch die elegante Gesellschaft aus München einfand. In unseren Tagen wird auch ein Festspiel aufgeführt, bei dem die Geschichte von Romeo und Julia, hier Tochter des Grafen von Vieregg und Sohn von dessen Widersacher Gröber vom Gugger-Hof, gut ausgeht.

Der Geizhals im Tutzinger Schloss

Graf Friedrich von Vieregg, der von 1802 bis 1832 in Tutzing große Veränderungen an Schloss und Ökonomiegebäuden vornehmen ließ, war ein sehr eigenwilliger und strenger Herr, dem kaum je ein Lachen über die Lippen kam. Mit eiserner Hand unterdrückte er jeden der Freiheitsgedanken, die nach der französischen Revolution auch unter seiner Herrschaft zaghaft aufkeimen wollten. Er war sehr unbeliebt bei der Bevölkerung von Tutzing, ja geradezu verhasst. Aber nicht nur dort. Wie es heißt, verweigerte er sogar einmal seinem König Max Joseph das Geleit durch seine Hofmark. Da zog es der Monarch vor, sein Gebiet zu meiden und ohne Geleit des widerborstigen Grafen einen Umweg über Pähl zu machen.

Friedrich von Vieregg galt auch als rechter Geizkragen, der anderen nichts gönnte. So soll noch sein letzter Gedanke vor dem Sterben dem Besitz, den er zusammengerafft hatte, gegolten haben.

Er soll, als er hochbetagt mit 91 Jahren auf seinem Totenbett lag, gerufen haben: „Mein Geld soll niemand finden!“

Zur Strafe für seinen Geiz und aus Sorge um sein verstecktes Geld, so munkelten die Leute, musste er nach seinem Tod umgehen.

In manchen unheimlichen Nächten sah man den uralten Grafen mit brennender Kerze und klirrendem Schlüsselbund durch die Gänge schlurfen und Treppen hinauf- und hinuntersteigen. Er öffnete Türen und hielt überall nach Dieben Ausschau, so, wie er es zu Lebzeiten gemacht hatte. Manchmal pochte er auch an eine der dicken Mauern und ging, nachdem er eine Weile gelauscht hatte, zufrieden weiter, denn noch, so hatte er sich vergewissern können, war sein Schatz nicht gefunden worden. Von außen, so erzählt die Sage weiter, sah man in diesen Nächten im Schloss ein Licht von Fenster zu Fenster wandern.

Nun wurde er aber schon sehr lange nicht mehr gesehen. Vielleicht hat nun auch die Arme Seele des geizigen Grafen endlich ihren Frieden gefunden.

Blick auf Tutzing.
Aquarell v. Gustav Kraus, 19. Jahrhundert

Das Kümmernisbild in Oberzeismering

In der St.-Nikolaus-Kirche in Oberzeismering bei Tutzing hängt an der Nordwand des Kirchenschiffes eine barocke Plastik, welche die hl. Wilgefortis, im Volksmund „hl. Kümmernis“ genannt, darstellt. Die Verehrung dieser Heiligen, die meist ans Kreuz geschlagen und mit Bart und Heiligenschein dargestellt wird, war früher weitverbreitet. Sie wurde besonders bei schwerer körperlicher Bedrohung, Verfolgung oder Todesnot angerufen. Von dieser Heiligen berichtet die Legende:

Kommeria war die Tochter eines portugiesischen Königs und lebte im 5. Jahrhundert n. Chr. Sie bekannte sich trotz aller Widerstände ihrer heidnischen Angehörigen zum christlichen Glauben. Da beschloss ihr Vater, sie mit einem ungläubigen König zu verheiraten, der sie vom Christentum abbringen sollte. Als Kommeria, die außergewöhnlich schön war, dies erfuhr, betete sie in ihrer Not zu Gott und bat, er möge ihr Gesicht so verunstalten, dass ihr Freier keinen Gefallen an ihr fände und sie nicht mehr zur Frau begehre. Ihr Wunsch wurde erhört, denn als der Tag gekommen war, an dem sie ihrem Bewerber begegnen sollte, da war ihr über Nacht ein Bart gewachsen. Der König geriet darüber in maßlose Wut. Ohne auf die Bitten seiner Gattin und der Freunde seiner Tochter zu hören, ließ er sie, weil sie sich so unbeirrbar für Christus entschieden hatte, den gleichen Tod erleiden wie ihren angebeteten Gott und ließ sie ans Kreuz schlagen. Nach ihrem Opfertod aber wurde die Prinzessin in allen Landen wegen ihrer Standhaftigkeit im Glauben hochverehrt. Auf zahllosen Bildern und Schnitzereien erinnerten die Künstler an dieses Geschehen. Weil die Heilige königlicher Abstammung war, wurde sie immer, zwar am Kreuze hängend, jedoch mit einer Krone auf dem Haupt, in kostbare Gewänder gehüllt und mit goldenen Schuhen an den Füßen dargestellt.

Einst spielte ein blinder Geiger, der sich auf Wanderschaft befand, zu Ehren der tapferen Jungfrau vor ihrem Bild. Als er seine Weise beendet hatte, warf ihm diese zum Dank einen ihrer Goldschuhe herab. Überrascht tastete der arme Musikant, der das Geschenk ja nicht sehen konnte, nach dem Gegenstand, der da vor seine Füße gefallen war, und hob ihn auf. Und siehe da, im gleichen Augenblick war ihm das Augenlicht wiedergegeben. Fassungslos stammelte er: „Ich kann sehen, oh Gott sei Dank, ich kann sehen!"

Er lachte und weinte zugleich und drückte den Schuh fest an seine Brust, weil er glaubte, das Herz müsse ihm zerspringen vor Glück. Und als er die übergroße Freude nicht mehr länger alleine ertragen konnte, barg er das kostbare Geschenk unter seinem zerschlissenen Gewand und rannte in die kleine Stadt, die sich in der Nähe befand. Dort schritt er durch die Straßen und spielte dabei auf seiner Geige. In seiner überglücklichen Gemütsverfassung musizierte er schöner als je zuvor. Alle, die ihn hörten, blieben wie verzaubert stehen und starrten ihm nach. Als er am Rathaus der Stadt vorüberkam, sah er, dass darin ein Fest gefeiert wurde.

„Ich will ihnen zum Tanz aufspielen!" beschloss er, weil er alle an seinem grenzenlosen Glück teilhaben lassen wollte. „Ich will ihnen Musik machen, dass sie alle ihre Sorgen vergessen!"

Aber sein guter Wille wurde ihm schlecht gelohnt.

„Was will denn der Bettler hier?" rief einer der Gäste ungehalten, als er den Musikanten in seinem ärmlichen Gewand hereinkommen sah. „Werft ihn hinaus!"

Sofort stürzten sich zwei kräftige Diener auf den ungebetenen Eindringling und schleppten ihn aus dem Saal. Dabei fiel der goldene Schuh der hl. Kümmernis zu Boden. Rasch bückte sich der Geiger, um sein kostbarstes Gut wieder an sich zu nehmen. Aber es war zu spät. Einer der beiden Lakaien war schneller gewesen.

„Ja, was hast du denn da, du Galgenvogel?" schrie er. „Wie kommt so ein Habenichts wie du zu einem goldenen Schuh?"

„Er gehört wirklich mir!" beteuerte der Geiger. „Gebt mir meinen Schuh wieder, bitte gebt mir meinen Schuh wieder!"

„Gewiss hast du ihn gestohlen!" fuhr ihn da der Diener an und verstärkte den Griff, mit dem er ihn festhielt. „Komm mit, wir bringen dich zu unserem Herrn zurück."

Trotz seiner verzweifelten Bitten schleppten sie ihn wieder in den Saal und berichteten dort den Vorfall.

„Aber das ist doch der Schuh der hl. Kümmernis!“ schrie einer der Gäste empört, als der Diener das umstrittene Beweisstück in die Höhe hielt. „Was für ein Lump ist das, der sich nicht einmal schämt, eine Heilige zu bestehlen!“

„Nein, nein, es war alles ganz anders, ich habe ihn nicht genommen!“ beteuerte der arme Geiger. „Sie hat ihn mir geschenkt, als ich ihr zu Ehren ein Lied spielte!“

„Geschenkt hat sie ihn dir also?“ höhnten die anderen. „Hat man schon jemals eine so freche Lüge gehört? Als ob Heiligenbilder Geschenke machen könnten! Fort mit dem Halunken!“

Sie packten ihn grob und zerrten ihn vor den Richter der Stadt. Obwohl der Geiger unter Tränen immer und immer wieder seine Unschuld beteuerte, glaubte ihm dieser ebenso wenig wie alle anderen und verurteilte ihn wegen Kirchenraubes nach dem damaligen Gesetz zum Tode. Der Unglückliche wurde gebunden und zum Galgen geführt. Die Richtstätte aber lag ganz in der Nähe der Kirche mit dem Bild der hl. Kümmernis. Als man den Verurteilten fragte, was sein letzter Wunsch auf dieser Erde sei, bat er:

„Lasst mich noch einmal vor der Heiligen spielen.“

Obwohl sie dieses Ansinnen als Frevel empfanden, konnten sie ihm den letzten Wunsch doch nicht abschlagen. Der Henker reichte ihm seine Geige und geleitete ihn vor das Bild. Dort setzte der Todgeweihte den Bogen an und spielte, wie er noch nie in seinem Leben gespielt hatte. All sein Leid, seine Angst und seine Enttäuschung legte er in sein Abschiedslied von dieser Welt.

„Hier habe ich mein größtes Glück erfahren“, dachte er, „hier erfahre ich auch mein größtes Unglück.“

Da ging plötzlich ein bestürztes Raunen durch die Menge. Vor aller Augen warf das Heiligenbild auch den anderen goldenen Schuh zu dem Verurteilten hinab.

„Ein Wunder, ein Wunder!“ schrien alle Leute und konnten nicht fassen, was sie doch selbst mit eigenen Augen gesehen hatten.

Votivbild von 1870. Ein unschuldig in Haft geratener Mann aus Oberbayern dankt der hl. Kümmneris für ihre Hilfe.

Nun war der Geiger gerechtfertigt, und seine Aussage vor Gericht, die ihm keiner geglaubt hatte, erwies sich als wahr. Im Triumph führten ihn die Bürger in ihre Stadt zurück. Diejenigen aber, die ihn vorher geschmäht und seinen Tod gefordert hatten, jubelten ihm nun zu. Die Stadtväter erwogen sogar, ihn zum Ehrenbürger zu ernennen. Er wollte jedoch von all dem nichts wissen. Dankbar für sein gerettetes Leben und für die Gnade, wieder sehen zu können, spendete er die Goldschuhe für die Armen der Stadt und zog dann weiter seines Weges.

Rund um den Starnberger See gibt es noch mehrere Kümmernisdarstellungen, beispielsweise in einer kleinen Kapelle in Kempfenhausen, in Töllern oder in Wolfratshausen (Anmerkung 75).

Kümmernisbilder sind nach Meinung vieler Kunsthistoriker aber sehr frühe Christusdarstellungen und nicht, wie in der Legende berichtet, diejenigen von der portugiesischen Königstochter, die nach deren Ansicht niemals existiert hat und ins Reich der Sage gehört.

Bernried. C. Lebschée: Malerische Topographie Bayerns 1818

Die sel. Herluka in Bernried

Von der Straße, die von Wessobrunn nach Apfeldorf führt, biegt bei Ried ein Weg nach links zu einem kleinen Höhenrücken ab. Dort sollen im Mittelalter einige Einsiedler aus Wessobrunn in kleinen Hütten gelebt haben, weshalb der Hügel „Hüttenleithenberg" genannt wird.

Der Legende nach soll sich hierher in ein einfaches Haus auch die selige Herluka, eine Fürstentochter aus einem schwäbischen Adelsgeschlecht, zurückgezogen haben, wovon jedoch weder ein Denkmal noch irgendwelche Baureste Zeugnis geben. Wie überliefert wird, soll sie mit Pfarrer Adalbert von Rott, welcher der Sekte der Nikolaiten angehörte und daher nicht ehelos leben wollte, in Streit gewesen sein, weil er sich eine Frau genommen hatte, ohne auf ihre Mahnung zur Entsagung zu achten. In einer Vision soll sie seinen Tod gesehen haben, und wie er vom Satan selbst geholt worden sei. Wie es heißt, wollte sie ihm noch zu Hilfe eilen, sei aber zu spät gekommen, weil er schon gestorben war. Die Bauern der Gegend lasteten ihr die Schuld am Tod ihres Pfarrers an. Sie wurde angefeindet und von ihnen vertrieben. Soweit die Legende.

Die selige Herluka, eine fast vergessene fromme Edelfrau, die im 12. Jahrhundert lebte, soll sich nach einem Leben in Nichtstun und Eitelkeit bekehrt und viel Gutes getan haben. Sie wurde früher von den Menschen besonders bei Augenkrankheiten und Blindheit oder auch zur Hilfe gegen böse Gedanken angerufen. In der Bavaria Sancta heißt es über sie:

Herluka wandelte die Wege der Welt. Dann aber schickte Gott ihr ein hartes Leiden, sie erblindete auf beiden Augen. Flehentlich bat sie nun Gott um Hilfe. Sie wurde erhört und bekam ihr Augenlicht wieder. Jetzt kam die Umkehr. Der Kleider Pracht verschwand, anstatt der eitlen Lust andern zu gefallen, nahm sie sich nun verlassener Kinder an und leistete ihnen die geringsten Dienste.

Herluka verbrachte den größten Teil ihres Lebens in Epfach, ihre letzten Jahre jedoch in einer engen Zelle nahe bei Kloster Bernried am Starnberger See. Sie starb im Jahre 1142 (nach anderen Quellen 1127). Der Legende nach soll sie sich auch einige Zeit auf der Turminsel bei Schöngeising aufgehalten haben, wahrscheinlich während der Zeit, als sie, nachdem sie „von heidnischen Barbaren“ aus Epfach vertrieben worden war und eine neue Bleibe suchte, die sie dann später in Bernried fand.

Wegen ihrer Weissagungen – sie soll das Schicksal vieler berühmter Persönlichkeiten ihrer Zeit und auch Geschicke von Teilen des Deutschen Reiches oder Klöstern vorausgesagt haben, die sich später als richtig erwiesen – erlangte sie großes Ansehen. In einer Schrift in der Bibliothek in Heidelberg, die Kurfürst Maximilian I. dem Papst schenkte, sollen diese Prophezeiungen überliefert sein. Ebenso war sie berühmt dafür, dass sie viele wissenschaftliche oder religiöse Werke der damaligen Zeit abschrieb und damit vervielfältigte. Die Gebeine der Seherin wurden 1763 in der Klosterkirche von Bernried wieder aufgefunden und befinden sich heute in der Pfarrkirche.

Die weinende Madonna von Bernried

In der Pfarrkirche von Bernried am Starnberger See stand einst eine uralte Madonna aus Holz. Aus der ganzen Umgebung kamen die Menschen mit ihren Anliegen und Sorgen zu ihr und fanden Erhörung.

Da brach einmal ein besonders schweres Gewitter über den See herein. Wild wogte das Wasser, und kein Boot konnte sich hinauswagen, so heftig peitschte der Sturm die Wellen. Am nächsten Morgen, als sich die Naturgewalten wieder beruhigt hatten, fanden einige Fischer von Bernried am Strand ein wunderschönes Madonnenbild. Staunend hob es einer auf und sprach ehrfürchtig:

„Seht, was uns das Wasser angeschwemmt hat. Ein Geschenk des Himmels! Wir wollen es in unsere Kirche stellen und ehren!“

Am Starnberger See.
Ch. Morgenstern im 19. Jahrhundert

„Aber wir haben doch schon eine Muttergottesstatue“, gab ein anderer zu bedenken, „was sollen wir mit der machen, wir können doch nicht zwei in der Kirche aufstellen.“

„Du hast recht“, stimmten ihm die anderen zu, „kommt, lasst uns den Herrn Pfarrer fragen und lasst ihn entscheiden.“

Nach langem Hin und Her beschloss dieser, die neue Madonna in die Pfarrkirche zu bringen, da sie allen besser gefiel, und das alte Gnadenbild in eine kleine Kapelle zu stellen, die ganz am See stand. Und so geschah es. In einer feierlichen Prozession geleiteten die Ortseinwohner das schöne neue Bild in ihre Pfarrkirche, das alte aber wurde in die Seekapelle getragen.

Am nächsten Morgen jedoch, als die Leute zur Frühmesse kamen, trauten sie ihren Augen kaum, als sie die alte Madonna wieder an ihrem angestammten Platz stehen sahen und die neue Madonna in der Seekapelle vorfanden. Sie glaubten an einen Lausbubenstreich und wollten die beiden Bilder wieder vertauschen.

Wer aber beschreibt ihr Erstaunen und ihren Schrecken, als sie sahen, dass mit einem Mal dicke Tränen über das liebliche Antlitz der Muttergottes liefen, als sie von ihrem Podest gehoben werden sollte. Voll Furcht ließen die Leute von ihrem Vorhaben ab, sogleich versiegten die Tränen und die Gottesmutter lächelte ebenso gütig herab, wie zuvor.

So hat Bernried also zwei wundertätige Madonnen. Zu beiden wurden von da an viele Wallfahrten abgehalten. Die vom Wasser angeschwemmte Muttergottes aber wurde seither besonders von den Fischern und Seeleuten als Schutzpatronin verehrt.

Blick auf Seeshaupt.
C. Lebschée: Malerische Topographie Bayerns 1818

Die silberne Flasche im See bei Seeshaupt

Es heißt, dass das Wasser am Grund des Starnberger Sees – im Gegensatz zu anderen Seen – sich bei Sturm in völliger Ruhe befindet, mag auch die Oberfläche noch so hohe Wellen schlagen. In der Nähe von Seeshaupt soll sich einst folgender Vorfall zugetragen haben, über den C. Lebschée um 1818 schrieb:

Darüber hat sich dort folgende Volkssage erhalten. Bayerns Churfürst Karl Albert ward einst von einem ebenso plötzlichen, als gewaltigen Sturme überfallen. In dem Lärmen und der Unordnung, welche, bis man Anker geworfen hatte, auf dem Leibschiffe entstand, geschah es, dass eine silberne, mit Wein gefüllte Flasche in das Wasser fiel. Viele Jahre nachher, als der Monarch sich wieder auf dem See ergötzte, warf man zufällig an der nämlichen Stelle Anker, und als man diese lichtete, kam die Flasche, welche sich an einen Hacken des Ankers angehängt hatte, zu Aller Staunen wieder zum Vorschein. Man fand den Wein ungemein gut erhalten, und wer auf dem Schiffe war, bekam einen Trunk hievon zum ewigen Andenken.

Graf Heinrich II. als Eremit am Starnberger See

Graf Heinrich II. von Wolfratshausen, der aus dem Geschlecht von Andechs-Dießen stammte, war unverheiratet und kinderlos. Er starb am 2. 5. 1157.

Von seinem Leben ist sehr wenig bekannt. Wie es heißt, war der ernste Ritter schon bald des Hoflebens mit seinen Intrigen und Machtkämpfen überdrüssig und zog sich enttäuscht von den Menschen in die Einsamkeit zurück.

In dem zu damaliger Zeit unwegsamen Waldgebiet am südöstlichen Ufer des Starnberger Sees fand er Ruhe und verbrachte als Einsiedler ein gottesfürchtiges Leben. Seinen Besitz in Dießen und Wengen

Seeshaupt um 1880.
Carl Ernst Morgenstern. ÖL auf Pappe.

vermachte er in rechtskräftigen Urkunden aus den Jahren 1140 und 1157 dem Kloster Dießen unter der Auflage, dass die Stammburg niedergerissen werden müsse und künftig niemals mehr aufgebaut werden dürfe. Welcher Grund ihn zu dieser seltsamen Bedingung veranlasste, weiß heute niemand mehr zu sagen (vgl. Seite 135).

Dort, wo er zuletzt gelebt hatte, wurde der menschenscheue Ritter auch begraben. In „St. Heinrich" am Starnberger See, wie der Ort seither heißt, liegt er in seiner Gedenkstätte in einem Steingrab, auf dem sein Bildnis eingemeißelt ist (Anmerkung 76).

Das Ungeheuer im Starnberger See

Früher hieß der See, an dem heute Starnberg liegt, „Würmsee". Über Entstehung und Bedeutung dieses Namens erzählen sich die Leute eine schaurige Geschichte: Auf dem Grund des Sees wohnt ein unsagbar hässliches, riesiges Ungeheuer. Es hat einen Schlangenleib, der sich in unzähligen Schlingen über den ganzen Seeboden windet. Das Haupt des Scheusals aber liegt tief unter dem Körper verborgen. Kein Mensch kann sich rühmen, es je erblickt zu haben. Seit Erschaffung der Welt schläft dieser unheimliche Wurm auf dem Grund des Sees. An dem unheilvollen Tag aber, an dem er erwacht, seinen Kopf aus der Tiefe über den Wasserspiegel reckt und aus dem See herauskriecht, wird alles Land überflutet und alles Leben darauf vernichtet werden.

An dem Tag, so heißt es, geht die Welt unter.

Die Kirchberglinde in Holzhausen

Die Kirche von Holzhausen, hoch auf einem Hügel über dem Ostufer des Starnberger Sees auf dem Kirchberg gelegen, ist den Heiligen Johannes dem Täufer und Georg geweiht. Sie war früher eine Wallfahrtskirche und soll angeblich um 1440 erbaut worden sein. Votivbilder an den Wänden bezeugen viele Gebetserhörungen,

Starnberger See. Öl auf Holz. Michael Lueger um 1867

Blick von der Kirche Holzhausen im 19. Jahrhundert.
Unbekannter Maler

vor allem in Kriegs- und Pestzeiten. Der Sage nach soll hier früher schon eine heidnische Kultstätte gewesen sein. Beim Bau der Kirche von Holzhausen haben sich, so überliefert die Legende, seltsame Dinge zugetragen. In der Zeit, als Bayern christianisiert wurde, war es einigen eifrigen Missionaren mit viel Mühe gelungen, auch die Bewohner von Holzhausen zum Christentum zu bekehren. Nun wollten sie im Ort eine Kirche errichten, wo sie predigen und durch ihre Lehren die Menschen im neuen Glauben festigen konnten.

Bewusst vermieden sie bei der Auswahl des Standplatzes dafür die Stelle, die den Leuten früher als Kultstätte gedient hatte und wo sie ihren germanischen Göttern geopfert hatten. Doch der geplante Kirchenbau ging nicht so recht voran. Immer wieder kamen Vögel vom Himmel, trugen das Bauholz mit ihren Schnäbeln oder Krallen fort und legten es beim ehemaligen Opferberg nieder. Aber nicht genug damit, ein Ochsengespann brachte, ohne von Menschenhand geleitet zu werden, einen großen Stein zu der gleichen Stelle, zu der die Vögel das Bauholz getragen hatten.

Als die Arbeiter den Missionaren von den merkwürdigen Vorfällen berichteten, entschlossen sich diese, die Kirche auf das früher germanische Heiligtum zu bauen, da es doch sichtlich der von Gott gewünschte Platz war (Anmerkung 77).

Über der Glockenhaustür der Holzhauser Kirche befindet sich eine gemalte Tafel aus dem Jahre 1743 mit einem Gedicht, das diese Geschichte zum Inhalt hat. Auch der Stein, den die Ochsen heraufgebracht haben sollen, ist noch zu sehen. Er steckt im Wiesenboden vor dem Missionskreuz, ragt aber ein gutes Stück aus der Erde hervor. Es sollen darauf sogar noch die eingedrückten Hufspuren der Ochsen zu erkennen sein.

600 Jahre alt oder noch älter war die mächtige Linde, die neben der Kirche stand und vor einigen Jahren Opfer eines verheerenden Gewittersturmes wurde. Sie wurde vielleicht zur gleichen Zeit gepflanzt, in der das Gotteshaus gegründet wurde; die Einheimischen aber sprachen gern von ihrer „tausendjährigen Linde“.

In die ehrwürdige Baumruine, die Überreste der Kirchberglinde neben der Holzhauser Kirche, stellten die Gläubigen wieder das Gnadenbild, eine kleines Muttergottesbild. Noch heute werden hier Maiandachten im Freien gehalten und viele Menschen bringen ihre Sorgen und Anliegen hierher und bitten die Madonna um Hilfe.

Die Linde spielte in der germanischen Mythologie eine bedeutende Rolle, weil unter ihr in früheren Zeiten Recht gesprochen wurde, Ehen geschlossen und Verträge besiegelt wurden. Für Gerichtslinden – sollte die Kirchberglinde viel älter als die Kirche sein, könnte es sich um eine solche handeln – suchte man früher besondere Plätze aus, beispielweise bei einer Kirche, ganz zentral in Ortsmitte, weithin sichtbar auf einer Anhöhe (dies trifft hier zu) oder bei einer Burg.

Solche Bäume galten auch als „Asylbäume“, das heißt, einem Delinquenten, dem es gelang, sich zu dem Baum zu flüchten, bevor er verurteilt war, dem musste die Freiheit geschenkt werden (Anmerkung 78).

Das Portiuncolafest in Holzhausen.
Zeichnung von Kunz Meyer
Aus: Über Land und Meer: 1888

Die hohen Fahnenstangen beim Portiuncolafest in Holzhausen

Früher wetteiferten die Orte miteinander, wer den schönsten und höchsten Maibaum oder wer bei Prozessionen und anderen festlichen Anlässen die größten Fahnen hatte. J. N. Sepp schreibt 1876:

Dass eine Gemeinde weitum den höchsten Maibaum und die längste Fahnenstange hat, gehört mit zum Bauernstolz, auch erprobt sich im Heben und Tragen die Manneskraft.

Das Portiuncolafest wurde in Holzhausen ganz besonders prächtig gefeiert. In „Ueber Land und Meer" steht im Jahr 1888 geschrieben:

Jedes Jahr am ersten Sonntage im August findet hier das Portiuncolafest statt. Von fern her kommen an diesem Tage die Landbewohner gewallt, denn wer an diesem Tage die Kirche besucht, erhält vollkommenen Ablass für die begangenen Sünden. Morgens findet erst in der Kirche feierliches Hochamt und Predigt statt, dann beginnt die Prozession, bei der an zwei Stationen Evangelien gelesen werden. Hierbei wird die ganze Farbenpracht der Kirche entfaltet. Fahnen, Kruzifixe und Heiligenbilder verschiedener Art werden mitgetragen...

Besonders charakteristisch sind hierbei die gewaltigen Fahnenstangen, die in solcher Länge nur in Oberbayern vorkommen und eine ganz besondere Kunst beim Tragen erfordern.

Der tapfere junge Fischer von Ambach

Im strengen Winter des Jahres 1632, als die Schweden das ganze Oberland heimsuchten und dort, wo sie gehaust hatten, Trümmer, Verwüstung und Tod zurückließen, kam eine Truppe der gefürchteten Soldaten auch in den kleinen Ort Ambach am Starnberger See.

Bei Ammerland. Neureuther 19. Jahrhundert

Die Bewohner des Dorfes hatten ihre wertvollste Habe in weiser Voraussicht versteckt oder vergraben, und so fanden die Plünderer nicht viel, was des Mitnehmens wert war. Darüber waren sie sehr erbost und schickten sich gerade an, einige Männer zu foltern, um aus ihnen Angaben über mögliche Verstecke von Schätzen herauszupressen, da rief ein Fischerjunge, dessen Vater sie schon gepackt hatten, empört:

„Was wollt ihr denn von uns, wir sind einfache Leute und haben nichts! Wenn ihr Schätze sucht, müsst ihr schon in die Schlösser gehen, hier sind doch mehr als genug!“

Verblüfft über diese mutige Rede hielt der Anführer in seinem grausamen Tun inne und fragte barsch:

„Und wo ist so ein lohnenswertes Schloss, du Rotznase?“

„Drüben, überm See, in Bernried! Dort essen sie von goldenen Tellern, weil sie nicht wissen, wohin mit dem vielen Geld!“ behauptete der Bursche kühn.

Diese verlockende Auskunft steigerte die Habgier der Soldaten nicht wenig, und sie beschlossen, dem Schloss sofort einen Besuch abzustatten. Als sie aber auf ihre Frage nach dem Weg dorthin erfuhren, dass sie um den halben Starnberger See herum mussten, zogen sie lange Gesichter und der Anführer meinte ärgerlich:

„Da hättest du den Mund nicht so voll zu nehmen brauchen! Bis wir endlich dorthin kommen, ist für uns sicher nichts mehr übrig, weil inzwischen schon Kameraden von uns schneller waren.“

Und er beschloss, sich lieber mit dem Spatzen in der Hand zu begnügen, als der Taube auf dem Dach nachzujagen. Der junge Fischer aber gab seinen geheimen Plan zur Rettung seines Dorfes nicht auf und behauptete kühn:

„Ich wüsste schon einen kürzeren Weg, auf dem ihr schnell genug hingelangen könnt!“

„Und welchen, du Naseweis?“ fragte der Hauptmann spöttisch. „Sollen wir vielleicht hinüberfliegen wie die Vögelein?“ Und unter dem dröhnenden Gelächter seiner Untergebenen bewegte er seine Arme wie Flügel, was sehr komisch aussah.

Der Bursche aber ließ sich nicht beirren und erklärte:

„Jetzt im Winter, wenn der See zugefroren ist, dann gibt es einige Stellen, wo man ihn überqueren kann. Dann ist es nach Bernried gar nicht weit, und der Weg ist leicht zu schaffen!“

„Ja, und wir brechen im Eis ein und ertrinken!“ höhnte der Anführer. „Das könnte dir so passen, uns auf so einfache Art zum Teufel zu schicken.“

„Ich kenne den Weg; wenn ihr wollt, führe ich euch hinüber!“ schlug der junge Fischer todesmutig vor.

„Aber eine Belohnung für mich müsste schon herausspringen“, fügte er schlau hinzu, um den Verdacht der Feinde gänzlich zu zerstreuen, „es soll dort ein Schachspiel aus purem Gold geben, davon will ich die Pferde haben.“

Da siegte bei den Schweden die Habgier über die Vorsicht.

„Wenn der Junge selbst mitgeht, kann uns nichts passieren, denn wir haben ihn als Faustpfand. Außerdem ist er ja noch fast ein Kind, zu unerfahren, um uns hereinzulegen“, dachte der Anführer und antwortete:

„Über die Belohnung unterhalten wir uns, wenn wir gut am anderen Ufer angekommen sind. Und versuche ja nicht, uns zu betrügen, sonst schlagen wir dich mit der Peitsche tot!“

„Bi- Bitte ni- nicht“, stotterte der junge Fischer ganz ängstlich und beteuerte: „Ich bringe euch sicher hinüber!“

Befriedigt über die Wirkung seiner Drohung trommelte der Anführer seine Leute zusammen. Unter lautem Hurrageschrei und voller Vorfreude auf die Plünderung des reichen Schlosses, folgten sie dem Fischerjungen mitsamt ihrem schweren Kriegsgerät, den Kanonen und den Karren, auf die sie die Säcke mit ihrer bisherigen Beute geladen hatten.

Der kluge Bursche aber führte sie nahe St. Heinrich an einer Stelle über den See, die nur ihm und den anderen Fischern bekannt war, und von der er wusste, dass an einem bestimmten Ort, von dem aus es kein Zurück gab, das Eis viel zu dünn war, um solch schwere Last tragen zu können. Obwohl er hoffte, entkommen zu können, weil er viel leichter war als die Männer mit ihren Rüstungen und Waffen, nahm er dabei bewusst seinen eigenen Tod in Kauf, um seine Angehörigen und sein Dorf vor weiteren Übergriffen der Schweden zu schützen und die verhassten Feinde zu vernichten.

Als sie die gefährliche Stelle erreicht hatten, erkannte der Anführer zwar noch an der dunkleren Farbe des Eises, was ihnen drohte und dass sie in eine Falle gegangen waren, aber es war zu spät. Plötzlich liefen, wie von Zauberhand gezogen, tausend Sprünge durch die Eisdecke, gefolgt erst von einem unheimlichen Knistern und dann von einem dumpfen Krachen, so, als würden in der Ferne Kanonenschüsse abgefeuert. Einige der Schweden waren vor Entsetzen wie gelähmt, andere versuchten noch zu fliehen. Aber es nützte ihnen nichts: Sie versanken samt ihren Waffen und ihrer Beute im See. Niemand hat je mehr etwas von ihnen gesehen, denn der Starnberger See gibt seine Opfer selten frei.

Aber auch der Fischerjunge aus Ambach musste sein Leben lassen. Seine selbstlose, aufopfernde Tat, durch die er viele Menschen vor weiteren Schandtaten dieser Soldaten geschützt hat, ist jedoch in seinem Heimatort bis auf den heutigen Tag im Gedächtnis der Menschen geblieben.

Schloss Ammerland am Starnberger See. J. H. Sedlmayr, 19. Jh.

Der Höllgraben bei Allmannshausen

Der Höllgraben, der sich von Allmannshausen zum Starnberger See hinabzieht, soll – ebenso wie der Teufelsgraben bei Holzkirchen – vom Teufel höchstpersönlich gezogen worden sein.

Die Wallfahrt nach St. Valentin in Allmannshausen

Die Kirche St. Valentin in Allmannshausen war früher eine viel besuchte Wallfahrtskirche. Zwei Votivtafeln im Chorraum der Kirche schildern die Entstehung der Valentinswallfahrt. In den Jahren 1652 und 53 sind zwei Mädchen, eines, das verkrüppelt war, und eines, das an den Beinen gelähmt war, dadurch, dass sie dreimal, unter Aufbietung all ihrer Kräfte um den Altar gekrochen waren, geheilt worden. Seit dem 18. Jahrhundert machten die Flößer von Wolfratshausen jedes Jahr am Valentinstag ihre „Verlöbniswallfahrt“ hierher, um für Schutz und Hilfe bei ihrer schweren und oft lebensgefährlichen Arbeit zu danken und dieselben für das nächste Jahr zu erbitten.

Etwa 45 Votivtafeln, großteils auch für erfahrene Hilfe durch die hl. Ottilie, der zweiten Patronin dieses Gotteshauses, sind heute noch stumme Zeugen für die Frömmigkeit damaliger Wallfahrer.

Das Ochsenwunder von Aufkirchen

Inmitten der lieblichen Hügellandschaft um den Würmsee liegt das Dorf Aufkirchen. Schon im 10. Jahrhundert, als es noch „Ufkiricha“ hieß, stand dort eine Kapelle zu Ehren der Muttergottes. Wegen der zahlreichen Pilger, die zu dem Gnadenort strömten, ließen Ende des 15. Jahrhunderts die Herzöge Albrecht IV. und Sigismund von Bayern (Anmerkung 79) eine Kirche errichten, die 1500 geweiht wurde.

Im Jahre 1625 brach ein fürchterlicher Brand aus, bei dem das ganze Gebäude den Flammen zum Opfer fiel. Nur das kleine Gnadenbild darin, eine holzgeschnitzte Madonna mit Jesuskind, blieb völlig unversehrt. Alle waren darüber höchst erstaunt.

Das Gnadenbild der allerseligsten Jungfrau Maria, in Aufkirchen.

Doch schon bei der Gründung des Gotteshauses soll sich ein Wunder ereignet haben. Die Legende berichtet darüber:

Pfarrherr und Gemeinde konnten sich beim Neubau ihrer Kirche lange Zeit nicht über den Ort einigen, an dem sie errichtet werden sollte. Da hatte der Priester den Einfall, die Wahl des Standplatzes einer höheren Macht zu überlassen. Er befahl, einen Ochsenkarren zu bringen und den Grundstein darauf zu befestigen. Dort, wo das

Gespann aus eigenem Willen anhalten würde, sollte das neue Gotteshaus erbaut werden. Damit waren alle einverstanden. Weil der Pfarrherr aber gerade die Stelle, wo die alte Marienkapelle stand, für ungeeignet hielt, ließ er sie vorher mit einem Zaun aus Dornengestrüpp und Daxen umgeben. Erst als dieser fertig war, trieb ein Knecht die Ochsen in die entgegengesetzte Richtung und überließ sie, als sie in Trab gekommen waren, sich selbst.

Doch es kam anders, als es sich die Leute vorgestellt hatten. Zur größten Verwunderung der Anwesenden machten die Ochsen kehrt und zogen ihre Last durch alle Hindernisse hindurch zur alten Kapelle zurück. Dort blieben sie, ganz zerschunden von den Ästen und Dornen, unbeweglich stehen. Diesem Fingerzeig von oben beugten sich die streitenden Parteien. Ehrfürchtig luden sie den Stein ab und verwendeten ihn für die neue Kirche. Noch heute soll der Abdruck einer Ochsenklaue darauf zu sehen sein.

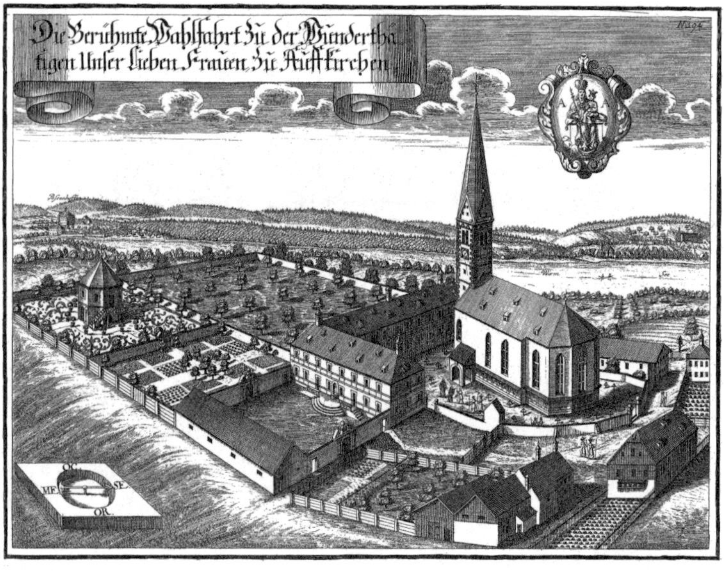

Aufkirchen. Stich v. Michael Wening um 1700

Die Wilden Frauen von Berg

Im Ort Berg, war – so geht die Sage – früher eine heidnische Kultstelle. Im Jahr 822, zur Zeit der Karolinger, wurde an gleicher Stelle eine christliche Kirche in burgartiger Befestigung errichtet *„perke cum Basilika“*.

Schloss Berg ist später auf einem Hügel unmittelbar am Ufer des Starnberger Sees erbaut worden, wie es heißt von der Patrizierfamilie Ligsalz um 1556. Um 1640 wurde von Georg von Hörwarth, der es gekauft hatte, das heutige Schloss im Stil einer italienischen Villa erbaut. Später erwarb es Kurfürst Ferdinand Maria. Nun wurden prachtvolle Feste und Seejagden hier abgehalten. Der gleichnamige Ort liegt etwas höher und weiter vom See entfernt.

Auf einem Abhang zwischen Ort und Schloss befinden sich Felswände, die von Bäumen und dichtem Gestrüpp fast verdeckt werden. Dort führt eine Höhle in den Berg hinein, die bei den Einheimischen früher „das Schmalzaloch“ hieß. In der Nähe befand sich ehedem ein kleiner Weiher, der von einer jetzt versiegten Quelle gespeist wurde (Anmerkung 80).

Die alten Fischer erzählten, dass dieses Loch in einen unterirdischen Gang mündet, der tief in das Innere des Hügels hineinführt. Dort sollen früher die Wilden Fräulein gehaust haben (Anm. 81). Das waren kleine gutmütige Weiblein, die den Menschen wohlgesinnt waren und ihnen halfen, wo sie konnten. Jeden Abend kamen sie aus ihrer Höhle heraus und gingen zu dem genannten Weiher. Die Einheimischen wussten das und stellten den freundlichen Wesen immer Brot, Schmalz und Mehl dorthin.

Dankbar nahmen die Wilden Fräulein die Geschenke an und wuschen den Leuten dafür über Nacht die schmutzige Wäsche, die jene an den Weiher legten. Lange Zeit ging das gut. Einmal aber ließ ein Bauer, der Mitleid mit den barfüßigen Weiblein hatte, von einem Schuster Schuhe anfertigen und legte sie zu der Wäsche neben dem Weiher. Das muss die unberechenbaren Wesen verstimmt haben, denn seither haben sie sich nie mehr blicken lassen.

Das Liebespaar im Starnberger See

Es ist schon sehr lange her, da begegnete die schöne Tochter des Schlossherrn von Berg bei einer Vergnügungsfahrt auf dem See einem einfachen jungen Fischer aus Starnberg. Dieser war von Gestalt und Aussehen außergewöhnlich anziehend und hatte obendrein ein solch sonniges Gemüt, dass sich das edle Fräulein Hals über Kopf in ihn verliebte. Aber auch der junge Mann verlor sein Herz an das liebliche Mädchen. Nun war es jedoch zur damaligen Zeit undenkbar, dass eine Dame von Stand einem einfachen Fischer die Hand reichte. So war das Liebespaar gezwungen, sich heimlich zu treffen. Der junge Mann verbarg nahe beim Schloss ein kleines Boot im Gebüsch. Damit fuhr das Mädchen jede Nacht, wenn alle im Haus zur Ruhe gegangen waren, zu einer bestimmten Stelle im See, um dort ihren Liebsten zu treffen.

Schloss Berg.
C. Lebschée: Malerische Topographie Bayerns 1818

„Was sollen wir nur tun, damit mein Vater uns heiraten lässt?" fragte sie eines Abends ganz verzweifelt, als sie meinte, das Versteckspiel nicht länger ertragen zu können. „Ach wäre ich doch die Tochter eines Fischers, dann stünde unserer Liebe nichts im Wege."

Der arme Bursche, der insgeheim genauso dachte, schwieg erst unglücklich, als er aber sah, wie sehr sich das Mädchen grämte, legte er seinen Arm um sie und sagte tröstend:

„Es wird schon einen Weg geben, der es uns ermöglicht, für immer beisammen zu bleiben."

So verlebten die Liebenden eine traurige, aber auch eine schöne Zeit, denn wenigstens des Nachts konnten sie beieinander sein, wenn sie sich auch tagsüber verleugnen mussten. Je länger sie sich aber kannten, desto lieber gewann einer den anderen. Viele Wochen gingen vorüber, der Sommer neigte sich schon seinem Ende zu, und noch immer wussten sie nicht, was sie tun sollten, um heiraten zu können.

Inzwischen aber war dem Schlossherrn das veränderte Wesen seiner Tochter aufgefallen. Träumerisch verbrachte sie die Tage in ihrem Zimmer, anstatt wie sonst mit ihren Freundinnen allerhand zu unternehmen. Voller Sorge ließ er sie zu sich rufen, um die Ursache zu ergründen. Die junge Gräfin wusste nicht, was sie dem Vater sagen sollte, denn die Wahrheit wagte sie nicht zu gestehen. So errötete sie nur und schwieg. Da drang der Graf nicht weiter in sie, ließ sie aber, misstrauisch geworden, heimlich von einem treuen Diener beobachten.

Schon am nächsten Morgen kam dieser zu ihm und berichtete:

„Herr, das gnädige Fräulein rudert in der Nacht auf den See hinaus und trifft sich dort mit einem jungen Mann."

Der Schlossherr wollte dies von seiner Tochter nicht glauben, doch als er sich am nächsten Abend selbst von der Wahrheit dieser Behauptung überzeugt hatte, geriet er in schrecklichen Zorn. Er stellte sie zur Rede und verbot ihr, nachdem sie alles zugegeben hatte, den Fischer jemals wiederzusehen. Dann wurde sie in ihr Zimmer gesperrt und durfte es von da an nur unter Bewachung durch zwei Diener verlassen. Für die Nächte ergriff der Vater besondere

Sicherheitsmaßnahmen: Es standen immer zwei Wachen vor der Türe und zwei unter dem Fenster des Edelfräuleins. Nun war es ihr nicht mehr möglich, den Liebsten zu treffen, und sie weinte sich vor Kummer schier die Augen aus dem Kopf. Sie bot den Bewachern unter Tränen ihren ganzen Schmuck an, wenn sie ihr nur gestatten wollten, an den Fischer eine Nachricht zu senden. Diese aber wagten nicht, ihr zu helfen, denn sie fürchteten den Zorn des Grafen.

Starnberger See. Chr. Ernst Bernhard Morgenstern. 1853

Der junge Mann wusste nicht, warum das Mädchen auf einmal nicht mehr kam, und er war in großer Unruhe, wenn er auch vermutete, dass ihr Vater sie hinderte. In der Hoffnung, dass es ihr vielleicht doch einmal gelingen könnte, der strengen Obhut zu entrinnen, fand er sich jede Nacht an der Stelle ein, an der sie sich immer getroffen hatten. Dort wartete er dann voller Sehnsucht Stunde um

Stunde, und erst wenn der Morgen anbrach, ruderte er voller Verzweiflung wieder heimwärts.

So ging es vierzig Nächte hindurch. Am Abend des einundvierzigsten Tages aber brach eines jener schrecklichen Unwetter los, für die der Starnberger See berüchtigt ist. Den entfesselten Elementen trotzend ruderte der treue Fischer wieder hinaus, um auf seine Liebste zu warten. Wild peitschte der Sturm das Wasser auf, und plötzlich erfasste eine riesige Welle das Boot des jungen Mannes. Er wurde herausgeschleudert und fand den Tod in den schäumenden Fluten.

Zur selben Zeit schlug ein Blitz in Schloss Berg ein und setzte es in Brand. Voller Angst mühten sich alle Diener, auch diejenigen, die das Zimmer des Fräuleins zu bewachen hatten, das Feuer zu löschen und seine weitere Ausbreitung zu verhindern.

Diese Lage nutzte die Gefangene zur Flucht. So rasch sie konnte, lief sie zu ihrem Boot, ohne darauf zu achten, dass der Regen sie bis auf die Haut durchnässte und der Sturmwind wild an ihren Kleidern riss. Sie sprang hinein und ruderte mit aller Kraft zum Kahn ihres Liebsten, den sie an der gewohnten Stelle im Wasser treiben sah. Doch als sie näher kam, sah sie, dass er kieloben schwamm und erkannte mit Entsetzen, was sich zugetragen hatte.

Da war ihr, als greife eine eisige Hand nach ihrem Herzen und drücke es langsam zusammen. Sie meinte, vor Leid sterben zu müssen. Mit einem wehen Aufschrei stürzte sie sich in die Fluten, um dem Mann, den sie liebte, wenigstens im Tode nahe zu sein, wenn sie es schon im Leben nicht durfte.

Niemals wurden die Leichen der beiden jungen Menschen gefunden, so sehr der Vater des Mädchens auch nach ihnen suchen ließ. Der unergründliche See gab seine Opfer nicht mehr frei. Die Leute aber erzählen noch heute, dass das Liebespaar jetzt glücklich vereint und Hand in Hand auf dem Grunde des Sees steht.

Und immer, wenn wieder jemand im See ertrinkt, so sagen sie:

„Der ist den beiden auf die Hochzeit gegangen!"

Der unheimliche Traum des Dr. von Gudden

Der am 7. Juni 1824 geborene Dr. Bernhard von Gudden, königlich bayerischer Leibarzt, wurde 1886 dazu berufen, König Ludwig II. zu betreuen, der für geisteskrank erklärt worden war. In der Nacht vor seiner Abreise nach Schloss Hohenschwangau hatte er einen schrecklichen Traum. Es war ihm, als wäre er am Ertrinken und kämpfe im Wasser mit einem Menschen verzweifelt um sein Leben. Am nächsten Morgen erzählte er seiner Frau von dem unheimlichen Traum. Nur ein paar Tage später, am 13. Juni 1886, wurde die Leiche Berhand von Guddens nahe Schloss Berg vom Grund des Starnberger Sees geborgen.

König Ludwig II. im Park von Schloss Berg.
Aquarell von Ludwig Quaglio um 1865

Wie es heißt, hatte der Arzt den König hindern wollen, den Freitod im See zu suchen, und war dabei zusammen mit ihm ertrunken (Anm. 82). Genau weiß es aber keiner, denn niemand war Zeuge des wirklichen Geschehens, das bis heute nicht ganz aufgeklärt ist.

Die Schlösser von Kempfenhausen und Percha

Oberhalb von Kempfenhausen (früher Cemphinhusa, was „Haus des Kämpen" bedeutet), einem Ort aus der Karolingerzeit, bereits um 915 erwähnt, wurde um 1486 auf dem Höhenrücken Schloss Kempfenhausen gebaut. Bei Percha, das bereits um 785 in einer Chronik von Schäftlarn als Perchach oder Perchaha mit Kirche genannt ist, soll sich einst, ebenso wie im benachbarten Wangen oder in Leutstetten (Liucilstat = Kleine Wohnstatt), eine burgähnliche Anlage befunden haben. Heute befindet sich dort das Schloss von Percha, das zu einem Altenheim umgebaut wurde.

Der Burgstall von Wangen

Südwestlich von Wangen, unmittelbar nordseitig neben der Straße, die nach Percha führt, etwas nördlich von Buchhof, befand sich in der karolingischen Zeit eine kleine Burganlage. Es bestand damals eine Sichtverbindung zur Burg auf dem Karlsberg (vgl. S. 18) und von dort zur Anlage auf dem Schlösselberg (vgl. S. 21). Der Burgstall „Schlossberg" ist heute noch erkennbar.

Wahrscheinlich handelte es sich dabei um ein Sicherheits- und Abwehrsystem in dieser Zeit der häufigen Ungarneinfälle, um Anriffe der Feinde rechtzeitig an die anderen Burgen melden zu können (durch Rauchsignale oder Lichtzeichen).

Fischer am Starnberger See. Aquarell v. Ludwig Neureuther

Der schwarze Hund von Percha

Die Würm mündet zwischen Seeshaupt und St. Heinrich in den Starnberger See und fließt zwischen Starnberg und Percha wieder heraus.

Dort bei Percha, auf der alten Würmbrücke, so erzählte mir ein hochbetagter Bürger des Ortes vor fast 30 Jahren, soll es Anfang des vorigen Jahrhunderts noch gespukt haben.

Wie ihm sein Vater glaubhaft versichert habe, sei damals jeweils um Mitternacht ein übergroßer kohlschwarzer Pudel mit feurigen Augen erschienen und habe eine lange Kette rasselnd hinter sich hergeschleift. Mitten auf der Brücke sei er stehengeblieben und habe jedem, der um diese späte Stunde noch passieren wollte, den Weg versperrt und seinem Gebot zum Rückzug durch drohendes Knurren Nachdruck verliehen.

Niemand konnte daher, wenn die Glocken die zwölfte Stunde verkündet hatten, über den Fluss. Das war vor allem für die späten Zecher aus den umliegenden Wirtshäusern hinderlich. Sofern sie auf der anderen Würmseite wohnten, mussten sie sich beeilen, noch rechtzeitig vor Mitternacht über die Brücke zu gelangen. Sonst konnte es ihnen passieren, dass sie in der Herberge übernachten oder einen sehr weiten Umweg in Kauf nehmen mussten.

Seit längerer Zeit ist der Geisterpudel nun aber schon nicht mehr gesehen worden. Vielleicht, weil mehrere Brücken über die Würm gebaut wurden, und er doch nicht alle bewachen konnte.

Der Herkules vom Starnberger See

In Starnberg, an der Straße nach Percha, wurde am 2. April 1865 Jakob Wörsching als Sohn des dort ansässigen Glasermeisters Heinrich Wörsching geboren. Seit frühester Jugend machte er mit seinen ungeheuren Körperkräften und einem geradezu „übermenschlichen Appetit“ von sich reden. Er war Gründungsmitglied vom Turnverein 1880 und tat sich durch große sportliche Leistungen hervor. Benno Ganter aus Percha schrieb 1968 über ihn:

Viele Starnberger werden sich an die mit Bandeisen gebundenen Steinblöcke erinnern, die am früheren Waldspielplatz des Turnvereins an der Weilheimer Straße zur Erinnerung an den einstmaligen Herkules Jakob Wörsching aufgestellt waren. Von den beiden Granitsteinen war einer über vier, der andere fünf Zentner schwer.

Für Jakob Wörsching soll es ein Leichtes gewesen sein, diese Blöcke mit einer Hand zu heben, was fast unglaublich klingt. Damit stand er dem 1849 in Giesing – damals bei München – geborenen und wegen seiner ungeheuren Kraft weithin bekannten Steyrer Hans nicht nach.

Obwohl sein Leben nicht einfach verlief, bewahrte sich der Glaserjakl immer seinen Humor. Nach dem frühen Tod von Vater und

Mutter übernahm er die Glaserei, heiratete Elisabeth, die Tochter des Schlossverwalters von Possenhofen, und hatte mit ihr vier Kinder, zwei Söhne und zwei Töchter. Gleichzeitig kümmerte er sich um seine vier verwaisten jüngeren Geschwister.

Als Mitglied des Starnberger Alpenvereins war er auch oft in den Bergen unterwegs. Dabei soll es, so wird erzählt, zu einem spektakulären Kraftbeweis gekommen sein, den ihm seither keiner mehr nachgemacht hat: Ende des 19. Jahrhunderts unternahm er einmal mit drei Freunden eine viertägige Bergtour durch das Höllental hinauf zur Zugspitze, wo bereits das Münchner Haus den Alpinisten Übernachtungsmöglichkeit bot. In der Hütte, in der schon andere Bergsteiger waren, gab es zwar zum Essen und zum Trinken, aber es war so bitterkalt, dass sogar diese Naturburschen sich nicht wohl fühlten. Da machte einer von ihnen im Scherz und in Anspielung auf dessen ungewöhnliche Körperkräfte den Vorschlag:

„He, Jackl, hol uns an Zentner Kohlen aus Garmisch rauf, dass ma net so friern müassn."

„Wos zahlt's, wenn i's dua!" erkundigte sich der Jackl, so als wolle er diesen Vorschlag ernsthaft in Erwägung ziehen.

„Dann bist zechfrei und kost essn und dringa, so vui, wias d' mogst."

„Gilt scho!" rief der Jackl lachend, „i geh!"

Überrascht, dass der Kraftmensch das eigentlich Unmögliche möglich machen wollte, entschloss sich einer seiner Bergkameraden aus Sicherheitsgründen mit ihm zu gehen. Sie stiegen wieder ab nach Garmisch und kauften dort einen Zentnersack voll Kohlen. Sie machten sich früh morgens am nächsten Tag auf den Rückweg. Der Jackl wuchtete sich den Sack auf den Rücken und dann stiegen beide wieder auf zum Münchner Haus, dieses Mal aber über das Reintal, weil dieser Weg zwar länger, aber nicht so steil ist, wie der durch das Höllental. Neun Stunden benötigten die zwei Männer; während dieser Zeit setzte der Jackl den Sack niemals ab, wie sein Freund bezeugen konnte.

„Wenn i 'n oba do hät, hät'i ihn nimmer aufi bracht", gestand der starke Mann später bescheiden und ehrlich.

Manchmal rastete er in gebückter Haltung ein wenig und verschnaufte. Sein Begleiter versorgte ihn mit Essen und Trinken – und das war nicht wenig – und leistete ihm an den steilsten und schwierigsten Wegstellen Hilfestellung.

Unter großem Jubel der Bergsteiger auf der Hütte langten sie endlich dort an. Alle waren voller Bewunderung, denn keiner hätte gedacht, dass ein Mensch solch eine Leistung überhaupt vollbringen könnte. Das anschließende Essen in dem nun geheizten Münchner Haus, bei dem der Jackl mit seinem berüchtigten Appetit geradezu Unmengen verschlang, hatte er sich redlich verdient.

Diese geradzu unglaubliche, fast übermenschliche Kraftleistung des Herkules vom Starnberger See ist im Hüttenbuch dokumentiert.

Starnberger See bei Leoni. Anders Andersen-Lundby um 1883

Das seltsame Licht bei Höhenrain

An der Ortsgrenze zwischen Dorfen und Höhenrain, dort, wo heute die Autobahnbrücke ist, war kurz vor dem 1. Weltkrieg in der Nacht immer ein seltsames Licht zu beobachten, dessen Ursprung nicht ersichtlich war. Viele Leute, die erst spät in der Nacht dort vorüberkamen, berichteten übereinstimmend von der merkwürdigen Erscheinung, stellten Mutmaßungen darüber an und konnten sie doch nicht erklären.

In der Gegend wohnte auch eine Lehrerin, die als sehr aufgeklärter Geist galt. Sie äußerte sich spöttisch über den Aberglauben der Leute, die es möglichst vermieden, in der Nacht an der bewussten Stelle vorbeizugehen, weil sie ihnen unheimlich war.

„Das wird irgend etwas mit Phosphor sein, ein modriger Pfahl oder etwas dergleichen, und bei Dunkelheit strahlen", erklärte sie nüchtern, „oder ein Spaßvogel macht sich einen Jux daraus, die Leute zu erschrecken."

Ihre Zuhörer nickten zustimmend, denn keiner wollte als rückständig oder abergläubisch gelten, insgeheim aber glaubten sie diese Erklärung nicht und mieden den Ort weiterhin.

Die Lehrerin, die das sehr wohl merkte, beschloss, der geheimnisvollen Sache auf den Grund zu gehen. Ohne jemanden von ihrem Vorhaben zu unterrichten, ging sie kurz entschlossen einmal um Mitternacht zu der bewussten Stelle. Plötzlich sah sie tatsächlich ein kleines aber sehr helles Licht, das von einem gleißenden Mittelpunkt aus zum Rand hin sanfter wurde. Die seltsame Erscheinung schwebte frei in der Luft, ohne dass sich irgendein irdisches Wesen in der Nähe befand. Das war in der klaren Nacht genau zu erkennen.

Eine nie gekannte Furcht erfasste die sonst so unerschrockene Frau, und ihre Knie wurden ganz weich. Trotzdem zwang sie sich tapfer, das Licht eine Weile zu beobachten. Als sie sich davon überzeugt hatte, dass es keine vernünftige Erklärung für das Vorhandensein dieser Erscheinung gab, machte sie kehrt und lief so schnell sie konnte in den Ort zurück. Von da an spottete sie nie mehr über die anderen sondern bestätigte im Gegenteil durch ihren eigenen Bericht deren Erfahrungen.

Nach dem 1. Weltkrieg wurde das Licht nicht mehr gesehen. Heute steht an der Stelle ein Bildstock mit einer Darstellung der Muttergottes.

Die Eckenkreuz-Kapelle von Münsing und das Ickinger Kreuz

Östlich von Münsing steht mitten im Wald die kleine Eckenkreuz-Kapelle. An ihre Entstehung knüpfen sich einige wundersame Geschichten. Der Schreiner Peter Reiser schrieb darüber:

Mein Urgroßvater war Kalkbrenner in Icking. Einmal zog er ein großes hölzernes Kreuz mit einem Christus daran aus der Isar. Eine Meile von seinem Haus entfernt baute er an der Straße eine kleine Steinkapelle und stellte das Kreuz darin auf. In den Jahren 1848/50 schuf die deutsche Regierung eine Menge antiklerikaler Gesetze. Mein Urgroßvater musste die Kapelle niederreißen. Das Kreuz brachte er auf den Speicher. Wegen der Kapelle musste er nach München aufs Gericht. Er kämpfte wie ein echter Christ um seine geliebte Kapelle und um das Kreuz, aber er verlor den Kampf. Zur gleichen Stunde, als er seine Sache vor Gericht verteidigte, fiel das Kreuz auf dem Speicher zu Boden und machte einen fürchterlichen Lärm. Meine Urgroßmutter und ihre sieben Kinder erschraken und liefen zu den Nachbarn. Sie fanden das Kreuz unbeschädigt auf dem Boden liegend. Später zogen meine Urgroßeltern nach Münsing (Geburtsort meiner Urgroßmutter) und nahmen das Kreuz auf einem Wagen mit.

An der Stelle, wo heute die Kapelle steht, fiel das Kreuz plötzlich vom Wagen. Der Urgroßvater betrachtete dies als Fingerzeig von oben und ließ hier das Kreuz errichten. Später wurde an dieser Stelle die Kapelle errichtet.

Als 1934 eine große Dürre auftrat, entschloss sich die Pfarrgemeinde am Pfingstmontag zu einem Bittgang zur Kapelle, um den heißersehnten Regen zu erflehen. Dieser kam. Die Pfarrgemeinde gelobte aus Dankbarkeit, jedes Jahr den Bittgang zu wiederholen.

Bei dem auf so wundersame Weise gefundenen Kreuz hat es schon viele Gebetserhörungen gegeben. Die älteste ist auf einer Votivtafel von 1854 bekundet, auf der ein Krankenbett mit einer bettlägerigen Frau darin sowie ein Pferd zu sehen sind. Darunter steht der

Spruch: *„Joseph Rieger von Attenham verlobte sich zu diesem Kreuz und hat Hülf erlangt“.*

Wunderbare Rettung wurde auch dem 1922 geborenen Hans Reiser zuteil, der heute noch im Ort lebt. Er hatte als sechsjähriges Kind eine ausgedroschene Kornähre verschluckt. Diese steckte ein halbes Jahr in seiner Lunge, machte ihm jeden Atemzug zur Qual und brachte ihn an den Rand des Todes. Die Ärzte wussten nicht, was dem Kind fehlte, und behandelten es erfolglos auf alle möglichen Krankheiten. Hans Reiser war schon aufgegeben worden, und die Münsinger glaubten jedes Mal, wenn das Sterbeglöcklein läutete: „Jetzt ist der Hans gestorben!“ so schlecht war sein Zustand.

Da beteten die verzweifelten Eltern des Kindes vor dem Kreuz in der Kapelle inständig um die Rettung ihres Sohnes. Kurz darauf, am 20. Januar 1929, fing das sterbenskranke Kind plötzlich fürchterlich zu husten an und spuckte die verschluckte Kornähre wieder aus. Nun war die Ursache des Leidens offenkundig. Von da an ging es rasch bergauf und es dauerte nicht lange, bis Hans wieder gesund war.

Die Münsinger halten die Kapelle auch heute noch hoch in Ehren. Der von der Gemeinde versprochene Bittgang wird jedes Jahr am Pfingstmontag abgehalten.

Die Nepomuk-Kapelle in Münsing

Einem tragischen Ereignis verdankt die Nepomuk-Kapelle in Münsing ihr Entstehen. Im Juli 1910 ertranken im Lüßbach bei der Stelle, wo sich heute die Kapelle befindet, drei Kinder aus dem Ort. Zwei von ihnen waren aus der Familie Will, Hausname „Mooshansl“, eines von der Familie Graf, Hausname „Schneller“. Die Familie Will ließ zum Andenken an ihre Kinder die Kapelle errichten, die Familie Graf kam, einem Gelübde gemäß, für die Kosten der Figuren darin auf. Die Kapelle wurde dem hl. Nepomuk (Anmerkung 83), dem böhmischen Brückenheiligen, der auch einen nassen Tod gefunden hat, mit der Bitte geweiht, er möge künftig Unfälle an dieser gefährlichen Stelle verhindern. Jedes Jahr an Pfingsten wird noch heute an der Kapelle ein Rosenkranz gebetet.

Die Hügelgräber am Buchsee

Am Buchsee, zwischen Höhenrain und Münsing gelegen, befinden sich mehrere Hügelgräber aus der Zeit der Kelten. Einige wurden bereits von Grabräubern geöffnet und ausgeraubt, andere sind noch unberührt. Am Grab des Druiden deutet ein davor gelegter Steinkreis – aus jüngster Zeit stammend – an, dass hier wohl auch heute noch geheime Rituale abgehalten werden (vgl. S. 361).

Schloss Eurasburg. Stich v. Michael Wening um 1700

Woher der Name Eurasburg kommt

Iring ist ein frühgermanisches mythisches Wesen, der Sage nach ein Himmelsgott, der den Bogen führt. Eine andere Form des Namens Iring ist Euring oder Euras. Es liegt die Vermutung nahe, dass Eurasburg nach diesem germanischen Gott benannt ist. Dazu schreibt der Historiker Professor Johann Nepomuk Sepp 1876:

Namhafter ist Schloss Eurasburg an der Loysach, ursprünglich Iringesburg von Iring oder Euring, dem göttlichen Helden... Irtag war der Dienstag, d. h. Gerichtstag. Eurasburg war wohl auch eine altbayerische Gerichtsstätte.

Die unterirdischen Gänge von Schloss Eurasburg

Von Schloss Eurasburg aus sollen unterirdische Gänge unter der Isar hindurch bis zu dem heute verschwundenen Schloss Rampertshofen und nach Schloss Harmating geführt haben. Bei den im Jahre 1991 durchgeführten Bauarbeiten wurden sie jedoch – laut Auskunft der Baufirma – nicht entdeckt.

Die Entstehung der Grünwinklkapelle von Eurasburg

Die Grünwinklkapelle, zwischen Haidach und Eurasburg an einer tief abfallenden Schlucht gelegen, verdankt ihre Entstehung nach der Legende folgender Begebenheit:

Einst befand sich ein Reiter in wilder Flucht vor seinen Feinden, die ihm nach dem Leben trachteten. Es musste ihm gelingen, ihnen zu entkommen, sonst war er verloren. Doch es bestand nicht viel Aussicht dafür, denn sie waren ihm bereits hart auf den Fersen.

Blindlings galoppierte er dahin, ohne auf das Gelände zu achten, nur von dem Gedanken erfüllt:

„Schneller, nur fort von hier, schneller, schneller!"

Plötzlich aber konnte er nicht mehr weiter, denn vor ihm tat sich eine tiefe Schlucht auf, die so breit war, dass der Sprung darüber für ein Pferd nahezu unmöglich war. Verzweifelt suchte der Reiter einen anderen Weg, aber es gab keinen, und seine Verfolger näherten sich ihm bereits bedrohlich. Er konnte schon deutlich ihre triumphierenden Schreie und das Schnauben ihrer Pferde hören. Er saß in der Falle, denn wagte er den Sprung über die Schlucht, so brach er sich dabei mit größter Wahrscheinlichkeit das Genick, ließ er sich aber von seinen Feinden fangen, wartete auf ihn ein grausamer Tod. In seiner höchsten Not rief er die Gottesmutter an und flehte:

„Heilige Maria, hilf mir! Rette mich, und ich werde hier eine Kapelle bauen!"

Daraufhin trieb er sein Pferd todesmutig an die Stelle, wo ihm die Schlucht am wenigsten breit erschien, bekreuzigte sich und setzte dann mit einem gewaltigen Sprung darüber hinweg. Und was unmöglich geschienen hatte, gelang. Gerade in diesem Augenblick erreichten auch seine Feinde die Schlucht und konnten sich kaum fassen vor Erstaunen über den tollkühnen Satz. Keiner wagte es, es dem Verfolgten gleichzutun, und vor Verblüffung dachte auch niemand daran, ihm eine Waffe nachzusenden. So konnte der Reiter glücklich entkommen. Wie versprochen errichtete er später an der Stelle, wo er über die Schlucht gesetzt hatte, eine Kapelle zu Ehren der Gottesmutter, die „Grünwinklkapelle".

Wie Kloster Beuerberg enstand

Von Kloster Beuerberg gibt es, wie von vielen Kirchen- oder Klosterbauten, die Legende, dass Tiere durch auffälliges Verhalten den Standort des Baues bestimmt hätten. Es wurde von den Leuten als Fingerzeig Gottes gedeutet, wo das Heiligtum errichtet werden sollte (Anmerkung 77). F. Panzer schrieb 1850 darüber:

Nach einer Handschrift von 1622 aus dem ehemaligen Kloster zu Beuerberg in Oberbayern wollten im Jahre 1121 die Brüder Otho, Eberhard und Conrad, deutsche Edle aus Iring, dieses Kloster in der Nähe ihres Schlosses Hag, auf der Meierei Baierlach, erbauen. Während sie aber die Baumaterialien zurichteten und den Grund legten, verletzten sich die Arbeiter so sehr, dass überall die Abfälle der behauenen Hölzer mit Blut benetzt waren. Diese blutigen Scheite trugen Vögel (auf der kolorierten Abbildung sind es Raben) über die Loisach auf einen hohen Berg, zum Zeichen, dass dort der Bau des Klosters geführt werden soll, welcher auch nun gut vonstatten ging. (Anmerkung 84)

Die Schweden in Beuerberg

Ein grausames Kapitel der Geschichte, der Dreißigjährige Krieg, ging auch an Kloster Beuerberg nicht spurlos vorüber. Als die Schweden München besetzt hatten, schwärmten verschiedene Abteilungen der feindlichen Streitmacht aus und zogen raubend, mordend und brennend durch das Land ringsum.

In großer Angst vergruben viele Menschen ihr wertvollstes Hab und Gut, verließen dann ihre Häuser und versuchten, sich in den Wäldern vor den anrückenden Soldaten in Sicherheit zu bringen. Auch die Augustiner Chorherren von Kloster Beuerberg waren in die umliegenden Wälder geflohen, nachdem sie den Kirchenschatz in einem abgelegenen Weinkeller bei Wametsberg versteckt hatten. Nur Pater Vitus Nuntinger (Anmerkung 85) wollte das Gotteshaus nicht ungeschützt den Feinden preisgeben und blieb als Wächter zurück.

Am 28. 5. 1632 fielen die Schweden über das Kloster her. Weil sie nicht fanden, was sie suchten, nämlich Gold, Silber und andere

Reichtümer, hausten sie wie die Vandalen und ließen ihre Wut und Enttäuschung an dem unglücklichen Pater Nuntinger aus, der ihnen nicht sagen konnte, wo die Schätze versteckt waren. Sie folterten ihn im Chorraum der Kirche auf grausamste Weise, weil sie hofften, ihn dadurch zum Reden zu bringen. Sie legten ihn auf vier Holzscheite und schnitten ihm nacheinander die Gelenke an Händen und Füßen durch. Als er immer noch keine Antwort gab, metzelten sie ihn mit ihren Schwertern nieder und ließen ihn in seinem Blut schwimmend zurück.

Der Legende nach soll der Sterbende noch bis vor das Allerheiligste gekrochen sein, wo er dann in ehrfürchtig kniender Stellung seinen Geist aushauchte. Er wurde später, als der böse Spuk vorüber war, von seinen entsetzten Mitbrüdern gefunden und unter großer Trauer im Klostergang bestattet.

Kloster Beuerberg. Stich v. Michael Wening um 1700

Die hl. Kümmernis rettet einen Mann aus Wiesen

Zur Zeit der Franzosenkriege (Anmerkung 86) hatte die Bevölkerung im Gebiet von Wolfratshausen viel zu leiden. Ihre Habe wurde den Leuten weggenommen, ihre Häuser wurden als Quartiere für die Soldaten beschlagnahmt und sie mussten hohe Kriegskosten zahlen. Dennoch war das noch das kleinere Übel, verglichen mit sonstigen Gräueltaten, die von den fremden Soldaten verübt wurden, wie Plünderungen, Brandstiftungen und Morden.

Besonders schrecklich spielten die Franzosen dem Bauern Georg Heimkreuther aus Wiesen bei Königsdorf mit. Er wurde in seinen Keller gesperrt und dort so grausam gefoltert, dass er fast zu Tode kam. In seiner höchsten Not rief er die hl. Kümmernis, die Patronin der Gemarterten, um Hilfe an und versprach, eine Säule mit ihrem Bildnis auf freiem Felde, wo jeder es sehen könne, aufzustellen, wenn seine Peiniger von ihm ablassen würden und er noch einmal mit dem Leben davonkäme.

Weil er Erhörung fand, errichtete er etwa um 1800 auf seinen Feldern eine Steinsäule mit der Darstellung der hl. Kümmernis, wie er es in der Stunde der Not gelobt hatte.

Der Geiger im Mühlgraben bei Königsdorf

Früher gab es in der Gegend zwischen Wolfratshausen und Königsdorf viele Wölfe; ein künstlicher See, der dort lag, wurde sogar Wolfsee genannt. Eine nicht alltägliche Begegnung mit einem dieser Tiere hatte einst ein Schneider, der bei Königsdorf wohnte. Und das kam so: In dem Ort wurde einmal ein lustiges Kirchweihfest gefeiert. Die Leute aßen so viel sie konnten, tranken mehr als sie vertrugen und tanzten, bis ihnen die Füße wehtaten. Es ging so ausgelassen zu, dass auch die Musiker, die zum Tanz aufspielten, zuletzt alle Mühe hatten, den richtigen Takt zu halten, weil einige von ihnen ebenfalls im Laufe des Abends zu tief ins Glas geschaut hatten.

Als die Feier endlich aus war, konnte sich einer der Geiger, der Schneider des Ortes, der fiedeln konnte wie kein Zweiter in der ganzen Gegend, aber keinen Alkohol vertrug, kaum mehr auf den Beinen halten. Fröhlich vor sich hinträllernd, seine Geige unter den Arm geklemmt, als würde er daran Halt finden, machte er sich auf den Heimweg. Dabei musste er durch ein Stück Wald, in dem sich zu damaliger Zeit noch viele wilde Tiere wie Bären, Wildschweine oder Wölfe aufhielten. Doch in seinem bierseligen Zustand machte er sich darüber keine Sorgen, genauso wenig wie um den rechten Weg, den er schon bald verloren hatte.

Mit einem Mal, er wusste nicht wie, denn mit dem Denken ging es nicht mehr so rasch bei ihm, verlor er den Boden unter den Füßen und stürzte in ein dunkles Loch. Aber er verletzte sich nicht, denn er fiel auf etwas Weiches, Pelziges.

„Da hab' ich ja noch einmal Glück gehabt!“ dachte er vergnügt und versuchte gerade, sich aufzurappeln, als das weiche, pelzige Etwas plötzlich drohend knurrte und sich streckte. Zu seinem nicht geringen Schrecken erkannte der Schneider, dass er sich einem riesigen Wolf gegenüber befand, der seine Gesellschaft gar nicht zu schätzen schien.

„Oh je, ich bin in eine Wolfsgrube gefallen!“ fuhr es ihm durch den Sinn, und er wurde blass vor Schrecken. Er wusste zwar, dass die Jäger solche Gruben angelegt hatten, um die Wölfe, die immer zahlreicher wurden und den Bauern oft großen Schaden zufügten, fangen zu können, er konnte sich aber nicht erklären, wie er selbst in eine hineingeraten war, denn sie lagen nicht neben Wegen, die von den Leuten benutzt wurden, und keinesfalls an seinem Heimweg.

Er hatte jedoch nicht die Zeit, Ordnung in seinem vom Alkohol umnebelten Gehirn zu schaffen, denn der Wolf hatte den derben Schlag auf seinen Rücken, den er durch den Sturz des Schneiders erlitten hatte, äußerst übel aufgenommen und näherte sich ihm in sehr drohender Haltung, die Ohren nach vorne gestellt, das Fell angriffslustig gesträubt, die Lefzen hochgezogen und die scharfen Zähne gefletscht. Waffen- und wehrlos, wie er war, fiel dem armen Mann kein anderes Mittel ein, den Wolf versöhnlicher zu stimmen, als ihm auf seiner Geige ein fröhliches Lied zu spielen, wie er das noch vor kurzem auf dem Kirchweihfest getan hatte.

Und siehe da, dem Tier gefiel die Musik. Überrascht blieb es stehen, spitzte die Ohren und begann dann ganz schauerlich dazu zu singen oder besser gesagt zu heulen.

„Solange er heult, kann er mich nicht fressen. Man kann nicht beides gleichzeitig tun, fressen und heulen, nicht einmal ein Wolf kann das!" So sprach sich der Schneider nach dem ersten Schrecken selbst Mut zu und fiedelte dabei, was das Zeug hielt.

„Ich muss nur bis zum Morgengrauen durchhalten, dann macht der Jäger seine Runde und wird mich gewiss finden und befreien. Habe ich schon auf dem Fest die halbe Nacht gegeigt, dann muss ich es eben jetzt die ganze tun, was soll's!"

Er fiedelte und fiedelte und durfte nie aufhören, weil sich ihm bei jeder kleinsten Pause, die er einlegen wollte, der Wolf sofort bedrohlich näherte. Er spielte alle Lieder, die er konnte, und als er damit fertig war, fing er wieder von vorne an. Inzwischen hatte sich das Geheule, das seine Musik begleitete, zu einem grauenvollen Konzert gesteigert, denn andere Wölfe im Wald waren durch den ungewöhnlichen Lärm angelockt worden und standen nun ihrerseits „singend" um die Grube herum, in der ihr Artgenosse und der unglückliche Schneider gefangen saßen. Letzterer fürchtete jeden Augenblick, dass noch ein Wolf herunterfallen könnte, und wollte sich lieber gar nicht erst ausmalen, was wohl mit ihm geschehen würde, sollten sich dann zwei hungrige Bestien um ihn streiten.

Da riss plötzlich mit einem hellen Sirren eine Saite seiner Geige. Wohl oder übel musste er auf den drei verbliebenen weiterspielen. Schwitzend vor Angst lehnte er an der Grubenwand und fiedelte mit dem Mut der Verzweiflung weiter, auch als die zweite und die dritte Saite der Überbeanspruchung nicht mehr gewachsen waren und zersprangen. Jegliche Bierseligkeit war ihm inzwischen gründlich vergangen, und es war ihm voll bewusst, dass er um sein Leben spielte.

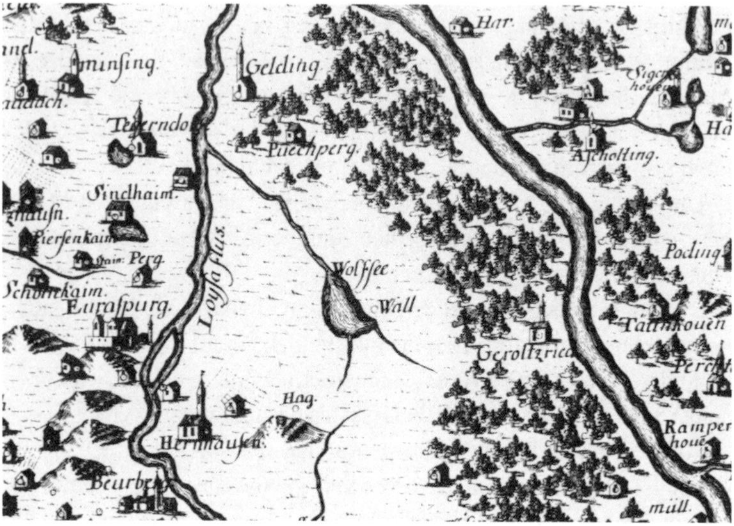

Der Wolfsee. Ausschnitt aus Karte von Apian, 16. Jahrhundert

„Wenn es nicht bald Morgen wird und der Jäger endlich kommt, bin ich verloren!“ wurde ihm mit erschreckender Klarheit deutlich und er musste sich sehr beherrschen, sein Zittern zu unterdrücken. „Wenn die letzte Saite auch noch reißt, lassen mir meine liebenswürdigen Zuhörer sicher nicht die Zeit, eine neue aufzuspannen.“

Da ertönte plötzlich ein scharfer Knall, und mit wildem Aufjaulen stoben die Wölfe am Grubenrand in alle Richtungen davon.

„Gott sei Lob und Dank!“ seufzte der Schneider erleichtert.

Der Jäger hatte früher als sonst seinen üblichen Pirschgang angetreten und schon von weitem das ungewöhnlich laute Heulen der Wölfe vernommen. Als er dann nähergekommen war und das misstönende Gefiedel aus der Grube gehört hatte, hatte er messerscharf geschlossen, dass die Wolfsgrube einen anderen Insassen haben müsse als sonst. Nachdem er das Rudel Wölfe verjagt hatte, schaute er in das Loch hinunter und sah dort den verzweifelt geigenden Schneider und den riesigen Wolf, der ihn bedrohte. Mit einem gezielten Schuss erledigte er das wilde Tier und zog dann den völlig erschöpften Musiker herauf, der ihm lachend und weinend zugleich für seine Rettung dankte. Von Stund an aber war dem Schneider das Geigen verleidet. Er spielte künftig nicht mehr in den Wirtshäusern zum Tanz auf sondern wendete sich ganz seinem eigentlichen Beruf, der Schneiderei, zu, weil er sein letztes Konzert nicht vergessen konnte. Einige Stellen in der Gegend von Haag und von Ober- und Unterherrenhausen werden noch heute als „Wolfsgrube“ bezeichnet, doch ist nicht bekannt, in welcher der Schneider um sein Leben spielte (Anmerkung 87).

Der verschwundene Wolfsee bei Schwaigwall

Einst lag zwischen Schwaigwall und Adelsreuth der Wolfsee. Er soll etwa 2 km lang und 700 m breit gewesen sein. Wie aus einer Notiz der Geschichte Beuerbergs hervorgeht, hat es sich dabei um einen künstlichen See gehandelt:

Im Jahre 1476 erkauft Herzog Albrecht vom Kloster Beuerberg die 9 Tagwerk große Wolfrain-Wiese am Breitenbach, um einen Weiher daraus zu machen...

Wie es heißt, sollen zahlreiche Bauern der Umgebung zu den Abgrabungs- und Aufschüttarbeiten herangezogen worden sein. Der Name des Sees stammte von den gerade in dieser Gegend sehr häufig vorkommenden Wölfen. Im 16. Jahrhundert wurden dort mehrmals Wolfsjagden abgehalten. Einige Stellen in den umliegenden Wäldern von Haag und Herrenhausen heißen noch heute „Wolfsgruben“ (Anmerkung 88). Heute ist der See verschwunden und wo er einst lag, sind wieder Wiesen. An der Ostseite des ehemaligen Seebeckens erhebt sich ein bewaldeter Hügelrücken. Dort wurde der Kgl. Forstmeister Freiherr von Lupin von einem Wilderer erschossen. Man fand den Toten am 12. Juni 1896 und markierte die Stelle mit einem schlichten Holzkreuz.

Vom Wolfratshauser Krautlöffel, vom Tölzer Prügel und von den Münsinger Rabeneinläutern

Im Heimatmuseum von Wolfratshausen wird der sogenannte „Krautlöffel“ aufbewahrt. Es handelt sich dabei um einen bemalten Holzlöffel von 89 cm Länge und 21 cm Breite, dessen Löffel 2 Liter Flüssigkeit fasst. Er trägt die Jahreszahl 1772 und ist am Stielende auf der Vorderseite mit dem Ortswappen und auf der Rückseite mit dem Adelswappen der Grafen von Wolfratshausen verziert. Wie es heißt, haben die Tölzer Flößer diesen überdimensionalen Löffel den Wolfratshausern im genannten Jahr zum Geschenk gemacht, weil, so die Begründung, diese eine solche Vorliebe für das von ihnen in großen Mengen angebaute Kraut hätten, dass sie es mit dem Löffel statt mit der Gabel äßen.

Die Bürger von Wolfratshausen nahmen zwar den Krautlöffel dankend entgegen, sandten aber ihrerseits ein Geschenk an die Tölzer: Einen derben, knorrigen Prügel, der 2 Meter lang war. Es handelte sich um eines der Triftscheite, die oft flussabwärts an Wolfratshausen vorbeischwammen und schon seit jeher als „Tölzer Prügel“ bezeichnet wurden. Er sei, so formulierten es die Überbringer spöttisch, geradezu ein Sinnbild für Charme und Lebensart der Tölzer, da im ganzen Land ihre ungehobelte und grobe Art bekannt sei.

Durch einen Spaßvogel angestiftet, machten sich die Tölzer kurz darauf mit ihrem Prügel und die Wolfratshauser mit ihrem Riesenlöffel auf, trafen beim Postwirt in Königsdorf aufeinander und fingen mit ihren „Wahrzeichen“ eine handfeste Prügelei an. Wer als Sieger hervorging, ob Löffel oder Prügel, ist nicht bekannt.

Der ursprüngliche „Tölzer Prügel“ ist zwar verlorengegangen, aber in Tölz werden seither Trinkgefäße aus knorrigem Holz in Form von Prügeln als „Tölzer Prügel“ verkauft.

Auch die Münsinger haben in diesem Reigen des gegenseitigen „Derbleckns“ ihren Spitznamen weg:

„Münsinger Rabeneinläuter“.

Als nämlich einmal ein neuer Pfarrer in Münsing sein Amt antreten sollte, holten ihn die Dorfbewohner ab und geleiteten ihn in feierlicher Prozession in ihren Ort.

Um den Einzug besonders festlich zu gestalten, hatte der Mesner einen Burschen weit vor dem Ort postiert, der als Zeichen dafür, dass der Pfarrer in Sicht sei, einen Schuss abgeben sollte. Daraufhin sollte volles Glockengeläut einsetzen.

Der Bursche aber ärgerte sich über einen Raben, der dauernd um ihn herumflog, dermaßen, dass er seinen Auftrag vergaß und auf den lästigen Vogel schoss. Gleich darauf begannen die Glocken von Münsing feierlich zu läuten, obwohl weit und breit von dem neuen Pfarrer noch nichts zu sehen war.

Seither haben die Münsinger den Spitznamen „Rabeneinläuter".

Die Geistermessen in Gelting

Am Wolfsee bei Schwaigwall wohnte einst ein reicher Bauer, der nur „Wolfseer" genannt wurde. In weitem Umkreis war er als ein wilder und jähzorniger Mann bekannt, mit dem nicht gut Kirschen essen war. Sein Sohn war zwar von ganz anderer Gemütsart, besaß aber doch ein gut Teil der Sturheit seines Vaters. Er wollte nicht Bauer, sondern Maler werden und ließ sich weder durch Drohungen noch durch Strafen davon abbringen. Da verfluchte ihn der Wolfseer und jagte ihn aus dem Haus.

Drei Jahre später, am Silvestertag, kehrte der Verstoßene nach Gelting zurück, vielleicht in der Hoffnung, seine Kunst unter Beweis zu stellen und sich mit seiner Familie auszusöhnen. Vor der Kirche baute er seine Staffelei auf und begann zu malen. Als sein Vater auf dem alljährlich an diesem Tag stattfindenden Bittgang vorüberkam, sah er seinen Sohn stehen. Er beschimpfte ihn und geriet nach kurzer Zeit in einen erbitterten Streit mit ihm, in dessen Verlauf er ihn in blinder Wut packte und mit voller Wucht gegen die

Kirchenmauer schleuderte. Dabei verletzte sich der junge Mann so unglücklich, dass er auf der Stelle starb.

Seit der Zeit, so heißt es, war die Geltinger Kirche um Mitternacht oft hell erleuchtet, so, als stünde der Innenraum in Flammen. Die Anwohner behaupteten, dies mehrmals beobachtet zu haben, obwohl sich nachweislich niemand in dem Gotteshaus aufhielt, und es auch sorgfältig verschlossen gewesen war. Schlag ein Uhr verschwand die gespenstische Erscheinung ebenso unerklärbar, wie sie gekommen war, und die Kirche war wieder dunkel, wie zuvor. Die Leute brachten das seltsame mitternächtliche Licht mit dem Mord, der an der Kirchenmauer verübt worden war, in Verbindung. Sie glaubten, dass zur Sühne für die Tat in dem Gotteshaus Geistermessen stattfänden, anders konnten sich sich das Phänomen nicht erklären (Anmerkung 28).

Der Bittgang nach Gelting

Im letzten Drittel des 17. Jahrhunderts wütete im ganzen Loisachtal eine so verheerende Rinderseuche (Anmerkung 66), dass viele Bauernfamilien an den Rand der Armut oder gar in den Ruin getrieben wurden.

In ihrer Not unternahmen sie zum hl. Silvester, dem der rechte Seitenaltar der Geltinger Kirche gewidmet ist und der als Schutzheiliger bei Viehkrankheiten zuständig ist, einen Bittgang nach Gelting und versprachen feierlich, jedes Jahr zu Silvester, dem Tag des Heiligen, dort ein Kirchweihfest zu seinen Ehren abzuhalten. Dabei sollte jeder Bauer des Loisachtales mit seinen Pferden dreimal um die Kirche reiten und den Segen des Heiligen auf seinen Viehbestand herabrufen. Der Heilige erhörte ihr Flehen, denn kurz darauf flaute die Seuche ab und verschwand schließlich ganz.

Zum Dank dafür wird seither jährlich das Kirchweihfest abgehalten.

Wolfratshausen. Aquarell v. Ludwig Neureuther (1775-1836)

Der untreue Graf von Wolfratshausen

Es ist schon ein paar Jahrhunderte her, da verliebte sich Ottfried, der Sohn des Grafen von Wolfratshausen, in Theresia, die schöne Tochter eines Köhlers, der zwischen Münsing und Eurasburg in einer einfachen Holzhütte lebte. Er hatte das Mädchen auf einem seiner Pirschgänge getroffen und war von ihrer Natürlichkeit und Fröhlichkeit so bezaubert, dass er sich, ohne die Folgen zu bedenken, einfach über den Standesunterschied hinwegsetzte und ihr feurig den Hof machte.

Theresia fühlte sich wie im siebten Himmel, lauschte verzückt seinen Versprechungen und glaubte ihm jedes Wort. Als der Köhler von dieser Liebschaft erfuhr, wurde ihm angst um sein einziges Kind und er ermahnte es eindringlich:

„Theres, schlag dir den Herrn Grafen aus dem Kopf. Das geht nicht gut mit dir und ihm. Wir sind einfache Leut' und passen nicht zu den vornehmen Herrschaften!“

„Aber Ottfried liebt mich, und ich ihn!“ wandte Theresia ein. „Er hat versprochen, dass er mich nie verlassen wird!“

Der Vater jedoch schüttelte den Kopf und warnte nachdrücklich:

„Sei g'scheid, Mädel, oder du rennst in dein Unglück!“

Doch Theresia wollte ihm nicht glauben und schlug seine Worte in den Wind. Sie traf sich weiterhin mit dem jungen Grafen und lebte auf einer Wolke von Glückseligkeit, blind für die Wirklichkeit. Es dauerte aber nicht lange, da wartete sie eines Tages am vereinbarten Platz vergeblich auf ihren Liebsten, und von da an kam er überhaupt nicht mehr.

Theresia konnte sich nicht erklären, was los war, und lief voller Angst nach Wolfratshausen. Da erfuhr sie von den Leuten, dass Ottfried sich auf Geheiß seines Vaters mit der reichen Grafentochter Helmtrudis verlobt habe, und dass die Hochzeit in Kürze stattfinden werde. Für Theresia brach eine Welt zusammen, und das stets so fröhliche Mädchen lachte von Stund an nie mehr. Am Tag der Hochzeit, als alle Leute ringsum mit der Grafenfamilie feierten und auf das Wohl des jungen Paares tranken, sammelten Theresia und ihr Vater dürre Ästchen, häuften sie um ihre armselige Hütte und zündeten sie an.

Am nächsten Morgen kamen Feldarbeiter an dem Platz vorbei und fanden nur noch verkohlte Trümmer vor, aus denen dunkler Rauch quoll. Darunter aber sprudelte eine klare Quelle, die früher nicht dagewesen war.

„Was ist nur geschehen?“ rätselten sie entsetzt. „Hoffentlich sind Theres und ihr Vater nicht umgekommen!“

Als sie die Unglücksstätte untersuchten, deutete aber nichts auf eine solche Tragödie hin. Das Rinnsal, das dort aus dem Boden quoll, bestand jedoch nicht wie sonst alle Quellen der Gegend aus Süßwasser, es schmeckte, wie eine alte Frau feststellte, die es gekostet hatte, ganz salzig.

„Wie Tränen, so, als hätte sich jemand totgeweint“, meinte sie daraufhin leise, denn sie kannte die Geschichte der Köhlerstochter und des Grafen. Die Kunde von dem Unglück und dem seltsamen Bächlein, das bald überall nur noch „Tränenbächlein“ genannt wurde, drang auch zu Graf Ottfried. Von da an kam er oft zu der Stelle geritten und saß dann eine Weile still und in sich gekehrt dort und sann über die Vergangenheit nach. Von Theresia erfuhr man nur noch, dass sie in Kochel bald nach ihrer Hochzeit mit einem Köhler an einer schleichenden Krankheit gestorben war, von ihrem Vater hörte man nie mehr etwas.

Dem „Tränenbächlein“, das auf so seltsame Weise zutage gekommen war, bald breiter wurde und sich mit der Zeit einen Weg zur Loisach suchte, wurden bald wunderbare Heilkräfte, vor allem bei Liebeskummer, zugeschrieben. Viele junge Leute suchten hier Trost, tauchten ihre linke Hand ins Wasser, benetzten sich mit dem heilsamen Nass die Stirne und sprachen dabei die beschwörenden Worte: „Bächlein der Tränen, wandle Weh und Sehnen in Liebesglück.“

Wo sich dieses Bächlein heute befindet, ob es überhaupt noch vorhanden oder vielleicht schon versickert ist, weiß niemand mehr.

Der Schatz im Schlossberg und die verwunschenen Fräulein

Nahe bei Wolfratshausen soll einst auf einem Hügel ein schönes Schloss gestanden sein, das drei Edelfräulein gehörte. Heute ist es verschwunden, und niemand kann mehr sagen, wo genau es sich befunden hat. Um die Mitte des 19. Jahrhunderts erhielt der Saggenforscher Friedrich Panzer folgende Auskunft darüber:

Der Erzähler, ein Greis von achtundachtzig Jahren, wusste sich des Ortes, wo der Schlossberg steht, nicht mehr zu entsinnen. In der Nähe von Wolfratshausen, sagte er, ist ein Schlossberg, wo einst ein von drei Fräulein (Anmerkung 1) *bewohntes Schloss stand, welches aber versunken ist. Da liegt ein Schatz verborgen, von dem einst ein Mann so viel nahm, als er tragen konnte.*

Das ging so zu: zuerst beichtete er und nahm ein geweihtes Amulett unseres Herrgottes und der Heiligen Mutter auf die Brust, damit ihm der Böse nicht schaden konnte. So nahte er sich dem Platze, wo vor der Höhle ein schwarzer Hund mit glühenden Augen saß, welcher ihm aber den Einlass nicht verwehrte. Er gelangte in ein Zimmer und erblickte drei Jungfrauen in drei Betten liegend. Eine von diesen Jungfrauen, oben weiß, unten schwarz, war wach; die beiden anderen schliefen.

Als der Mann das feine Bettzeug bewunderte, sagte ihm die halb schwarz, halb weiße Jungfrau, er soll es nur mit dem Finger befühlen, aber das Feuer war so mächtig, dass ihm gleich die Fingerspitze verbrannte. Er ließ sich aber dadurch nicht abschrecken, sondern ging auf die beiden mit Geld gefüllten Kisten hin. Auf einer Kiste lag eine Schlange, den Schlüssel im Maul, welchen sie sich willig nehmen ließ.

Er öffnete die Kiste, und die halb schwarze, halb weiße Jungfrau sagte ihm, er soll nur nicht mehr nehmen, als er tragen könnte, was er auch befolgte. Heraus kam er ohne Plagen, aber desto mehr hatte er im Hineinwege zu bestehen. Der Teufel erschien ihm in allerlei Gestalten und fuhr auf ihn los; er hatte Durst, und es wurde ihm Trank geboten, aber er nahm nichts, denn alles war nur Blendwerk, um ihn von seinem Vorhaben abzubringen.

Mit diesen drei Jungfrauen hatte es aber folgende Bewandtnis: Sie waren sehr reich und wollten ihr Gut teilen; zwei von ihnen waren blind und wurden von der bösen, halb schwarz, halb weißen Jungfrau betrogen. Sie maß nämlich das Geld mit dem Viertelmaß. Bei ihrem Teile machte sie das Maß immer ganz voll, wenn aber die Reihe an die blinden Schwestern kam, kehrte sie das Viertelmaß um, bedeckte bloß den Boden bis zum Rande mit Geld und ließ die Schwestern mit den Händen darüber streichen, um zu erproben, dass das Maß voll sei.

Wegen dieses Betruges ist sie verdammt. Der Teufel peitscht sie

mit Ruten, bis die Fetzen von ihr hängen; dann wirft er sie nachts um die zwölfte Stunde in ihr Bett, wo sie augenblicklich wieder ganz ist. Diese Strafe dauert fort, bis alles Geld fortgetragen ist.

Wohl manch einer hätte die unglücklichen Fräulein gerne von dem Schatz befreit, der sie im Inneren des Schlossberges gefangen hält, doch leider kann ihn niemand finden (Anmerkung 89).

Die Schätze im Drachenfels

Im Drachenfels bei Wolfratshausen (wahrscheinlich dort, wo ehemals das alte Schloss stand, die genaue Lage war aber nicht in Erfahrung zu bringen) sollen reiche Schätze verborgen liegen. Früher, so wird erzählt, sei oft danach gegraben worden, es habe sie aber keiner gefunden (Anmerkung 89).

Vom Drachenfels aus sollen auch drei unterirdische Gänge in verschiedene Richtungen ausgehen. Wohin sie führen, wird nicht berichtet. Möglicherweise handelt es sich bei dem einen um den Gang zum Mittelmarkt (siehe Seite 284), bei dem anderen um den zum Kerker des hl. Nantwein (siehe Seite 281) und beim dritten um den Fluchtgang nach Dorfen (siehe Seite 306).

Tod und Wunder des hl. Nantwein in Wolfratshausen

Zur Zeit, als Rudolf der Stammler, der Sohn Herzog Ludwigs des Strengen, Eigentümer der Burg von Wolfratshausen war, übte ein gewissenloser, macht- und geldgieriger Richter, der Ganter hieß, dort die Rechtspflege zum Nachteil der Bürger aus. Im Jahre 1286 kam der Pilger Konrad Nantwein in den Ort. Zu seinem Verderben führte er eine Menge Geld mit sich, das er nicht versteckt hielt.

Als Ganter von dem Reichtum des Fremden hörte, suchte er eine Möglichkeit, sich selbst in dessen Besitz zu bringen. Und er brauchte nicht lange nachzudenken, da hatte sein verbrecherisches Hirn einen Weg gefunden. Er ließ den Pilger unter der falschen Anschuldigung, einen minderjährigen Knaben verführt zu haben, verhaften und verurteilte ihn ohne ordentliche Gerichtsverhandlung kurzerhand zum Feuertod. Als besondere Gnade, so berichtet die Legende, ließen die Henker dem Unglücklichen nur die Wahl des Platzes, an

Burg und Kastenmühle in Wolfratshausen.
Ehemals an der Fassade der Weidacher Mühle,
heute im Heimatmuseum Wolfratshausen

dem er verbrannt werden sollte. Da schraubte Nantwein den Knopf seines Pilgerstabes ab und erklärte, sie sollten ihn dort hinrichten, wo dieser zu Boden falle. Voller Verzweiflung schleuderte er ihn dann vom Gerichtsplatz der Burg aus so weit hinaus, dass er erst über der Loisach drüben, eine Viertelstunde weit entfernt, niederfiel. Dort wurde der Verurteilte anschließend verbrannt.

Kurz nach dem Tod des unglücklichen Pilgers ritt sein Mörder Ganter an der Hinrichtungsstelle vorüber. Da blieb sein Pferd so unvermittelt wie angewurzelt stehen, dass er fast heruntergefallen wäre. Das Tier machte keinen Schritt mehr weiter, denn, wie aus seinem ganzen Verhalten hervorging, war es mit einer plötzlichen Blindheit geschlagen und daher in panischer Angst.

Wütend hieb der grausame Mann auf es ein, aber es nützte nichts. Hartnäckig verweigerte es den Gehorsam und gebärdete sich wie toll. Einer der Gefolgsleute Ganters, der von Anfang an von der Unschuld des Verurteilten überzeugt gewesen war, ihm aber nicht hatte helfen können, nahm von der Richtstätte einen angekohlten Knochen des Märtyrers und hielt ihn an die Augen des Pferdes. Da konnte es plötzlich wieder sehen und beruhigte sich.

Wütend darüber, dass durch ein solch auffälliges Zeichen die Unschuld des von ihm in den Tod geschickten Mannes offenbar wurde, kehrte Ganter in die Burg zurück. Aber er konnte nicht verhindern, dass die Leute über das Geschehen redeten. Nachdem sich der Vorfall mit dem Pferd Ganters wie ein Lauffeuer überall in der Gegend herumgesprochen hatte, kam eine blinde Frau zur Richtstätte, betete inbrünstig zu Nantwein und bat um Hilfe. Da konnte sie auf einmal wieder sehen. Auch ein blinder Mann, der davon erfahren hatte, erhielt hier sein Augenlicht zurück.

Nun kamen die Wallfahrer scharenweise, und es fanden viele Gebetserhörungen und Heilungen statt. Ehrfürchtig wurden daraufhin die Überreste des Heiligen, die noch vorhanden waren, gesammelt und in einer kleinen Kirche, die man über der Richtstätte erbaute, aufbewahrt. Schon bald war sie zu klein für den Ansturm der zahlreichen Wallfahrer; darum bauten die Wolfratshausener im Jahre 1624 die große, noch heute stehende Barockkirche St. Nantwein.

Von Papst Bonifaz VIII. wurde Nantwein seliggesprochen.

Auch andere Reliquien des Heiligen, sein Wetterkreuz, ein hölzernes Pilgerfläschchen und seine Hirnschale, die beiden letzten in Silber gefasst, wurden in der Kirche St. Nantwein aufbewahrt. Früher wurde aus der zu einem Kelch verarbeiteten Hirnschale den Wallfahrern zu bestimmten Zeiten und dem übrigen Volk am Nantowini-Kirchweihfest bei der hl. Messe der Wein gereicht (Anm. 90). Als die Kirche 1795 als Pulverdepot entweiht wurde, kamen die Reliquien in die Pfarrkirche St. Andreas, mussten aber 1801 als Kriegssteuer abgegeben werden. Sie wurden zwar von dem Rotgerber Andreas Münzer, einem Bürger Wolfratshausens, zurückgekauft, kamen jedoch nach mehrmaligem Besitzerwechsel Mitte des 19. Jahrhunderts über einen Antiquitätenhändler aus München in den freien Verkauf. Die Hirnschale wurde später wieder entdeckt. Im Wolfratshauser Wochenblatt stand am 10. Juli 1925 zu lesen:

Eine für Wolfratshausen sehr interessante Nachricht brachte diese Tage eine englische Zeitung. Bei einer Nachlassversteigerung eines englischen Lords kam nämlich auch der Schädel des hl. Nantovinus zur Versteigerung. St. Nantovinus erlitt bekanntlich im Jahre 1286 auf Veranlassung des damaligen Pflegers der Burg Wolfratshausen im heutigen Nantwein den Feuertod. Der Schädel kam seinerzeit nach Freising, dann nach Worms und von dort nach England. Er ist zu einem Trinkbecher verarbeitet und mit wertvollen Perlen besetzt worden. In der Versteigerungsbekanntmachung der englischen Zeitung war ausdrücklich als Herkunft des Schädels der Ort Wolfratshausen in Bayern bezeichnet. Er erzielte einen Erlös nach unserem Gelde von 400.000 Mark (Inflationszeit).

Die Reliquie kam anschließend in den Besitz des Geh. Kommerzienrats S. Drey aus München, der sie dem dortigen Stadtmuseum zum Geschenk machte, wo sie sich auch heute noch befindet. Wetterkreuz und Pilgerfläschlein des Nantwein aber sind verschollen. Bei Renovierungsarbeiten in St. Nantwein in den Jahren 1976/77 kamen unter den Altären Knochenreste zutage, die, wie wissenschaftliche Gutachten belegen, durchaus die sterblichen Überreste des hl. Nantwein sein können.

Hl. Nantovinus. Kupferstich 18. Jahrhundert

Der hl. Nantwein und der verrückte Schlosser

An dem Haus im Untermarkt von Wolfratshausen, das im Jahr 1936 an der Stelle errichtet wurde, wo sich einst der Kerker des Pilgers Nantwein befand (in früheren Zeiten Deisenbergerhaus, später „beim Spitzler“ genannt), wurde zum Gedenken an den Justizmord eine Tafel mit folgender Aufschrift angebracht:

Auf dieser Stelle stand der Kerker, aus welchem im Jahre 1286 der heilige Conradius Nantovinus zum Feuertode geführt wurde.

Fromme Wolfratshauser Bürger pflegten früher an dieser Stelle einen Rosenkranz zu beten, und sie wurde durch alle Jahrhunderte hindurch im Gedächtnis der Menschen erhalten. Der Sage nach soll im 18. Jahrhundert das damalige Deisenbergerhaus von einem Schlossermeister bewohnt gewesen sein, der sich nicht scheute, die Ketten, mit denen der Heilige gefesselt gewesen war und die im Kellergewölbe noch immer an der Wand hingen, bei seiner Arbeit wie gewöhnliches Eisen zu verwenden, obwohl er wusste, was es mit ihnen für eine Bewandtnis hatte. Nach dieser Freveltat sei er plötzlich verrückt geworden, heißt es weiter (Anmerkung 91).

Das Marktgschlärf

In Wolfratshausen soll von Zeit zu Zeit ein besonders unheimliches Gespenst sein Unwesen treiben. In manchen Nächten, so heißt es, ist durch den ganzen Markt ein eigentümlich schlürfendes und zugleich klapperndes Geräusch zu vernehmen. „Das Marktgschlärf geht wieder um!“ sagen dann die Leute ganz erschrocken. Es handelt sich dabei um eine alte Frau in ärmlichem Wollrock mit Leibl, wie er im 13. Jahrhundert Mode war. Auf dem Kopf mit den wirren Haaren trägt sie eine schmal verbrämte Pelzhaube. Mit hochhackigen, eisenbeschlagenen Pantoffeln schlurft sie durch die Stadt.

Der Markt Wolfratshausen.

An manchen Häusern bleibt sie stehen, wird plötzlich riesengroß, schaut beim ersten oder zweiten Stock zum Fenster hinein und erschreckt dabei die Leute, vornehmlich Hausfrauen, deren Mann nicht daheim ist. Manchmal sitzt das „Marktgschlärf“ auch einfach nur auf der Bank vor dem Haus oder rast wie ein Sturmwind durch die Marktstraße. Wenn der erste Hahn kräht, ist seine Zeit um, und es muss wieder verschwinden.

Wie es heißt, kündigt das Erscheinen des Gespenstes Unheil an. Vor allem in jenen Häusern, in die es hineingeschaut hat, kehren bald darauf Feuer, Krankheit, Tod oder andere schlimme Dinge ein. Das „Marktgschlärf“ soll zu Lebzeiten eine Hebamme gewesen sein, die ein Kind bei der Geburt ermordet hatte. Zur Strafe für dieses

Kupferstich von Michael Wening um 1700 (Ausschnitt)

Verbrechen, das auf Erden nie gesühnt wurde, müsse sie nun umgehen, so wird behauptet.

Anderen Erzählungen zufolge, soll das „Marktgschlärf" mit der Wirtin Renata Zapf identisch sein, die im 13. Jahrhundert eine Herberge in Wolfratshausen führte und maßgeblich an der falschen Beschuldigung des Pilgers Nantwein beteiligt gewesen sein soll, die zu dessen ungerechter Verurteilung und zu seinem anschließenden Feuertod führte.

Auch soll sie die vier Männer, mit denen sie zu Lebzeiten verheiratet war, der Reihe nach vergiftet haben. Für diese und viele andere Untaten sei sie dazu verdammt worden, in dem Markt für ewige Zeiten als Gespenst umgehen zu müssen (Anmerkung 92).

Der sel. Leopold von Wolfratshausen

Im 11. Jahrhundert gab Graf Leopold von Wolfratshausen alle seine Würden und Ämter ab, verzichtete auf seine irdischen Güter und trachtete danach, sich solche für die Ewigkeit zu erwerben. Er führte von Stund an ein heiligmäßiges Leben, zog in schlichtem Pilgergewand von einem Wallfahrtsort zum anderen und lebte zuletzt in einer einfachen kleinen Bauernkate in Ellwang bei Andechs, wo er auch starb.

Wie es heißt, ereigneten sich bei der Überführung des Leichnams des frommen Mannes mehrere Wunder, wodurch sich die Kunde von seiner Heiligkeit bald im ganzen Land verbreitete. In der Kirche von Baierbrunn, in welcher der sel. Leopold begraben liegt, hängt neben dem Eingang eine Bildtafel mit Text, die anschaulich vom Leben des frommen Grafen berichtet.

Die unterirdischen Gänge von Wolfratshausen

Vom Mittelmarkt aus soll einst ein unterirdischer Gang hinauf zur ehemaligen Burg von Wolfratshausen geführt haben. Josef Schnellrieder schreibt in seiner Chronik von Wolfratshausen darüber:

Als 1905 die neue Wasserleitung gebaut wurde, fand man an der Westseite des Kellers vom Besenbräu unverkennbare Spuren eines unterirdischen Ganges. Derselbe war mit einem festen Gewölbe bedeckt und alte Leute erzählen, dass man darin früher noch ziemlich weit in westlicher Richtung vordringen konnte.

Es wurden mancherlei Mutmaßungen angestellt, warum der Gang durch so hartes Erdreich nach Wolfratshausen hinunter angelegt wurde und nicht anderswo, wo er leichter auszuführen gewesen wäre. Schnellrieder meint dazu:

Das Schloss hatte manche Belagerung auszuhalten. Urkundlich nachweisbar erhielt es das nötige Wasser durch eine Röhrenleitung. Wurde das Schloss belagert, so konnte der Feind sofort die Wasserleitung absperren und auch der Brunnen, den der Verfasser der Chronik von Aufkirchen, Graf Rambaldi, vermutet, konnte den Wasserbedarf nicht decken, denn in der Veste waren viele Menschen und Tiere zusammengedrängt. Um die notwendige Wassermenge unter allen Umständen zu sichern, wurde ein unterirdischer Gang angelegt, welcher bis zur Loisach führen musste. Eine gleiche Sicherung des Wasserbedarfes findet man auch bei anderen hochgelegenen Burgen.

Ein anderer unterirdischer Gang soll die berüchtigte Schenke der Wirtin Renata Zapf, die mitschuldig am Tod des Pilgers Nantwein gewesen sein soll, weil sie Richter Ganter vom Reichtum ihres Gastes heimlich Kunde gegeben haben soll, mit der Burg verbunden haben.

Die schöne Urschel von Wolfratshausen

Die Frauen von Wolfratshausen waren seit jeher in weitem Umkreis wegen ihres besonders guten Aussehens berühmt. Einmal aber, im Jahre 1426, kam ein junges Mädchen aus Wolfratshausen nach München, das von so außergewöhnlicher Schönheit war, dass ihm bald die gesamte Männerwelt der Stadt zu Füßen lag.

Als Waise war sie zu ihrer Tante, der Ratschreiberswitwe Anna Maria Klinklein, ins Hackenviertel gezogen. Bald gaben sich dort die hohen Herren, die sich in „die schöne Urschel", wie sie bald überall genannt wurde, verliebt hatten, die Türe in die Hand und buhlten mit Gedichten, Liedern, kostbaren Geschenken und Geldzuwendungen um ihre Gunst. Wie es heißt, waren darunter berühmte Leute, wie der junge Ligsalz und ein Hofherr, dessen Name nicht überliefert ist, der aber sogar unrechtmäßig Kirchenschätze verhökert hatte, um die Zuneigung des schönen Mädchens durch seine besondere Großzügigkeit zu erringen.

Auch Prinz Albrecht, der künftige bayerische Herzog, gehörte zu ihren Verehrern und geriet ihretwegen in große Schulden.

Da sahen Herzog Ernst I. und sein Bruder Wilhelm III. nicht länger zu. Um einen Skandal zu vermeiden, wurde der Prinz kurzerhand auf Reisen geschickt, wobei ihn der junge Ligsalz zu begleiten hatte. Sie mussten so lange fortbleiben, bis die Finanzen Albrechts wieder geordnet waren.

Als sie zurückkehrten, war die schöne Urschel verschwunden, und, wie viele munkelten, mit ihr der Hofherr. Wo sie hingezogen sind oder was mit ihnen geschehen ist, weiß niemand zu sagen. Keiner hat je mehr etwas von ihnen gehört. Die Münchner Frauen aber haben der schönen Urschel sicher keine Träne nachgeweint.

Das Kümmernisbild von Wolfratshausen

In der Kapelle des 1833 erbauten ehemaligen Krankenhauses von Wolfratshausen an der Sauerlacher Straße (früher Nantweinstraße) war rechts neben dem Altar hinter Glas ein Bild der hl. Wilgefortis oder St. Kümmernis, wie die Heilige hierzulande genannt wird, aufgestellt. Es stammte aus der 1810 abgebrochenen Leprosenkapelle und soll einst vom „Leprosenhans" geschnitzt worden sein. Schon damals, also um 1810, soll es mehr als 300 Jahre alt gewesen sein.

Das etwa 40 cm hohe Kunstwerk zeigte die Heilige als gekreuzigte Jungfrau mit Krone und goldenem Mantel, wie sie einen ihrer Goldschuhe dem vor ihr knienden Geiger zuwirft (Anmerkung 75).

Von der hl. Kümmernis, die früher besonders bei schwerer körperlicher Belastung, Verfolgung oder Todesnot angerufen wurde, gibt es eine schöne Legende (siehe S. 220).

Wo sich das Kunstwerk heute befindet, konnte nicht in Erfahrung gebracht werden.

Die Wolfratshauser Tracht.
Aus Münchner Bilderbogen um 1875

Die österliche Feuerweihe in Wolfratshausen

Von einem alten Brauch, der in Wolfratshausen früher üblich war, berichtet Friedrich Panzer in der Mitte des 19. Jahrhunderts:

In Wolfratshausen ließen einige noch vor zehn Jahren das Feuer im Haus ausgehen und holten sich von der Flamme des am Ostersamstag mit Kreuzen des Kirchhofes angemachten Feuers, in welches der Priester den Chrisam hineinwarf und dabei Gebete verrichtete.

Man zündete neues Feuer auf dem Herde an, dass starker Rauch durch den Kamin zog, und unterhielt es das ganze Jahr hindurch. Haus und Flur blieben gegen Stürme, Blitz und Hagel geschützt.

Der Gotteslästerer und der Teufel

Vor langer Zeit wurde in Wolfratshausen ein Mann wegen zahlreicher Verbrechen zum Tod verurteilt. Er hatte diese aber weder gestanden noch bereut, obwohl sie ihm nachgewiesen werden konnten. Da wurden in den Kirchen Betstunden abgehalten und auch die Hinrichtung um drei Tage verschoben, um dem verstockten Sünder Gelegenheit zu geben, seinen Frieden mit dem Himmel zu machen. Aber es nützte alles nichts, er wollte sich nicht um alles in der Welt bekehren.

Am Tag seiner Hinrichtung kam, wie es damals üblich war, viel Volk herbei, um zuzuschauen. Eindringlich ermahnten die Priester den Verurteilten noch unter dem Galgen, wenigstens jetzt, in seiner letzten Stunde, zu bereuen und um Vergebung zu bitten. Der aber lachte nur höhnisch und schrie so laut, dass alle es hören konnten:

„Wenn jemand einen Brief an den Teufel hat, so soll er sich jetzt melden und ihn mitgeben. Ich will ihn schon besorgen!“

Mit Schrecken hörten die Leute diese frevelhaften Worte, aber es sollte noch schlimmer kommen. Der Verurteilte verlangte, ihm Schellen oder Glöckchen umzuhängen, dass der Teufel ihn gleich höre könne, wenn er in der Hölle eintreffe. Dann lästerte er weiter und behauptete, wenn der Herrgott ihn selber bitte, doch in den Himmel zu kommen, würde er trotzdem lieber in die Hölle springen.

Da gaben es die Priester schweren Herzens auf, ihn noch zu bekehren, und er wurde gehängt. In dem Augenblick aber, in dem der Tod es Verurteilten eintrat, verbreitete sich auf einmal, so wird berichtet, ein dermaßen widerwärtiger und durchdringender Gestank nach Pech und Schwefel, dass die Zuschauer, von Entsetzen gepackt, Hals über Kopf in alle Himmelsrichtungen davonrannten.

Die Ewig-Licht-Linde am Wasen

Bis zum Jahr 1905 stand am Wasen in Wolfratshausen eine mächtige Linde, in deren Stamm ein Muttergottesbild eingewachsen war. Davor brannte immer ein Licht. Sie wurde daher „Ewig-Licht-Linde" genannt. Aber sie hieß auch „Schwedenlinde", weil sie zur Zeit des schrecklichen Schwedeneinfalles in Wolfratshausen während des Dreißigjährigen Krieges gepflanzt worden war.

Es geschah im Jahre 1632, da drangen die wilden Kriegshorden der Schweden, nachdem sie bei einem ersten Angriff von der Bürgerwehr Wolfratshausens erfolgreich abgewehrt worden waren, beim zweiten Anlauf, für den sie Verstärkung geholt hatten, in den Ort ein. Durch den hartnäckigen Widerstand gereizt, hausten sie besonders grausam, ja geradezu bestialisch, in der Stadt, plünderten, brandschatzten, folterten und mordeten. Wie viele Menschen damals ihr Leben lassen mussten, ist nicht genau bekannt, weil die Aufzeichnungen darüber nicht mehr vorhanden sind. Es müssen aber sehr viele gewesen sein, denn, wie eine Notiz aus jener Zeit kündet, musste die Kirchhofmauer abgebrochen und der Friedhof erweitert werden, damit die zahlreichen Toten beerdigt werden konnten.

Auch die etwas abseits gelegene Wallfahrtskirche St. Nantwein blieb nicht verschont. Die Schweden durchsuchten das Gotteshaus und das Mesnerhaus daneben nach Geld und Wertsachen. Als sie nicht genug fanden, folterten sie den Mesner mit Daumenschrauben und Schwedentrunk (Anmerkung 93) und anderen grausamen Torturen, um aus ihm das Versteck des Kirchenschatzes herauszupressen. Der Mesner aber wollte oder konnte nicht sagen, wo dieser sich befand. Da packten die schwedischen Soldaten seine einzige Tochter Katharina und zerrten sie mit sich fort. In höchster Angst um sein Kind raffte sich der Mesner trotz der vorausgegangenen Torturen noch einmal auf, verfolgte die rohen Gesellen und schleuderte, als er nahe genug herangekommen war, sein Messer auf denjenigen, der Katharina festhielt. Vielleicht durch die erduldeten Martern geschwächt oder wegen seiner übergroßen Erregung hatte er nicht so zielsicher geworfen wie sonst. Unglücklicherweise traf er nicht den Feind sondern seine eigene Tochter mitten ins Herz.

An der Stelle am Wasen, wo sich die Tragödie ereignet hatte, begrub der gramgebeugte Vater sein totes Kind, brachte zum Gedenken ein Kreuz mit einem Muttergottesbild auf dem Grabhügel an und pflanzte einen Lindenzweig. Dieser wuchs in den folgenden Jahrhunderten zu einem so mächtigen Baum heran, dass sein Stamm bald Kreuz und Grabhügel verdrängt hatte. Da wurde das Muttergottesbild in die Rinde eingelassen und ein immer brennendes Licht davorgestellt, das an die unglückselige Tat erinnern sollte.

Im Jahre 1905 brach die Linde, die vom Alter schon morsch und brüchig geworden war und mit eisernen Reifen gestützt werden musste, bei einem schweren Unwetter endgültig zusammen und musste entfernt werden.

Die Entstehung der Frauenkapelle von Wolfratshausen

Die idyllisch gelegene Frauenkapelle von Wolfratshausen wurde auf Grund eines Gelübdes, das der Wolfratshauser Bürger Lang in größter Bedrängnis im Dreißigjährigen Krieg abgelegt hatte, erbaut. Im Wolfratshauser Wochenblatt schrieb Josef Huber im Jahre 1904 darüber:

Ein Weißgerbermeister namens Lang galt als der reichste Mann in Wolfratshausen. Die Schweden gelüstete es nach dem Gelde, und um das Versteck herauszubringen, wandten sie alle möglichen Folterqualen an. Aber alle Marter konnte ihn nicht dazu bewegen und als er vor Schmerz ohnmächtig niedersank, ließen ihn die Schweden hilflos liegen und machten sich nach einer Hausdurchsuchung, die erfolglos blieb, aus dem Staube.

Am nächsten Tag wollten die Schweden dem Weißgerbermeister wieder einen Besuch abstatten. Doch als sie sich seinem Hause, das noch heute wenigstens dem Namen nach existiert, näherten, floh er mit Frau und Tochter schleunigst den Berg hinan und verbarg sich in einer großen Haselstaude. Hier verweilte er nun den ganzen Tag über, musste zusehen wie ein Haus nach dem anderen in Flammen aufging, und wie mit einem Male die Ergebnisse jahrelanger mühevoller Arbeit jählings vernichtet wurden.

Blick vom Mühlberg auf Wolfratshausen.
Federzeichnung von Simon Warnberger nach Dillis um 1800

Dazu noch die Angst, jeden Augenblick entdeckt zu werden und dann dem sicheren Tode überliefert zu sein. Da wandte er sich in seiner großen Not und Bedrängnis an Maria, die Hilfe der Christen, und gelobte, wenn er am Abend noch lebendig in den Markt zurückkehren könne, an diesem Platze der Muttergottes zu Ehren eine Kapelle zu erbauen.

Er wurde erhört. Am Abend des gleichen Tages verließen die Schweden endlich die Stadt, deren Einwohnerschaft sie zur Hälfte ermordet und deren Häuser sie großteils angezündet und zerstört hatten. Der Weißgerbermeister Lang und seine Familie aber konnten lebendig in den Ort zurückkehren.

Er starb jedoch, ebenso wie seine Frau, noch im gleichen Jahr, ohne sein Gelübde erfüllt zu haben. Auf dem Totenbett übertrug er die Ausführung des Kirchenbaues daher seinem Schwiegersohn, der sich Raab schrieb. Dieser führte ihn im Jahre 1680 (Anmerkung 94) aus und wurde auf seinen Wunsch hin auch später in der Frauenkapelle begraben.

Die Sebastiani-Prozession

Zwei Jahre nach dem schrecklichen Schwedeneinfall wurden die Bewohner Wolfratshausens von einer neuen, verheerenden Katastrophe heimgesucht: Der schwarze Tod ging um. Die Pest war wahrscheinlich von spanischen Söldnern in den Markt eingeschleppt worden und hielt reiche Ernte unter der Bevölkerung. Die Menschen starben wie die Fliegen; weder jung noch alt, weder arm noch reich war gegen die fürchterliche Seuche gefeit. Die zahlreichen Toten wurden oft außerhalb der Stadt im Friedhof von St. Nantwein bestattet, oft mehrere in einem einzigen Grab.

Nachdem der Totengräber selbst der Krankheit zum Opfer gefallen war, fand sich lange niemand mehr, die Leichen zu begraben, erst gegen sehr hohe Bezahlung. Die Leute schlossen sich voller

Angst in ihren Häusern ein und wagten sich nur für die allernotwendigsten Besorgungen auf die Straße.

In dieser Zeit der Bedrängnis tat die Schützengilde, eine Bruderschaft, die schon seit 1321 bestand, ein feierliches Gelübde. Sie versprach dem Pestheiligen Sebastian jedes Jahr an seinem Gedenktag eine Prozession von einem Tor des Marktes zum anderen abzuhalten, wenn durch seine Fürbitte das schreckliche Sterben endlich ein Ende haben würde. Und, obwohl auch diesen Männern die Angst vor der Krankheit in den Knochen saß, führten sie die erste Prozession sogleich durch.

Daraufhin, so wird berichtet, verschwand die fürchterliche Seuche aus der Stadt.

Die dankbaren Bürger hielten ihr Versprechen. Von da an wurde jedes Jahr am Fest des hl. Sebastian am Sebastiani-Altar in der Pfarrkirche ein feierliches Hochamt abgehalten. Am Abend zogen die Wolfratshauser dann in einer festlichen Prozession von einem Tor der Stadt zum anderen (Anmerkung 95).

Ein Andenken an die Pestzeit ist auch ein Wachsstock beim Sebastiani-Altar. Im Wolfratshauser Tagblatt von 19. u. 24. Januar 1936 steht darüber geschrieben:

Zur Erinnerung und zum dankbaren Andenken wurde der Markt Wolfratshausen seiner Länge nach abgemessen und darauf ein Wachsstock gemacht, der die Länge der Marktstraße hatte, mit dem Verlöbnis, dass solcher alljährlich wieder erneuert und bei allen Gottesdiensten in der Pfarrkirche zu Ehren des hl. Sebastian als ständiges Licht brennen solle. Noch jetzt ist man diesem Verspruch treu geblieben und lodert an der Seite des St. Sebastian-Altars dieses Licht.

Der Wachsstock, der außerordentlich dünn gezogen werden musste, um die erforderliche Länge von 400 Metern, die dem Abstand der beiden Tore entspricht, zu erreichen, ist an der Säule neben dem Sebastiani-Altar angebracht und wird auch heute noch bei jedem Gottesdienst angezündet.

Wolfratshausen. Kupferstich von Matthäus Merian um 1630

Wie die Dreifaltigkeitskapelle entstand

Josef Lang, ein reicher Bürger und Kämmerer von Wolfratshausen, der wegen seiner Verdienste und seines Ansehens den Titel „Herr" und ein eigenes Siegel führen durfte, ließ im Jahre 1715 (Anmerkung 96) die Dreifaltigkeitskapelle auf dem Berg oberhalb der Frauenkapelle errichten. Wie es heißt, hatte er in den schlimmen Zeiten des Spanischen Erbfolgekrieges das Gelübde abgelegt, dies zum Dank zu tun, wenn die Kriegsnöte endlich ein Ende nehmen würden. Die kleine Renaissance-Kapelle ist durch einen Kreuzweg mit der Kalvarienberggruppe und der Frauenkapelle verbunden.

Das rote Kreuz im Farchet

In Farchet an der Isar, zwischen Waldram und Geretsried, steht seit über siebenhundert Jahren ein schlichtes Holzkreuz. Über seine Geschichte berichtet uns die Sage:

In der Burgmühle von Wolfratshausen lebte einmal ein Müller, der eine außergewöhnlich schöne Tochter namens Philomena hatte.

Er war sehr stolz auf sie und träumte davon, dass sie durch eine glänzende Heirat seinen Reichtum und sein Ansehen noch vermehren würde. Viele einflussreiche Männer hielten um ihre Hand an, aber zur Verärgerung ihres Vaters nahm sie keinen.

„Du bist zwar noch jung, aber auch deine Schönheit vergeht einmal. Sei also nicht zu wählerisch und warte nicht zu lang!“ warnte er sie, als sie wieder einmal einen reichen Freier abgelehnt hatte.

Philomena schwieg und verriet nicht, dass sie ihr Herz längst an einen armen Flößerknecht aus der Jachenau vergeben hatte, den sie zweimal wöchentlich sah, wenn er durch Wolfratshausen kam. Aber obwohl die beiden jungen Leute sehr vorsichtig waren und sich nur im Geheimen trafen, erfuhr der Müller doch von der Liebschaft und stellte seine Tochter zornig zu Rede. Er hielt ihr vor, dass sie ihre und seine ganze Zukunft zerstöre, und verbot ihr, den Floßknecht wiederzusehen:

„So einen Habenichts heiratest du nicht!“

„Den oder keinen!“ erwiderte Philomena trotzig.

„Nun gut!“ rief der erzürnte Vater. „Bevor du so klug daherredest, schau erst einmal, wie die Armut schmeckt!“

Auf seinen Befehl musste sie von da an als niedrige Dienstmagd auf der Burg des berüchtigten Raubritters Judas, die in der Nähe von Einöd bei Geretsried lag, arbeiten.

Als der Jachenauer Flößer erfuhr, wohin seine Liebste gebracht worden war, sann er Tag und Nacht darüber nach, wie er sie befreien und in die Sicherheit seines Vaterhauses in die Jachenau bringen könnte. So oft es möglich war, hielt er sich in der Nähe der Burg auf, um eine günstige Gelegenheit abzuwarten und Philomena vielleicht zu treffen. Eines Tages sah er den Ritter mit seinen Mannen zum Burgtor hinausreiten.

„Jetzt oder nie!“ dachte der junge Mann, zog sich ein Pilgergewand über den Kopf und bat in dieser Verkleidung demütig am Burgtor um Einlass.

„Ich komme von weit her und bin müde von der langen Pilgerreise“, sprach er zur Burgwartin, die ihm öffnete. „Seid so gütig und lasst mich ein wenig rasten.“

Die Frau, die trotz der rauen Kriegsgesellen, von denen sie ständig umgeben war, ein mitleidiges Herz hatte, ließ ihn eintreten und versprach, ihm eine Mahlzeit und einen kühlen Trunk bringen zu lassen. Kurz darauf trat Philomena mit einem Krug Bier sowie Brot und Käse ein. Als sie ihren Liebsten erkannte, hätte sie in freudigem Schrecken beinahe alles fallen lassen, fasste sich aber im letzten Augenblick und versuchte, sich nicht anmerken zu lassen, dass sie den fremden Pilgersmann kannte.

„Lasst es Euch schmecken!“ forderte die Burgwartin den Gast auf und sagte, zu Philomena gewandt, im Hinausgehen:

„Bringe noch mehr, der fromme Herr ist hungrig von der Reise.“

Kaum hatte sie den Raum verlassen, da sank sich das Liebespaar selig in die Arme. Aber nur kurz war dieser Augenblick des Glücks, dann drängte der junge Mann:

Blick ins Isartal.
Aquarell v. Christian Ernst Morgenstern (1805-1867)

„Wir dürfen keine Zeit verlieren und müssen sofort weg, bevor die Burgwartin zurückkehrt! Ich bin gekommen, dich in die Jachenau heimzuholen.“

Gerade so, wie sie war, ohne auch nur das Geringste von ihrer Habe mitzunehmen, folgte Philomena ihrem Liebsten. Die beiden rannten so schnell sie konnten von der Burg weg, wobei ihnen die Angst, erwischt zu werden, fast Flügel verlieh. Als sie glaubten, weit genug entfernt zu sein, suchten sie ein Versteck, in dem sie auf ein Floß warten wollten, das sie in die Jachenau bringen konnte.

Inzwischen aber war ihre Flucht entdeckt worden. Berittene Knechte jagten ihnen mit Suchhunden nach und hatten sie auch bald gefunden.

Nun war alles verloren. Philomena wurde von ihrem Liebsten weggezerrt, den jungen Mann aber wollten die Häscher in Ketten legen und zur Burg zurückbringen, wo auf ihn ein strenges Strafgericht wegen Mädchenraubes sowie grausame Folter und der Tod warteten.

Der Flößer hatte gewusst, welch schlimmes Schicksal ihm drohte, wenn sein Plan misslingen sollte, darum hatte er vorgesorgt. In dem Augenblick, da er gefesselt werden sollte, zog er unter seinem langen Pilgergewand ein feststehendes Messer hervor und stieß es sich, ehe ihn jemand daran hindern konnte, mitten ins Herz. Philomena schrie auf und wurde vor Entsetzen ohnmächtig, als ihr Liebster tot zu ihren Füßen lag.

Lange Zeit kam die reiche Müllerstochter nicht über diesen schweren Verlust hinweg und wurde schier trübsinnig. Sie ließ an der Stelle, wo das Blut des Flößers den Boden getränkt hatte, ein rotes Kreuz zum ewigen Gedenken an ihn aufstellen.

Seit damals ist dieses Kreuz im Farchet zwar mehrmals erneuert worden, weil es im Lauf der Jahrhunderte morsch und brüchig geworden war, aber noch immer heißt es „das rote Kreuz“ und erinnert an die Bluttat und an die unglückliche Liebe zwischen dem armen Floßknecht aus der Jachenau und der reichen Müllerstochter von Wolfratshausen, die ein so schreckliches Ende gefunden hatte.

Blick vom Mühlberg auf Wolfratshausen. Felix Bockhorni 1864

Ein unheimliches Erlebnis bei Wolfratshausen

Eine Frau aus Wolfratshausen machte einmal eine Wallfahrt zur Kirche an der Wies. Sie war erst spät aufgebrochen und so befand sie sich noch mitten im Wald, als es bereits dunkel wurde. Da begann sie sich zu fürchten, denn sie wusste sehr wohl, dass man nach dem Gebetläuten nicht mehr unterwegs sein soll, weil man sonst der Wilden Jagd (Anmerkung 62) begegnen kann.

Unruhig hielt sie daher nach einem Wirtshaus Ausschau, in das sie einkehren konnte. Da sah sie in der Dunkelheit ganz plötzlich viele Lichter und hörte laute Stimmen. Ganz erleichtert lief sie darauf zu und bemerkte, als sie näher gekommen war, im Freien mehrere Tische, an denen Leute saßen, aßen und tranken und mit Karten spielten. Aufatmend setzte sie sich dazu und ließ sich etwas zu essen bringen, denn sie war von dem langen Marsch ganz hungrig.

Als sie sich aber die übrigen Gäste näher ansah, wurde ihr ganz unbehaglich, ja fast unheimlich zumute. Sie trugen seltsame, altmodische Kleidung, tranken unmäßig und lachten überlaut, ohne sie auch nur im Geringsten zu beachten. Außerdem kannte sie keinen Einzigen von ihnen, obwohl sie doch aus der Gegend stammte. Ein plötzlicher Schrecken packte sie, und sie rief:

„Jesus! Maria! Wo bin ich?“

Im gleichen Augenblick aber, in dem sie die heiligen Namen aussprach, waren Lichter, Tische und Gäste wie durch Zauberhand mit einem Schlag verschwunden, und die Frau fand sich ganz oben auf einem Tannenbaum sitzend wieder. In ihrer Schürze hatte sie statt der köstlichen Speisen nur stinkende Rossbollen.

So war sie also doch der Wilden Jagd begegnet und war nur durch das Stoßgebet noch einmal mit heiler Haut davongekommen.

Raubritter Judas vom Teufelsnest

An der Isar, in der Nähe von Einöd bei Geretsried, erhob sich um das Jahr 1300 eine Ritterburg mit gewaltigen Mauern und von Wall und Graben umgeben (Anmerkung 97). Dort hauste ein gefürchteter Raubritter namens Judas. Er war der Schrecken der ganzen Umgebung und plünderte die Floße aus, die mit wertvollen Waren beladen die Isar heranfuhren. Besonders aber hassten ihn die Leute wegen seiner unersättlichen Gier nach Frauen. Immer wieder ließ er schönen Bauerntöchtern oder Bürgerfräulein auflauern und sie mit Gewalt in seine Burg schleppen. Manchmal entführte er sie auch einfach aus dem Haus ihrer Eltern und sperrte die Unglücklichen so lange in finsteren Verließen seiner Burg ein, bis sie ihm zu Willen waren.

Die Bauern und Bürger der Umgebung mussten dies mit ohnmächtigem Grimm dulden, denn gegen seine bewaffneten Spießgesellen konnten sie nichts ausrichten und in seiner trutzigen Burg, die sie zornig „Teufelsnest"“ nannten, konnten sie ihm nichts anhaben.

Nun geschah es, dass der Ritter sich in Beate, die schöne Base der Wirtin Renata Zapf von Wolfratshausen, verliebte. Er hatte bisher noch nicht gewagt, sich an das Mädchen heranzumachen, weil die Wirtin eng mit dem Pfleger der Burg von Wolfratshausen, Herrn Ganter, befreundet war, und er deren Rache scheute. Bei einem wüsten Gelage in der Burg aber verlor er alle Hemmungen und setzte 100 Dukaten und einen Bogen mit goldenem Pfeil, den er von einem venezianischen Kaufmann erbeutet hatte, dessen Floß er überfallen hatte, als Preis für denjenigen aus, der ihm die schöne Beate bringen würde. Erst wollte keiner die schwierige Aufgabe übernehmen, weil jeder den Galgen fürchtete, der bei Nichtgelingen derselben auf ihn wartete; dann aber meinte ein alter Haudegen namens Simon:

„Die Wirtin ist ein geldgieriges Weib und würde für ein paar Silberlinge ihre eigene Tochter verkaufen! Gib mir die hundert Dukaten gleich, damit ich sie bestechen kann, dann werde ich dir das schöne Kind schon bringen!“

Laut grölend vor Freude gab ihm der Raubritter das Geld und schickte ihn sogleich nach Wolfratshausen. Schon am nächsten Tag suchte Simon die Wirtin in ihrer Schenke auf und bot ihr die Dukaten für ihre Base. Ohne die geringsten Gewissensbisse verschacherte die böse Frau das junge Mädchen um diesen Preis an den Ritter, dessen ausschweifendes Leben überall bekannt war. Und sie heckte obendrein einen Plan aus, wie Simon ihrer habhaft werden könne, ohne dass ein Verdacht auf sie selber falle.

„Beate ist mit dem Floßmeister Gregor Wellinger aus Tölz, der bei Königsdorf wohnt, verlobt. Ich werde ihr sagen“, erklärte sie mit hämischem Lächeln, „dass er krank ist, dann läuft sie sofort hin. Im Farchet kannst du sie leicht überfallen und in die Burg bringen.“

Der niederträchtige Plan gelang. Trotz ihrer heftigen Gegenwehr wurde Beate, die, wie es die Wirtin vermutet hatte, sofort nach Königsdorf aufgebrochen war, als sie die schlimme Nachricht erhalten hatte, von Simon und ein paar Helfershelfern in die Burg des Raubritters geschleppt. Dort weigerte sie sich jedoch hartnäckig und mit all ihren Kräften, dem Ritter Judas in seine Kammer zu folgen. Da wurde der zornig und befahl, die Widerspenstige in das finsterste Verließ zu bringen.

„Wir werden ja sehen", knirschte er wütend, „ob dir ein stinkendes Rattenloch lieber ist als meine Kammer. Lange wird es nicht dauern, dann dankst du mir auf den Knien, wenn ich dich dort einlasse!"

Schloss Wolfratshausen. Stich v. Michael Wening um 1700

Simon wurde zu ihrem Wächter bestimmt. Nun saß Beate zitternd in dem dunklen Verließ, wähnte ihren Verlobten auf den Tod krank und ohne Hilfe und wusste sich keinen Rat mehr. In ihrer Verzweiflung fing sie so bitterlich an zu schluchzen, dass das herzerweichende Geräusch sogar die dicken Mauern des Kerkers durchdrang und bis ins Herz des alten Haudegens gelangte, der Wache hielt.

Da kamen ihm seine Kindheit, seine Mutter und seine Schwestern in den Sinn, an die er schon lange Zeit nicht mehr gedacht hatte. Mit einem Mal wurde ihm bewusst, was für ein schändliches Verbrechen an dem gefangenen jungen Mädchen begangen wurde, und dass er hauptschuldig an der Zerstörung ihres Lebens war. Alle Schandtaten, die er begangen hatte, zogen an seinem geistigen Auge vorüber, und es graute ihm selbst vor dem, was er da sah. Da beschloss er, sich zu bekehren und das wilde Räuberleben aufzugeben. Und wenn er schon seine früheren Untaten nicht mehr ungeschehen machen konnte, so wollte er doch wenigstens die letzte noch zum Guten wenden. Er öffnete den Kerker, löste die Fesseln des Mädchens und erklärte, als Beate ihn erschrocken anstarrte:

„Hab keine Angst, ich will dir helfen und dich zu deinem Verlobten bringen. Er ist nicht krank, das wurde dir nur vorgelogen. Er wird einen Weg finden, dich zu retten!"

Auf geheimen Wegen, die er als enger Vertrauter des Ritters kannte, führte er Beate unbemerkt aus der Burg. Dann flohen sie so schnell sie konnten nach Königsdorf. Die Angst, dass ihre Flucht zu früh entdeckt und dass sie von Ritter Judas und seinen Spießgesellen eingeholt werden könnten, saß ihnen im Nacken.

„Wenn wir glücklich nach Königsdorf kommen", versprach Simon, dem im Falle seiner Ergreifung ein schrecklicher Tod drohte, „will ich den Bogen und den goldenen Pfeil, den 'Judaslohn' für deine Gefangennahme, zur Sühne für meine Verbrechen in die Kirche des hl. Laurentius dort bringen!"

Und die Flucht gelang! Sie erreichten glücklich das Haus des Floßmeisters Gregor Wellinger, das kurz vor Königsdorf an der Isar lag. Der war höchst überrascht, seine Braut bei Nacht und Nebel und in Begleitung eines rauen Kriegers zu finden; als er aber alles erfahren hatte, was sich zugetragen hatte, dankte er dem alten Simon aufrichtig und drängte:

„Wir dürfen keine Zeit verlieren, hier suchen sie uns gewiss zuerst!"

Ohne noch länger zu verweilen, flohen die drei in die schützenden Mauern von Kloster Beuerberg und beratschlagten dort mit den

Mönchen, was weiter zu tun sei. Der Abt des Klosters, der die Flüchtigen freundlich aufgenommen hatte, stimmte ihnen zu, dass endlich etwas gegen die verbrecherischen Übergriffe von Ritter Judas unternommen werden musste. Er schickte den Floßmeister nach Baierbrunn und ließ Ritter Konrad, der dort wohnte, um Beistand bitten. Außerdem verständigte er die Bauern und wehrfähigen Männer der ganzen Umgebung von dem Vorhaben, dem Raubritter das Handwerk zu legen. Alle sagten ihre Hilfe zu, und sogar der Herzog in München sandte ihnen Leute zur Unterstützung.

Mit vereinten Kräften gelang es den Verbündeten, nachdem sie der Burg das Wasser abgegraben hatten – was sie konnten, weil Simon wusste, wo sich die Quelle befand – das „Teufelsnest" zu erstürmen. Der Raubritter und seine Spießgesellen wurden gefangengenommen und nach München gebracht. Dort wurden sie verurteilt und dem Henker übergeben. Burg Teufelsnest aber wurde niedergebrannt, die restlichen Ruinen anschließend zertrümmert und abgetragen, bis nichts mehr davon übrig war. So wollten die Leute verhindern, dass sich dort jemals wieder ein Raubritter festsetzen und die ganze Gegend tyrannisieren konnte.

Simon brachte, wie versprochen, den Bogen mit dem goldenen Pfeil nach St. Laurentius in Königsdorf und blieb auf seine alten Tage bei dem jungen Paar wohnen. Die böse Wirtin von Wolfratshausen aber, die, wie es heißt, viele schlimme Taten auf dem Gewissen hatte, musste nach ihrem Tod als „Marktgschlärf" umgehen (siehe Seite 281).

Der Gastapudl von Wolfratshausen

Ein unheimliches, aber harmloses Gespenst ist der „Gastapudl". Er hält auf dem Gasteig zwischen Wolfratshausen und Dorfen zur Geisterstunde Wacht und erschreckt Leute, die so spät noch unterwegs sind, ohne ihnen aber ein Leid zuzufügen (Anmerkung 12).

Mitte des 19. Jahrhunderts schrieb A. Schöppner darüber:

Sein Aussehen ist das eines schwarzen Pudels von mittlerer Größe und feurigen Augen; manche wollen auch eine lange feurige Kette nachschleifen gesehen haben. Aus der Schlucht kommend, die zwischen dem Schlossberg und jener Anhöhe liegt, die sich die Münchner Landstraße hinanwindet, zieht der Gastapudl über letzteren Berg und erscheint bei der Windung auf der Straße. –

Einmal gingen mehrere Wolfratshausener Bürger in später Nacht von Starnberg heim; es war stockfinster, sie nahmen daher in Dorfen eine Laterne; wie sie auf den Gasteig kommen, sehen sie in einiger Entfernung vor sich einen schwarzen Körper in Größe und Gestalt eines Hundes laufen. „Aha!“ riefen einige, „das ist der Gastapudl! Den wollen wir jetzt erlösen“, also riefen sie die Gestalt mit dem bekannten Spruch an: „Alle guten Geister loben Gott den Herrn, sag an, was ist dein Begehr'n?

Das Ding lief, ohne Antwort zu geben, weiter; etliche der Bürger mit Stöcken hinterdrein. Aber am Fuß des Berges angekommen, verschwindet das Gespenst in einem Haus; die Männer verfolgen es bis in das Haus hinein, da verwandelt sich der Pudel plötzlich in ein Schwein, das die Frau des Hauses als das ihrige anspricht.

Eine Hauptrolle spielt der Gastapudl in den Erlebnissen alter Floßknechte, die sich auf ihren Heimwegen von München verspätet und so den Gasteig erst zu später Nachtstunde zu passieren hatten.

Wie es heißt, soll der Gastapudl den Schatz des versunkenen Schlosses bewachen. Noch bis in unsere Tage wurden Kinder aus Dorfen, die am Abend nicht nach Hause wollten, mit der Drohung, sie würden dem Gastapudl begegnen, zum Gehorchen gebracht.

Der Marksteinversetzer bei Dorfen

Zwischen Dorfen und Attenhausen war es früher an dem von Wiesen überzogenen Hügel neben der Straße nicht ganz geheuer. Mehrmals wurde dort am Abend eine unheimliche Gestalt gesehen, die ruhelos entlang der Ortsgrenze umherirrte und verzweifelt etwas zu suchen schien. An einer gewissen Stelle verschwand sie dann plötzlich, niemand konnte sagen, wohin.

Längere Zeit hindurch konnte die Erscheinung beobachtet werden, dann war sie aus unerfindlichen Gründen für immer verschwunden.

Die Leute nahmen an, dass es sich bei dem Unbekannten um einen früheren Einwohner des Ortes gehandelt hat, der zu seinen Lebzeiten einen Markstein versetzt hatte und wegen dieser unrechten Tat keine Ruhe in seinem Grab habe finden können (Anm. 21).

Herzog Rudolf und der unterirdische Gang von Dorfen

Zwischen der ehemaligen Burg von Wolfratshausen und der alten gotischen Kirche von Dorfen (1728 abgebrochen und neu aufgebaut) soll eine unterirdische Verbindung bestanden haben.

Der Sage nach soll diese im Jahre 1315 die letzte Rettung für Herzog Rudolf, den älteren Bruder Ludwig des Bayern, gewesen sein. Rudolf hatte sich im Kampf um die Macht auf die Seite der Österreicher, der Feinde Ludwigs, geschlagen. Daraufhin wurde er von seinem Bruder verfolgt und schließlich von dessen Truppen in der Burg von Wolfratshausen eingeschlossen.

Bevor Herzog Ludwig aber mit seinen Mannen die Burg betreten konnte, gelang Rudolf mit fünf seiner Getreuen die Flucht, wie es heißt, durch diesen unterirdischen Gang, wahrscheinlich nach Worms.

Bis auf den heutigen Tag hat sich die Kenntnis von dem Gang bei der Bevölkerung von Dorfen erhalten, teils durch Überlieferung seitens der Eltern, teils durch Erzählungen in der Schule, zu Zeiten, als es noch Heimatkundeunterricht gab (Anmerkung 98).

Die Wilde Jagd bei Dorfen

In manchen Nächten erhebt sich plötzlich, wie es scheint ohne Grund, ein furchterregender Orkan. Er braust durch die Wälder und lässt sie ächzen und stöhnen, reißt Felsbrocken aus den Bergen und schmettert sie ins Tal und peitscht das Wasser aus den Seen zu haushohen Wellen auf.

Inmitten dieser Naturgewalt aber rast – so raunen die Alten – die Wilde Jagd. Voraus stürmt der finstere Wilde Jäger, gefolgt von bewaffneten, geisterbleichen Männern in schimmernden Rüstungen und von hexenartigen Weibern in altmodischen Gewändern. Begleitet werden sie von einer Meute lärmender Hunde und von zahllosen, schauerlich heulenden Nachtvögeln. Meistens hetzen sie unbarmherzig ein Geisterpferd oder ein koboldartiges Holzweiblein (Anmerkung 99), das sie, sowie sie seiner habhaft werden, in Stücke reißen und verschlingen.

Die höllischen Mächte, die zwar den größten Teil des Jahres in den Abgründen der Unterwelt angeschmiedet sind, werden zu bestimmten Zeiten freigelassen und können ihr Unwesen auf der Erde treiben. Besonders gefährlich ist es von Allerheiligen über die Weihnachtszeit bis Dreikönig. Aber auch sonst, unterm Jahr, ist man nicht sicher vor den unheimlichen Gesellen. Wehe dem Menschen, der den Weg des wilden Geisterheeres kreuzt! Wenn er nicht weiß, wie er sich in dieser Gefahr richtig verhalten muss, wird er ergriffen, mitgerissen und so lange in einem tollen Wirbel durch die Lüfte mitgeschleppt, bis auf Erden das Gebetläuten anhebt. Dann erst bricht die Macht der Geister, und sie müssen ihr armes Opfer freigeben. Sie lassen es meist einfach dort fallen, wo sie sich gerade befinden, ganz gleich, ob über Berg oder Tal, über Wald oder See. Es heißt, viele seien von solch einer wilden Fahrt nicht mehr lebendig zurückgekehrt, andere hätten nach ihrem schrecklichen Abenteuer mit dem Geisterheer ihr Lebtag lang nicht mehr froh werden können.

Ende des 19. Jahrhunderts hatte sich ein Bauer aus Dorfen, der untertags in Münsing gewesen war, auf dem Heimweg verspätet. Das abendliche Gebetläuten war längst vorüber, die Dunkelheit schon hereingebrochen und am Himmel ballten sich drohend schwarze Wolken zusammen. Obwohl der Dorfener ein mutiger Mann war, wurde ihm doch etwas zweierlei zumute, denn es war eine der gefährlichen Nächte, in denen die Wilde Jagd ihr Unwesen treibt.

Er war nicht mehr weit von seinem Heimatort entfernt, da vernahm er plötzlich ein seltsames Brausen in den Lüften, das sich mit unheimlicher Geschwindigkeit näherte und dabei zu einen ohrenbetäubenden Tosen verstärkte.

„Die Wilde Jagd!“ fuhr es ihm in jähem Schrecken durch den Sinn. Ohne auch nur einen Augenblick zu zögern und ohne auf seine Kleider zu achten, warf er sich zu Boden, überkreuzte Arme und Beine – was man, wie jeder weiß, tun muss, wenn man eine Begegnung mit der Wilden Jagd unbeschadet überstehen will – drückte sein Gesicht ganz auf die Erde und betete unentwegt voller Verzweiflung:

„Jesus, Maria, Josef, helft mir! Jesus, Maria, Josef, helft mir!“

Und es war keinen Augenblick zu früh gewesen, denn unmittelbar darauf fegte das Geisterheer mit solch ungeheurer Gewalt über ihn hinweg, dass ihm fast die Sinne schwanden. Alles ringsum war von einem derartigen Lärmen, Wirbeln und Toben erfüllt, wie er es sich in seinen schlimmsten Träumen nicht hätte vorstellen können. Er glaubte schon, sein letztes Stündlein habe geschlagen, drückte sich noch tiefer zur Erde und krallte sich fest, um nicht mitgerissen zu werden. Dabei betete er unablässig weiter.

Mit einem Mal war der Höllenspuk wieder verschwunden, ebenso rasch, wie er gekommen war, und das Brausen verklang in der Ferne. Dennoch getraute sich der Mann erst nach längerer Zeit aufzustehen und seinen Heimweg fortzusetzen. Er war heilfroh nach dem schrecklichen Erlebnis lebendig daheim anzukommen und erzählte seinen Angehörigen, die schon voller Sorge auf ihn gewartet hatten, was ihm zugestoßen war. (Anmerkung 63)

Der Ulrichsberg von Icking und die verschwundene Heilquelle

Der 701 Meter hohe Ulrichsberg zwischen Icking und Irschenhausen ist geschichtlich ein sehr interessanter Platz. Hier soll sich schon zur Zeit der Kelten ein religiöser Kultplatz befunden haben. Er soll auch als Thingplatz (Anmerkung 69) benützt worden sein. Eine der ersten Kirchen zu Beginn der Christianisierung von Bayern soll hier gestanden sein. Der Sage nach soll dort auch eine Heilquelle entsprungen sein. Sie muss aber schon seit Jahrhunderten verschwunden sein, denn als im Jahre 1466 die neue Kirche „Am Wald des Heiligen Ulrich“ auf dem Ulrichsberg geweiht wurde, waren zwar – einer alten Urkunde zufolge – noch Mauerreste der ehemaligen Kapelle und des Friedhofes vorhanden, die Quelle aber war schon versiegt.

Während der Pestzeiten wurden die Toten der umliegenden Orte hier begraben. In der Zeit der Säkularisation um 1803 soll sich in der damals gesperrten Kirche ein Mann im Glockenturm erhängt haben, worauf das Gotteshaus als entweiht galt, und keine Messen mehr gelesen wurden. Die alten Statuen, eine sitzende Darstellung des hl. Ulrich mit Buch und Fisch und eine Madonnenfigur, wurden 1804 in die Annianuskirche von Irschenhausen gebracht. Die Urichskapelle selbst wurde abgebrochen und die Steine für das Wolfratshauser Gefängnis verwendet. Reste der Ulrichskapelle sind aber noch heute vorhanden.

Der tote Krieger von Irschenhausen

Am Stockerweiher in Irschenhausen wurde in unseren Tagen ein geheimnisvoller Fund gemacht. Am Beginn der Krautgärtenstraße steht eine Tuffsteinsäule. Beim Wasserleitungsbau im Jahre 1978 wurde an dieser Stelle das Skelett eines Mannes gefunden, dem als Grabbeigaben Degen, Messer und Stilett gegeben worden waren. Anhand der Waffen – der Degen stammte aus der Zeit Ende des 16. Jahrhunderts – sowie aus der Lage des Skeletts, mit dem Kopf nach Norden, schlossen manche, dass es sich bei dem fremden Krieger möglicherweise um einen Soldaten aus dem Dreißigjährigen Krieg handeln könnte, der den Degen von einem Vorfahren geerbt hatte. Aus unbekannten Gründen, an der Pest oder einer anderen tödlichen Krankheit, keinesfalls aber durch Gewalteinwirkung, war er, wie Untersuchungen ergaben, fern der Heimat gestorben.

Möglicherweise weil er Protestant war, hatte man ihn nicht auf dem katholischen Friedhof von Irschenhausen beerdigt sondern außerhalb am Stockerweiher begraben. Wie es bei Soldaten oft der Brauch ist, hatte man ihn so gelegt, dass sein Kopf in Richtung seines Geburtslandes schaute, dass er gleichsam wenigstens im Tod in seine Heimat schauen konnte, wenn er sie schon zu Lebzeiten nicht mehr hatte wiedersehen dürfen. Aber das sind Vermutungen von Einheimischen, die beim Fund des Skelettes anwesend waren. Genaueres ist darüber nicht bekannt.

Die Hügelgräber aus der Vorzeit

Das Gebiet zwischen Isar und Starnberger See war schon sehr früh besiedelt, wie zahlreiche Funde, teil sogar aus vorgeschichtlicher Zeit belegen. In den dortigen Wäldern sollen sich, von Büschen und Gestrüpp überwuchert, noch einige Hügelgräber befinden, deren Entstehung mehrere Jahrtausende zurückreicht (Anmerkung 100). Wie es heißt, sind sie bisher aus Geldmangel noch nicht näher erforscht worden.

Außerdem werden sie meist nur durch Zufall, etwa bei Straßenarbeiten oder größeren Bauprojekten, entdeckt, wie beispielsweise das berühmte „Fürstengrab von Pullach".

Der Franzosenacker bei Ebenhausen

Nahe an der Straße zwischen Kloster Schäftlarn und Hohenschäftlarn sind auf einer Waldlichtung bei Ebenhausen mehrere nebeneinander in einer Reihe liegende Bodenerhebungen von jeweils 2 m Länge zu erkennen. Von den Leuten werden sie „Franzosengräber" genannt, die Stelle selbst wird als „Franzosenacker" bezeichnet. Der Überlieferung nach sollen dort Soldaten aus Frankreich, die an den Napoleonischen Kriegen teilgenommen hatten und hier in der Fremde ums Leben gekommen waren, begraben liegen (Anmerkung 101).

Manche glauben auch, daß es sich um Pestgräber handeln könnte, was aber eher unwahrscheinlich ist, da sich in der Nähe nirgends eine Pestkapelle befindet, was in solchen Fällen sonst immer üblich war.

Dass es sich tatsächlich um die Gräber verstorbener Franzosen handeln könnte, unterstreicht eine Notiz im Wolfratshauser Wochenblatt von 1907, in der es heißt:

Auf dem Franzosenacker zwischen Ebenhausen und Hohenschäftlarn hat Herr Privatier Steinhardt von Ebenhausen zum Gedächtnis der gefallenen Franzosen im Jahre 1809 ein Kreuz mit Aufschrift errichten lassen.

Der Hexentanzplatz von Hohenschäftlarn

Mitten im Forst bei Hohenschäftlarn sollen sich einst Hexen und Teufel auf einem bestimmten Platz zum nächtlichen Tanz getroffen haben (Anmerkung 102).

Dort soll auch eine „Unholden-Schatzgrube" – was immer auch darunter zu verstehen ist – gewesen sein.

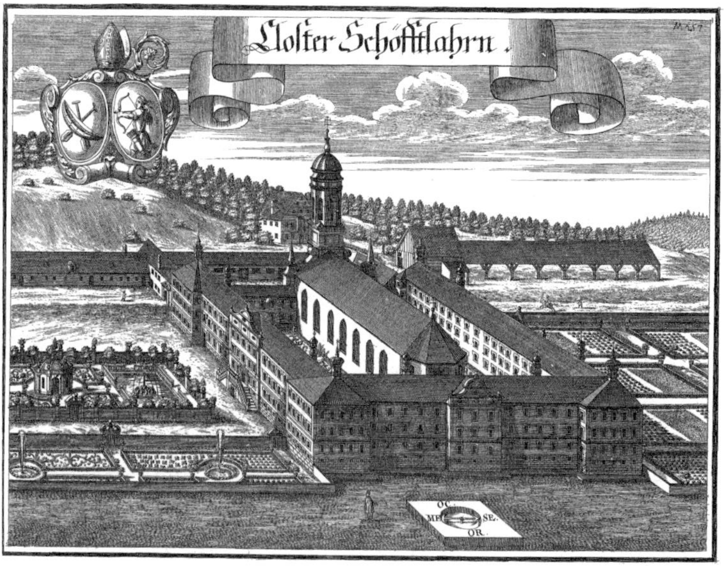

Kloster Schäftlarn. Kupferstich von Michael Wening um 1700

Wie Kloster Schäftlarn gegründet wurde

Einst hielten sich die Herren Landfried, Waldraban und Ellilant, enge Verwandte von Karl dem Großen, in Bayern zur Jagd auf. Sie waren sehr fromme und gottesfürchtige Männer. Als sie eines Abends am Kolomanbach nahe Benediktbeuern von der Hetze des Tages ausruhten, dachten sie über das Leben im allgemeinen und über ihr eigenes Leben im besonderen nach.

Es kam ihnen zum Bewusstsein, dass das irdische Dasein ebenso flüchtig ist, wie der Windhauch, der durch die Blätter der Bäume wehte, unter denen sie lagerten.

Da beschlossen sie, sich nicht weiter nur Schätze auf dieser Welt zu erwerben, wie sei es bisher getan hatten, sondern sie wollten solche für das ewige Leben erringen. Weil sie glaubten, das mit dem Bau von Gotteshäusern oder Klöstern erreichen zu können, stifteten die drei Edelleute die Klöster von Benediktbeuern, von Kochelsee, von Schlehdorf und im Jahre 762 das Kloster von Schäftlarn.

Wie der Raubritter Sachsenhäuser besiegt wurde

Einst erhob sich auf der Uferhöhe der Isar zwischen Schäftlarn und Baierbrunn eine trutzige, fast uneinnehmbare Burg. Ihre Mauern waren so dick und so hoch, dass niemand sie zertrümmern oder übersteigen konnte. Gegen eine lange Belagerung waren die Bewohner ebenfalls gut gerüstet, denn die Burg verfügte über eine geheime Leitung, die von außerhalb das lebensnotwendige Wasser in ausreichender Menge hereinbrachte, und über genügend Nahrungsmittelvorräte, um jahrelang den Feinden trotzen zu können.

Auf dieser Feste hauste vor langer Zeit ein besonders wilder und grausamer Ritter namens Sachsenhäuser. Er hatte eine Sperre über der Isar angebracht, hielt dort mit seinen Spießgesellen die Flößer auf, die nichts Böses ahnend mit ihren Waren den Fluss passieren wollten, und raubte sie aus. Auch bei den Bauern ringsum war der Ritter sehr gefürchtet. Oft fiel er einfach mit einer Schar seiner Kumpane über einen Hof her und holte sich, was er brauchte, ohne dafür zu bezahlen. Wenn einer der Geschädigten Widerstand leistete oder nicht freiwillig hergeben wollte, was der Sachsenhäuser begehrte, so zündete ihm dieser kurzerhand das Haus an und misshandelte ihn und seine Familie zur Strafe auf grausamste Art und Weise. Oft machte sich der Ritter auch einen Spaß daraus, von den Zinnen seiner Burg aus auf vorbeifahrende Floße Schießübungen zu veranstalten. Bei diesem „Zeitvertreib“ tötete er nicht selten die Flößer auf den Gefährten.

In ohnmächtigem Grimm erduldeten die Menschen diese Verbrechen, weil sie ihm in seiner unbezwingbaren Burg nichts anhaben konnten. Als er aber wieder einmal, nur so zum „Spaß“, einige Flößer erschossen hatte, wollten sie seine Schandtaten nicht länger hinnehmen. Bauern, Flößer und Ritter der ganzen Umgebung taten sich zusammen und versuchten mit vereinten Kräften, dem Sachsenhäuser das Handwerk zu legen. Sie beschlossen, ihn zu fangen und für seine Verbrechen büßen zu lassen.

Aber obwohl sie mit dem Mut der Verzweiflung gegen die festen Mauern anrannten, es gelang ihnen nicht, die Burg zu erstürmen. Der Sachsenhäuser und seine Mannen lachten nur über ihre vergeblichen Bemühungen und verspotteten sie.

Nun versuchten die Angreifer, ihn auszuhungern. Sie schlossen die Burg ein, dass niemand heraus- oder hineinkommen konnte, und die Bewohner völlig abgeschnitten waren von jeglicher Hilfe von außen. Aber obwohl sie die Belagerung monatelang durchhielten, gelang es ihnen dennoch nicht, den Sachsenhäuser zur Aufgabe zu zwingen. Mit seiner geheimen Wasserleitung und seinen Vorräten war er gut gerüstet und konnte ohne Sorgen der Zukunft entgegensehen.

Den Angreifern dagegen saß der kommende Winter im Nacken. Sie fürchteten schon, die Belagerung abbrechen und unverrichteter Dinge wieder abziehen zu müssen; da kam eines Abends eine uralte Frau aus Baierbrunn ins Lager. Sie hatte als junges Mädchen auf der Burg gearbeitet und erinnerte sich, dass es eine geheime Wasserleitung gab, durch welche die Burgbewohner mit Wasser versorgt wurden.

„Grabt ihnen das Wasser ab“, riet sie den Verbündeten, „dann müssen sie bald aufgeben!“

„Auf diesen Gedanken sind wir selbst schon gekommen, liebes Mütterchen!“ erwiderte einer der Anführer grimmig. „Aber wie sollen wir die Leitung finden? Wir können doch nicht die ganzen Wälder ringsum abholzen und den Boden darunter aufwühlen!“

„Gebt einem eurer Pferde drei Tage lang nichts zu trinken“, schlug die kluge Alte vor, „und lasst es dann in die Richtung laufen, die ich euch angeben werde. Folgt dem Tier, es wird die Quelle schon finden!“

„Einen Versuch ist es wert. Nützt es nichts, so kann es doch auch nichts schaden!“ überlegten die Belagerer und taten, wie die Alte ihnen geraten hatte. Sie konnte sich noch schwach daran erinnern, wo etwa die Leitung gewesen war. Und als man das Tier, das dem Verdursten nahe war, dorthin brachte, fand es auf Anhieb die richtige Stelle und scharrte mit seinen Hufen so lange, bis die geheime Quelle hervorsprudelte.

Als die Wasserzufuhr abgegraben war, war es ein Leichtes, die Belagerten zur Aufgabe zu zwingen und die Burg einzunehmen. Der Sachsenhäuser und seine Spießgesellen wurden im Triumph nach Schäftlarn gebracht und ihrer gerechten Strafe zugeführt, die Burg aber wurde zerstört.

Noch lange Zeit später wurde dieser Sieg über den gefürchteten Bösewicht im Kloster Schäftlarn jeweils am Jahrestag mit einem festlichen Gottesdienst gefeiert. Anschließend wurde Freibier ausgeschenkt und an alle armen Leute wurden zusätzlich frische Hefenudeln verteilt.

Das seltsame Birgweiblein von Baierbrunn

In dem Gebiet, in dem einst die Burg von Baierbrunn und der Brunnen, der sie mit Wasser versorgte, standen, ist es nicht geheuer. Ein seltsames Gespenst in Gestalt eines kleinen uralten Weibleins mit Stock und Korb geht dort um. Es trägt schäbige altmodische Kleider und hat einen Strohhut auf dem Kopf. Wenn es aus Richtung der ehemaligen Burg kommt, so fragt es jeden, dem es begegnet: „Wo geht es nach Baierbrunn?“

Trifft man es aber in umgekehrter Richtung, auf dem Weg zur Burg hin, so will es wissen:

„Wo geht es nach Schäftlarn?“

Es kommt jedoch nie an einem der beiden genannten Orte an. Laut Sage handelt es sich bei dem Weiblein um den unseligen Geist jener alten Frau, die einst die Bewohner der Burg verraten hatte, indem sie deren Feinden den Brunnen mit der Wasserleitung zur Burg gezeigt und damit den Untergang derselben herbeigeführt hatte. Zur Strafe dafür ist sie für immer in das Gebiet der Burg gebannt und nicht imstande, es zu verlassen.

Zur Zeit der Sonnenwende erscheint das Birgweiblein mit einem Bündel Holz auf dem Rücken auf dem Burgplatz, und auch das schwarze Pferd, das einst mitgeholfen hatte, die Quelle zu finden, läuft dort als geisterhafter Schatten herum.

Nicht immer geht eine Begegnung mit dem seltsamen „Birgweiblein“, wie die Leute das Gespenst nennen, harmlos ab. Nicht selten springt es einem Wanderer, der die Frage nach dem Weg freundlich beantwortet hat, ganz unerwartet auf den Rücken, krallt sich dort fest und lässt sich nicht mehr abschütteln. Dann ist der Betreffende gezwungen, es bis zur Grenze des ehemaligen Burggebietes zu schleppen. Dort ist er seine unwillkommene Last ganz plötzlich wieder los, weil des Weiblein dort spurlos verschwindet.

Manchmal wird das Birgweiblein auch von einem furchterregenden schwarzen Hund begleitet und ihr Erscheinen ist von wildem Sturmgebraus umgeben.

Das Birgweiblein und der Jäger

Eine besonders unheimliche Begegnung mit dem Birgweiblein hatte Mitte des 19. Jahrhunderts der Revierförster von Baierbrunn. Er ging einmal bei einbrechender Dunkelheit noch in den Wald, um bei einer frisch angelegten Schonung mit jungen Bäumen, die in der Nähe er ehemaligen Burg lag, nach dem Rechten zu sehen. Plötzlich erblickte er ganz in der Nähe das Birgweiblein mit seinem Korb. Es schwebte hoch über dem Boden geradewegs auf ihn zu.

Erschrocken rief der Jäger „Alle guten Geister loben den Herrn!“ und danach jeden Beschwörungsspruch, der ihm in den Sinn kam. Aber es war umsonst. Das unheimliche Gespenst kam unbeirrt weiter auf ihn zu und machte bereits Anstalten, auf seinen Rücken zu springen.

Da hielt er die Angst nicht mehr länger aus, riss sein Gewehr an die Wange und feuerte auf das Weiblein. Im gleichen Augenblick, in dem der Schuss krachte, war dieses zwar – wie von Zauberhand weggewischt – spurlos verschwunden, aber es brach ein Orkan von solcher Heftigkeit los, dass sich die Bäume unter seiner ungeheuren Gewalt fast wie Grashalme zur Erde niederbogen und der Jäger beinahe umgeblasen wurde. Nur mit größter Mühe konnte er sich auf den Beinen halten.

Vor Schreck ließ er sein Gewehr fallen, wandte sich um und rannte zum Forsthaus zurück, als seien tausend Teufel hinter ihm her. Mit pfeifendem Atem, wild klopfendem Herzen und vor Angst von Kopf bis Fuß in kaltem Schweiß gebadet, langte er dort an, stürzte hinein und verriegelte die Tür hinter sich. Mit letzter Kraft schleppte er sich zu seinem Bett und sank völlig erschöpft darauf nieder.

Die ganze Nacht über schüttelte ihn ein heftiges Fieber, das ihn ganz plötzlich befallen hatte, und wirre Phantasien von Teufelsfratzen, Hexen und Gespenstern, die ihn allesamt verfolgten, peinigten ihn. Am nächsten Morgen wachte er wie gerädert auf und glaubte, alles nur geträumt zu haben. Mühsam erhob er sich und wollte sich gerade pflichtbewusst auf seinen Dienstgang machen, als er zu seiner Verblüffung entdeckte, dass sein Gewehr nicht wie sonst neben der Tür hing und auch nirgendwo anders im Haus zu finden war.

Da wusste er, dass die Begegnung mit dem Birgweiblein kein Fiebertraum gewesen war. Er lief rasch wieder zu der Schonung hinaus und fand dort tatsächlich seinen Stutzen im Gras, genau an der Stelle, wo er ihn in der Nacht fallengelassen hatte.

Das Isartal. Lebschée: Malerische Topographie Bayerns 1818

Die Römerbrücke am Georgenstein

Einst soll eine gewaltige Brücke die wilde Schlucht nahe Baierbrunn an der Isar überspannt haben. Sie soll von den Römern für ihre Straße von Augsburg nach Salzburg gebaut worden sein. Wie es heißt, haben sie dabei die gewaltigen Felsen in der Isar, den Georgenstein und den Michaelstein als Brückenpfeiler benützt.

Wie der Georgenstein zu seinem Namen kam

Der Georgenstein ist ein gewaltiger Felsbrocken, der nahe Baierbrunn etwa sieben Meter aus der Isar herausragt, die an dieser Stelle besonders reißend ist. Früher nannte man ihn den „Großen Heuner“, was so viel wie „Riesenstein“ (Anm. 103) bedeutet.

Der Geisterpudel am Klosterweg

Wer früher in der Nacht von Deining aus die alte Straße am Sattleranwesen und beim Hintermeier vorbei zum „Brucknfischer“ hinunterging, dem konnte es passieren, dass er auf dem steilen Waldstück dem „Gastapudl“ begegnete. Das war ein riesiger schwarzer Pudel mit rotglühenden Augen, der mit Vorliebe dort am sogenannten Klosterweg – die Straße führt weiter in Richtung Kloster Schäftlarn – sein Unwesen trieb und durch sein plötzliches und lautloses Erscheinen und sein unheimliches Aussehen die Leute erschreckte.

In letzter Zeit ist er aber nicht mehr gesehen worden.

Wie St. Sebald bei Egling entstand

Sebaldus, ein weithin berühmter Prediger und Beichtvater, war um das Jahr 740 hauptsächlich im Raum Nürnberg missionarisch und seelsorgerisch tätig und wurde auch nach seinem Tod in der dortigen Sebalduskirche beigesetzt. Nachdem sich mehrere Wunder bei seiner Grabstätte ereignet hatten, wurde er im Jahre 1424 heiliggesprochen.

St. Sebald. Stich Aus dem 19. Jahrhundert

Der Legende nach soll er aber auch als Pilger nach Oberbayern gekommen sein und an „einem hüglichten Gehölz“ bei Egling so wortgewaltig gepredigt haben, dass sich viele Menschen, die bislang dem germanischen Götterglauben angehangen hatten, zum Christentum bekehrten.

An der Stelle, an der dies geschah, wurde zu Ehren des Heiligen die Sebalduskapelle errichtet. In einer alten Aufzeichnung aus dem Jahre 1804 von Norbert Förg, Kooperator von Hl. Geist in München, steht darüber (Anmerkung 104):

An diesem Ort steht dermal eine ihm zu Ehren erbaute Kirche, ...wo jährlich am 19. Augustmonat als seinem Festtage viel Volk aus der Nachbarschaft sich versammelt, und dem Gottesdienst beywohnet, und viel Opfer mitbringt zur Danksagung für empfangene Wohltaten, welche von Jahr zu Jahr öffentlich von der Kanzel verkündet werden.

Von denen, die Erhörung in ihren Anliegen gefunden hatten, wurden früher die Sinnbilder ihrer Leiden wie Krücken, hölzerne Füße, Wachsfiguren und ähnliche Dinge als Andenken nach St. Sebald gebracht.

Die bestrafte Spinnerin von Neufahrn

In früheren Zeiten wurden nach dem 11. November, dem Martinstag, wenn die Arbeit auf den Feldern weitgehend abgeschlossen war, in den Bauernhöfen die „Spinn- oder Kunkelstuben" eingerichtet. Da kamen die Mädchen des Dorfes jeden Abend in einem anderen Haus zusammen, um den unterm Jahr gehechelten Flachs zu verspinnen. Dabei ging es immer recht fröhlich zu. Es wurde gelacht, geratscht und gesungen.

Obwohl eigentlich nicht erlaubt, aber von den Mädchen natürlich gerne geduldet, stellten sich auch meist die ledigen Burschen des Ortes ein, und dann wurde es in den Kunkelstuben besonders lustig. Es wurde musiziert, Pfänderspiele wurden gemacht, Gespenstergeschichten erzählt und allerlei Kurzweil und Schabernack getrieben. In der letzten Kunkelstube, die an Fasnacht abgehalten wurde, feierte man besonders ausgelassen, und da gab es auch zu essen und zu trinken. Es verwundert nicht, dass sich die Kunkelstuben früher bei der Jugend größter Beliebtheit erfreuten.

Nur in den sogenannten „Heiligen Nächten", an Samstagen und Sonntagen, den drei Donnerstagen vor Weihnachten, die Kröpfls- oder Knöpflesnächte hießen (Anmerkung 105), und in den Rauhnächten von Weihnachten bis Dreikönig waren die Kunkelstuben geschlossen. Da wurde gebetet, und der Bauer ging dreimal um das Haus und besprengte es mit Weihwasser. Besonders in den Rauhnächten fürchtete man die Wilde Jagd, die dann, so glaubten die Leute, vom Höllengrund losgelassen wird, wo sie das ganze Jahr über angekettet war.

Ein Bauer aus Neufahrn aber hielt sich nicht an diese alten Regeln und öffnete auch in einer der Rauhnächte seine Kunkelstube. Gar lustig ging es zu, und eine Magd scheute sich nicht, sogar in dieser heiligen Nacht das Spinnrad zu drehen, bis um Mitternacht plötzlich das Fenster, wie von einem heftigen Windstoß, aufgerissen wurde. Erschrocken schauten alle hin und sahen eine grässlich verstümmelte, kohlschwarze Hand hereinfahren. Gleichzeitig hörte man eine Stimme, so grausig, dass sie allen Anwesenden kalte Schauer über den Rücken jagte, rufen:

„Hätt' i die Rauh- und Kröpflsnächt' net gsunna,
na waar mir mei Arm net so verbrunna!"

Bei diesen Worten packte die Hand die Spinnerin und war im gleichen Augenblick mit ihr verschwunden. Man hat nie mehr etwas von dem Mädchen gehört.

Die Schatzsucher und der Teufel am Kraxenbüchl bei Neufahrn

Einst soll auf dem Kraxenbüchel bei Neufahrn nahe Wolfratshausen ein Schloss gewesen sein. Von ihm ist keine Spur mehr vorhanden, aber in den umliegenden Dörfern hielt sich trotzdem durch Jahrhunderte hindurch hartnäckig das Gerücht, dass dort zur damaligen Zeit ein Schatz vergraben worden sei, den bisher noch keiner gefunden habe.

Diese alte Sage ließ einigen Burschen aus Neufahrn keine Ruhe. Wenn sie am Abend im Wirtshaus beisammen saßen, kamen sie immer wieder darauf zu sprechen. Als wieder einmal einer sehnsüchtig wünschte:

„Den Schatz im Kraxenbüchel wenn wir hätten, dann wär's mit der Plackerei und Schinderei jeden Tag vorbei, und wir könnten leben wie die Herren!" Da meinte ein anderer unternehmungslustig:

„Suchen wir ihn halt, statt immer nur davon zu reden!"

„Natürlich", spottete ein Kamerad, „wir gehen einfach hin und graben ihn aus. Wenn das so leicht wäre, hätten es vor uns längst schon andere getan!"

Da erklärte der erste, wobei er seine Stimme zu einem leisen Raunen dämpfte, dass nur die unmittelbar neben ihm sitzenden Freunde ihn verstehen konnten:

„Meine Großmutter behauptet, mit Hilfe des Teufels könne man jeden Schatz finden. Und er kann einem nichts anhaben, wenn es einem gelingt, die ganze Prozedur schweigend durchzuhalten, auch auf dem Hin- und Rückweg. Man darf sich aber nicht von unheimlichen Dingen erschrecken lassen, die vielleicht passieren."

„Hm, einen Versuch wäre es wert!"

„Der Teufel schreckt mich nicht!"

„Vielleicht gelingt es gerade uns!"

So meinten die anderen zustimmend. Sie steckten die Köpfe zusammen, dass niemand sonst von ihrem Plan erfuhr, und beschlossen, sich kurz vor Mitternacht zu treffen und auf Schatzsuche zu gehen, denn, wie jeder weiß, ist die Geisterstunde die beste Zeit dafür.

Wie verabredet trafen sie sich am vereinbarten Ort. Jeder war mit einem Spaten, einem Pickel oder einer Schaufel ausgerüstet, und einer hatte sogar einen Leiterwagen dabei, auf den sie den Schatz legen konnten. Stumm begrüßten sie sich mit Händedruck und Zeichen und stiegen dann schweigend auf den Kraxenbüchel. Ohne ein Wort über die Lippen kommen zu lassen, gingen sie oben umher, auf der Suche nach der geeignetsten Stelle, wo der Schatz verborgen sein könnte.

Als einer diese endlich gefunden zu haben glaubte, verständigten sie sich mit Blicken und Handzeichen und begannen zu graben. Im Schweiße ihres Angesichtes hackten sie den harten Boden auf und schaufelten Erde und Steine heraus. Ihre Geduld wurde lange auf die Probe gestellt, und sie waren oft nahe daran, laut zu fluchen und alles liegen und stehen zu lassen, so aussichtslos schien ihnen das ganze Unternehmen. Aus Rücksicht auf die Kameraden aber unterließ es jeder, weil es dann mit der Schatzsuche endgültig vorbei gewesen wäre.

Sie hatten schon ein ziemlich tiefes Loch gegraben, als sie mit einem Mal auf Widerstand stießen. Vor Überraschung hätte einer fast einen Schrei ausgestoßen. Er konnte ihn im letzten Moment gerade noch zurückhalten.

Aufgeregt und mit neuem Mut beseelt, schufteten die Burschen weiter und förderten tatsächlich eine schwere Truhe aus Metall zutage. Zitternd vor Freude wuchteten sie diese heraus und legten sie auf den Leiterwagen. Dann schüttelten sie sich triumphierend die Hände, wobei sie weiterhin eisern Stillschweigen bewahrten. Mit vereinten Kräften zogen sie nun den Wagen ins Dorf. Plötzlich bemerkte einer von ihnen, der hinten ging, dass sie mit einem mal mehr Männer waren als vorher. Er meinte, sich getäuscht zu haben und zählte nochmals. Aber wieder kam er auf die gleiche Zahl.

„Der Teufel geht mit uns!“ fuhr es ihm durch den Sinn und kalter Schweiß brach ihm vor Angst aus allen Poren.

Die Schatzgräber waren inzwischen schon fast am Ziel angelangt und gingen gerade beim Neuwirt vorbei. Da zählte der Bursche abermals, in der verzweifelten Hoffnung, sich doch getäuscht zu haben. Aber sie waren immer noch ein Mann mehr als zuvor. Nun bemächtigte sich seiner ein solches Entsetzen, dass er es nicht länger aushielt, sich dreimal bekreuzigte und dabei laut schrie:

„Der Teufel ist bei uns, wir sind verloren!“

Im gleichen Augenblick gab es einen ohrenbetäubenden Krach, und sowohl der Mann, der zuviel war, als auch die Schatztruhe waren verschwunden. Die Burschen hatten nun zwar die ganze Nacht umsonst geschuftet, aber sie waren trotzdem froh, mit heiler Haut entkommen zu sein, denn wer weiß, was ihnen der unheimliche Begleiter zugefügt hätte, und ob sie ihn überhaupt jemals wieder losgeworden wären. Noch heute sollen die Spuren der vergeblichen Schatzsuche auf dem Kraxenbüchel zu sehen sein, wo die nach drei Seiten aufgeworfenen Erdhaufen als vom Unkraut überwucherte Bodenwellen erkennbar sind.

Die Schimmelkapelle von Ascholding

Der Georgibichl bei Ascholding gilt durch die flache Umgebung, aus der er, obwohl er nicht sehr hoch ist, doch weit herausragt, als besonders geeigneter Aussichtsberg über das umliegende Land. Er wurde früher als Spähhügel für militärische Zwecke genutzt. Laut Sage soll er auch ein uralter heidnischer Kultplatz sein, wo wahrscheinlich dem germanischen Gott Wodan Pferde geopfert wurden.

Heute steht dort oben eine der ältesten Kirchen in weitem Umkreis. Sie wurde von Missionaren zu Beginn der Christianisierung wahrscheinlich auf ein vorhandenes germanisches Heiligtum gebaut und später dem hl. Georg geweiht. Die Kapelle wird schon 795 urkundlich erwähnt, zu einer Zeit also, zu der noch ringsum viele Gebiete heidnisch waren. Sie war früher ein Wallfahrtsort, wie eine

Votivtafel aus dem Jahre 1665 bekundet. Der Name „Schimmelkapelle“ (Anmerkung 106), geht laut Sage auf folgende Begebenheit zurück: Früher ließ man im Gebiet um die Kirche auf dem Georgibichl einen jungen Schimmel frei laufen, wie es heißt, dem Schutzpatron der Pferde zuliebe.

Einmal hatte jemand nach dem Besuch des Gotteshauses vergessen, die Türe zu schließen. Das neugierige Tier öffnete sie und trabte in den Innenraum hinein. Möglicherweise durch einen plötzlichen Windstoß oder durch eine unglückliche Bewegung des Pferdes selbst, fiel die Türe hinter ihm ins Schloss, und es war gefangen. Weil lange niemand zu der einsam gelegenen Kirche kam, musste der arme Schimmel elend an Hunger und Durst zugrunde gehen. Man fand ihn später tot vor dem Altar. Seit der Zeit heißt das Kirchlein auf dem Georgibichl im Volksmund „Schimmelkapelle“.

Die Birnhexe und andere unheimliche Wesen

Der Georgibichl heißt im Volksmund auch „Birnberg“ oder einfach „Birn“ und gilt seit jeher als ausgesprochen unheimlicher Ort, den man besonders um Mitternacht besser meidet. Dann treiben dort nämlich nicht nur der gespenstische Schimmel, der einst in der Kapelle verhungerte, sondern auch ein furchterregender Geisterhund mit glühenden Augen und einem so schauerlichen Geheul, dass es auch unerschrockenen Menschen Mark und Bein erzittern lässt, sowie die Schreckensgestalt der Birnhexe ihr Unwesen.Die Birnhexe wird als uraltes Weib mit tausend Runzeln im Gesicht und wirren Haaren, gekleidet wie ein Druide aus vorchristlicher Zeit, beschrieben. Nur schleunigste Flucht und laute Gebete können Leute, die das Pech haben, diesem gespenstischen Wesen zu begegnen, vor einem schrecklichen Schicksal retten. Lange Zeit hindurch wurde die Drohung mit der Birnhexe als Möglichkeit angewandt, Kinder zum Gehorsam zu bringen (Anmerkung 107).

Die Drachen beim Georgibichl

In früheren Zeiten berichteten mehrere Isarflößer, die erst bei Dunkelheit in der Gegend um den Georgibichl vorbeigekommen waren, unabhängig voneinander, dass sie dort einen Drachen gesehen hätten (Anmerkung 108). Er sei wie ein feuriger Teufel durch die Lüfte geflogen und habe ihnen einen gehörigen Schrecken eingejagt.

Die Kindswieskapelle bei Neufahrn

Ganz versteckt im Wald zwischen Neufahrn und Ascholding liegt auf einer Anhöhe die kleine Kindswieskapelle. Ihre Entstehung verdankt sie folgender Begebenheit:

Im 19. Jahrhundert verlief sich einmal ein Kind des Schmotzbauern von Neufahrn in dem dichten Waldgebiet. Stundenlang suchten die Eltern und viele Helfer aus dem Dorf überall nach ihm, jedoch ohne Erfolg. Damals gab es noch wilde Tiere und es war gefährlich, vor allem für ein Kind, alleine im Wald zu übernachten. In ihrer Verzweiflung beteten die Eltern ganz inständig zu Gott um Hilfe. Kurz darauf wurde das Kind an der Stelle im Wald gefunden, an der heute die Kapelle steht.

Als einige Zeit später ein Mitglied der Familie eine schwere Krankheit glücklich überstand, baute der Bauer die Kapelle an dem Platz in seinem Wald, an dem sein Kind gefunden worden war. Seit der Zeit heißt sie „Kindswieskapelle". Am Hochaltar hängt ein Gemälde, das Christus im Kerker zeigt, darunter befindet sich ein Bildnis Unserer Lieben Frau von Altötting. Auf der Gedenktafel links davon steht geschrieben:

Zur Verehrung des leidenden Heilandes auf der Wiese und der
Gottesmutter Maria zu Altötting wurde diese Kapelle als
Gelöbnis in einer schweren Krankheit erbaut im Jahre
1833 von J.B. Seitner, Schmotz von Neufahrn. Dieselbe
wurde vergrößert im Jahre 1847 und den 17. Jän.1848
neu benedicirt und der Kreuzweg durch einen P. Fr. eingesetzt.

Auf der Gedenktafel rechts vom Altar steht:

Diese Gnadenkapelle ließ renov. im Jahre 1868
die Witwe des Erbauers, Magd. Seitner mit ihren
9 Kindern, desgleichen im Jahre 1934 der Schmotzbauer
Josef Seitner u. im hl. Jahr 1950 dessen Witwe Barbara Seitner.

Seit mehr als 150 Jahren wird diese Kapelle von der Familie auf dem Schmotzhof, wenn sie inzwischen auch nicht mehr den Namen Seitner führt, liebevoll gepflegt und in Ehren gehalten.

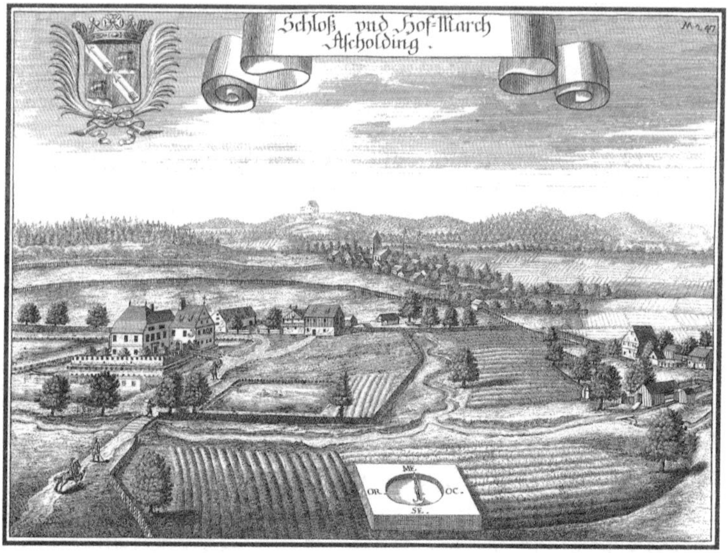

Ascholding. Stich v. Michael Wening um 1700

Das Gelübde des Mundkochs von Reichertshausen

Die steinerne Colomanskirche von Reichertshausen, auf einem Platz errichtet, wo schon vorher eine kleine Kapelle aus Holz gestanden war, verdankt ihre Entstehung folgender Begebenheit:

Hans Gartner, der Mundkoch von Herzog Wilhelm, stammte aus Reichertshausen bei Moosham östlich von Wolfratshausen, wo er einen Besitz hatte. Wie es heißt, war er in seinen jungen Jahren weit in der Welt herumgekommen und sogar über das Meer gefahren. Er nahm an zahlreichen kriegerischen Auseinandersetzungen teil, wurde im Jahre 1489 bei der Schlacht von Trient durch einen Pfeil schwer verwundet und geriet in höchste Lebensgefahr. Anderen Quellen zufolge, zog er sich die schlimme Verletzung bei einem

Jagdunfall zu. Sein Zustand war so schlecht, dass alle an seinem Überleben zweifelten. Da gelobte er, in seiner Heimat eine Kapelle bauen zu lassen, wenn er gerettet würde. Und so unwahrscheinlich es geschienen hatte, er wurde wieder gesund und konnte nach Bayern zurückkehren.

Er hielt sein Versprechen, stiftete seine Hube, „des Raspn-Hub" genannt, bei Reichertshausen für den Bau der Kirche. Im Jahre 1508 wurde damit begonnen. Barbara Heller, eine bekannte Genealogin, schrieb darüber im Isar-Loisachboten:

In einer Urkunde (aufbewahrt im Bayer. Hauptstaatsarchiv) vom 29. 6. 1518 heißt es, dass bei dem Dorf Reichertshausen auf dem Feld "bei zweihundert Jahr her ein hultzen heusel" neben etlichen Linden und Buchen gestanden habe, worin man St. Coloman und St. Wolfgang verehre. Es seien dort auch Wunder geschehen durch die Fürbitte der Heiligen. Beim Grundaushub der neuen Kapelle habe man auch "siben Menschen corper und gebein" gefunden, die christlich bestattet gewesen seien.

Die steinerne Kapelle wurde den Märtyrern St. Coloman und St. Wolfgang sowie der hl. Anna geweiht. Bis vor etwa 30 Jahren wurde die Pfeilspitze in der Kirche aufbewahrt. Seither ist sie verschollen (Anmerkung 109).

Gräfin Justitia von Thanning

Im Mittelalter gab es in Thanning eine Burg, von der man aber heute nicht mehr genau weiß, wo sie gestanden hat. Dort lebte um das Jahr 1070 Graf Otto mit seiner Gemahlin Justitia Adelheitis, Herzogin von Thanning, Andechs und Wolfratshausen.

„Gräfin Justitia", wie sie vom Volk liebevoll genannt wurde, stand in hohem Ansehen bei ihren Untertanen. Jeder, der sie brauchte, konnte ihrer Hilfe sicher sein. Sie nahm sich aufopfernd der Armen und Kranken an und soll sogar Wunder gewirkt haben. Wie es weiter heißt, verschenkte sie viel Landbesitz an die Bauern von Thanning. Sie starb im Rufe der Heiligkeit und wurde in der damaligen Pfarrkirche von Thanning bestattet.

Dort erinnert auch eine Tafel aus dem Jahre 1779 an diese großherzige Wohltäterin (Anmerkung 110).

Johann Georg Khidler von Thanning als Rebellenführer

Die alte Sendlinger Kirche in München und der Friedhof darum waren der Schauplatz eines fürchterlichen Massakers an bayerischen Bauern, das unter dem Namen „Sendlinger Mordweihnacht" in die Geschichte einging. Im Jahre 1705, als München von den Österreichern besetzt gehalten wurde, verlangten diese die Rekrutierung von zwölftausend jungen Bayern. Sie sollten ihre Heimat verlassen und für die Besatzungsmacht in Italien und Ungarn kämpfen.

Voll Empörung über diesen Befehl erhoben sich die Bauern des bayerischen Oberlandes zum Widerstand. Sie bewaffneten sich mit Äxten, Keulen, Dreschflegeln und Sensen und zogen mit dem Schlachtruf „lieber bairisch sterben als kaiserlich verderben" gegen das besetzte München. Es waren etwa fünftausend (nach anderen viertausend) Männer, vorwiegend aus Lenggries, Tölz, Kochel, der Jachenau, Wolfratshausen, Holzkirchen und Miesbach. Dieses so ungenügend bewaffnete, aber mit einem wahren Löwenmut ausgestattete Heer wurde von dem Schmiedbalthes, einem Hünen von sagenhafter Stärke, angeführt. Irrtümlicherweise wird er immer als „Schmied von Kochel" bezeichnet. Er entstammte aber einem alteingesessenen Schmiedgeschlecht aus Holzolling (Anmerkung 111) und war bis zu seinem Tod 1705 Haberermeister, wie auch seine Söhne nach ihm.

Gemeinsam mit zahlreichen Münchner Bürgern, die sich heimlich mit ihnen verbündet hatten, wollten die Oberländer die Österreicher überrumpeln, sie aus der Hauptstadt vertreiben und so das geliebte Bayernland aus der Hand der Feinde befreien.

Die Anführer der Verschwörer in der Stadt waren unter anderen der Weinwirt Johann Jäger, ein gebürtiger Tölzer und Johann Georg Khidler (in anderen Quellen Küttler genannt), der aus Thanning stammte und um 1700 das Bürgerrecht erworben hatte. Er hatte eine Witwe aus München geheiratet, der das Weinhaus im Tal gehörte.

Die Verbündeten in der Stadt sollten den Oberländern das Tor öffnen und sie heimlich in die Stadt lassen. Der Plan aber wurde verraten (Anmerkung 112). Die Österreicher entwaffneten und verhafteten die Verschwörer in einem überraschenden Handstreich, ohne dass einer von ihnen die Möglichkeit gehabt hatte, das Bayernheer vor der Stadt zu warnen. Inzwischen hatten die Oberländer das Sendlinger Tor erreicht und begehrten Einlass. Doch anstatt der Freunde öffneten ihnen Trenckshe Panduren, kreisten die völlig überraschten Bayern ein und begannen, sie erbarmungslos niederzumetzeln.

Mit verzweifelter Tapferkeit kämpften die Bauern gegen die Übermacht der militärisch geschulten Feinde und fielen doch Mann für Mann. Der bärenstarke Schmiedbalthes hielt mit seiner eisenbeschlagenen Keule zwar furchtbare Ernte unter den Panduren, aber er konnte das Unheil nicht aufhalten.

„Hier lasst uns enden!“

Diesen legendären Satz soll er seinen wenigen noch lebenden Kampfgefährten zugerufen haben, als er sich mit ihnen, die aussichtslose Lage erkennend, auf dem Sendlinger Friedhof verschanzt hatte. Als letzter von dem gesamten Bayernheer soll er dort bei der Kirche den Heldentod gestorben sein.

Auch die an der Verschwörung beteiligten Münchner Bürger erwartete ein schrecklicher Tod. Die meisten wurden nach grausamer Folter hingerichtet. Johann Georg Khidler war es zwar gelungen, ins Franziskaner Kloster zu flüchten und dort um Asyl zu bitten, die österreichischen Soldaten hielten sich aber nicht an das Jahrhunderte geltende Asylrecht und holten ihn widerrechtlich mit Gewalt heraus. Trotz der Proteste des für München zuständigen Bischofs von Frei-

Sendlinger Bauernschlacht. Nach dem Fresco von Lindenschmidt

sing, der sogar drohte, den Papst in dieser Angelegenheit einzuschalten, wurde Khidler der Prozess gemacht. Als einer der „Haupträdelsführer“ wurde er, wie auch der Weinwirt Jäger, nach der Verurteilung am 29. Januar 1706 auf dem Schrannenplatz – heute Marienplatz – enthauptet und anschließend gevierteilt. Die einzelnen Teile der Verschwörer wurden zur Abschreckung an den vier Haupttoren der Stadt aufgehängt, ihre abgeschlagenen Köpfe am Isartor aufgespießt und zur Schau gestellt.

Ganz München weinte um seine edlen Bürger und um die tapferen Oberländer, die umsonst ihr Blut hatten vergießen müssen. 3500 Bauern sind bei dem furchtbaren Geschehen am Heiligen Abend im Jahre 1705 ums Leben gekommen.

Bis auf den heutigen Tag aber ist die Erinnerung an die todesmutigen Oberländer und ihre Mitverschworenen in München, die Stadt und Land hatten befreien wollen, überall in Bayern lebendig. An vielen Orten wurden zum Gedenken Bilder oder Statuen des

„Schmied von Kochel", symbolhaft für alle an der Schlacht beteiligten Bauern, aufgestellt, beispielsweise in Kochel oder in Waakirchen. In der Sendlinger Dorfkirche mahnt ein großes Gemälde von Lindenschmidt an dieses schreckliche Ereignis. Die Namen der Gefallenen sind dort alle aufgeführt.

In Miesbach wird im Heimatmuseum die Gotzinger Trommel, die ein Mann aus der Gotzinger Gegend wohl bei der Schlacht geschlagen hat, zur Erinnerung daran aufbewahrt. Alle fünf Jahre ziehen die Tölzer Schützen zu einer Kapelle, die im Jahre 1715 erbaut worden war, als es endlich gelungen war, die Feinde aus dem Land zu vertreiben. Auch beim alljährlichen Trachtenzug in München, der am ersten Oktoberfestsonntag stattfindet, geht immer ein Oberländer mit, der den heldenhaften Schmiedbalthes darstellt.

Das Andenken an den tapferen Johann Georg Khidler aber wird noch heute in seinem Heimatort Thanning hoch in Ehren gehalten.

Die Raubritterburg bei Fraßhausen

Einst sollen auf einer Burg bei Fraßhausen Raubritter ihr blutiges Handwerk ausgeübt und in weitem Umkreis Angst und Schrecken verbreitet haben. Der Überlieferung zufolge führte damals eine wichtige Handelsstraße über Dietramszell und Endlhausen weiter Richtung Oberbiberg. Hier wurden häufig wertvolle Frachten befördert, ein „gefundenes Fressen" für die Raubritter.

Wie die Sage weiter berichtet, wurde die Burg später geschleift, die Raubritter aber ihrer gerechten Strafe zugeführt. Sie wurden nach Frankfurt gebracht und dort zur Sühne für ihre Schandtaten hingerichtet. Mauerreste und Steine der zerstörten Burg wurden für den Bau der Kirche von Feldkirchen verwendet, darum ist nichts mehr von ihr übrig.

Wahrscheinlich lag die Burg, deren genauer Standort nicht überliefert ist, hinter dem „Kögelhof" bei Fraßhausen. Hier ist die gleiche Familie urkundlich bereits seit mehreren Jahrhunderten ansässig. Hinter dem Anwesen befindet sich eine Anhöhe, noch heute „Schlossberg“ genannt, die oben zu einer Plattform abgeflacht und von einem Burggraben umgeben ist. Dort stand wohl einst die Burg. In der Chronik des Kögelhofes, die zurückgeht bis in das 13. Jahrhundert, steht:

> Fraeshausen die hofmarch oder Sedel
> Es ist zue wissen daz Fraeshausen der Türn (gemauertes Haus)
> und Burgstall mit samt dem Sedelhof, ist ain freyer aigner sitz,
> und hat all die Recht, die ander Sedel und sitze auch die hofmarch
> haben, wannen es ist ain gemawreter Turn der umb sich hat ein
> planken, und graben darumb soll er pillichen ain hofmarch haissen
> niessen, die ander Sedel und hofmarch geprauchen und niessen,
> nach dez lands freiheit von den fursten, des hawß zu Bairn
> gegeben, und was zu Frashawsen gehort an lehenscheften,
> hofmarchen, wisen, besuchen (=Weideplätzen), wunnen (=Weideplatz)
> wayden, ackern, weyern und anderen sachen, stet alles
> hienach aigenlichen geschrieben.
> Es ist auch von alters also herkommen und gehalten worden, So man ainen
> schedlichen man In den attern des lennt sitz begriffe, wann den ain
> landtrichter von Wolffertshausen ervordert, so sol man In den an die
> Eschgatter antwurten, als er mit der gurtel umbgriffen ist, waz er aber
> guts hett, an farender Hab, daz sol daselben inne beleiben.
> Item bey dem Burgstall außerhalben des grabens stet auf die zeit ain
> gutes hawß, dar Inn der mair sitzt (Gutsverwalter, Pächter), dabey
> zwen stadel, ain Roßstal, ain vich schlupf, zwen sweinstäl und ain kast.

In dieser Urkunde von 1442 (Anmerkung 113) ist eindeutig von einem „Türn", einem gemauerten Haus (also Besitz von Edelleuten, denn alle anderen Häuser waren zur damaligen Zeit aus Holz) sowie einem Burggraben und dem zum Edelsitz gehörenden Meierhof (dem heutigen Kögelhof) die Rede. Die Sage von den Raubrittern von Fraßhausen entbehrt also nicht der Grundlage, auch wenn von der Burg selbst keine Mauerreste mehr vorhanden sind.

Die Ulrichskapelle von Kögel

Der Überlieferung zufolge soll die Kapelle beim Kögelhof nahe Fraßhausen, die noch heute im Besitz der seit Jahrhunderten auf dem Anwesen ansässigen Familie ist, vor langer Zeit in Erfüllung eines Gelübdes erbaut worden sein. Aus welchem Grund es abgelegt wurde oder welches Familienmitglied den Bau versprochen hatte, ist leider in Vergessenheit geraten. Weil die Kapelle dem hl. Ulrich geweiht ist, liegt die Vermutung nahe, dass das Gelübde aufgrund der Heilung von einer Krankheit, möglicherweise einem Augenleiden, bei denen der hl. Ulrich früher oft angerufen wurde, gemacht wurde. Aus der Chronik des Kögelhofes (Anmerkung 114) ist bekannt, dass die ehemals hölzerne Kapelle nach 1750 in Stein erbaut wurde. Das schöne alte Kreuz darin muss schon vor dieser Zeit vorhanden gewesen sein; das geht aus einem Brief des damaligen Besitzers an den zuständigen Kirchenfürsten eindeutig hervor:

27. 5. 1750 Capelle in Fraßhausen
Hochwürdigst(er) Durchleichtigster der Heyl(igen) Röm (ischen)
Kirchen Cardinal
Genedigster Reichsfürst und Herr, Herr!
Eur D(urchlaucht) Eminenz geruehen g(nädig)ist zu vernehmen,
wasmassen die negst meinem haus stehend hilzerne Capellen, warinnen ein
Crucifixbild verehret würdt, mit einem gemaur aufzufieh-
ren, auch hierzue 2 glöckhl machen: und zu gewissen Zeiten ein
Heyl Mess hierinnen lesen zu lassen gesinnet were, weillen wür
zimblich weith: und vast ein strakhe stundt zu unserer
pfarr (Deining) haben.

Soweit der Brief. Mauerwerk und Glocken wurden bewilligt. Noch heute finden in der Kapelle, die allein von der Familie unterhalten wird, von Zeit zu Zeit kirchliche Feiern statt, beispielsweise wurde der Sohn des heutigen Besitzers nach dem hl. Ulrich benannt und in der Kapelle getauft.

Schloss Harmating. Kupferstich v. Michael Wening um 1700

Der unterirdische Gang von Kögel nach Harmating

Wie der heutige Besitzer des Kögelhofes nach Überlieferungen seiner Familie zu berichten weiß, soll einst ein unterirdischer Gang den Burgstall hinter seinem Anwesen mit dem Schloss von Harmating verbunden haben. Die genaue Lage ist aber nicht mehr bekannt.

Der Hund mit den feurigen Augen bei Grafing

Im „schwarzen Hölzl" bei Grafing zwischen Sauerlach und Arget war es früher nicht geheuer. Ein unheimliches Wesen in Gestalt eines großen schwarzen Hundes mit Augen, die wie Feuer glühten, soll dort umgegangen sein. Jeder, der konnte, vermied es bei Dämmerung oder gar bei Dunkelheit durch das verrufene Hölzl zu gehen, aus Angst, er könnte dem Geisterhund mit den feurigen Augen begegnen und von ihm verfolgt werden (Anmerkung 12).

Eine unheimliche Begegnung in der Hienlohe bei Arget

An der Straße zwischen Arget und Otterfing liegt ein Wald, der von den Leuten „Hienla“ (Hienlohe, Anmerkung 115) genannt wird. Mitte des 19. Jahrhunderts ging die Frau des Lehrers von Arget zur Adventszeit gerne in die Roratemessen nach Holzkirchen, obwohl der Weg sehr weit war. Als Abkürzung nahm sie immer den Waldpfad durchs „Hienla“. Den fast zweistündigen Weg musste sie hinzu bei völliger Dunkelheit zurücklegen, nach der Frühmesse war es dann wenigstens schon dämmrig.

An einem Morgen, als sie auf dem Heimweg wieder durch das genannte Waldstück ging, vernahm sie mit einem Mal schwere Schritte hinter sich, obwohl vorher weit und breit kein Mensch zu sehen gewesen war. Furchtsam schaute sie sich um. Da blieb ihr vor Schrecken fast das Herz stehen, denn unmittelbar hinter ihr, keine Armlänge mehr entfernt, befand sich ein riesenhafter Mann, der bei weitem größer war als jeder Mensch, dem sie bisher begegnet war.

Sie wollte um Hilfe schreien, aber sie brachte keinen Laut heraus, denn ihre Zunge war wie gelähmt. Auch war es ihr unmöglich wegzulaufen, denn ihre Beine waren schwer wie Blei und schienen sie am Boden festzunageln. Jeder Schritt kostete sie große Mühe, und sie ging wie in einem Albtraum weiter.

Der unheimliche Riese blieb beharrlich an ihrer Seite, bedrohte sie aber nicht und fügte ihr kein Leid zu. Er sprach kein einziges Wort und schritt nur stumm neben ihr her. Als sie endlich am Waldrand angelangt waren, war die Frau vor Angst in Schweiß gebadet.

In dem Augenblick aber, da sie auf die Wiese hinaustrat, war ihr unerwünschter Begleiter plötzlich verschwunden, so als hätte ihn der Erdboden verschluckt.

Nun endlich war der Bann gebrochen, und sie konnte wieder laufen. Wie von Furien gehetzt rannte sie ins Pfarrhaus und erzählte dem Geistlichen ihr schreckliches Erlebnis. Der konnte ihr auch nicht sagen, wer der unheimliche Riese gewesen war, riet ihr aber eindringlich, künftig auf der Straße und nicht mehr allein durch den Wald zu gehen.

Das verschwundene Schloss von Berg bei Baiernrain

Bis etwa um das Jahr 1825 stand in Berg bei Baiernrain ein Schloss. Der Ort selbst, obwohl nicht sehr groß, wird schon im ältesten „Tegernseer Urbarbuch" (um das Jahr 1017 datiert) erwähnt und dort „am Perig" genannt. Genau an der Stelle, wo heute das stattliche, schön bemalte Bauerngut „zum Böckl" steht, soll sich das Schloss befunden haben. F. Panzer um 1850 dazu:

Das jetzige Bauerngut zu Berg war ehemals ein Edelsitz... Unfern des Wohnhauses, hart am Abhange des Berges, ist eine Kapelle erbaut zu Ehren der heiligen Maria. In dieselbe führt vom Wohnhaus aus ein unterirdischer Gang, der jetzt zugemauert ist.

Vorwitzige Dienstboten sollen ehedem vom Eindringen in denselben durch gespenstische Dinge abgehalten worden sein. Ein Knecht, der vor vielen Jahren dort im Dienst stand, sagte, dass er einen feurigen Hund, sowie überhaupt Feuer im Innern gesehen habe. Eine andere Person, die vor etwa 30 Jahren (also etwa um 1820) daselbst diente, erzählte, dass sie ohne Anstand diesen Gang passierte, dagegen auf der Stiege in dem oberen Stock des Wohnhauses sehr erschreckt worden sei.

Nach anderen Quellen soll der unterirdische Gang nicht nur bis zur etwa 25 m entfernten Kapelle, sondern bis zu der Einöde „Leiten" geführt haben. In Baiernrain hält sich außerdem hartnäckig die Überlieferung, dass eine silberne Kutsche dort unten versteckt ist. Bisher habe sie nur noch niemand finden können, weil der Geist, der sie bewacht, jedem Eindringling in den Gang gleich das Licht auslöscht und ihn dadurch zur Umkehr zwingt.

Die drei Fräulein von Berg bei Baiernrain

Der Sage nach soll das ehemalige Schloss in Berg bei Baiernrain von drei adeligen Damen gebaut worden sein. Sie sollen Barbara, Catharina und Ursula geheißen haben und in der ganzen Gegend wegen ihres frommen Lebens und ihrer guten Taten beliebt gewesen sein. Wie es heißt, sollen sie in Baiernrain begraben liegen.

Durch eine Stiftung sorgten sie auch noch nach ihrem Tod für die Armen. Wie in einem Salbuch aus dem Jahre 1721 (Anmerkung 116) vermerkt ist, sollte jedes Jahr am Johannistag, dem 26. Juni ein Jahrtag abgehalten werden und dabei jeweils eine bedeutende Spende an die Bedürftigen verteilt werden. Die Gedenkformel im Salbuch lautet so:

Euer Lieb und Andacht gedenke der drei edlen verstorbenen Jungfrauen aus der Körerischen Freundschaft, dieses so reichen Almosens Stifterinnen, sowie auch der verstorbenen Eltern und Befreundten.

Die Sage hat die drei geschichtlichen Damen mit den Heilräthinnen aus der vorchristlichen Mythologie verwoben:

„In einem Bauerngut bei Baiernrain, da wohnen in einem unterirdischen Gang drei Fräulein: Barbara, Katharina und Ursula. Zwei von ihnen sind kreideweiß und gut, die dritte ist halb-schwarz und hat einen Geißfuß!" lautet eine alte Sage aus dem Oberland, die bis vor kurzer Zeit noch mündlich erzählt wurde (Anmerkung 1).

Die Gespenster beim „Hammer“ in Berg

Noch um 1900 soll es an manchen Stellen in Berg bei Baiernrain nicht ganz geheuer gewesen sein. Nicht nur in den unterirdischen Gängen beim „Böckl“ soll es gegeistert haben, auch auf dem Hof gegenüber beim „Hammer“ sollen unheimliche Mächte in einer Hütte, die sich auf dem Anwesen befand, ihr Unwesen getrieben haben. Die Kinder des Ortes und wohl auch manche Erwachsene mieden besonders bei Dunkelheit diese Plätze.

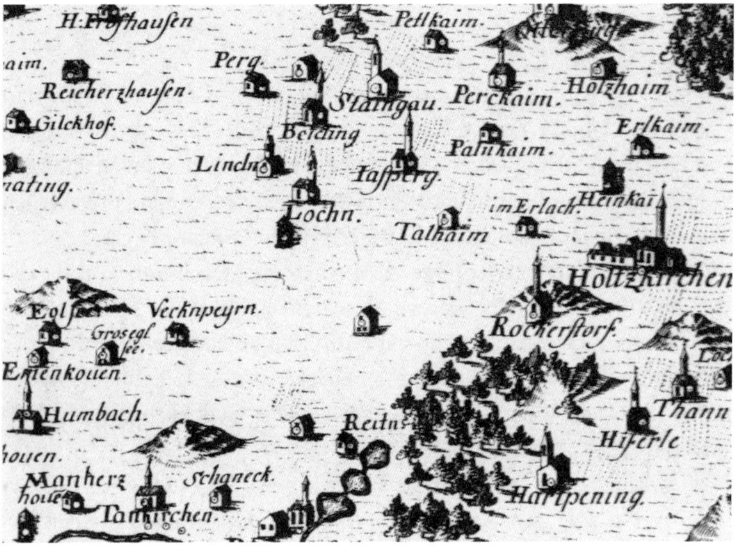

Ausschnitt aus Karte von Apian 16. Jahrhundert

Das Votivbild in der Roggersdorfer Kirche

In der kleinen Margarethenkirche von Roggersdorf, einem Tuffsteinbau aus der Spätgotik, wo sich auch eine St.-Leonhardfigur aus dem 14. Jahrhundert befindet, hängt ein Votivbild, das der Kirchenmaler Josef Griebl aus Feldkirchen 1872 im Auftrag der Hortbäuerin Maria Kunzenberger gemalt hat.

Die Bäuerin stiftete die Votivtafel, weil sie es im Jahre 1855 gelobt hatte, als sie bei einem Überfall auf ihren Hof durch eine Räuberbande, entweder der Marschaller Haberlbande (Anmerkung 117) oder ihren ebenso verrufenen Nachfolgern, fast zu Tode gekommen und in höchster Gefahr nur durch ihr Gebet gerettet worden war. Die Szene, wie die Frau in den Keller gesperrt und bedroht wird, ist auf dem Bild dargestellt.

Der Teufelsgraben

„Teufelsgraben" oder „Teufelsgrube" heißt ein tiefer Einschnitt in die Landschaft, der sich vom Kloster Reutberg am Kirchsee im Süden, zwischen Dietramszell und Kleinhartpenning am Hackensee vorbei bis nördlich von Holzkirchen zum Rand des Hofoldinger Forstes zieht. Über die Entstehung dieses Grabens, der kein Wasser führt (Anmerkung 118), erzählt man sich folgende Sage:

Es ist schon einige hundert Jahre her, da geriet ein Müller, der in diesem Gebiet seine Mühle betrieb – vielleicht die Pelletsmühl am Kirchseebach, aber das weiß niemand mehr so genau – in große Not. Eine lang anhaltende Trockenheit hatte einen solchen Wassermangel bewirkt, dass sein Mühlrad nicht mehr lief, und er alle Aufträge der Bauern ringsum, ihr Korn zu Mehl zu mahlen, ablehnen musste. Er verdiente nichts mehr und wusste bald nicht mehr ein noch aus. Da halfen kein Beten und kein Fluchen, es regnete einfach nicht und deshalb gab es auch kein Wasser.

„Wenn Du mir nicht hilfst, oh Gott", rief er da eines Tages voller Zorn, „so muss mir eben der Teufel helfen!"

Kaum hatte er diese frevlerischen Worte ausgesprochen, da stand der Gehörnte auch schon vor ihm, zog artig seinen Jägerhut, verbeugte sich spöttisch und fragte:

„Zu Diensten, Müller, was willst du von mir?“

Obwohl der Mann sehr erschrocken war, fasste er sich doch rasch und klagte dem Teufel sein Leid: „Seit Monaten kann ich kein Korn mehr mahlen, weil der Bach, der das Mühlrad betreiben soll, ausgetrocknet ist. Ich habe keine Arbeit mehr. Wenn das so weitergeht, verliere ich noch Haus und Hof! Was soll ich nur tun?“

„Dir kann geholfen werden, nichts leichter als das!“ lachte da der Böse. „Ich werde dir einen Graben machen und das Wasser der Isar an deiner Mühle vorbei in die Mangfall leiten. Dann hast du Wasser mehr als genug, ob es nun regnet oder nicht, und du wirst so viel zu tun bekommen, dass du bald ein reicher Mann sein wirst!“

Dem Müller gefiel dieser Vorschlag sehr gut und er fragte staunend: „Das könntest du wirklich bewerkstelligen?“

„Selbstverständlich“, erwiderte der Teufel und stieß ein meckerndes Gelächter aus. „Für mich ist das keine Schwierigkeit! Wenn dir damit geholfen ist, tue ich es gerne. Natürlich wäre da vorher noch eine Kleinigkeit zu erledigen“, fügte er ganz beiläufig hinzu, als handle es sich dabei nur um eine nebensächliche Formalität, „als Lohn für meine Arbeit musst du mir deine Seele verschreiben!“

Und er zog hurtig einen Vertrag für den Handel aus der Tasche.

„Halt, halt, so schnell geht das nicht!“ wehrte der Müller erschrocken ab. „Ich habe die Sache ja noch gar nicht richtig bedacht!“

„Dann eben nicht“, tat der Teufel beleidigt und steckte den Kontrakt wieder ein, „wenn du nicht willst, dann hättest du mich gar nicht erst zu rufen brauchen und mir den weiten Weg hierher ersparen können. Ein zweites Mal biete ich dir meine Hilfe nicht mehr an. Dann bleib eben dein Leben lang ein armer Tropf, du verdienst es nicht anders!“

„So habe ich das auch nicht gemeint“, lenkte der Müller ein und überlegte krampfhaft, wie er einerseits zu dem versprochenen Graben kommen, andererseits aber seine Seele behalten könnte. Dann sagte er: „Ich gehe nur auf diesen Handel ein, wenn der Graben von der Isar bis zur Mangfall schon morgen früh vor dem ersten Hahnenschrei fertig ist!“

„Das kann er gar nicht schaffen“, dachte er bei sich, „wenn er nur bis zu meiner Mühle gräbt, so dass das Wasser mein Mühlrad treibt, reicht es mir. Bis zur Mangfall muss der Graben ja gar nicht gehen."

„Top, es gilt!" rief der Böse und grinste schadenfroh, denn er wusste wohl um die Gedanken des Müllers. „Hier unterschreib!"

Mit zitternder Hand, denn es war ihm nun doch sehr ängstlich zumute, setzte dieser seinen Namen unter das verhängnisvolle Dokument.

„Nun hast du ausgesorgt, morgen früh vor dem ersten Hahnenschrei fließt das Wasser aus der Isar an deinem Haus vorbei, und deine Mühle klappert und mahlt wieder emsig!" versprach der Teufel und rieb sich abermals vergnügt die Hände. „Leg dich nur ruhig schlafen! Wer es mit mir hält, dem geht es hier auf Erden gut, hi, hi, hi, hi!" Wieder lachte er meckernd und verschwand.

Dem Müller aber war so bang ums Herz, dass er nicht schlafen konnte. Die Sorge, dass der Teufel das Unmögliche vielleicht doch möglich machen und die geforderte Arbeit in einer Nacht schaffen könnte, ließ ihn nicht los. Immer quälender wurden diese Gedanken, bis er es nicht mehr länger aushielt, mitten in der Nacht von seinem Bett aufsprang und zum Fenster hinausblickte.

Da traf ihn vor Schrecken fast der Schlag. Er sah Tausende und Abertausende von Höllengeistern, die mit unzähligen Händen in Windeseile einen tiefen Graben aushoben. Dieser führte bereits an seinem Haus vorüber und reichte schon so weit, dass er das Ende gar nicht mehr sehen konnte, wenngleich der Mond die gespenstische Szene hell beleuchtete. Obwohl bis zum Anbruch des Morgens noch einige Stunden Zeit waren, bestand kein Zweifel, dass das Werk in Kürze vollendet sein würde.

„Ich habe meine Seele verloren, verkauft wegen einiger Jahre des Reichtums! Ich bin für ewig verdammt!" kam es ihm mit Entsetzen zum Bewusstsein. Kalter Angstschweiß brach ihm aus allen Poren, und er war einige Augenblicke wie gelähmt. Dann aber schrie er voller Verzweiflung: „Das wollte ich nicht! Ich habe doch gemeint, dass der Teufel es nicht schafft! Lieber Gott, hilf mir, verlass mich nicht! Ich will nicht in die Hölle! Auf alles will ich verzichten, wenn ich nur meine Seele behalten darf! Hilf mir, lieber Gott, hilf mir! Was soll ich nur tun?“

Da, in seiner höchsten Not, kam ihm die Erleuchtung. Er wusste, es war keine Minute mehr zu verlieren. So rasch ihn seine Beine trugen, rannte er aus seinem Haus heraus und zum Hühnerstall hinüber. Dort schlug er mit einem Stock so kräftig an die Hühnerleiter und machte einen derartigen Lärm, dass der Hahn, vorzeitig aus dem Schlaf gerissen, zu krähen anhob.

Im gleichen Augenblick war der Teufelsspuk ringsum verschwunden. Es war aber auch höchste Zeit gewesen, denn der Graben war inzwischen schon bis hinter Holzkirchen fertig gewesen und es hatte nur noch ein kurzes Stück bis hin zur Mangfall gefehlt.

Mit wankenden Knien kehrte der Müller in sein Haus zurück, fiel dort vor dem Kreuz im Herrgottswinkel nieder und betete voller Dankbarkeit wie er noch nie in seinem Leben gebetet hatte. Wohl blieb er seiner Lebtag ein armer Mann, aber er hatte seine Seele für die Ewigkeit gerettet. Seit dieser unheimlichen Nacht, so heißt es, zieht sich der unvollendete Graben ohne Wasser vom Kirchsee bis zum Rand des Hofoldinger Forstes und er heißt bis auf den heutigen Tag nur „Teufelsgraben.“

Der Herzog und der Teufelsgraben

Etwas anders wird die Entstehungsgeschichte vom Teufelsgraben um 1850 von Alexander Schöppner überliefert (Anmerkung 119):

Ein Herzog von Bayern entzweite sich mit einem Bischof von Freising wegen des Isarzolls. Da gedachte er dem Bischof einen Possen zu spielen, wenn er mittels eines Grabens die Isar in ein neues Rinnsal (Anm. 120) *leitete, so dass sie Freising nicht mehr berührte. Das Werk war aber so schwierig, dass es nicht ausgeführt wurde. Die Leute erzählen auch, ein Riese oder der Teufel selbst habe den Graben gezogen, woher auch der Name geworden sei.*

Die Wallfahrt zu „Unserer lieben Frau von Linden“

Die idyllisch gelegene Kirche von Linden, mit einem sehenswerten Wandgemälde aus der Zeit um 1430, war einst eine beliebte Wallfahrtskirche. Zum Gnadenbild „Unserer lieben Frau von Linden“, einer aus Holz geschnitzten Figur der Schmerzhaften Muttergottes, zogen besonders zur Zeit der Gotik viele Pilger aus der Umgebung und fanden Erhörung in ihren Anliegen.

So ist urkundlich nachgewiesen, dass schon im Jahre 1450 auf dem Hause des *Michel Hausknecht, Floßmann zu München, 1 Pfund Wachs ewiger Gilt für unser lieben Frauen zu Linten im Wolfratshauser Gericht* ruhte. (Wolfratsh. Wochenbl. Nr. 98, 1905)

Die Wallfahrt ebbte zwar mit der Zeit etwas ab, lebte aber Ende des 19. Jahrhunderts wieder auf, und noch heute kommen Leute aus der Umgebung und suchen Trost und Hilfe bei der Gottesmutter zu Linden.

Die Römer in Linden

In Linden soll einst ein römisches Lager gewesen sein. Viele Funde, wie Ziegelsteine, Tonscherben, irdene Kochtöpfe und ähnliche Dinge, die Hauptlehrer Adam in den Dreißigerjahren des 20. Jahrhunderts in mühevoller Kleinarbeit aus einem Steinbruch zutage förderte, deuten darauf hin.

Der Kirchturm von Linden ist das größte Beweisstück. Der untere Teil ist noch von den Römern erbaut und vermutlich als Wachturm benützt worden, denn er war mit Schießscharten ausgestattet. Erst ab Höhe der Uhr wurde der Turm in späteren Jahrhunderten hochgezogen, was deutlich zu erkennen ist.

Die Rettung von Humbach vor den Franzosen

Die Kirche von Humbach ist der hl. Anna, der Mutter Mariens, geweiht. Der Legende nach hat die hl. Anna den Humbachern schon oft aus großer Bedrängnis geholfen, wie viele Votivtafeln beweisen.

Zur Zeit der Franzosenkriege zu Beginn des 19. Jahrhunderts drangen schreckliche Nachrichten von Gräueltaten, Brandstiftungen und Plünderungen der Soldaten auch nach Humbach. Voller Angst und Sorge baten die Dorfbewohner die hl. Anna um Schutz und Hilfe. Und sie wurden erhört. Als nicht lange danach umliegende Ortschaften von den Franzosen heimgesucht wurden, blieb Humbach wie durch ein Wunder verschont. Die Soldaten fanden den Ort nämlich nicht und marschierten daran vorüber, weil er unter einer dichten Nebeldecke vollständig verborgen lag.

Eine Votivtafel in der Kirche, datiert 1801, stellt diese Geschichte dar. Auch bei einer verheerenden Viehseuche um 1800 und beim Einmarsch der Amerikaner 1945 hat die hl. Mutter Anna, wie die Votivtafeln in der Kirche kundtun, geholfen.

Der Raberbichl bei Rampertshofen

Der Raber- oder Räuberbichl liegt etwas unterhalb der Kirche von Rampertshofen in nordwestlicher Richtung, nahe dem Abhang zur Isar hinunter. Er ist auf einem Feldweg, der links von der Straße, die von Peretshofen nach Einöd führt, abzweigt, zu erreichen.

In den umliegenden Wäldern sollen sich einst Räuber aufgehalten haben. Auch soll früher dort eine Burg gestanden sein. Man erzählt noch heute von drei geheimnisvollen weißen Frauen, die dort umgehen sollen. Noch vor 50 Jahren wollen sie manche gesehen haben. Von jeher galt dieser Platz als besonders unheimlich, und man blieb ihm, vor allem bei Dunkelheit, am besten fern. Mägde aus Rampertshofen, die dort Heu machen mussten, fürchteten sich meist nicht wenig und drückten sich, wenn es ging, vor dieser Arbeit. Unter dem Raberbichl sollen auch unterirdische Gänge sein (Anmerkung 121).

Das verschwundene Schloss von Rampertshofen

Dort, wo heute die schöne gotische Kirche von Rampertshofen ist, soll einst ein Schloss gewesen sein, das durch einen unterirdischen Gang (Anmerkung 122) unter der Isar hindurch mit Schloss Eurasburg und durch einen anderen mit Schloss Harmating verbunden war. Es ist sehr wahrscheinlich, dass die Sage auf Wahrheit beruht, und dort tatsächlich einst ein Schloss stand. Der Architekt Fritz Baer aus Thankirchen, der die Kirche in den Jahren 1952/53 restaurierte, genauestens untersuchte und im Zuge der Trockenlegungsarbeiten auch ringsum aufgraben ließ, schrieb darüber:

Die Westwand der Kirche ist später eingesetzt worden, sie hat keinen Verband mit der anderen Wand. Die Kirche war vermutlich früher ein Teil des Schlosses. Die Nordwand der Kirche besteht aus Material, das schon einmal verwendet war. Es wurden Steine verwendet, von denen man nicht einmal den Verputz abgeschlagen hatte. Ich habe einmal einen Teil der Wand, wo der Verputz abgefallen war, untersucht und gesehen, dass in den Fugen Verputz war. Die Kirche ist also aus Baumaterial eines früheren Gebäudes errichtet, das sogar bemalt war.

Der Architekt machte auch eine andere interessante Entdeckung, die vielleicht durch Luftaufnahmen, wie sie heute in der Archäologie oft Anwendung finden, zu untermauern wäre. Er schreibt:

Von dem Schloss weiß ich nur so viel: Wenn man dort hinausgeht zu der schönen Aussicht (Anmerkung 123), *dann sind dort lauter Wiesen. Ich kam einmal im Winter dorthin bei Sonnenuntergang. Es lag nur ganz dünner Schnee, so dass das Gras noch rausschaute. Im Streiflicht der tiefstehenden Sonne konnte ich deutlich eine kreisrunde Erhebung sehen, ungefähr 10 cm hoch und 6 m Durchmesser. Dort stand sicher ein Turm, der dann abgebrochen wurde.*

Bei Grabarbeiten für eine Starkstromleitung wurden in diesem Gebiet in etwa 2 m Abstand voneinander 4 - 5 Gräber, sowie mitten in der Wiese das gemauerte Fundament eines Hauses gefunden, das dann aufgerissen und abgetragen wurde. Fritz Baer war überzeugt, dass es sich dabei um Pestgräber gehandelt hat, weil die Toten außerhalb des Friedhofs bestattet waren. Das Fundament hat möglicherweise zum Schloss gehört. Er schreibt weiter:

Aber es gibt keine Zweifel, diese Burg Rampertshofen ist hier gestanden und die Kirche war die Schlosskapelle.

Im Zuge der Renovierungsarbeiten wurde wegen der Trockenlegung auch rund um die Kirche aufgegraben. Dabei wurden das Grab eines Ritters mit Schwert und zwischen den Füßen einem Tier (möglicherweise einem Hund) und das einer Frau mit einer Art Rosenkranz (35 Perlen wurden gezählt) freigelegt. Wahrscheinlich handelt es sich dabei, wie beispielsweise bei den unter der Kirche von Irschenhausen gefundenen Gräbern um solche aus der Merowingerzeit, also der Zeit zwischen 536 und 751 n. Chr. Noch heute stößt man, wenn auf dem Friedhof von Rampertshofen ein neues Grab angelegt wird, häufig auf Mauerreste (Anmerkung 124).

All diese Dinge sowie die Erwähnung des Schlosses in älteren Schriften unterstreichen die Annahme, dass an diesem Ort tatsächlich eines stand. Manche vermuten, dass die verschwundene Burg deshalb so gründlich dem Erdboden gleichgemacht worden war, weil sie möglicherweise den Andechsern gehört hatte, die sich bekanntlich in erbitterter Fehde mit den Wittelsbachern befanden, und deren Geschlecht immer wieder verfolgt wurde, bis es schließlich ausstarb.

Die seltsamen Lichter und der Kreuzschnalzer

Es war früher nicht ratsam, nach dem abendlichen Gebetläuten noch unterwegs zu sein. Wer sich zu dieser Zeit außerhalb des Bannkreises seines Dorfes oder gar bei einem Wegkreuz aufhielt, dem konnten seltsame Dinge widerfahren. Er konnte der Wilden Jagd (Anmerkung 62), feurigen Männern oder anderen unliebsamen Erscheinungen begegnen.

Wie in vielen anderen Gegenden Bayerns, erzählten auch die Leute von Bairawies, dass Bauern oder Rossknechte, die sich vor nichts fürchteten und noch nach Einbruch der Dunkelheit mit ihren Fuhrwerken unterwegs waren, plötzlich seltsame flackernde kleine Lichter über dem Kummet ihres Pferdes tanzen sahen.

Manch einem ist dann doch „ganz anders“ geworden und er hat sich rasch bekreuzigt, ein Stoßgebet gemurmelt und, wie es von alters her der Brauch ist, einen „Kreuzschnalzer“ (Hiebe mit der Peitsche in Kreuzform) gemacht.

Dann waren die unheimlichen Erscheinungen gewöhnlich ebenso plötzlich wieder verschwunden, wie sie erschienen waren.

Eine unheimliche Begebenheit aus Bairawies

Zur Zeit des 2. Weltkriegs arbeitete ein junges Mädchen, das von auswärts stammte, in Bairawies. Als es eines Tages nach Tölz unterwegs war, wurde es bei Unterleiten erschossen.

Wie es heißt, fand das so jäh und unerwartet mitten aus dem Leben gerissene Mädchen keine Ruhe im Grab. Im Haus der Nachbarin, in dem es sich zu Lebzeiten oft aufgehalten hatte, ereigneten sich von Stund an seltsame Vorfälle. Wann immer die Rede auf die Ermordete kam, blieb entweder plötzlich die Uhr stehen oder fiel ganz von der Wand, ging das Licht aus und ähnliche Dinge mehr. Es dauerte geraume Zeit, bis die merkwürdigen Ereignisse ganz plötzlich wieder von alleine aufhörten.

Das Sühnekreuz bei Einöd

In Einöd nahe Dietramszell stand mindestens bis 1867 ein altes Sühnekreuz (Anmerkung 18) aus verwittertem Stein in einer Wiese bei der Grabenmühle. Auf einer Vermessungskarte aus dem Jahr

1856 trägt diese den Namen „Bei der Martersäule“. Welche Bluttat hier stattgefunden hat, wegen der das Sühnekreuz hatte aufgestellt werden müssen, ist heute nicht mehr bekannt.

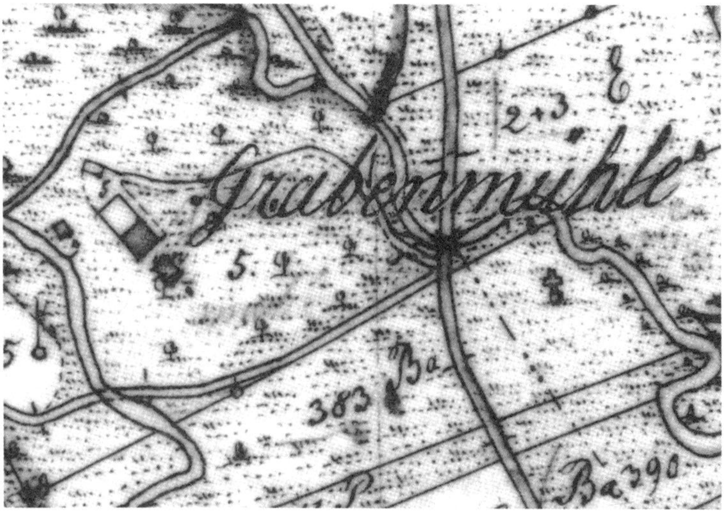

Standort des Sühnekreuzes auf einer Vermessungskarte von 1856

In der 2. Hälfte des 19. Jahrhunderts wurde das Sühnekreuz bei der Grabenmühle an seinem Standort in der Erde vergraben und vergessen. Anfang der dreißiger Jahre des 20. Jahrhunderts wurde es beim Umpflügen der Wiese wieder entdeckt und am Straßenrand nahe der Einfahrt zur Grabenmühle aufgestellt.

Bei der Verbreiterung der Straße von München nach Tölz im Jahr 1956 riss ein Bagger es aus der Erde, weil es die Arbeiten behinderte. Kurz darauf war es verschwunden und wurde nicht mehr gefunden.

Niemand weiß, was weiter mit dem Sühnekreuz geschah.

Das Wappen des Mauren

Der Sage nach sollen Einwanderer aus Böhmen, von der einheimischen Bevölkerung „Wenden“ genannt, im 14. Jahrhundert mehrere Mühlen im Isartal gebaut und auch betrieben haben. Seit dem Jahr 1615 – also noch vor dem Dreißigjährigen Krieg – befand sich an einem der Mühlenhäuser, in Einöd, das Porträt eines fremdartigen Fürsten – wohl aus dem Land der Mauren – und daneben sein Wappen mit einem Elefantenrüssel, dazu die Jahreszahl 1615. Bis zum Jahr 1870 war die Malerei zu sehen, dann wurde sie aus unbekannten Gründen entfernt.

Niemand weiß, wer dieser geheimnisvolle Fürst war, auch nicht, warum sein Bildnis über Jahrhunderte hinweg an der Mühle zu bewundern war. Der Sage nach soll es sich bei dem Porträtierten um einen sehr bedeutenden Mann aus dem Orient, einen reichen Kaufmann, einen hohen Offizier oder sogar einen Fürsten gehandelt haben. Er soll hier mit einem Floß gelandet sein und Hilfe erhofft haben, weil er schwer herzkrank war. In der Mühle soll er bis zu seinem Tod, der bald danach eintrat, gepflegt worden sein. Wie es heißt, wurde das Gemälde an dem Haus zu seinem Gedenken angebracht.

Die Erscheinung bei der Kapelle von Punding

Mitte des 20. Jahrhunderts ging einmal eine Frau auf dem Fußweg durch den Wald von Bairawies nach Thankirchen, wo sie in die Kirche wollte. Als sie bei der kleinen Kapelle nahe Punding angelangt war, hatte sie ein höchst seltsames Erlebnis. Ganz deutlich sah sie mit einem Mal dort ihre Schwägerin.

Das wäre nicht weiter verwunderlich gewesen, doch war die Schwester ihres Mannes bereits tot, vor kurzem verstorben, und nun stand sie da, als wäre sie aus Fleisch und Blut! Als sich die Frau von ihrem ersten Schrecken erholt hatte und die Gestalt ansprechen wollte, war diese ebenso plötzlich, wie sie erschienen war, wieder verschwunden.

Das Keltenheiligtum in Thankirchen

Das Baptisterium in Thankirchen stammt noch aus dem Jahr 795. Der Sage nach befand sich an gleicher Stelle vorher ein keltisches Heiligtum, wie an vielen anderen Orten, wo bei der Christianisierung ein Platz, der den Leuten von jeher als heilig galt, beibehalten und mit Symbolen oder Bauten des neuen Glaubens versehen wurde (Anmerkungen 68). Sigrid Heuck bemerkt dazu:

Der Name Thankirchen kommt vermutlich aus dem Keltischen. Idun ist das keltische Wort für Anhöhe. Mit Tannen hat die Bezeichnung nichts zu tun, da es damals überwiegend Laubwald gab.

Die feurige Kugel bei Habichau

Noch in seiner Schulzeit vor 65 Jahren, so berichtet der Erzähler, war zu bestimmten Zeiten, besonders um die Maienzeit oder im Advent, in dem Moorgebiet zwischen Habichau und Leiten eine hellleuchtende feurige Kugel von etwa 30 cm Durchmesser zu sehen, die manchmal, ohne sich zu bewegen, über einer bestimmten Stelle schwebte, manchmal sich langsam fortbewegend im Moor verschwand. Er selbst und andere Schulkinder haben dort die Kugel mehrmals beobachten können, wenn sie beispielsweise am Abend von der Maiandacht heimkehrten; auch sein Vater und andere Männer, die bei Dunkelheit nach dem „Schafkopfen“ (Kartenspiel) nach

Hause gingen. Bis heute weiß aber niemand, was sie zu bedeuten hatte. Es wird vermutet, dass es sich vielleicht um eine Arme Seele gehandelt hatte, die nun erlöst ist, denn die feurige Kugel wurde nun schon sehr lange nicht mehr gesehen.

Der Reut-Schimmel

Der 75 Jahre alte Erzähler dieser Geschichte berichtete mir im Jahr 2015, was ihm seine Tante, geboren im 19. Jahrhundert in Habichau, in seiner Kindheit mitgeteilt hatte: An einem Baum am Weg von Habichau nach Hechenberg (zu Lebzeiten der Tante war es eine Tanne, später einer Buche) hing früher ein überdachtes Taferl mit einem Spruch, das Vorübergehende mahnen sollte, ein kurzes Gebet für die Armen Seelen zu sprechen (Anmerkung 125).

Der Sage nach sollen an dieser Stelle drei Ritter vergraben liegen. Wer sie waren und warum sie hier bestattet sind, weiß aber niemand mehr. Wie es weiter heißt, treibt hier der geisterhafte „Reut-Schimmel“ sein Unwesen. Man soll ihn zu bestimmten Zeiten durch den Wald und über die Wiesen galoppieren sehen können. Als der Bruder des Erzählers einmal am Abend zum Ministrieren ging und durch das Gebiet vom Reut-Schimmel musste, vernahm er plötzlich ein seltsam rhythmisches Klopfen, das er sich nicht erklären konnte und das ihm große Angst einjagte. Die verließ ihn erst wieder, als er den Wald erreicht hatte.

Der Reut-Schimmel soll zwar unheimlich und wie nicht von dieser Welt wirken, hat aber bisher niemandem etwas Böses zugefügt, auch wenn er früher als Kinderschreck galt.

Anmerkungen und Kommentare

1) Ähnliche Sagen mit leichten Änderungen – manchmal wird von schwarzen, halbschwarzen oder weißen Schwestern gesprochen – gibt es von vielen Orten; vgl. Panzer I 34 Gögelefräulein bei Weilheim; Panzer I 47 Schlossberg Wolfratshausen, hier S. 273; Schatzberg bei Dießen S. 142 u. Anm. 81.
Schweizer S. 100: *Die drei geheimnisvollen weiblichen Wesen haben schon in der Antike eine Parallele in den drei Parzen oder Moiren, von denen die erste den Lebensfaden spinnt, die zweite ihn auszieht und die dritte ihn abschneidet. Zwei dieser Schicksalsvertreterinnen haben also ein erfreuliches, helles Gesicht für den betroffenen Menschen, die dritte aber ein düsteres und trauriges. Von diesem Standpunkt aus sucht man zu verstehen, warum eines der Fräulein immer schwarz oder halbschwarz geschildert wird.*
Manche vermuten auch, dass sich hier die Erinnerung an die germanische Mythologie im Volk erhalten hat und dass die drei jungfräulichen Nornen gemeint sind, in der nordischen Mythologie die Göttinnen der Zeit und des Schicksals: Urdh (Vergangenheit), Verdhandi (Gegenwart), Skuld (Zukunft). Sie weilen am heiligen Brunnen der Urdh, der ältesten der drei Jungfrauen, unter dem Baum Yggdrasil und bestimmen das Schicksal von Menschen und Göttern.

2) R. Wünnenberg S. 30: *Die dortige Schwefelquelle soll schon den Römern bekannt gewesen sein.* Herzog Wilhelm IV. richtete dort später ein Bad ein (um 1510), Wünnenberg dazu: *Er setzte eine Behörde mit Baderichter, Schreibern und Dienern ein. Für die Armen wurde eine Bretterhütte mit Wannen und einem Kessel zum Anwärmen des Wassers gebaut. Holz stand bereit. Die Reichen hatten eigene Badeanlagen in Bretter- und Laubhütten.* Das Bad wurde im Dreißigjährigen Krieg zur Heilung von Leprakranken benutzt. Es wurde aber von den Schweden zerstört und erst um 1810 wieder aufgebaut.

3) Schweizer S.105: *Die Verehrung der drei Fräulein als Heilige zeigt uns, daß gerade in unserem Lech-Isarland die Anpassung vorchristlicher Glaubensvorstellungen an den Christenglauben wohl früher und intensiver vor sich ging als anderswo...*
Vgl. auch die Symbolik „Drei heilige Madl" = Barbara, Katharina, Margaretha (im Volk als Barbara mit dem Turm, Katharina mit dem Radl, Margaretha mit dem Wurm = Lindwurm bekannt).

3a) 1164-1200 in Urkunden des Klosters Schäftlarn als „de Karlsperch". Weithmann S. 201: *...Burgname weist auf fränkisch-karolingische Regenten hin. Die Karlsburg wäre demnach ursprünglich eine karolingische Pfalz gewesen...*

4) Weithmann zum Burgstall auf dem Karlsberg S. 200: *Umfangreiche Höhenburg, Hauptburg etwa 50 m über der Würm. Nach Norden und Westen steil zur Würm abfallend, im Osten durch eine Vorburg und umfangreiche Erdwerke (Wälle und Graben) gesichert. Das Wall/Graben System stammt wahrscheinlich* *von einer Befestigung aus der Zeit der Ungarneinfälle (10. Jh.), die urkundlich bezeugte hochmittelalterliche Burg dürfte zu Beginn des 12.Jhs. innerhalb dieser älteren Befestigungen angelegt worden sein. Grundmauern des Berings, der die Hauptburg ringförmig umschloss, noch sichtbar; Nordwestseite aus behauenen Feldsteinen (z. T. 1 m Durchmesser), Südseite mit kleineren Feldsteinen...*

5) Nach TZ vom 4.3.2004: *Im Würmtal, nur wenige Gehminuten von der ehemaligen S-Bahnhaltestelle Mühltal kommt man auf einem Forstweg entlang der Bahn zu keltischen Hügelgräbern. Dort befindet sich das Grab einer Druidin, die für ihre Zeit ungewöhnlich groß (1,80 Meter) war und mit einem Sonnenrad in ihrer rechten Hand gefunden wurde.* Dieses Grab ist heute erneut eine Kultstätte geworden, denn Menschen aus unserer Zeit, die sich selbst als Hexen oder Hexer bezeichnen und die sog. „Weiße Magie" ausüben, lassen dort Bilder oder Hexenbändchen im Wind flattern.

6) Weithmann schreibt S. 564: *Burgstall am östlichen Würmufer... mit Burgstallvorwerk am westlichen Würmufer zwischen Fluss und Straße nach Gauting.*

7) Pippin der Jüngere, bzw. der Kleine von 714 -768

8) Sieghart/ Widmann S. 25 nach einer Weihenstephaner Chronik des 13. Jahrhunderts: *...so ist in der Reismühle zwischen Mühltal und Gauting Kaiser Karl der Große am 2. April 742 geboren worden und Mühltal ist heute Bahnstation von Leutstetten. Von diesem Kloster Leutstetten heißt es, dass es von einer Tochter Karls des Großen, Prinzessin Gisela, um das Jahr 800 an das benachbarte Benediktinerkloster Schäftlarn geschenkt worden ist.*
Viele andere Orte aber erheben ebenso den Anspruch, sein Geburtsort zu sein. Ulrich Reincke, geb. 1921, dazu in einem Leserbrief mit einer interessanten Theorie zum umstrittenen Geburtsort von Karl dem Großen: *Vom verstorbenen Generaldirektor der Alten Pinakothek in München Prof. Dr. Ernst Buchner wurde mir Folgendes, während eines privaten Besuches, über den angeblichen Geburtsort von Karl dem Großen in der Reismühle zu Gauting im Würmtal erzählt: Nachweisbar sei, dass karolingisches und bajuwarisches Gebiet in der dortigen Gegend ihren Grenzverlauf hatten. Etwa im Geburtsjahr des späteren Karl d. Gr. soll es dort zu Grenzstreitigkeiten gekommen sein. Die karolingische Seite wurde von Pippin (Vater von Karl d. Gr.) angeführt. Zur damaligen Zeit war es noch teilweise üblich, dass die Gemahlinnen der Heerführer den Tross begleiteten. Im Verlauf der genannten bewaffneten Grenzstreitigkeiten brachte die Gemahlin Pippins ihren Sohn Karl zur Welt. In Anbetracht dieses Umstandes wurde sie verständlicherweise außerhalb der unmittelbaren Gefahrenzone, eben zur Reismühle in Gauting an der Würm gebracht und zu ihrem persönlichen Schutz eine Gruppe zuverlässiger Krieger und ein Mönch als geistiger Beistand beigegeben. Zum Verständnis und zur Erklärung der folgenden Situation muss darauf aufmerksam gemacht werden, dass die regierenden Persönlichkeiten zur damaligen Zeit und auch noch später häufig keineswegs von einer befestigten Örtlichkeit (z.B. Festung oder Burg) aus regierten, sondern*

vielmehr zur Ausübung der höheren Gerichtsbarkeit oder aber zur Schlichtung von Grenzstreitigkeiten mit ihrer Streitmacht von Ort zu Ort bzw. von Land zu Land zogen. Es darf daher angenommen werden, dass Pippin unmittelbar nach Beendigung der Grenzstreitigkeiten im Würmtal, wie so oft z. B. zur Abwehr von damals häufigen Slaweneinfällen, kurzfristig und schnell das Würmtal verlassen musste unter Zurücklassung des neugeborenen Sohnes Karl mit seiner Mutter. Nachdem Mutter und Kind sich erholt hatten, begann eine strapaziöse und gefahrvolle Rückreise im Schutz der Soldaten und des Mönchs. Mit Überfällen und Entführung musste daher gerechnet werden. Aus diesen zwar nur vermuteten aber nicht unrealistischen Gegebenheiten dürfte sich im Laufe der Jahrhunderte die Sage von der Geburt Karl d. Gr. in der Reismühle entwickelt haben. Karl d. Gr. wurde für damalige Verhältnisse sehr alt. Sein Todesjahr ist bekannt. Rechnet man von diesem das Lebensalter ab, so ergibt sich das Geburtsjahr in welchem die genannten Grenzstreitigkeiten stattgefunden haben sollen. Auf die berechtigte Frage, warum der Geburtsort nirgends urkundlich erwähnt wird, gibt es folgende Erklärung: Zur damaligen Zeit war es gewissermaßen unstandesgemäß, wenn ein Herrscher von Format und Bedeutung wie Karl d. Gr. in einem unbedeutenden Bauernhaus, bzw. Mühle und nicht auf einem fürstlichen Stammsitz das Licht der Welt erblickt hat. – Soweit die Erzählung während einer privaten Unterhaltung mit Prof. Dr. Ernst Buchner, welche ich gerne der Nachwelt weitergeben möchte. 15. 11. 2001 Ulrich Reincke
In dieser Gegend um Gauting sind karolingische Reihengräber gefunden worden und in Gauting selbst hat Karl der Große – wie geschichtlich nachgewiesen ist – Hof gehalten. Sogar Kaiser Napoleon ließ sich bei einem seiner Feldzüge die Reismühle zeigen, um die Geburtsstätte von Karl dem Großen zu sehen.

9) Reichert S.133: *Im Anfang war ein befestigter Platz, der sich die Lage an der Würm zunutze machte. Kein Zweifel dürfte bestehen, dass das Geschlecht der Fuß – wie auch für das andere Fußberg westlich Dachau – Namensgeber für eine vielleicht schon lange bestehende Anlage war*

10) Wünnenberg S. 36: *Früher hieß sie einmal Biberschanze volksetymologisch nach dem althochdeutschen „pipurc" (=Burg).*

11) Die sog. „Hohe Jagd" war ein Privileg der Herzögen und Kurfürsten, die niedere Jagd stand dem Kloster zu. Bei „Gnadenjagden" gestattete der Kurfürst auch dem Adel oder der Geistlichkeit gegen eine besondere Gebühr die hohe Jagd. Die Bauern durften früher ihre Felder nicht einzäunen, um sie vor Verbiss durch das Wild zu schützen, damit das Jagdvergnügen des Landesherrn nicht beeinträchtigt wurde. *Damit die Hunde nicht jagen konnten, mussten sie stets mit einem schuhlangen angehängten Prügel herumlaufen, ja in Tirol musste 1567 allen Hunden in Innsbruck und Ambras ein Vorderfuß abgeschlagen werden, damit sie außer Stand seien, dem Wilde nachzulaufen.* Chronik des oberen Leitzachtales, Brunhuber 1928, S. 731

12) Vgl. Loachholz S. 52, Pudl bei Grünsink S. 43, Schwarzer Hund v. Percha S. 250, Gastapudl v. Wolfratshausen 303, Geisterpudel am Klosterweg 320.

13) Dazu Lüers S. 28: *...zu der Überzeugung gekommen, dass der Hexenglaube einer der ältesten Bestandteile unseres Volksglaubens überhaupt ist, dessen Ursprung sich wohl kaum jemals zeitlich genau wird festlegen lassen, da seine Herkunft über die Zeit greifbarer Überlieferung unseres Volkes hinausgeht.* Hexen wurde nachgesagt, dass sie Unglück über Mensch und Tier, über Haus und Hof bringen konnten, wenn die Menschen sich nicht durch bestimmten Abwehrzauber – wie etwa Trudenfuß, geweihte Gegenstände oder Bannmittel – geschützt hatten. Wenn einer sein Ross im Stall völlig verschwitzt und schäumend vorfand, ohne dass er es geritten hatte, wenn ein Pferd über Nacht in Schweif und Mähne Tausende von Zöpfchen eingeflochten hatte oder sich plötzlich wie verrückt benahm, so war sicher eine Hexe daran schuld. Ebenso bei plötzlichem Viehsterben. Früher glaubte man auch, dass Hexen den gefürchteten Hagel auf bestimmte Plätze herabwünschen könnten, bestimmte Glocken aber die Macht hätten, diese davor zu bewahren. J. N. Sepp 1876 nach Lütolf 221 f: *Wider Glocken sind Hexen ohnmächtig. Findet man Haare von Menschen oder Thieren in Hagelschlossen, so ist dieß ein Zeichen, daß Hexen dabei im Spiele waren. Eine große Haarlocke in einem Häfelein, welches Haar an einem Samstag nach der Vesper gestrählt worden, mit einem Stecken umgerührt in Tausendteufelsnamen, dann umgestoßen, liefert gefährliche Schlossen.* So eine Teufelsbündlerin konnte viel Schaden anrichten. Leoprechting S. 29*: So besteht eine ihrer Hauptkünste im Milchentziehen fremder Kühe. Hiezu gibt es unzählige Mittel. Denn nicht nur, dass sie des Nachts in einen Stall, der leichtsinniger Weise christlicher Bannsegen entbehrt, eindringen können, wo sie es dann leicht haben, an den wirklichen Eutern des Kuhviehs zu melken die ganze Nacht hindurch, sondern sie vermögen sich auch solche Zauber zu verschaffen, vermöge welcher sie aus Grassäcken, Milchtüchern, Zaunstecken im Namen des Eigentümers Milch melken als wie an den Eutern der Kühe derselben. Will man nun solche Kühe morgens melken, geben dieselben natürlich keinen Tropfen Milch...* S. 39 zu Trudenfuß: *Dies ist eines der geheimnisvollsten Zeichen aus dem tiefsten Altertum voll wunderbarer Kraft gegen jedwede Art von Zauberei. Er besteht meist aus zwei wie in a) ineinander gefügten Dreiecken, doch kann man ihn, besonders in älteren Zeiten, auch wie b) abgebildet finden.*

a)

b)

Er wird zwar aus allen möglichen Stoffen gebildet, oder nur auf solche hingemalt, doch am gewöhnlichsten und liebsten macht man ihn aus rothem Wachs, und zwar aus dem an Maria Kerzenweih geweihten rothen Wachstocke der Frauen. ...Schon der Name dieses Zeichens deutet darauf hin, wozu es am kräftigsten gebraucht wird. Gegen die Truden. Man findet daher den Trudenfuß an Häusern, Stallungen und besonders an Bettstatten.

1855 beschreibt Karl v. Leoprechting, woran man nach dem Glauben der Leute eine Hexe erkennen könne: *Die Hexe erkennt man schon von weitem am Gang und das Gesicht trügt selten, hat sie aber gar noch rote Gluderaugen,*

dann weiß man sicher, wie viel Uhr es mit ihr geschlagen hat. So kennt man auch die Trud beim ersten Blick, denn deren Augenbrauen gehen in verkehrter Richtung statt den Schläfen der Nasenwurzel zu, und je borstiger sie sich steifen, je ärger sind sie zu scheuen.
Heute bezeichnen sich vermehrt Frauen als Hexen der sog. Weißen Magie und betreiben Kräuterkunde oder – wie sie behaupten – heilende Rituale. Sie bekennen sich zur „Weißen Magie" (vgl. Anmerkung 5), weil sie Mensch und Tier nicht schaden wollen, ganz im Gegensatz zur „Schwarzen Magie", die aber auch vielerorts eine Renaissance erlebt, wie viele Plätze, an denen auch heute noch (!) Satansrituale und Schwarze Messen mit Opferung von Tieren gefeiert werden, zeigen.

14) Zur Geschichte der Arnoldusglocke schreibt Gustl Empfenzeder S. 233: *In der Gilchinger Chronik steht, dass die Glocke beim Pflügen eines Ackers am Klingenberg freigelegt wurde. Vielleicht hat man sie in den Wirren des Dreißigjährigen Krieges vergraben, um sie vor Verlust zu bewahren... Die Umschrift: „Me fundi fecit Arnoldus sacerdos de Giltekin" nennt den Auftraggeber. Arnold, der ortsansässige Priester (1162-1194) und sein Bruder Wernher besaßen die Kirche zu eigen.* 1913 bekam die Arnoldusglocke einen Riss, weil zwei Glocken zu stark geläutet wurden, und gegeneinander sowie gegen die Kirchturmmauern schwangen. Die Beschädigung der historischen Glocke konnte erst 1927 durch einen Glockengießer aus Nördlingen behoben werden.

15) Vgl. S. 50 „Die Glocke von Drößling".

16) Die Geschichte dieses Gedenksteines wurde von dem Schreinermeister Fritz Sutor, einem der letzten Überlebenden dieser furchtbaren Schlacht seiner Kompanie, der am 25.11.76 verstarb, noch auf dem Krankenbett diktiert, um sie vor dem Vergessenwerden zu bewahren

17) Ein sog. „Hungersee" war auch der Hackensee. Dieser See in der „Teufelsgrube" bei Kleinhartpenning nahe Holzkirchen gilt wie der Längensee bei Sachsenkam oder der Urdelbach bei Schliersee als „Urdel- oder Hungersee", das heißt als Vorankünder guter oder schlechter Ernten.
Wenn der Hackensee bei Holzkirch austrocknet, wie im Winter und Frühjahr 1856, dann, geht die Prophezeiung, wird das Getreide wohlfeiler. Früher verließ man sich förmlich auf dieses Wasser. J. N. Sepp 1876.

18) Früher wurde ein Mord oder ein Totschlag nicht zwangsläufig mit der Todesstrafe geahndet, vielmehr musste jemand, der solch eine Blutschuld auf sich geladen hatte, eine hohe Geldsumme an die Hinterbliebenen seines Opfers zahlen und an der Stelle des Verbrechens ein Sühnekreuz aus Stein errichten. Hochgestellte und reiche Leute, die solch ein Verbrechen begangen hatten, kamen aber nicht mit einem Sühnekreuz davon. Sie mussten auf Kreuzzüge gehen oder aber Kirchen oder Klöster stiften. Darum verlangte Papst Alexander IV. von Herzog Ludwig II, genannt der Strenge, nach dem Mord an seiner Gattin Maria von Brabant und deren Hofdame, den er aus blinder Eifersucht und Jäh-

zorn begangen hatte, als Sühne für seine Bluttaten die Errichtung eines Klosters. Es war für Ludwig nicht einfach, das Sühnekloster nach den Bedingungen des Papstes zu errichten, der eine „Kartause" gefordert hatte. Damals gab es noch keine Kartäuser in Bayern. Nach erneuter Rücksprache mit dem Heiligen Vater gestattete dieser auch eine Übernahme des Klosters durch die Zisterzienser. 1263 ließen sich schließlich die Mönche zuerst in Holzhausen in der Nähe des Marktes „Prugg" auf des „Fürsten Feld" nieder. 1270 wurde der Bau des Klostergebäudes und der Kirche in Backstein begonnen und 1290 vollendet. 1717, nach Abbruch der alten Bauten, wurde die heute bestehende barocke Anlage errichtet. Sühnekreuze stehen auch beispielsweise bei Greifenberg nahe Landsberg (vgl. S. 122), bei Wimmern und bei Jechling nahe Teisendorf, bei Neusillersdorf, bei Straß zwischen Teisendorf u. Freilassing, in Kay bei Tittmoning oder bei Sumpering im Bayrischen Wald, um nur einige zu nennen. Auf einem Felsen über der Berchtesgadener Ache bei Marktschellenberg steht ein quadratischer Turm mit hohem Zeltdach aus dem 13. Jahrhundert, der Paßturm. Hier gibt es noch ein Sühnekreuz aus dem Jahr 1382. Warum es damals errichtet werden musste, weiß heute niemand mehr zu sagen. Es muss aber hier einmal eine Bluttat geschehen sein, die der Schuldige durch das Aufstellen des Steinkreuzes sühnen sollte. Solche Sühnekreuze durften nicht versetzt werden, auch wenn sie mitten in einem Feld oder an sonst einem ungünstigen Platz waren, weil nach dem Glauben der Leute sich der Tote dann rächen würde. Aus diesem Grund wurden viele Sühnekreuze, die besonders störend im Weg standen oder in unseren Tagen den Betrieb der landwirtschaftlichen Maschinen beeinträchtigten, an der Stelle, wo sie sich befanden, in der Erde vergraben.
P. u. R. Werner S. 18: *Eine andere Deutung wäre die, dass Angehörige oder Nachkommen eines Totschlägers, welcher ein Sühnekreuz setzen musste, dieses heimlich vergruben – um so die Erinnerung an die Untat, welche einer aus ihrer Sippe verübt hatte, auszulöschen.*

19) Unter den drei Söhnen von Caspar wurde das Erbe nach einem verbrieften Erbvertrag wie folgt aufgeteilt: Georg bekam Seefeld und Dünzelbach, Adam erhielt Stein und Pertenstein, an Veit fielen Tüßling und Jettenbach. Von Kaiser Maximilian wurde um 1566 das Haus Törring in den Freiherrnstand, später, im Dreißigjährigen Krieg um 1630, in den Reichsgrafenstand erhoben. Gustl Empenzeder ergänzt dazu: *Seit altersher hatten die Törrings das Amt des Oberjägermeisters und das Banneramt inne. Zwei Erbämter, die im herzoglichen und churfürstlichen Bayern im Hochadel höchst begehrt waren.*

20) Früher, bis ins 19. Jh. hieß der See „Asee" oder „Ausee"; werd oder wörth bedeutet „Insel" (vgl. „Wörth" im Starnberger See, „Frauenwörth" oder „Herrenwörth" im Chiemsee, „Wörth" im Staffelsee usw.). Der Name Wörthsee (See mit Insel) wird erst später gebräuchlich.

21) Verbrechen des Grenzpfahl- oder Grenzsteinversetzens waren in früheren Zeiten nur schwer nachweisbar. Es entsprach dem damaligen Gerechtigkeitsempfinden, dass solche Missetäter wenigstens in der Ewigkeit dafür zur Rechenschaft gezogen wurden, wenn es die irdische Gerichtsbarkeit nicht konnte.

Insel im Wörthsee. D. Hummel um 1800

Daher sind Sagen von Grenzsteinversetzern aus dem ganzen deutschsprachigen Raum und weit darüber hinaus bekannt. Dazu Dr. Bruno Schweizer 1952: *Schon im Muspilli, dem altbairischen Gedichte in Stabreimen, das um 870 niedergeschrieben wurde und den Weltuntergang behandelt, kommen die ergreifenden Worte vor:*
...Denne daz preita wasal allaz verprinnet
(Dann verbrennt die ganze weite Welt)
enti vuir enti luft iz allaz arfuipit
(und Feuer und Sturm fegt alles hinweg)
war ist denne diu marha, dar man dar eo mit sinen magon piehe?
(wo ist dann der Grenzpfahl, um den einer dereinst mit seinen Verwandten stritt?)
diu marha ist farprunnan; diu sela stet pidwungan.
(der Grenzpfahl ist verbrannt; die Seele aber steht geängstigt da.)
... Deshalb glaubt das Volk, daß einer, der den Grenzpfahl versetzt oder verrückt („übermarcht") hat, so lange umgehen muss, bis man ihn erlöst und das kann nur geschehen, wenn das Verbrechen der Grenzsteinveränderung wieder gut gemacht wird.

22) Diese Kapelle wird schon um 1469 erwähnt.

23) Im Erlinger Sterbebuch steht geschrieben: *Maria, im Volksmund „Kutten-Miedl" genannt, deren Familienname niemand bekannt war, die uneheliche Tochter eines sächsischen Adeligen, eine sicher fast 80-jährige Jungfer, die seit 40 und mehr Jahren ein in Lebensart, Kleidung und Schlafensweise sehr hartes Dasein führte und weder einen Mantel in Gebrauch hatte, noch ein Bett – mit*

Ausnahme während ihrer letzten Krankheit, wo sie es verlangte und schärfstens darauf drängte –, ist aus diesem Tal der Tränen (vulgo Kiental, in dem sie nicht nur die Sommer über, sondern auch während vieler Winter in einer Felsenhöhle nächtigte), nach dem demütigstem Empfang der Sakramente im Frieden Gottes heimgegangen, hinaus zu den Hügeln des Ewigen Friedens.

24) In „Andechs" schreibt Christian Pescheck S. 24: *Er fand dabei unter anderem eine Hypokaust-(Bodenheizungs-)Zierplatte mit der Inschrift „Auriolus". Nachfolgende Zerstörungen und die Beseitigung eines Kellers mit siebenstufiger Treppe bewogen den damaligen Prior des Klosters Andechs, P.. Magnus Sattler, 1886 zu weiteren Grabungen. 1888 fand Hauptmann a. D. Hugo Arnold weitere Mauern, besonders das zugehörige Bad.*

25) Empfenzeder. S. 18: *Mittlerweile ist das Feld Raingrub restlos ausgeräumt. Dieletzten Steine fuhren die Bauern nach Hause... Das Bächlein, das die Wasserzuführung zum Bad übernahm, ist heute noch vorhanden.*

26) Ramsee brannte im 19. Jh. ab, die übrigen Gebäude wurden abgerissen und an der Stelle, wo sich Ramsee befand wurde ein Gedenkstein errichtet, auf der steht: *Hier stand die Ortschaft Ramsee mit Kirchlein St. Nikolaus, abgebrochen 1860 resp. 1864.* Empfenzder S. 105: *In der weiteren Umgebung haben wir* *klassische Beispiele solcher „Siedlungs-Auflassungen“, so Entzenhofen oberhalb von Inning, die Schwaige Kreuzing im Kreuzlinger Forst oder der Plattenstein bei Herrsching und der Spornried bei Erling. Die noch von Michael Wening im Stich erhaltene Toerringsche Schwaige Oberndorf am Wörthsee wurde in unseren Tagen abgebrochen.*

27) Geschichten von anderen Geistermessen aus der näheren Umgebung werden beispielsweise von der Friedhofskirche in Dießen, von St. Georgen bei Dießen, von Schloss Mühlfeld am Ammersee, aber auch aus Gelting, Reichenhall, Ramsau, St. Bartholomä, St.Salvator bei Prien oder der Kapelle von Bruck am Seehamer See, um nur einige zu nennen, und vielen anderen oberbayerischen Orten erzählt, jedoch ebenso aus Nürnberg, Würzburg, vom Ochsenkopf oder aus Neustadt, um nur einige Orte außerhalb von Oberbayern zu nennen.

28) Es verlief üblicherweise ähnlich, wie das in Althegnenberg (Landkreis Fürstenfeldbruck) noch um 1800 veranstaltete Jaudasfeuer, von F. Panzer beschrieben (I Nr. 236): *... noch der Brauch, daß die Bursche des Ortes am Karsamstag Holz sammelten und damit auf dem Getreidefeld einen Scheiterhaufen machten. Auf einer hohen Stange wurde ein Kreuz gemacht, dieses ganz mit Stroh umwickelt, in den Boden gepflanzt und dann das Holz des Scheiterhaufens herumgelegt. Abends, nach der Auferstehungsfeier, zündeten die Bursche des Dorfes an der Kirchtüre mit dem geweihten Lichte der Kirche ihre Lichter in Laternen an, und im vollen Laufe ging's dann dem Holzstoße zu, indem jeder zuerst ankommen wollte. Der erste zündete dann den Holzstoß an. Keine Frau, kein Mädchen durfte sich nahen; diese standen in der Ferne um zuzuschauen. Bei der lodernden Flamme waren die Männer und Bursche voll Lust und Freude, zwei Bursche mußten die ganze Nacht streng die Glut gegen Entwendung bewachen. Bei Sonnenaufgang sammelten diese beiden Bursche sorgfältig die Asche und warfen sie in das fließende Wasser des Rötenbaches. Der Glückliche, welcher den Holzstoß zuerst erreichte und anzündete, wurde am heiligen Ostertage, vor der Kirchtüre stehend, mit gefärbten Eiern, welche zur Weihe gebracht wurden, beschenkt. Wohlhabende Hausbesitzerinnen gaben zwei Eier, ärmere nur ein Ei. – Der Aufruf zu diesem Feuer war: „Brennen wir den Jaudas!“ d. i. verbrennen wir den Judas, den Verräter des Welterlösers, und die Handlung hatte zum Zweck, den Hagelschlag abzuwenden.*

29) Heinrich II. „der Fromme“, wurde 1146, seine Gemahlin Kunigunde 1200 heilig gesprochen. Sie war, der Legende nach, des Ehebruchs beschuldigt worden und musste bei einem sog. Gottesurteil über glühende Pflugscharen – nach anderen über glühende Kohlen – gehen, wobei sie unverletzt blieb. Dies wurde als Zeichen ihrer Unschuld und Heiligkeit gewertet.

30) Die Säule befand sich in der Nähe des Bahnhofes Epfenhausen zwischen Geretshausen und Untermühlhausen.

31) Entscheidungsschlacht an der Grenze zu Österreich in Mauerkirchen bei Braunau im Jahr 948. In der Kirche von Mauerkirchen befindet sich als Erinnerung daran eine Darstellung des hl. Rasso.

32) Um 950 wurde das erste, noch hölzerne Gebetshaus errichtet. 955, ein Jahr nach Rassos Tod, wurden Kirche, Kloster, und Gut in Grafrath von den Hunnen zerstört, ebenso die Stammburg auf dem Rassoberg. 974 wurde von Graf Arbo die Kirche wieder errichtet und diente als Grabkirche für Rasso, den Onkel Arbos. Ende des 15. Jh. wurde an der Westwand der Kirche eine Wohnung für den Wallfahrtspriester angebaut. 1677 und 1678 wurde ein neues Klostergebäude errichtet und 1695 die heute noch bestehende Wallfahrtskirche geweiht.

33) Unter anderen Reliquien beispielsweise die Kinnlade des hl. Johannes d. T. oder den Leib des hl. Timotheus.

34) Truchsess war nach Wikipedia *...ein Hofamt in der mittelalterlichen Hofgesellschaft für den obersten Aufseher über die fürstliche Tafel. Der Ausdruck stammt von althochdeutsch truhtsâzo „Vorgesetzter des Trosses".*

35) Weithmann S. 447: *Burgstall einer Höhenburg auf einem Moränenhügel nördlich über dem Dorf Wildenroth und der Amper (Schloss- oder Kapellenberg). Burgplatz mit Graben und innerer Aufschüttung noch kenntlich. Im Inneren sakrale Bebauung von 1900. Der Burghügel liegt heute zwischen Umgehungsstraße und Uferstraße, die Villa Höhenroth auf der mittelalterlichen Vorburg.*

36) am 10. August 955

37) Das Brunnenhaus, das die Quelle überdeckt, stammt aus dem letzten Drittel des 19. Jahrhunderts.

38) Vgl. andere Sagen von der Wilden Jagd, z.B. S. 37,189,194,298,307 u. Anm. 63

39) Das Motiv vom dummen Teufel, der von den Menschen überlistet wird, ist ein Lieblingsmotiv der märchenhaften Volkssage. Vgl. beispielsweise die Sagen vom Teufelsgraben von Holzkirchen S. 343 u. 346, wo auch der Teufel der Ausgeschmierte ist. J. N. Sepp um 1876: *Der Teufel hat einmal die Isar abgraben und durch dieses Tiefenthal - magna vallis, Mangfall hieß es der Römer! nach dem Chiemsee hinleiten wollen. Da er aber in voller Arbeit war, kam der Meßner vom benachbarten Föching dazu, und fragte voll Verwunderung: „Was machst du da?" „Und wenn ich die Isar hier durchleite", versetzte der Gottseibeiuns, „was geht das dich an? Gilt es eine Wette um den Preis deiner Seele, ich werde damit fertig, bevor du die Frühglocke läutest!" „Es gilt!" sagte der Meßner, ging aber sogleich heim, und läutete vor der Zeit Ave Maria. Da warf der Teufel seine Schaufel weg, und gab voll Verdruß, sich verrechnet zu haben, die Arbeit auf: darum ist der Graben unvollendet.*

40) Von einer anderen „Grafrather Mooskuh" wird noch heute erzählt: *Es ist eine Erinnerung an die vor einhundert Jahren eröffnete Dampferfahrt zwischen Grafrath und Stegen. Das große Dampfschiff „Marie Therese" mit seinen zwei*

Schleppkähnen hatte eine Schiffsirene, die einen „muhenden Ton“ von sich gab und deshalb den Spitznamen „Mooskuh“ erhielt. Völk I S. 182. Volkmann gibt S. 21 eine weitere Erklärung: *Der Ruf ist der Großen Rohrdommel, einem stattlichen Vogel der Röhrichtzonen zuzuschreiben. Früher war der tiefe Balzruf der Männchen bei entsprechender Wetterlage kilometerweit zu hören gewesen. Und gesehen hat man das Tier kaum einmal, da dieser Vogel zu den absoluten Tarnkünstlern gehört. Seit Jahrzehnten ist der Ruf der „Mooskuh“ verstummt. Das hat aber nichts mit geschwundenem Aberglauben zu tun, sondern mit menschlichen Eingriffen und Störungen im Ampermoos.*

41) Über die Lage der Gräber wurde 1887 von Förster Rehbock diese Karte angefertigt.

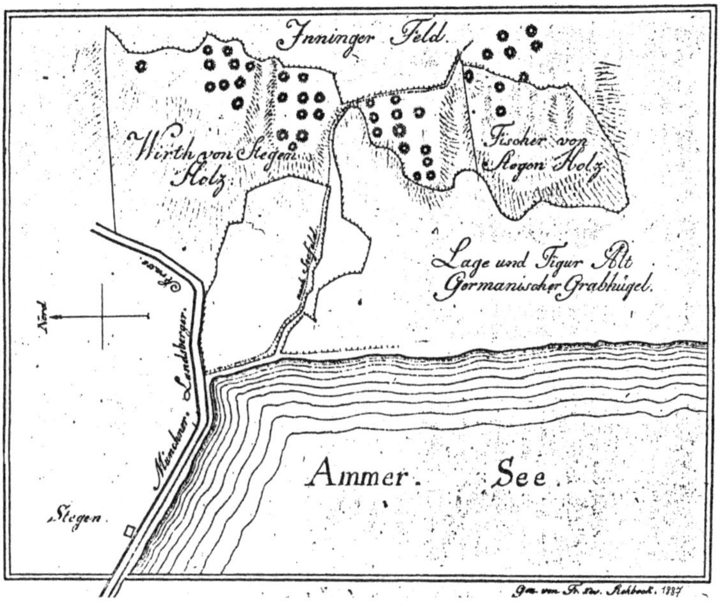

42) Im Dreißigjährigen Krieg waren die Menschen durch die vielen Entbehrungen oft so geschwächt, dass sie den verheerenden Seuchen keinen Widerstand entgegensetzen konnten. Im Gebiet um Andechs etwa, folgte einer ersten Pestwelle im Jahr 1628, die, wie es heißt, durch Wallfahrer in Erling eingeschleppt worden war, um 1634 eine zweite. Damals lebten nach der Seuche in Erling von 500 Einwohnern nur noch 190. Niemand wollte mehr die Pesttoten aufsammeln und bestatten, bis sich endlich ein Knecht aus Mitterfischen fand, der diese traurige Aufgabe bis zum Erlöschen der Pest in Andechs und Erling übernahm.

43) Dr. Schweizer bemerkt zu diesem Brauch: *Das Verbrennen des „Opfers" weist wohl auf das Fegefeuer hin, in dem nach volkstümlicher Vorstellung die armen Seelen brennen. Aber die Vorstellung, dass man durch Verbrennen von Speisen, also mittels des Feuers den Toten etwas zugute kommen lassen könne, hat nichts mit christlichen Anschauungen zu tun. Man kann auch nicht durch christliche Lehrsätze belegen, dass die armen Seelen den Lebenden eine Hilfe oder Nachricht bringen oder ihnen schaden könnten. In diesen Anschauungen liegen vorchristliche Dinge vor.*
Weitverbreitet war auch die Anschauung, dass derjenige, der solch ein Arme-Seelenopfer stehle und verspeise, noch im gleichen Jahr sterben müsse, wenn er nicht durch eine ganz besonders gute Tat einer Armen Seele aus dem Fegefeuer verhelfe (Raff S. 266).

44) Landkreisbuch von Landsberg, 1. Auflage 1961 S.475

45) *Ein unmittelbarer Zusammenhang mit dem keltischen genius cucullatus kann als gesichert gelten. Da die rassische Grundlage in Altbayern überwiegend keltisch ist, fügt sich der Mythos vom Goggolori organisch in diesen Rahmen...* Otto Reuther S. 6

46) Weithmann S. 350: *Höhenburg auf dem nördlichen Sporn des Burg-(wald)-berges; gegen Süden ist die Kernburg durch zwei Abschnittsbefestigungen gesichert (Wallanlagen); Mauerspuren (Tuffquader) im Bereich der heutigen Gipfelregion (durch Kiesabbau stark verändert!) Der Burghügel erhebt sich gegen Westen, Norden und Osten etwa 55 m über dem Wenger Moos.*

47) Weithmann S. 350-351: *Iringsberg: Gipfelburg auf der höchsten Erhebung des Burg(wald-)berges, südwestlich gegenüber Schönenberg, heute „Schatzberg", ca. 75 m über dem südlichen und westlichen Moos. Auf dem felsigen Gipfel Grundmauern eines quadratischen Turms, Burgareal z. T. in die nördliche Senke abgestürzt.*

48) Wolfgang König aus Dießen schreibt: *Im Sommer 2009 fanden durch die Bundeswehruniversität Neubiberg Vermessungen in diesem Gebiet mit neuesten geodätischen und geophysikalischen Instrumenten statt. Es konnten jedoch keine neuen Erkenntnisse über die Burgställe gewonnen werden. Allerdings liegen jetzt neueste Geländekarten vor, die u. U, für weitere Forschungen genutzt werden können. Immerhin konnten einige Hohlwege und Ränder der Befestigung erkannt werden. Mehr Klarheit über die Befestigungen könnten vielleicht archäologische Grabungen bringen, die aber wohl nicht realisiert werden können. Schatzberg und Burgberg behalten ihre Geheimnisse also für sich. Diese Geheimnisse beflügeln allerdings nach wie vor die Phantasie der Menschen, die mittlerweile gerne an geführten Wanderungen zu diesen „Kraftorten" teilnehmen.*

49) Schweizer S. 48 bringt eine andere Version der Sage: *...daß der Stargga-Baur" (=Storchenbauer) von Bischofried die Kapelle gelobt habe, als einmal ungeheuer viel Schnee lag und man Schlimmes für das kommende Jahr be-*

Hl. Mechthildis. Kupferstich v. I. Frank um 1678

fürchtete. Falls der Schnee keinen weiteren Schaden machen sollte, dann gelobte er die Kapelle dahin bauen zu lassen, wo der erste grüne Fleck im Frühjahr sichtbar werde.
Auf einer am Turm eingemauerten Tafel heißt es:
Anno Christi 1645 zu Bischofsried wohnt
Hans Salcher und Maria sein Eheweib genannt.
Waren Willens Gott und Unser lieben Frauen
an diesem Ort eine Kapelle zu bauen.
Weil aber das Geschrei vom schwedischen Krieg so groß,
verbliebs bis selbiger ernster Krieg verfloß,
nach deren Tod bis auf das 1665. Jahr
ihr Sohn Mathias Besitzer war
Und Andreas, sein Bruder, Bürgermeister in Diessen
ließ mit bischöflicher Consens Herr Simon Probst sie bauen
der jedesmal viel würdiger Helfer waren allda
So ihr Herr Bruder Bonifazius Berfuesser ordens hergebracht.
Auch Simon Salcher der Sozietät Jesu sei verehrt.
Gott gebe, daß jedem sei billich Wil gewehrt
Und diesem Geschlechte dafür ein seligs End
und ein gemeinliches Testament.
Für den Bau der Kapelle wurden die Steine aus der Burgruine Schöneberg genommen.

50) Früher glaubte man, dass Hexen den gefürchteten Hagel auf bestimmte Ortschaften wünschen könnten, bestimmte Glocken aber die Macht hätten, diese davor zu bewahren, vgl. Anmerkung 13.

51) Eine ähnliche Sage wird bei Panzer I 44 von der hl. Mechthild erzählt.

52) W. Th. Auer im Jahr 1966 zur Feldkapelle „St. Martin" beim Ziegelstadel S. 71: *Östlich des Schatzberges, inmitten von Wiesen und Feldern, auf dem Grund des Landwirts Josef Schönherr, von hohen alten Eichen und Kastanienbäumen überschattet, steht die St. Martins –Kapelle.* S. 70: *Die Überlieferung berichtet, daß nach dem Abbruch der uralten St.-Martins-Kirche, gleichsam als Sühne, draußen im Felde die Martinskapelle errichtet worden sei. Jedenfalls ist geschichtlich sicher, nach Mitteilung des jetzigen Besitzers Josef Schönherr, daß im Jahrs 1830 der Sensenschied (!) und Landwirt Johann Schönherr, der Urgroßvater des heutigen Besitzers, das dortige Gelände mit einer Kapelle von einem gewissen Fischer gekauft hat. Mag sein, daß jener Fischer die Kapelle erbaut hat oder bereits dessen Vorgänger.* Die Kapelle wurde mehrfach restauriert, zuletzt Mitte des 20. Jahrhunderts unter Mithilfe von Isidor Merz, Willi Rathgeber, Stephan Schönherr (Sohn des Besitzers). Beteiligt waren auch, meist unentgeltlich mitarbeitend, der Schlosser Simon Spensberger, der Schreiner Wilhelm Loibl, der Glaser Karl Höckenreiner, der Kunstmaler Georg Doll und Jakob Jocher, der die Schnitzereien erneuerte oder ergänzte. Die Arme Seelen Bruderschaft beteiligte sich dazu finanziell an den anfallenen Unkosten. 1953 wurde die Kapelle von Pfarrer Jakob Gebhart neu eingeweiht.

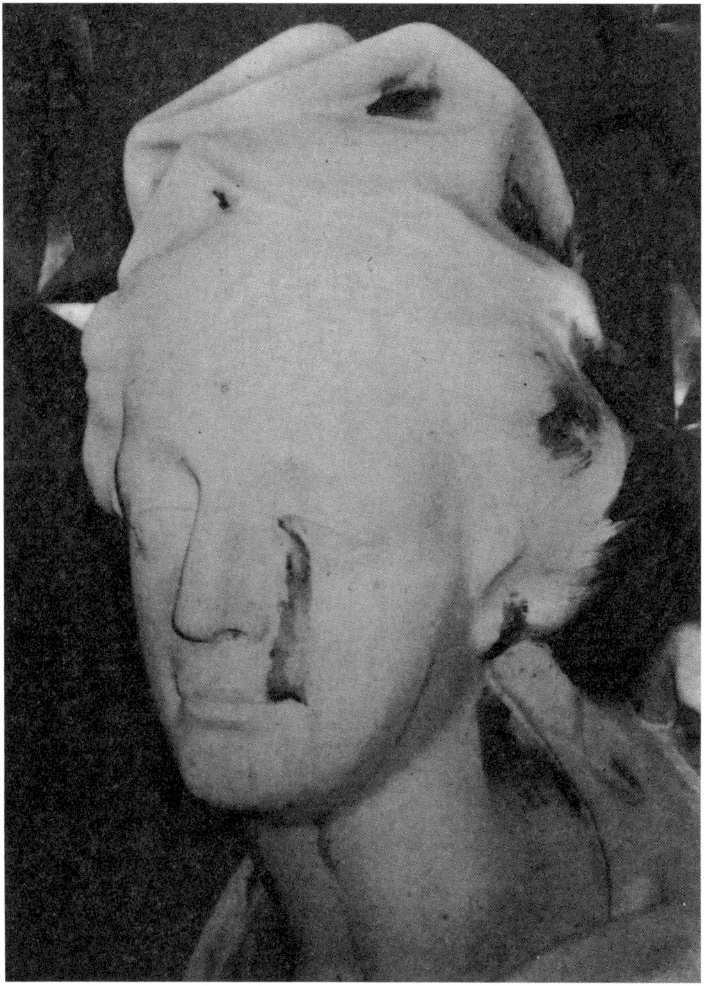

Foto: Wolfgang König aus Dießen, März 2007 (Ausschnitt)

53) Die Tränenspuren auf der linken Wange sind noch immer als graublaue Verfärbung zu sehen, wie ein Foto von 2007 zeigt, das der ehrenamtliche Kirchenpfleger Wolfgang König machen konnte, als damals an der Fassade Putz- und Malerarbeiten durchgeführt wurden und ein Gerüst stand. Landsberger Tagblatt, 05.04.2007: *Von einer Kupferabdeckung war das Wasser nämlich genau unter ihr linkes Auge getropft. Der graublaue Schimmer wirkt bis* *heute so, als liefe der Muttergottes mit der kurfürstlichen Anmutung eine Träne über die Wange.*

54) Vgl. Schöppner II 901: *Am südwestlichen Ende des Ammersees erhebt sich Dießen. Man sagt, hier seien die Pontes Tessini über den dreiviertel Stunden breiten See gegangen, und eine Stadt sei dort gestanden, die den Namen Pontes Tessini getragen habe.*
Müller-Hall S. 171 dazu: *Auch im alten Marktsiegel von 1650, das in der Besatzungszeit verloren ging, stand: SIGILLUM CIVIUM ET COMMUNITATIS AD DAMASIAM – (Siegel der Bürger und Gemeinde zu Damasia).*

55) 1518 wurde über den Quellen das „Sommerhaus" erbaut, 1589 die Quellen neu gefasst, im 17. Jahrhundert die Kapelle und 1735 die heutige langgestreckte Halle über den Quellen errichtet.

56) Das Wessobrunner Gebet wurde 1803 in Wessobrunn entdeckt oder auch neu entdeckt. Seine Entstehung wird auf das Jahr 814 oder 815 datiert und man vermutet als Entstehungsort Regensburg, Augsburg oder das Kloster am Staffelsee. Es gilt als das älteste althochdeutsche Sprachdenkmal, das noch erhalten ist (heute in der Bayerischen Staatsbibliothek). Es lautet:

Dat gefregin ich mit firahim
firiuuizzo meista - Dat ero ni
uuas – noh uf himil – no paum
noh pereg ni uuas – ni nohheinig
noh sunna ni scein – no mano
ni liutha – noh der mareo seo –
Do dar niuuiht ni uuas enteo
ni uuento – enti do uuas der eino
almathico cot – manno miltisto –

enti dar uuarum auh manake mit
inan – cootlihhe geista – enti cot
heilac – Cot almathico du
himil enti erda gauuorahtos –
enti du mannun so manac coot
forgapi – forgip mir in dino
ganada retha galaupa –
enti cotan uuilleon – uuistom
enti spahida – enti craft – tiuflun
za uuidar stantanne – enti arc
zapuuisanne – enti dinan uuil –
leon za guurchanne.

Das erfragte ich unter den Menschen
als des Wissens Größtes: Dass die Erde
nicht war noch der hohe Himmel, noch
Baum noch Berg war, noch irgendwas,
noch die Sonne schien, noch der Mond
leuchtete, noch das Meer war.
Als da nichts war von den Enden
und Grenzen, da war doch der eine
allmächtige Gott, den Menschen ganz
mild
und da waren auch mit ihm viele
gottähnliche Geister, und Gott
(war) heilig. – Allmächtiger Gott,
der du Himmel und Erde geschaffen
und den Menschen so manch Gutes
ver-
liehen hast, verleihe mir in deiner
Gnade den rechten Glauben
und guten Willen, Weisheit und
Klugheit und Kraft, den Teufeln
zu widerstehen und das Arge zu
meiden und deinen Willen
zu vollbringen.

Aus dem ehemaligen Frauenkloster von Wessobrunn, in dem die wegen ihrer Handschriften berühmte Nonne Diemud (gestorben wohl 1130) wirkte, sind noch 45 Folianten, auf Pergamentpapier geschrieben, vorhanden, die heute in der Bayerischen Staatsbibliothek aufbewahrt werden.

57) Helmut Schleich in Wessobrunn S. 68: *Spezialklosterkommisar von Appell betonte ...daß er ohne alle Befugniß, und ohne alle Erlaubnis den maschinösen hohen Altar in der Kirche samt 12 Aposteln, Engeln und anderen Figuren, die vielleicht doch noch Werth gehabt hätten, und zwar gerade durch diejenigen Maurer, welche am Neubau hätten arbeiten sollen, ohne weiteres einwerfen ließ, und die Aposteln samt Engeln, und alle andere Schnitzwerke in die Oefen der Abtey einquartierte.*

58) Altes Längenmaß verschiedener Länge 1 Zoll (preußisch) = 2,82 cm, 1 Zoll (engl.) = 2,54 cm.

59) B. Schweizer dazu: *Zwar treten auch Ungeheuer in feuriger Gestalt auf und feurige Wiesbäume und ähnliche feurige Utensilien treten so wie die Lichtlein und feurigen Hunde gern in deren Begleitung auf, aber die eigentlichen „Feuermänner" sind doch mehr als nichtmenschliche Wesen gedacht, die den Hoimännlein oder der wilden Jagd ähnlich sind. ...Das hat mirs Ehnla (Großmutter) erzählt, das ist in Raisting gewesen, da hat es feurige Männlein gegeben, die haben sich wiesbaumhoch aufgebäumt. (Frau Trenkler, 1924) ...Der alte Gall ... hat erzählt, dass, wenn die Bändleinhändler von Fischen herübergekommen sind, dann haben sie die „fuirigen Mand" immer auf den Eichen droben raufen sehen, dass die Funken geflogen sind. Die Leute haben das aber nicht besonders geachtet; das muß selbiger Zeit ganz allgemein gewesen sein. ...In Raisting haben früher die „furinga Mand" oft gleich beim Kreuzstock hereingeschaut. (Frau Trenkler)*
Bruno Schweizer S. 130 zu Hojemänner: *in Schweden gibt es Waldgeister (Skougman"), die den Wanderer irreführen und ängstigen und wenn sie ihn dann aus Furcht weinen sehen, zu lachen anfangen: Ha ha ha! – In der Oberpfalz kennt Schönwerth (II, 342-350) den „Hoimann" oder „Hüamann", in Böhmen heißt es „Hèmann", tschech. „Hejkadlo", bei Lembeck und Tungerloh erscheint das „Hòmännchen" und „Hèmannchen" in den Büschen, das „Heitmännchen" bei Sundwig. (Kuhn Westf. Sag.)*

60) Bei Rottenbuch im Werdenfelser Land gibt es auch ein sog. „Totenmoor".

61) Dekan Franz Sales Gailer 1685-1766), der Autor der *Vindelicia Sacra*, der in Raisting geboren worden war, erzählt darin: *Man kann in sumpfigen Gegenden dieser Art nicht selten Irrlichter sehen; dass jedoch dort wirkliche Gespenster waren, war nicht nur übereinstimmende Erzählung der Väter, sondern auch Erfahrung.* Der Schädel des Dekans wird hinter dem Hochaltar der Raistinger Pfarrkirche aufbewahrt.

62) Weithmann S. 254: *Die Burg könnte den habsburgisch/baierischen Thronstreitigkeiten unter Ludwig dem Baiern zum Opfer gefallen sein, so dass nach 1325 ein Wiederaufbau nötig war.*

63) Wilde Jagd = Wütendes Heer**:** Meyer I Bd. 17 v. 1897*: Wütendes Heer (wilde Jagd, örtlich auch Wudesheer, Wuotisheer, Wutheer, Wütenheer, wildes Gjaig oder kurzweg wilder Jäger) nach der deutschen Sage ein von Wodan*

(Wuotan) angeführtes Heer (daher der Name) oder großes Gefolge von Gespenster, welches mit schrecklichem Tosen durch die Lüfte fährt und oft gehört, selten gesehen wird. Diese Sage, welche in hohes Altertum hinaufreicht, beruht auf der Vorstellung, daß die Seelen der Verstorbenen in der bewegten Luft einherziehen. Noch jetzt verknüpft die Tradition die wilde Jagd mit dem nächtlichen Sturmestosen besonders in waldreicher Gegend. ...statt der gespenstischen Tiere, welche das Gefolge der wilden Jagd bilden, erscheint mitunter auch Kriegsvolk mit Trommeln und Trompeten auf feurigen Rossen und mit flammenden Waffen unter Führung Wodans, des obersten Lenkers des Krieges, oder seiner Stellvertreter, wie Kaiser Karls im Odenwald, und das Volk knüpft daran den Glauben, daß dies nur geschehe, wenn ein Krieg bevorstehe. Leoprechting 1855 über die Wilde Jagd: *Das wilde Gejag fährt in der Adventzeit alle Nacht aus, sonderlich aber in den zwölf Nächten vom Weihnachtsabend bis heil. Drei König, inner deren Zeit wütet es am ärgsten. Es gibt sonderbare Orte, wo es länger verweilt, und wo man es deutlich vernehmen kann. Dies sind aber immer enterische Plätze, verwunschene Hölzer, dem Teufel verschriebene Gräben und Schluchten, Wegscheiden die kreuzweis gehen, weitgedehnte einsame Möser und Filzen und dergleichen mehr. Mit dem wilden Gjäg ziehen auch eine große Anzahl von Hunden und von Nachtvögeln, deren Gebell und Gekrächz schauerlich zu vernehmen.* Nach Schweizer S. 121 werden auch Hunde, die *ledig herumlaufen, mitgenommen und man weiß von keinem, der wieder gekommen sei.*

64) Auch bei Dießen soll so eine Teufelskuchl gewesen sein und zwar Richtung St. Georgen bei den Tuffsteinbrüchen am Leixelberg. Heute ist davon nichts mehr zu sehen, weil die Steinmetze das ganze Material, auch die einstige Höhle, Teufelsloch genannt, abgebaut haben. Teufelskucheln in der näheren Umgebung gibt es ebenso bei Lichtenberg am Lech und in Pitzling bei Landsberg.

65) Dr. Harmann aus Weilheim hat in einer Gedichtsammlung folgende Verse festgehalten, die belegen sollen und wohl auch beweisen, dass der „Heß" auf den Minnesänger Hans Hesseloher zurückgeht:

Wollt auch ich ein Tänzchen wagen
Da man den „Hesseloher" sprang;
In meinen alten Tagen,
Des Herzens Trieb mich dazu zwang...

66) Totenbretter gibt es bis heute, wenn auch der Brauch, den Verstorbenen darauf aufzubahren, nicht mehr üblich ist. Bei der Kapelle von Sixtnitgern (bei Odelzhausen) stehen einige, ebenso im Bayerischen Wald, etwa bei Bischofsmais, bei Surtal (Landkreis Traunstein) oder bei Punschern nahe Teisendorf.

67) Viehseuchen wurden nach dem Glauben den Menschen früher vom „Viehschelm" ausgelöst. Bruno Schweizer dazu: *„Schelm" ist ein uraltes germanisches Wort das „Tod", „Seuche", „Leiche", „Aas" bedeutet, aber auch „Todbringer" bedeuten kann. „Schreien wie ein Viehschelm"* notiert Leoprechting als ein altes Lechrainer Sprichwort. Man stellte sich bei uns früher die Viehseuche, wie auch die Pest persönlich als Lebewesen vor. *Der Viehschelm soll aussehen wie ein Stier, der bis zur vorderen Hälfte leibig ist, in der Mitte aber ausgeht und hinten die leere Haut nachschlenzt.Wenn er sich zeigt, so entsteht eine Sucht unter dem Vieh, und entsteht ein großes Viehsterben. Gegen 1840, als der Lungenbrand bei uns wütete und in den meisten Ställen kein Vieh mehr stand, haben manche Leute kurz zuvor den Viehschelm deutlich gesehen, oder schreien gehört. Unter dem Schelmen versteht man vor alters schlechtweg eine Viehseuche. Der gelbe Schelm war gleich dem Milzbrand.*

68) Sehr häufig wurden auf ehemals heidnischen Kultplätzen christliche Kirchen erbaut, beispielsweise auf dem Ulrichsberg bei Icking (vgl. S. 310) oder auf dem Georgibichl bei Ascholding (vgl. S. 326), um nur einige zu nennen.

69) Platz an dem in germanischer Zeit die Volks-, Heeres- oder Gerichtsversammlung, auf der alle Rechtsangelegenheiten des Stammes (auch die Entscheidung über Krieg und Frieden) behandelt wurden, stattfand (nach Meyers Enzyklopädisches Lexikon).

70) Leonhardi-Ritte oder -Fahrten werden in vielen Orten Bayerns abgehalten, beispielsweise in Fischhausen am Schliersee, in Reichersdorf oder auf dem Kalvarienberg bei Tölz. P. E. Rattelmüller S. 45 „Pferdeumritte": *...gibt es noch immer Leonhardifahrten oder -ritte, die tatsächlich im Sommer stattfinden, in dem erwähnten Staucharting, bei Sauerlach oder in St. Leonhard bei Schönegg-Dietramszell.*
Felix Dahn 1860 in der Bavaria Landes- und Volkskunde: *Da kommen denn die Bauern schon am Vorabend zur Vesper, jeder mit 2 Rossen, reiten dreimal um die Kirche, binden die Rosse im Walde an, beten einen Rosenkranz und ziehen nach einem nochmaligen Umritt nach Hause. ...am Festtage selbst kommen die Leute schon in aller Frühe viele Meilen weit auf Leiterwagen gefahren, die mit Kränzen, Fahnen, Bändern, Bogen und Gewinden von Laub und Tannen aufs festlichste geschmückt sind; auch die vorgespannten vier Pferde prangen im besten Geschirr, Mähnen und Schweif mit Bändern durchflochten, und ihre Lenker haben Hut und Geißel mit Strauß und Schleife geschmückt... alle diese Gespanne umfahren nun hintereinander in raschem Trab die Kapelle, ...Nach der letzten Messe um 12 Uhr fahren die ehrsamen Bauern mit Weib und Kind nach Hause; das lustige junge Volk beginnt nun aber erst die zweite weltliche Hälfte des Festes zu feiern; denn bei dem einsamen Kirchlein stehen für diesen Tag flüchtig erbaute Krambuden, Bierhütten, Kochherde, Tanzboden und hier wird nun fröhlich wie am 'Kirta' gelebt...*

71) C. Lebschée schreibt um 1830: *Der 100 Schuh lange, 25 breite und 17 Schuh in 3 Geschoßen hohe Buccentaur, durch Italiener im Jahre 1662 erbaut, mit zwei Segeln, vielfarbigen Wimpeln und Fahnen, Strickleitern und Tauwerk, 16 Feldstücken, 110 Matrosen, im Ganzen oft mit 500 Personen bemannt, und eine unzählige Menge Galeeren, Renn- und Jagdschiffe, dann italienische Gondeln, gegen 2000 Gäste aufnehmend, belebten bei See-Hirschjagden, Lustfahrten und Spielen jährlich 3-4 mal die reizend schimmernde Spiegelfläche.*

Buccentaur vor Starnberg. Kupferstich von Michael Wening um 1701

72) Ein Bild dieser Kirche, das ein unbekannter Maler im 19. Jh. anfertigte, betitelte er bezeichnenderweise mit „Götzentempel“. N. Hornung in „Die Roseninsel im Starnberger See“ S. 21: *Nach Weisung des Papstes Gregor des Großen (589-604) erhielten bei der Christianisierung hier Kirchen, die zuerst auf alten heidnischen Kultplätzen gebaut wurden, als Schutzpatron den hl. Michael und Kirchen, die aus römischen Tempeln entstanden, als Schutzpatron den hl. Laurentius. Eine kleine frühe christliche Kirche, die einst auf der Würmsee-Insel stand, hatte sie beide als Schutzpatrone. Es wurde vermutet, daß sie aus einem römischen Tempel, der einst auf einer keltischen Kultstätte errichtet war, entstand.* S. 22: *Vom Bestehen der Kirche an gingen die Bewohner von Feldafing und die der Nachbarorte erst über eine, dann über zwei Brücken über den Würmsee auf die Insel in die kleine Kirche. Ihre Toten legten sie nahe der Kirche auf den christlichen Inselfriedhof...*

1632, im Dreißigjährigen Krieg, wurde die Insel von den feindlichen Soldaten verwüstet, die Kirche und beide Brücken zerstört. Im Jahr 1853, als die Insel zur Roseninsel umgestaltet wurde, brach man die Ruine ganz ab. N. Hornung weiter. ... *Die Gebeine aus dem Inselfriedhof wurden zu einem ein Meter hohen Haufen aufgeschichtet und an der Feldafinger Ortspfarreikirche in ein Grab gelegt.*

73) Max Roeder schrieb 1958 darüber: *Immer wieder spukt ein weißes Pferd durch die alten Überlieferungen und Sagen zwischen Isar und Inn, überall will man den Schimmel gesehen haben... Wenn man diese Berichte vom wilden Schimmel ...aufmerksam verfolgt, dann stößt man auf das merkwürdigste Sagengut, das es überhaupt gibt. Das Pferd ist ein Symbol alten heidnischen Glaubens und alle Sagen von Pferden stehen teilweise mit der Überlieferung vom „wilden Gejaid" im Zusammenhang.*

König Ludwig II. von Bayern

Kaiserin Elisabeth von Österreich

74) N. Hornung S. 80: *Von nun an wollte der vereinsamte König auf der Roseninsel, seinem verträumten Tusculum, allein sein, wo er von höfischen Protokollen und Zwängen frei war. Nur mit seiner Cousine, der schönen Kaiserin Elisabeth von Österreich, beide verband eine harmonische Seelenverwandtschaft und ein Sichverstehen, traf er hier noch Verabredungen. Die Kaiserin, die jährlich im Sommer drei bis vier Wochen in ihre Heimat kam, wohnte in Feldafing im eleganten Hotel Strauch. In dieser Zeit traf sie sich mit dem König auf der romantischen Roseninsel, welche ihr Lieblingsplatz war.*

75) Über eine andere Kümmernisdarstellung in Hofstetten schreibt J. N. Sepp 1876: *Zu Hofstetten, Gerichts Landsberg, steht eine Kümmernis: die Heilige in schmaler Gestalt auf ein paar Bretter gemalt, die unter dem Einfluß der Jahreszeiten auseinandergehen und verwittern. Vielleicht ist hier eine alte Richtstätte, in München wenigstens heißt der einstige Richtplatz Hofstadt. Kümmernis ist die Patronin der Gehenkten...*
Andere Kümmernisdarstellungen in der näheren Umgebung befinden sich in Töllern bei Weilheim, in Oberzeismering bei Tutzing, in Wolfratshausen, in Unterhausen, in Hofhegnenberg und in Kempfenhausen. Schweizer S. 60 nach J. N. Sepp S. 180: *In der Wallfahrtskirche von Unterhausen findet man unter der Empore an der Nordwand ein fein und säuberlich auf Holz gemaltes Cruzifix, das St. Kümmernis genannt wird. Das Bild trägt die Kaiserkrone, einen weißen sternbesäten Rock, der vom Gürtel umfasst auf einen goldenen Schuh am rechten Fuß niederwallt. Das Kreuz von 5 Fuß Höhe und gleichlangem Querbalken ist offenbar aus einer größeren Tafel herausgeschnitten, um mit Beseitigung des Geigers die Vorstellung kirchlich verwenden zu können.*

76) Eine erste hölzerne Kapelle wurde später durch einen gemauerten Bau ersetzt, der 1324 von Bischof Friedrich von Augsburg geweiht wurde.

77) Ähnliche Entstehungssagen in der näheren Umgebung gibt es beispielsweise bei der Kirche von Bayrischzell, von Dietramszell oder von Beuerberg.

78) Christoph Markl in dem Buch „Lindenzeit": *Freyas Baum, die Linde, war schon für die Germanen der Gerichtsbaum gewesen unter dem die Rechtsverhandlungen und Thingversammlungen abgehalten wurden. Denn die Linde besaß, wie Freya, Weissagungs- und Heilkraft und war fähig, die Wahrheit ans Licht zu bringen. Das „iudicium sub tilia" das Gericht unter der Linde ist in vielen Urkunden belegt.*

79) Der kunstsinnige Herzog Sigismund soll auch am Bau der Frauenkirche in München maßgeblich beteiligt gewesen sein und hat u. a. auch die Kirche in Pipping und die Schlosskirche in Blutenburg erbaut. Nach Aventin bewohnte Sigismund das Schloss Blutenburg von 1467-1502. Trautmann S. 14 über Herzog Sigismund in Blutenburg: *Hielt also dort fürstlichen Hof – so er nicht in München war, um beim Bau der Liebfrauenkirche nachzuschauen – hatte viel Freunde, ihre Gesponse und Töchter um sich, weiter's gute Poeten, Kantors und Harfen- und Mandolinspieler, denn bei Singen, Saitenspiel und dem Anblicke holder Frauen war ihm wohl. Auf dem Burganger, in Zwinger und Gärten wimmelte es von seltsam anmutigen oder lustigen Tierlein, sonderlich waren weiße Tauben, schöne Pfauen, Schwäne und Meerschweinlein zu sehen... Oft kamen dann gelehrte Herren, geistliche und weltliche, zu ihm. Mit denen lustwandelte er unter den schönen, üppigen Bäumen am Wasser dahin und sprach von erhabenen Dingen in lateinischer oder welscher Sprache. Wenn ihn das nicht mehr freute, ging er her, setzte sich aufs Ross und ritt davon auf die Beize oder sonst auf die Jagd in Nähe und weiterhin. Oder er fischte. Kurz, was ihm wohlig zu Sinn stand, das tat er, und hatte kein Mensch etwas entgegen, son-*

Blick nach Aufkirchen. Gouache v. Andreas Westermeyer um 1780

dern freute sich seines Glückes. Denn er war gar gut und friedsam, hatte Gott beständig vor Augen und tat an jedermann Gutes, soviel er nur konnte.

80) Nach einer dem Sagenforscher Friedrich Panzer mündlich um etwa 1850 erzählten Sage. Die genannte Quelle war früher in einer Brunnenstube gefasst.

81) Wilde Frauen oder Jungfrauen mit Zauberkräften kommen in sehr vielen Sagen vor, auch oftmals als drei Fräulein oder drei Schwestern überliefert, etwa in am Falkenstein bei Inzell, am Engelstein bei Bergen oder in Surberg an der Salzach, um nur einige zu nennen. In dem Frauenloch in Surberg, so weiß die Sage, waren in den frühesten Zeiten Wilde Frauen. *Sie hatten einen großen Schatz, welchen sie einst in die Sonne legten. Ein alter Urber* (Bauer vom Urberhof in Heining) *sah, wie die Wilden Frauen einen Schatz sonnten, wünschte davon zu haben, konnte aber, der Örtlichkeit wegen, sich demselben nicht nahen. Er warf die Pflugreitl (kleine eiserne Schaufel zum Reinigen der Pflugschar) in den Schatz und sprengte drei Münzen aus dem Goldhaufen heraus. Hierauf fassten die drei Wilden Frauen das Geld mit der Reitl zusammen und verschwanden damit in den unterirdischen Gang.* (Wenn ein Schatz „sich sonnt", drängt er aus den Tiefen seines Versteckes ans Licht, so glaubten die Leute früher). Dazu Karl von Leoprechting um 1855: *Wenn der Hahn zwölf Jahre alt wird, legt er ein Ei, scharrts in den Sand, und aus dem Ei wird dann ein Lindwurm. Die Lindwürm hüten alle Schätze, so in der Erden vergraben sind, doch im Märzen, wenn die Sonne die Erden wieder mit ihren Strahlen durchdringt und erwärmt, da hat der Lindwurm keine Gewalt über seinen Schatz. Es drängt diesen herauf zum Sonnenschein, er muß sich sonnen, und da ist die Zeit, wo man die Schätze heben kann. Wer aber ungeschickt damit umgeht, ist verloren, der Lindwurm verschlingt ihn und gibt ihn nimmer heraus.*

82) Den Tod des Märchenkönigs Ludwig II. soll auch die Schwarze Frau, die Todesbotin der Wittelsbacher, angekündigt haben. Am 13. Juni 1886 ging in Schloss Schleißheim der Galeriediener ins Vestibül, stieg die Marmortreppe hoch und schaute – wie es seine Pflicht war – überall nach, auch in den königlichen Schlafgemächern, um sich zu vergewissern, dass alles in Ordnung war. In der Ahnengalerie aber erschrak er plötzlich zutiefst. Auf der Holztäfelung, links neben dem großen Leuchter, erblickte er auf einmal ein Wesen, wo vorher noch nie eines gewesen war und wie er auch noch nie eines gesehen hatte. Es trug ein schwarzes Gewand, einen schwarzen Schleier, der das ganze Haupt verhüllte, das Kleid war am Hals mit schwarzem Pelz verbrämt. „Die Schwarze Frau", fuhr es ihm durch den Sinn und er blieb wie angewurzelt stehen. Erst als das Spukgesicht langsam verschwand, wagte er es wieder, sich zu bewegen. Wie von Furien gehetzt rannte er die Treppe hinunter und verließ das Schloss, so rasch er konnte. Zur gleichen Zeit behauptete auch ein Wachmann vor der Residenz in München die Schwarze Frau gesehen zu haben, wie er am anderen Morgen glaubwürdig versicherte. Am nächsten Tag wurden König Ludwig II. und sein Leibarzt Dr. Gudden tot im Starnberger See aufgefunden.

83) Johannes von Nepomuk lebte von 1354-93 in Prag, er war Generalvikar in Prag, wurde zur Zeit der Herrschaft König Wenzels IV. (wahrscheinlich weil er das Beichtgeheimnis wahrte) gefoltert und in die Moldau geworfen, wo er ertrank.

84) In dieser alten Geschichte, die im Originaltext in Lateinisch abgefasst ist, wird deutlich, das Eurasburg eigentlich „Iringsburg" hieß, vgl. auch die Sage S. 258 „Woher der Name Eurasburg kommt".

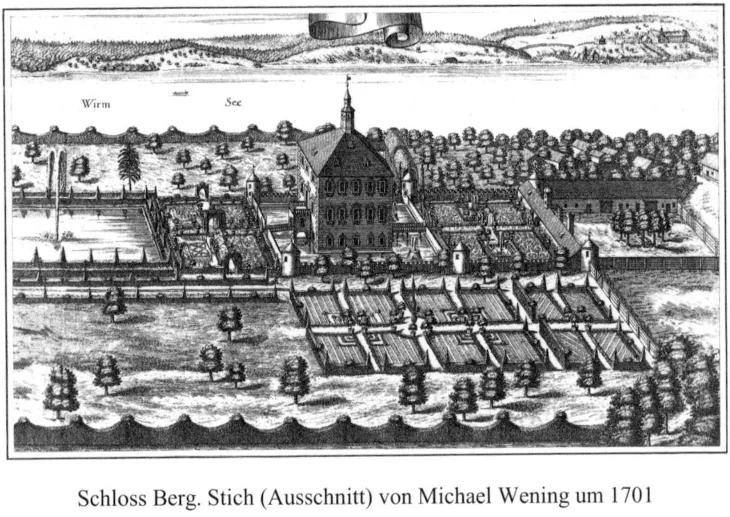

Schloss Berg. Stich (Ausschnitt) von Michael Wening um 1701

Kurfürstliches Seefest bei Nacht mit Buccentaur vor Kempfenhausen und Schloss Berg. Ölgemälde von Ignaz Bidermann um 1738

85) In einer anderen Quelle (Merkwürdiges an der Bahn von Wolfratshausen nach Kochel, Prof. J. Sepp, München 1998) ist der Name des Paters mit Vitaus Nutzinger angegeben.

86) Gemeint sind die Napoleonischen Kriege, die zur Behauptung seiner (Napoleons) imperialen Hegemoniepolitik in Europa geführten Kriege 1807/08-1812 (Meyers Enzyklopädisches Lexikon Bd.16).

87) Die gleiche Sage erzählt man auch von der Wolfsgrub in Rottach Egern.

88) Vgl. die Sage von der Wolfsgrube (Seite 263), die ganz in der Nähe spielt.

89) Die Sage wurde dem Sagenforscher Friedrich Panzer etwa um 1850 von einem 88 Jahre alten Mann erzählt.

90) Es war eine früher häufig geübte Gepflogenheit, dass den Wallfahrern aus der zu einem Kelch umgearbeiteten Hirnschale eines Heiligen bei der hl. Messe der verwandelte Wein gereicht wurde, etwa in Tegernsee, wo die Hirnschale des hl. Quirinus zu diesem Zweck diente.

91) Die Sage geht wahrscheinlich auf ein Ereignis zurück, das Quirin Beer in seiner Chronik der Stadt Wolfratshausen von 1986 auf Seite 243 berichtet:
Im Jahre 1726 nämlich richtete ein Wolfratshausener Schlosser namens Corbinian Haider in einem Schreiben an das Ordinariat in Freising die Bitte, in dem Kerkerhaus zu Ehren des Hl. Nantovinus einen Altar errichten zu dürfen. Das Gesuch wurde abgelehnt. In einer Stellungnahme des damaligen Pfarrers wird der Schlosser als wunderlicher Mann geschildert, der mit Singen und Wallfahren seine Zeit verbringe.

92) Der Name „Gschlärf" kommt von schlürfen = gehen, ohne die Füße vom Boden zu heben. Ein Gschlärf soll auch im Schloss von Reichersbeuern umgegangen sein (siehe mein Buch: Sagen und Legenden um Tölzer Land und Isarwinkel S. 98). Im Faschingszug von Wolfratshausen ist das „Marktgschlärf" jeweils die Hauptperson.

Frauentracht von Starnberg. Münchner Bilderbogen 1875

93) Schwedentrunk ist eine im Dreißigjährigen Krieg zuerst von den schwedischen Soldaten angewandte Foltermethode, bei welcher dem Gemarterten Jauche oder anderer flüssiger Unrat gewaltsam eingeflößt wurde und sein Körper anschließend zwischen zwei Brettern gepresst wurde (nach Meyers Enzyklopädisches Lexikon).

94) Anderen Quellen zufolge wurde die Kapelle schon im Jahre 1643 erbaut. (Kirchen und Kapellen der Pfarrei Wolfratshausen, Verlag Schnell u. Steiner 1984, und Chronik der Stadt Wolfratshausen von Quirin Beer)

95) Das untere Tor war etwa an der Engstelle beim Holzer, das obere beim Schwankl (hieß früher „beim Torkramer").

96) Nach einer geschichtlichen Zusammenstellung der Stadt Wolfratshausen geschah dies im Jahre 1716.

97) Möglicherweise ist hier die sagenhafte Burg Rampertshofen auf dem Raberbichl gemeint, vgl. S. 348.

98) In einer alten Beuerberger Urkunde von 1422 wird erwähnt, dass Dorfen damals zur Burgkapelle „St. Niclas" gehörte. Somit wäre eine Verbindung zwischen Burg und Dorfener Kirche wohl möglich. Vielleicht stieß man beim Abbruch der alten gotischen Kirche im Jahre 1728 auf Reste des Ganges, so dass Einwohner des Ortes, die damals anwesend waren, die Kenntnis davon mündlich an ihre Kinder und Kindeskinder weitergaben, und diese sich dadurch bis auf den heutigen Tag im Ort erhalten hat

99) Holzweiblein, Holzfräulein, Waldweiblein, Moosfräulein usw. sind wesentlicher Inhalt des Sagenreichtums und verkörpern in manchen Gegenden sozusagen die Seele der Waldbäume. Dazu Schweizer S. 134: *Man bringt ihnen Opfergaben und man kennt genaue Einzelheiten ihrer Erscheinungen, Sprüche, Tänze, mannigfaches Brauchtum und reichgegliederter Volksglauben hängt mit ihnen zusammen. Sie sind Feen und Holden gleich und sie bringen Glück und Segen, sind mithin wohl als Geister des Wachstums und der Fruchtbarkeit anzusehen. Aber andererseits werden sie auch mit den Armen Seelen identifiziert.* Früher verstand man unter Holzweiblein vor allem Eule und Käuzchen, und sie galten laut Schweizer S. 135 *als weibliche Gegenstücke zu den Hoimännlein, die bei uns das Zwerggeschlecht vertreten.* Über diese kleinen Kobolde, schreibt K. v. Leoprechting 1856: *Dieser Name rührt wohl allein von ihrem ungewöhnlichen Schrei Hojo Hoje, wenn sie tanzen oder Räder schlagen. Sie zeigen sich oft und vielfältig, obwohl sie sich aus den Häusern und Städeln beinahe ganz zurückgezogen haben, und nur mehr noch eingegangene Höfe und einsame Waldungen bewohnen. Doch scheuen sie den Menschen nicht sehr und diemalen kann man welchen selbst am lichten Tage begegnen. Sie sind sehr klein, allzeit grün angetan und ihr Haar und Bart ist wie ein graulechtes Mies (grünliches Moos). Sonderlich im Advent, wo allen Geistern von Allerheiligen*

Abend bis Dreikönig große Macht gegeben ist sich zu zeigen und vielen Spuk zu treiben, da kann man den Hojemännlen oft begegnen. Sie tun den Menschen nichts zu leide, suchen sie aber zu necken und zu ängstigen. Sie springen dann auf Händen wie auf Füßen und schreien Räder schlagend ihr wehmütig lautendes Hojo, Hoje. Sehen sie jemanden, der darob Furcht zeigt, und das ist bei den Mehrsten der Fall, dann stürzen sie mit ihren Sprüngen demselben oft zwischen den Beinen durch und in so rascher, toller Folge, dass Viele vor Angst vergehen möchten und Manche schon recht krank von diesem Spuk geworden sind. Auch verbergen sie sich gerne in der Nähe menschlicher Wohnungen, sonderlich bei viel aufgerichtetem Holze und weinen nun stundenlang so herzdurchdringend, dass die, so es hören, es auf die Läng nit aushalten können, und darüber selbst recht traurig werden. Solcher Erfolg macht den Hojemännlen großen Gspaß, und zeigen sie sich dann gütig, werfen wohl auch denen, die mit dem Weinen ein Mitleid gezeigt, irgend einen Fund in den Weg, der ihnen wohl nutzbar... Alterlebte Schäfer und Hueter, die ihrer wohl viele gesehen, behaupten, den Hojemännlen fehle alle Kraft, denn sie seyen ohne Mark geboren und könnten nur im Verborgenen schaden. Dieß ist aber kaum glaubbar, denn sie haben sich noch immer solchen, die sie tratzen wollten oder gar beleidigen, furchtbar an Macht und Stärke gezeigt.

100) Das älteste bisher geöffnete Hügelgrab stammt aus dem 7. - 6. Jahrtausend v. Chr. und wurde auf dem Pinnberg bei Ahrensburg gefunden. (nach Meyer Enzyklopädisches Lexikon)

101) In „Der Landkreis Wolfratshausen in Geschichte und Gegenwart" erschienen 1965, steht dazu: *Wohl ist es möglich, daß von den Condéschen Truppen, die von Ende August bis Ende September 1796 östlich von Hohenschäftlarn lagerten, einige gestorben sind und dort begraben wurden.*

102) Hexentanzplätze, immer abgelegen und einsam, gab es auch an vielen anderen Orten; in der näheren und weiteren Umgebung beispielsweise auf der Brecherspitze, bei Esterndorf, am Hexenbödele auf dem Säuling oder bei Peiting, um nur einige zu nennen.

103) hien = althochdeutsch Riese

104) Diese Lebensbeschreibung des hl. Sebaldus befand sich im Besitz des Müllers Sebald Kastenmüller von Egling und wurde von diesem am 10. August 1903 dem Benefizium Egling übergeben.

105) *Das Klöpfeln (o. Kröpfln) war an den drei Donnerstagen, die zwischen dem ersten und vierten Adventsonntag liegen, üblich. Wenn also zwischen dem vierten Advent und dem Heiligen Abend noch ein Donnerstag war, so war es* *nichts mit dem Klöpfeln an diesem Tag.* (aus „Baierisches Brauchtum im Jahreslauf“ von Paul Ernst Rattelmüller, Südd. Verlag 1985)

106) Dazu stand im Wolfratshauser Wochenblatt vom 14.5.1908: *Noch an vielen anderen Orten gibt es sog. „Schimmelkapellen“, beispielsweise nahe Schongau, in Pelkam bei Hohenkammer usw., wo überall ein Schimmel „verhungert“ ist, doch „redet man nicht darüber“ oder „darf nicht darüber reden“, auch ein Hinweis auf einen Wodanskult, der noch lange in der Christenheit gepflegt wurde.*

107) Bei der Birnhexe in Druidengestalt hat sich etwas vom germanischen Mythos über die Jahrhunderte hinweg in der Überlieferung erhalten, geknüpft an einen Ort, der den Menschen seit jeher unheimlich oder heilig war, den sie nur mit Furcht betraten.

108) „Drachen“wurden früher auch über München oder dem Inn gesehen.

109) Im November 1965 wurde die Kapelle ausgeraubt: *Gestohlen wurden gotische Prozessionsstangen, zwei große gotische Figuren, Kreuzwegstationen, zwei Figuren des bedeutenden Bildhauers Philipp Rämpl aus der zweiten Hälfte des 18. Jahrh. u. a. Bilder.* (Isar-Loisachbote 1966)

110) Ihre Enkelin Agnes wurde Äbtissin von Kloster Neuburg an der Donau, die Enkelin Berta Kaiserin von Konstantinopel.

111) Lechner schrieb über Balthasar Riesenhuber S.135: *Eines Mannes müssen wir noch gedenken, des Schmiedes von Kochel, des Balthasar Riesenberger, dessen Geburtsort Holzolling ist. Die Sage weiß vom „Schmied von Kochel“ zu berichten über seine ungeheure Stärke, von seinem trotzigen Mute. Als Letzter sei er niedergesunken auf den Schnee des Sendlinger Friedhofes. Kochel und Waakirchen haben ihm bereits zu Unrecht eherne Denkmale errichtet, denn auf den geschichtlichen Schmiedbalthes darf unter allen Pfarreien des bayerischen Oberlandes die Pfarrei Neukirchen den ersten Anspruch erheben. Balthasar Riesenberger entstammt einem alteingesessenen Holzollinger Schmiedgeschlechte. Schon 1630 ist ein Mattheiß Riesenperger Schmied in Holzolling. Der Held ist nach 1661 auf der Schmiede zu Holzolling geboren worden und heiratete 1695 auf die Schmiede in Bach. Riesenberger ist der einzige Schmied namens Balthasar, der in der Sendlinger Schlacht fiel.*

112) Starnberg S. 53 steht zum Verräter: *Noch immer geistert übrigens die Geschichte, ein Starnberger namens Öttlinger, damals Landpfleger zu Starnberg, habe im Spanischen Erbfolgekrieg aufständische Bauern, die zur Unterstützung ihres Landesherrn, Kurfürst Max Emanuel gegen das von den Österreichern besetzte München zogen, an die Österreicher verraten und dadurch die Niedermetzelung von über 4000 Bayern durch die Österreicher in der Christnacht 1705 verschuldet. Nachforschungen des Stadtarchivs der Landeshauptstadt München haben jedoch eindeutig ergeben: 1. Johann Joseph Öttlinger war* ***kein Starnberger****. 2. Vordem ein Kurkölnischer Controlleur, war er auf Be-*

werbung hin am 1.11. 1703 als Pflegekommisar (Stellvertreter des Pflegers) im Pflegegericht Starnberg installiert worden... Der besagte Öttlinger wurde übrigens 1715 wegen groben Amtsmissbrauchs seines Amtes entsetzt und starb später in Armut.

113) Aufzeichnungen wahrscheinlich von Oswald Tuxenhauser, etwa 1442

114) Chronik „beim Kögl“ in Großfraßhausen, von 1955-1959 erforscht u. zusammengestellt von Barbara Heller, München

115) Hien = althochdeutsch Riese, gleicher Wortstamm wie Hüne. Hier hat sich wohl eine uralte Sage vom „Wald der Riesen“ erhalten (vgl. Anmerkung 103).

116) Der Ort, wo das von Panzer erwähnte Salbuch aus dem Jahr 1721 heute liegt, konnte nicht in Erfahrung gebracht werden.

117) Die Haberlbande, beheimatet in Marschall bei Holzkirchen, war eine berüchtigte Räuberbande, die zwischen 1837 und 1842 im ganzen Oberland ihr Unwesen trieb. Damals war der Spruch bekannt:

Wen d'Arbat net gfreit, wer an Deifi net scheit,
der geht zu de Haberl, da Haberl braucht Leit!

118) Sepp Moor über das trockene Quertal, das von Tölz zum Mangfallknie verläuft S. 64: *Es handelt sich um ein Urstromtal, das entstand, als am Ende der Eiszeit der Isarlauf gleich unterhalb Tölz mit dem Moränenschutt des Karwendelgebirges verstopft war und die Isar eine Zeit lang zur Mangfall abgeflossen ist. Später hat sie sich ihren alten und jetzigen Lauf wieder freigeschwemmt.*

119) nach Lexikon von Bayern, III, 479

120) Das Wort hat im Lauf der Zeit einen Bedeutungswandel erfahren, mit „Rinnsal“ ist hier das Flussbett gemeint.

121) Die Wahrscheinlichkeit, dass sich dort eine Burg oder Teile einer Burg befanden, ist sehr groß, vgl. Sage vom verschwundenen Schloss vom Rampertshofen S. 278.

122) Vgl. „Die unterirdischen Gänge v. Schloss Eurasburg“ S. 258.

123) Wahrscheinlich der Raberbichl nahe am Abhang zur Isar hinunter gemeint, vgl. S. 348: Der Raberbichl bei Rampertshofen.

124) Nach Aussagen von Elisabeth Huber, Peretshofen, beispielsweise beim Grab Maruschka

125) Der Gartenbauverein von Hechenberg beabsichtigt, an gleicher Stelle wieder eine Tafel anzubringen.

Chorherr vor Dießener Klosterkirche. Aquarell von 1789

Quellenangaben und Quellennachweis:

Verwendete Quellen und ihre Abkürzungen bei den Quellenangaben der Sagen:

Andechs. Der Heilige Berg. Prestel München 1993 = Andechs

Altbayerische Sagen. Verlag d. Jugendblätter München = Altb. Sagen

Amann: Lehrstoffvorbereitung = Amann

Auer, Wilhelm Theodor: = Auer
Die Nebenkirchen und Kapellen der Pfarrei Dießen a. Ammersee
Verlag „Ammersee Kurier" 1966

Baer, Fritz: = Baer
Von der Burg in Rampertshofen. Schriftl. Aufz. im Archiv Dietramszell

Bavaria Sancta, Bayerische Heiligenlegende. = Bavaria Sancta
Neubearb. d. Rosenberger Ludwig. Verlag J. Pfeiffer 1948

Beer, Quirin: = Chronik Beer
Chronik der Stadt Wolfratshausen. Verl. „Bayerland" Dachau, 1986

Bichler, Albert: = Bichler
Wallfahrten in Bayern. Ludwig Buchverlag München 1990

Biller, Max: = Biller
Pollinger Heimatlexikon, Hrsg. Gemeinde Polling 1992

Buck, Christian: = Buck
Geschichten aus dem Pfaffenwinkel. Verlag der Buchh. Stöppel, Weilheim

Brunner, Barbara: = Brunner
Die Abenteuer Herzog Christophs. Georg Lange Verlag München

Brustgi, Franz Georg: = Brustgi
Aus der weißblauen Sagentruhe. Süddeutscher Verlag München

Dehio Georg, Gall Ernst: = Dehio/Gall
Handbuch der Deutschen Kunstdenkmäler.
Oberbayern. Deutsch. Kunstv. München-Berlin

Der Landkreis Wolfratshausen in Geschichte = Landkreis
und Gegenwart 1965. Heimatbuchverl. H. Aigner München

Dietramszell, Kirchenführer, verfasst von Erhard Huber, = Kirchenführer
Pfarrer u. Geistl Rat. Herausgeg. i. A. Kath. Pfarramt Dietramszell

Dillitzer, Josef: = Dillitzer
Althistorische Nachrichten. 1800

Dorn, Ludwig: = Dorn
Die Wallfahrten des Bistums Augsburg.
EOS Verlag Erzabtei St. Ottilien 1976

Ebertshäuser, Heidi: = Ebertshäuser
Das bairische Jahr. Hugendubel München 1979

Empfenzeder, Gustl: = Empfenzeder
Geschichte der Ammerseeheimat. Selbstverlag 1978
u. Herrschinger Hefte z. Pflege der Dorfgemeinschaft. Hrsg. G. Empfenzeder

Erling und Andechs in alten Bildern: = Erling
Hrsg. Gemeinde Andechs 1992

Fliegauf, Karl: = Fliegauf
An Lech und Amper. Satz u. Druck A. Koch Weilheim 1984

Förg, Norbert: = Förg
Des heiligen Sebald B. Leben. München 1804

Grundmotiv in der frühesten Traditionsgruppe = Grundmotiv I
(vor 1800 feststellbar) Erhebungen des Augsburger
Fürstbischofs Clemens Wenzeslaus betr. Superstition
und Mirakelgläubigkeit in der Diözese

Grundmotiv in der mittleren Traditionsgruppe = Grundmotiv II
(zwischen 1800 u. 1850) feststellbar:
Randbemerkungen Chr. V. Schmid's zu A, eigene Materialsammlung
d. Dichters, Korrespondenzen betr. Superstition mit Dr. B. Zör (Immenstadt);
J.B. Haggenmüller (Kempten) und Korrespondenzdes P. Placidus Braun
(Augsburg) in der gleichen Angelegenheit u. a. Notizen

Hampe Hannelore u. Herl Olga: = Hampe/Herl
Holzkirchen, Markt zwischen München u. Gebirg.
Herausg. u. Herst.: Tschiesche GmbH Föching

Harvolk, Edgar: = Harvolk
Votivtafeln. Verlag Callwey München 1979

Heering, Gerda: = Heering
Dem Urso auf der Spur. Hans Reich Verlag München 1967

Heimatbuch Stadt Starnberg: = Starnberg
Hrsg. Stadt Starnberg 1972

Heimatkunde für den Landkreis Starnberg. = Baumann
Verfasst u. zusammengestellt v. d. Lehrerschaft des Ldkr. Starnberg.
Zur Verfügung gestellt von Regierungsdirektor Wilhelm Baumann

Heller, Barbara: = Heller
Chronik „Beim Kögl" in Großfraßhausen.
In den Jahren 1955-1959 erforscht und zusammen-
gestellt von Barbara Heller, München

Heuck, Sigrid: = Heuck
Die alte Mühl. Thienemann 1991

Holland, Hyazinth: = Holland
Sagen aus Altbayern. In Zeitschr. für deutsche
Mythologie u. Sittenkunde I 1853

Hornung, Norbert: = Hornung
Die Roseninsel im Starnberger See. Hornung Verlag 1975

Hubensteiner, Benno: = Hubensteiner

Bayerische Geschichte. Süddeutscher Verlag 1977

Hugo, Josef Anton: = Hugo
Chronik von Diessen. Verlag und Druck Jos. C. Huber, Diessen 1901

Kapfhammer Günther: = Kapfhammer
Bayerische Sagen. Eugen Diederichs Verlag.Düsseldorf 1971

Klein, Hans Rudolf: = Klein
Eine bayerische Chronik. Die Hofmark Kempfenhausen
am Starnberger See. Seeverlag 1993

Kremnitz Walter A.: = Kremnitz
1200 Jahre Heimat am Ammersee.
Ambro Lacus Buch- u. Bildverlag Frieding 1976

Kriegelsteiner Franz Xaver: = Kriegelsteiner
Der Forstenrieder Park. Universitätsbuchdruckerei .Dr. C. Wolf und Sohn

Leoprechting, Karl v.: = Leoprechting
Bauernbrauch u.Volksglaube in Oberbayern. Unveränderter Textneudruck
der Originalausgabe v. 1855. Südd. Verlag, München 1975

Losch, Bernhard = Losch
Steinkreuze in Südwestdeutschland. In Volksleben, 19. Bd. Tübingen 1968

Lüers, Friedrich: = Lüers
Bayerische Stammeskunde. Eugen Diederichs Verlag Jena 1933

Lebschée, C.: = Lebschée
Malerische Topographie des Königreichs Bayern. C. Lebschée 1818

Meyers Enzyklopädisches Lexikon 1971-1980 = Meyers

Moser, Eduard: = Moser
Ein oberbayerisches Bauerndorf im Holzlande 1925

Müller-Hahl, Berhard: = Müller-Hahl
Sagen und Legenden zwischen Lech und Ammersee,
1979 Müller-Hahl, Landsberg am Lech

Nagler, Manfred: = Nagler
Zusammenstellung: Sagen und Geschichtendes Landkreises

Noe, Heinrich: = Noe
Baierisches Seebuch. München 1856 Verl. d. J. Lindauer'schen Buchh.

Panzer, Friedrich: = Panzer I, II Nr.
Bayerische Sagen und Bräuche.
Bd. I u. II v. 1848-1855. Neuaufl.1956 Otto Schwarz & Co, Göttingen

Petzold Leander: = Petzold
Historische Sagen I: Fahrten, Abenteuer u. merkwürdige Begebenheiten.
C.H. Beck'sche Verlagsbuchh. München 1976

Pröttel, Michael: = Pröttel
Auf den Spuren geheimnisvoller Alpensagen. Unterwegs zu Schauplätzen
alter Sagen zwischen Füssen und Berchtesgaden. J. Berg Verlag 2007

Pusch, Wolfgang u. Spiegel, Beate: = Pusch/Spiegel
Heimatmuseum Stadt Starnberg. Verlag Schnell & Steiner München, 1988

Radl, Hans: = Radl
Herrsching im Wandel der Zeit. Hrsg. Gemeinde Herrsching 1883

Raff, Helene: = Raff
So lang der alte Peter, München 1950

Raff, Thomas: = Raff Th.
Diessen am Ammersee. Universitätsdruckerei Dr. C. Wolf u. Sohn 1985

Rattelmüller, Paul Ernst: = Rattelmüller
Baierisches Brauchtum im Jahreslauf u.
Pferdeumritte in Bayern. Südd. Verlag München 1988

Reichert, Rüdiger von: = Reichert
Schloss Fußberg an der Würm. Acht Jahrhunderte eines Herrensitzes
P. Kirchheim Verlag München 2001

Reuther Otto: = Reuther
Der Goggolore. Beck'sche Verlags-Buchh. München 1935

Richardi, Hans-Günter: = Richardi
Unheimliche Plätze in Bayern. Verlag W. Ludwig Pfaffenhofen 1977

Roeder, Max: = Roeder
Sagen der Heimat (in Isar-Loisachbote Jhrg. 1958)

Roh, Juliane: = Roh
Ich hab wunderbare Hilf erlangt.Votivbilder a. altbayerischen Wallfahrtsorten
Bruckmann München 1957. 5. Erw. Aufl. 1982

Roth, Eugen: = Roth
Damals in Oberbayern. Hirmer Verlag München 1970

Sattler, Pater Magnus O.S.P.: = Sattler
Das Büchlein vom heiligen Berge Andechs.
Selbstverlag L. Auer Donauwörth 1882

Seebauer, Hans: = Seebauer
Aufzeichnungen zu Schimmelkapelle u. Fingerstein, Archiv Dietramszell

Seidl, Oskar: = Seidl
Kirchen u. Kapellen des Dekanates Tegernsee. Eichstätt, Selbstverlag

Sepp, Prof. Dr. J.N.: = Sepp o. Sepp I
Altbayerischer Sagenschatz. Verl. E. Stahl München 1876

Merkwürdiges an der Bahn von Wolfratshausen nach Kochel = Sepp II
München 1989 Verlagsanstalt Poeßl

Schmidt, Willibald: = Schmidt
Sagen aus dem Isarwinkel. Verlag Günther Aehlig Bad Tölz 1979

Schnellrieder, Josef: = Schnellrieder
Die Chronik des Marktes Wolfratshausen. 1940
(Bezirksoberlehrer v. Wolfratshausen v. 1894-1927)

Schöppner, Alexander:
Sagenbuch der bayerischen Lande. Bd. I - III, München 1852-1853 = Schöppner I, II, III u. Nr.

Schramm, Dr.: Festschrift 1200 Jahre Ambach. = Schramm

Schweizer, Dr. Bruno:
Volkssagen a. d. Ammersee-Gebiet. Heimatverl. Dr. Schweizer, Dießen 1950 = Schweizer

Sieghardt, August u.Widmann, Werner:
Bayerisches Hochland. Glock u. Lutz Nürnberg 1964 = Sieghardt/ Widmann

Steub, Ludwig:
Aus dem bayerischen Hochlande. München 1859 = Steub

Strauss, Heidemarie u. Peter:
Heilige Quellen, Hugendubel München 1987 = Strauss

Stemplinger, Eduard:
Wir Altbayern. Dr. H. Buchner Verl., München 1946 = Stemplinger

Völk, Wolfgang:
Heimatbuch Grafrath, Kottgeisering, Schöngeising. Selbst 1981 = Völk I

unveröffentlichte Aufzeichnungen des Heimatpflegers, Grafrath = Völk II

Volkmann, Robert:
Geschichte u. Geschichten. Inning mit seinen Ortsteilen Arzla, Stegen, Buch, Bachern u. Schlagenhofen.
Kulturkreis Inning e. V, 1990 = Volkmann

Weithmann, Dr. Michael:
Inventar der Burgen Oberbayerns. Hrsg. v. Bezirk Oberbayern 1994 = Weithmann

Werner, Elyane:
Bayerisches Leben – bayerischer Brauch. W. Ludwig Verlag 1990 = Werner E.

Werner, Paul und Richilde:
Vom Marterl zum Gipfelkreuz – Flurdenkmale in Oberbayern. Plenkverlag = Werner P. u. R.

Westerieder, Lorenz von:
Beschreibung des Würm- oder Starnbergersees und der umliegenden Schlösser etc. München 1784 bey Johann Baptist Strobl = Westenrieder

Wolfratshausen,
Zusammenstellung über die Geschichte Wolfratshausens Kirchen, bedeutende Gebäude d. Stadt = Stadt-Archiv

Weilheimer Wochenbl. Jahrg. 1839 Nr. 33

Wolfratshausen, Kirchen u. Kapellen der Pfarrei, Verlag Schnell u. Steiner 1984 = Kirchenführer Wolfratshausen

Wolfratshauser Wochenblatt, zugl. Loisach u. Isarbote, versch. Jahrgänge u. Nr. = W. Wochenblatt Jahr, Nr.

Wolfratshauser Tagblatt, verschiedene Jahrgänge u. Nr. = W. Tagblatt

Quellenangaben zu den einzelnen Sagen

Die Schlossfräulein vom Karlsberg an der Würm: Panzer II 241, Lüers 89

Der Brunnen in Ried: Panzer II 205; Wünnenberg 50

Der Petersbrunnen von Leutstetten: Panzer I 40, II 32; Wünnenberg 50

Die drei frommen Frauen in Leutstetten: Panzer I 29, 40, Schöppner I 430; Lüers 86; Wünnenberg

Die verschwundene Burg am Karlsberg: Weithmann 199-201, Starnberg Heimatbuch 23

Eine unheimliche Begegnung auf dem Karlsberg: Panzer I 40; Schöppner I 431

Der Burgstall am Schlösselberg: Weithmann 201, 546

Die Geburt Karls des Großen in der Reismühle bei Gauting: Altb. Sagen 96; Wünnenberg 41; Schöppner I 22

Die alte Burg Fußberg: Reichert 34,43,69,141,133

Der keltische Kultplatz bei Buchendorf: Wünnenberg 36

Herzog Sigismund und der Bär: nach mündl. Überlieferung Rektor Segl, Kailling; Kriegelsteiner

Die Wallfahrt bei Unterbrunn: Heimatmuseum 75; Schrift in Kapelle

Das Bumperhölzl bei Gauting: Baumann: Heimatkd. f. d. Landkr. Starnberg

Die Mäuseplage von Krailling: nach mündl. Überlieferung durch Altbürgermeister Georg Loibl und Altbürgermeister Baptist Huber, Krailling

Die Hexenprobe von Stockdorf: Panzer II 276

Die alte Glocke von Gilching: Oberb. Archiv, I,149; Schöppner I 432; Empfenzeder 233

Der Römerstein in Argelsried: Empfenzeder 16,17

Die Wilde Jagd bei Weßling: Schweizer 125

Maria Grünsink: Schöppner II 906; Wünnenberg 56

Die St.-Anna Wallfahrt nach Grünsink: Werner 223

Römergräber im Mischenrieder Wald: Empfenzeder 22,23

Der Grünsinker Pudel: Schöppner II, 906

Der Gedenkstein auf der Meillinger Höhe: Empfenzeder 220

Das Hungerbächlein: Baumann:Heimatkunde für den Landkreis Starnberg

Die Sühnekapelle von Seefeld: Empfenzeder 41,192

Der rätselhafte Grabstein und römische Münzen bei Widdersberg: Empfenzeder 20; Wünnenberg 30

Die verschwundene Stadt am Wörthsee: Schöppner II 901; Empfenzeder 179

Die Mausinsel im Wörthsee: Schöppner II 907; Panzer II 325; Altb. Sagen 45

Die Bluttat von Bachern: Andechser Rundschau 15.10.1927, 26.11.1927, 7.1. 1928, 10.2.1928; Volkmann 249

Die Glocke von Drößling: Panzer II 467

Die Wallfahrt zum Gnadenbild von Drößling: Dorn 40; Empfenzeder 226

Das Gespenst im Loachholz: Baumann: Heimatkunde f. d. Landkreis Starnberg; Volkmann 283 nach Katharina Hartmann

Der ungewöhnliche Fund am Hasenbichl bei Auing: Empfenzeder 13

Der Heilige Berg von Andechs: Ertl 91;Richardi 56; Sattler 11 ff; Sieghardt/Widmann 66-67; Kremnitz 24 ff

Der Reliquienschatz von Andechs: Sattler 11ff; Schweizer 81 ff; Panzer I 43; Kremnitz 24ff

Das blutende Kreuz von Andechs: Sattler 50ff; Schweizer 38

Das Siegeskreuz Karls des Großen: Sattler 7

Die heiligen drei Hostien: Schöppner III 1200; Sieghardt/Widmann 66-67, Sattler 21ff; Richardi 56

Die Klostergründung von Andechs: Richardi 56; Sattler 66,76; Dehio/Gall 149; Sieghardt/Widmann 68

Der verlorene Schatz von Andechs: Sattler 67 ff; Richardi 56

Der unteilbare Reliquienschatz: Sattler 73ff

Die Rettung des Andechser Gnadenbildes: Sattler 83; Schweizer 53

Die standhafte Marienstatue: Sattler 84; Schweizer 54

Der Andechser Kreuzweg: Empfenzeder 61

Die Geldsaat des Andechser Abtes: Empfenzeder S. 38

Der Brunnen der hl. Elisabeth in Andechs: Sattler 58; Empfenzeder 59

Kaiserin Elisabeth in Andechs: Empfenzeder 69

Die Kuttenmiedl im Kiental bei Herrsching: Schweizer 21; Wünnenberg 21; Baumann: Heimatkunde für den Landkreis Starnberg; Empfenzeder 63

Die Römervilla am Glasberg: Wünnenberg 37; Empfenzeder 18; Andechs 22-25

Der Bauer und der Schäuferlmann: Empfenzeder 105; Baumann: Heimatkunde für den Landkreis Starnberg; Herrschinger Hefte Folge 6 Gustl Empfenzeder

Wartaweil und die „Weiße Säule": Empfenzeder 121f; Erling Andechs

Geistermusik in Schloss Mühlfeld: Helene Raff: Altbayerische Legenden; Herrschinger Hefte Gustl Empfenzeder; Empfenzeder 116f

Die auf Bergen errichteten Klöster des hl. Benedikt
Monte Cassino, Subiaco und Andechs
Kupferstich von Josef Anton Zimmermann um 1755

Die Meerfräulein im Ammersee: Schweizer 138 nach mündl. Überlief. durch Fr. Bleicher

Die Waldkapelle am Rieder Holz: Empfenzeder 175

Der heilige Leuthold von Breitbrunn: Baumann, Heimatkunde für den Landkreis Starnberg; Wünnenberg 59; Empfenzeder 169f

Der Jaudesberg bei Breitbrunn: Empfenzeder 174

Der Seedonner: Schweizer 136

Der verbrannte Stock: Schweizer 138 nach mündl. Überlieferung durch Marx

Der Taucher im Ammersee: Panzer II 435; Schweizer 137

Die verschwundene Kirche von Buch: Inning Volkmann 190; Dillitzer 66

Das Kaiserhaus von Inning: Empfenzeder 161

Die Rettung des Grafen Berthold aus Seenot: Völk I 133, Völk II, Wummel 20

Die verschwundene Burg von Mauern: Völk I 62,119,185

Wo der hl. Rasso geboren wurde: Schöppner II 905; Schweizer 80, 84, 149; Völk I 26,Völk II; Münchner Merkur Juli1957; Bavaria Sanct 104; Angerpointner III 43

Die Klostergründung von Grafrath: Schöppner II 905; Sepp 537,543; Schweizer S. 84; Sattler 1 ff

Die Ratzen- oder Rassoburg: Völk I 184; Völk II; Weithmann 445f; Schweizer 82

Das Ulrichsbrünnlein bei Grafrath: Strauss 94; Völk I 150 u.183; Sattler 1ff, Schweizer 64

Der Schimmel ohne Kopf: Völk II

Der betrogene Teufel bei Inning: Fürstenfeldbrucker Tagblatt Nr. 128 v. 1956; Völk I 182, Völk II

Die Mooskuh im Ampermoor: Völk I 182 ;Völk II; Volkmann 21

Gräber aus der Vorzeit bei Stegen: Radl 270; Volkmann 32

Die Pestkapelle von Eching: Empfenzeder 151

Das Armenseelen-Opfer am Ammersee: Schweizer 155,161; Raff 267

Das Sühnekreuz bei Greifenberg: nach mündl. Überlieferung d. Heimatpfleger Anton Huber, Landberg u. Heribert Hübsch Greifenberg; Landkreisbuch von Landsberg, 1. Aufl. 1961

Der letzte Greif von Greifenberg: Empfenzeder 142

Die Stadt Urusa bei Utting: Panzer I, 46

Das Erdmännlein in Unterschondorf: Petzold,; Völk II

Der Goggolore: Reuther

Die Schimmelfräulein von Westernschondorf: Schweizer 118

Der Schatzhügel bei Utting: Panzer I 46

Die Totenbeschwörung von Utting: Leoprechting 56

Der Erhängte, den niemand haben wollte: Leoprechting 105

Das Marienbild von Thaining: Schweizer 52

Burg Schönenberg bei Dießen und der Burgstall Iringsberg: Andechs 36; Schweizer 95f; Weithmann 350,351

Maria Schnee in Bischofsried: Sepp 308; Schweizer 48

Rathard von Dießen: Bavaria Sancta 99-100; Schweizer 59

Die Geistermesse in St. Georgen: Schweizer 153 nach mündl. Überlief. durch Albert, St, Georgen

Der Schatzberg bei Dießen: Panzer I 44; Sepp I 302; Luers 84,85

Der Hakenmann: Schweizer 138

Der Drachentöter von Dießen: Schweizer 149

Gräfin Mechthild von Dießen: Panzer I 44; Schweizer 69,79,141; Sattler 43 ff; Andechs 35

Die verschlossene Kirchentüre: Schweizer: Panzer I 44; Schweizer 77; Brustgi 88; Sattler 43 ff

Die Klopfzeichen aus dem Sarg: Völk II; Schweizer 76

St. Martin am Vogelherd: Schweizer 26; Bavaria Sancta 19; Hugo 13-14

Seltsame Ereignisse in Hädern am Vogelherd: mündl. Überl. d. Wolfgang König, Diessen, die Geschichte hat ihm schon seine Mutter erzählt; Hugo 114

Das Kreuz in Hädern: mitgeteilt und aufgeschrieben von Wolfgang König, Diessen

Der Christus in der Burgkapelle: Schweizer 43 nach mündl. Überlief. durch Fr. Bleicher

Die weinende Madonna von Dießen: Schweizer 55; Wolfgang König in Landsberger Tagblatt vom 5.4.2007

Das Kreuz von Dießen: Schweizer 41 f

Der Grenzpfahlversetzer von Dießen: Schweizer 163 nach mündl. Überl. durch Cäzilie Huber

Die Gründung von St. Alban am Ammersee: Empfenzeder 133f; Raff Th. 74,135; Harvolk 99

Wie der Ammersee enstand: Schöppner II 914; (Anmerkung Schöppner II 393); Panzer I 28

Die Diebesbeschwörung: Holland 451

Wie Kloster Wessobrunn entstand: Schöppner I Nr. 442; Sepp 50,119; Biller 1170; Strauss 89; Werner 20; Werner P. u. R. 21; Losch 127

Abt Waltho von Wessobrunn: Bavaria Sancta 188; Schweizer 64

Der unterirdische Gang von Wessobrunn: Sepp 341

Woher der Kreuzberg seinen Namen hat: Schöppner I Nr. 441; Weilheimer Wochenblatt Jhrg. 1839 Nr. 33

Das Wessobrunner Kreuz: Schweizer 40,60

Das Gnadenbild von Wessobrunn: Sepp 308; Schweizer 46; Kirchenführer

Das goldene Kegelspiel: Sepp 50f; Schweizer 94

Die feurigen Männchen: Schweizer 146 f

Die Geister in der Lichtenau: Schweizer 122,157, 158

Der Mann ohne Kopf: Buck 123

Die Nebelfrau bei Stillern: F.Gailer, Vindelicia Sacra; Schweizer 139 nach mündl. Überlief. durch Off

Die Menburg bei Raisting: Weithmann 254

Wie die St.-Johann Kapelle bei Raisting entstand: Schweizer 122,139; SZ v. 05/06.09.1999 Armin Greune

Das Nachtgejaid um Stillern, Raisting und Wielenbach: F. Gisler, Vindelicia Sacra; Schweizer 124

Die Teufelskuchl und das Räubernest bei St. Johann: Leoprechting 113 f; Schweizer 20

Das Sühnekreuz bei Raisting: mündl.: Heimatpfleger Anton Huber, Landsberg u. Heribert Hübsch, Greifenberg; Landkreisbuch von Landsberg 1. Aufl. 1966; Holland 447-553 Nr. 9

Die Geistermesse in Pähl: Schweizer 153

Die Wilde Jagd bei Pähl: Schweizer 122,139

Prophezeiungen vom Weltuntergang am Ammersee: Schweizer 16,17

Die Hesseloher Säule bei Pähl: Empfenzeder 96f

Die Totenbretter in Mitterfischen: Empfenzeder 93

Warum die Hartkapelle erbaut wurde: Empfenzeder 94

Das Sühnekreuz bei Machtlfing: Empenzeder 41; Erling 310

Das Viehseuche in Machtlfing: Empfenzeder 82

Der Stephaniritt bei Machtlfing: Empfenzeder 86; Wünnenberg 187

Der verschwundene Ort bei Traubing: Schöppner II 901;Wünnenberg 35

Die Heiligkreuzwallfahrt bei Traubing: Wünnenberg 59,201

Der Einsiedler bei Starnberg: Malerische Topographie, Lebschée

Vom Panzen- und vom Fischerstechen in Starnberg: Pusch/Spiegel 50; Werner Elyane 234

Der Ritter im Starnberger See: Brunner: Die Abenteuer Herzog Christophs unter „Margaret von Sigenheim"; Roth 61

Eine abenteuerliche Fahrt mit dem Bucintoro: Fünfseenland; Malerische Topographie Lebschée 1818; Raff 219-221

Die Prinzeneiche: Starnberg 71

Die Rätsel der Roseninsel: Hornung 93;Wünnenberg 33ff; Panzer I Nr. 39

Der Pferdeumritt bei Tutzing: Pusch/Spiegel 75

Der Geizhals im Tutzinger Schloss: Wünnenberg 62

Das Kümmernisbild in Oberzeismering bei Tutzing: Wünnenberg 186; Harvolk 158

Die sel. Herluka in Bernried: Sepp 708; Bavaria Sancta 46, 181; Sighardt/Widmann 53; Müller-Hahl 197

Die weinende Madonna von Bernried: Schweizer 54

Die silberne Flasche im See bei Seeshaupt: Malerische Topographie Lebschée 1818

Graf Heinrich II. als Eremit am Starnberger See: Schweizer 66

Das Ungeheuer im Starnberger See: Panzer I 39

Die Kirchberglinde in Holzhausen: Nagler 75; Lindenzeit 62; Geo Mai 1980 139; Chronik der Pfarrei

Die hohen Fahnenstangen beim Portiuncolafest in Holzhausen: Sepp 489f; Werner E. 231

Der tapfere junge Fischer von Ambach: Schramm, Festschrift 500 Jahre Ambach; nach mündl. Überlieferung durch Silvester Pölt; Bürgermeister von Münsing

Der Höllgraben bei Allmannshausen: Sepp I, Nachtrag 708

Die Wallfahrt nach St. Valentin in Allmanshausen: Wünnenberg 171; schriftl. Texte in der Kirche

Das Ochsenwunder von Aufkirchen: Schöppner III 1201; Pusch/Spiegel 74

Die Wilden Frauen von Berg: Panzer II 233

Das Liebespaar im Starnberger See: Schöppner III 1357

Der unheimliche Traum des Dr. von Gudden: Petzold Leander: Historische Sagen I Nr. 91, Ch. Richet, Grundriß der Parapsychologie... Stuttgart 1924, 279

Die Schlösser von Kempfenhausen und Percha: Starnberg 23; Weithmann 201; Klein 357

Der Burgstall von Wangen: Weithmann 201; Fischer Pius, Olympiastraße – Herold Kultur-Reiseführer 1 Denkmal B unter „Percha", München1964

Der schwarze Hund von Percha: nach mündl. Überlief. d. Benno Ganter sen. (1975), Percha

Der Herkules vom Starnberger See: Münchner Merkur Ausgabe Starnberg 2.1.1968; nach mündl. Überlief. durch Benno Ganter sen. (1975), Percha

Das seltsame Licht bei Höhenrain: nach mündl. Überlieferung durch Anton Kierein, Dorfen

Die Eckenkreuz-Kapelle von Münsing und das Ickinger Kreuz: Schriftl. Aufzeichnungen von Peter Reiser; nach mündl. Überlieferung durch Hans Reiser und durch Matthias Müller Altbürgermeister v. Münsing

Die Nepomuk-Kapelle in Münsing: nach mündl. Überlieferung durch Matthias Müller, Altbürgermeister von Münsing; Aufz. v. Peter Reiser, Münsing

Die Hügelgräber am Buchsee: Fritz Fenzl: Keltenkulte in Bayern. Nymphenburger Verl., 29

Woher der Name Eurasburg kommt: Sepp I 339; Schweizer 96-97

Die unterirdischen Gänge von Schloss Eurasburg: Sepp I, S.339; Aufz. Baer

Die Entstehung der Grünwinklkapelle von Eurasburg: Nagler 106

Wie Kloster Beuerberg entstand: Panzer II, Nr.460

Die Schweden in Beuerberg: Schöppner III, Nr. 1255; Sepp II, S.10

Die hl. Kümmernis retten einen Mann aus Wiesen: W.Wochenblatt v. 1909 Nr.112

Der Geiger im Mühlgraben bei Königsdorf: Nagler 73-75

Der verschwundene Wolfsee bei Schwaigwall: W.Wochenbl v. 1903 Nr. 91

Vom Wolfratshauser Krautlöffel, vom Tölzer Prügel und von den Münsinger Rabeneinläutern: Chronik Beer 245; Nagler 76-78; W. Wochenbl. v. 1903 Nr. 49; nach mündl. Überlieferung durch Altbürgermeister Xaver Müller, Münsing

Die Geistermessen in Gelting: W. Wochenbl. v. 1908 Nr.137,148

Der Bittgang nach Gelting: W. Wochenbl. v. 1908 Nr. 137

Der untreue Graf von Wolfratshausen: W. Wochenblatt von 1898, Nr.30,32,33

Der Schatz im Schlossberg und die verwunschenen Fräulein: Panzer I 47; W. Wochenbl. v.1908, Nr. 101; Schöppner I 433, Sepp I 273

Die Schätze im Drachenfels: Sepp I, 339-340

Tod und Wunder des hl. Nantwein in Wolfratshausen: Schöppner III 1252; Schweizer 66; Sepp II 47; W. Wochenblatt v. 10.7.1925 Nr. 156, v. 14.3.1929 Nr. 62

Der hl. Nantwein und der verrückte Schuster: W.Wochenlatt v. 1910 Nr. 49; Chronik Beer 243

Das Marktgschlärf: W.Wochenblatt v. 1891 Nr. 15, v. 1903 Nr. 21; Richardi 17; Schöppner III 1253

Der sel. Leopold von Wolfratshausen: Nagler 60f

Die unterirdischen Gänge von Wolfratshausen: Nagler 59; nach mündl. Überlieferung durch Georg Hierl, Wolfratshausen

Die schöne Urschel von Wolfratshausen: Schnellrieder Bd. II 459ff; Nagler 76

Das Kümmernisbild von Wolfratshausen: Sepp I 181; Sepp II 8; Schweizer 62; W.Wochenbl. v. 1909 Nr. 112

Die österliche Feuerweihe in Wolfratshausen: Panzer II A 34

Der Gotteslästerer und der Teufel: Schnellrieder Bd. II 458

Die Ewig-Licht-Linde am Wasen: W. Wochenbl. v. 1904 Nr. 6, 7; Chronik Beer 61

Die Entstehung der Frauenkapelle von Wolfratshausen: W.Wochenbl. v. 1904 Nr. 47; Kirchenführer Wolfratshausen 29

Die Sebastiani-Prozession: W. Tagblatt v. 1936 Nr. 19; 500 Jahre St. Andreas Wolfratshausen, Festschrift 1984; Artikel Fritz Weiß; Die Sebastiani-Prozession in Wolfratshausen, Geschichte der gleichnamigen Bruderschaft u. d. Bruderschaftsaltar von Archivpfleger Quirin Beer

Wie die Dreifaltigkeitskapelle entstand: Chronik Beer 48,94; Kirchenführer Wolfratsh. 29

Das rote Kreuz im Farchet: W. Wochenblatt v. 1904 Nr.19

Ein unheimliches Erlebnis bei Wolfratshausen: Panzer I 48

Raubritter Judas vom Teufelsnest: W. Wochenblatt v. 1910 Nr. 115, 120,123

Der Gastapudel von Wolfratshausen: Schöppner III 1254; W. Wochenbl. v. 1908 Nr. 101; Richardi 17

Der Marksteinversetzer bei Dorfen: nach mündl. Überlieferung durch Anton Kierein, Dorfen

Herzog Rudolf und der unterirdische Gang von Dorfen: Chronik Beer 23; Kirchenführer Wolfratsh. 26; Hubensteiner 32 und 141; nach mündl. Überlief. durch Anton Kierein, Dorfen

Die Wilde Jagd bei Dorfen: nach mündl. Überlieferung durch Anton Kierein, Dorfen

Der Ulrichsberg von Icking und die verschwundene Heilquelle: Heering 67-68 nach mündl. Überlieferung durch Johann Stocker, Ickinger Altbürgermeister, Irschenhausen

Der tote Krieger von Irschenhausen: Heeringnach mündl. Überlieferung durch Johann Stocker, Ickinger Altbürgermeister, Irschenhausen

Die Hügelgräber aus der Vorzeit: Heering 21

Der Franzosenacker bei Ebenhausen: W. Wochenblatt von 1907 Nr. 62; Landkreis 30

Der Hexentanzplatz von Hohenschäftlarn: Nagler 64

Wie Kloster Schäftlarn gegründet wurde: Schöppner I 434

Wie der Raubritter Sachsenhäuser besiegt wurde: Schöppner III 1356; Nagler 69-70; Brunner; Sepp I 79

Das seltsame Birgweiblein von Baierbrunn: Schöppner III 1356; Nagler 70; Richardi 16-17

Das Birgweiblein und der Jäger: Nagler 71 (nach Rambaldi)

Die Römerbrücke am Georgenstein: Sepp I 79; Heering 20

Wie der Georgenstein zu seinem Namen kam: Nagler 75

Der Geisterpudel am Klosterweg: nach mündl. Überlieferung durch Hans Rieger, Deining

Wie St. Sebald bei Egling enstand: Förg Norbert; Nagler 61

Die bestrafte Spinnerin von Neufahrn: Nagler 71; Rattelmüller 24; Ebertshäuser 395 u. 402

Die Schatzsucher und der Teufel am Kraxenbüchl bei Neufahrn: Nagler 64

Die Schimmelkapelle von Ascholding: W. Wochenbl. v. 1898 Nr. 6; 1908 Nr. 55; Sepp I 78,148

Die Birnhexe und andere unheimliche Wesen: Sepp I 78 u. 148; W. Wochenbl. v. 1898 Nr.6; 1908 Nr. 55; Nagler 67

Die Drachen beim Georgibichl: Nagler 67

Die Kindswieskapelle bei Neufahrn: mündl. Überlieferung durch Josef Demmer, Neufahrn

Das Gelübde des Mundkochs von Reichertshausen: mündl. Überlieferung durch Manfred Nagler, Thanning, ehem. Landrat u. Bürgermeister von Egling; Isar-Loisachbote von 1966 (Archiv Wolfratshausen, Zeitungsausschnitt nicht datiert)

Gräfin Justitia von Thanning: nach schriftl. Aufzeichnungen u. mündl. Überlieferung durch Manfred Nagler, Thanning, ehem. Landrat u. Bürgermeister von Egling

Johann Georg Khidler von Thanning als Rebellenführer: Raff 205-207; Chr. Probst „Lieber bairisch sterben" 260, 356, 404; Hubensteiner 272

Die Raubritter bei Fraßhausen: mündl. Überlief. d. Benno Lichtenegger, ehem. Bürgermeister v. Dietramszell u. Michael Aichler, Kögel; Heller: Chronik „beim Kögl"; Kreisarchiv München, Hofmark Harmating A 167; Starnberg 53

Die Ulrichskapelle von Kögel: Heller Chronik "beim Kögl"; mündl. Überlief. durch Fr. Aichler, Kögel

Der unterirdische Gang von Kögel nach Harmating: nach mündl. Überlieferung durch Michael Aichler, Kögel

Der Hund mit den feurigen Augen bei Grafing: Nagler 67

Eine unheimliche Begegnung in der Hienlohe bei Arget: Nagler 66-67

Das verschwundene Schloss von Berg bei Baiernrain: Panzer I 75 a; Moser; Seidl; mündl. Überlieferung durch Andrä Balthasar, Berg

Die drei Fräulein von Berg bei Baiernrain: Panzer I 75 a; Moser; mündl. Überlieferung durch Andrä Balthasar, Berg

Die Gespenster beim „Hammer" in Berg: Moser nach mündl. Überlieferung durch Andrä Balthasar, Berg

Das Votivbild in der Roggersdorfer Kirche: Hampe/Herl 82,119; Dehio/Gall 246

Der Teufelsgraben: Holland 448 (3)
Der Herzog und der Teufelsgraben: Schöppner II 916 nach Lexikon von Bayern Bd. III S.479

Die Wallfahrt zu „Unserer lieben Frau von Linden": W. Tagbl. v. 1935 Nr.178; 1935 Nr. 191

Die Römer in Linden: W.Tagbl. v. 1935 Nr. 178; !935 Nr. 191

Die Rettung von Humbach vor den Franzosen: nach Aufz. v. Hans Seebauer, Rektor i. R., Archivar von Dietramszell

Der Raberbichl bei Rampertshofen: Aufz. v. Martin Haas, Oberlehrer Thankirchen; mündl. Überlief. d. Elisabeth Huber, Peretshofen

Das verschwundene Schloss von Rampertshofen: Aufzeichnungen von Fritz Baer 1952/53, Thankirchen

Die seltsamen Lichter und der Kreuzschnalzer: mündl. Überlieferung durch X (Name dem Verlag bekannt)

Eine unheimliche Begebenheit aus Bairawies: mündl. Überlief. durch X, (Name dem Verlag bekannt)

Das Sühnekreuz bei Einöd: Heuck 40

Das Wappen des Mauren: Heuck 64

Die Erscheinung bei der Kapelle von Punding: mündl. Überlieferung durch X. (Name dem Verlag bekannt)

Das Keltenheiligtum in Thankirchen: Heuck 8

Die feurige Kugel bei Habichau: nach mündl. Überlieferung durch Josef Loipolder, Hechenberg

Der Reut-Schimmel: nach mündl. Überlieferung durch Josef Loipolder, Hechenberg

Garatshausen. Kupferstich v. Michael Wening um 1701

Register

Namen

Orte

Sachregister

Bücher im Ambro Lacus Buch- u. Bildverlag von Gisela Schinzel-Penth:

Sagen und Legenden von München **EAN 9-783-921445-38-9**
Altstadt,Stadtteile, Stadtrand – Kirchen, Schlösser, Burgen– geb. – 400 Seiten
5. erw. Aufl. 2015, zahlr. llustr., davon 31 Federz. v. Heinz Schinzel **Preis € 24,98**

Sagen und Legenden um das Berchtesgadener Land **EAN 9-783-921445-36-5**
Berchtesgaden, Bad Reichenhall, Piding, Teisendorf, Anger, Freilassing, Laufen
6. erw. Aufl. 2012, 24 Illustr. v. Heinz Schinzel geb. – 288 Seiten **Preis 19,80 €**

Sagen und Legenden um Chiemgau u. Pupertiwinkel **EAN 9-783-921445-39-6**
Traunstein, Ruhpolding, Chiemsee, Prien, Rosenheim, Marquartstein, Burghausen
5. erw. Aufl. 2016, , zahlr. Illustr., 28 v. Heinz Schinzel, geb. – 432 S. **Preis 24,99 €**

Sagen u. Legenden u. Fürstenfeldbruck u. Germering **EAN 9-783-921445-26-6**
Landkreis Fürstenfeldbruck – geb. – 288 Seiten – zahlr. Illustr., 9 v. Heinz Schinzel
Unveränderter Nachdruck 2003 **Preis 19,80 €**

Sagen und Legenden um Miesbach und Holzkirchen **EAN 9-783-921445-24-2**
Landkreis Miesbach mit Tegernsee, Schliersee, Spitzingsee, Seehamersee, Kirchsee
2. Aufl. 2004 – geb. – 336 Seiten – zahlr. Illustr., 9 v. Heinz Schinzel **Preis 19,80 €**

Sagen und Legenden um Tölzer Land u. Isarwinkel **EAN 9-783-921445-40-2**
Jachenau, Lenggries, Bad Tölz, Reichersbeuern, Dietramszell, Heilbrunn, Penzberg, Benediktbeuern, Kochel, Walchensee, Schlehdorf, Herzogstand, Heimgarten
3. erw. Aufl. 2016, zahlr. Illustr., 11 v. Heinz Schinzel – geb. – 272 S. – **Preis 19,99 €**

Sagen u. Legenden u. Werdenfelser Land u. Pfaffenwinkel **9-783-921445-37-2**
Mittenwald, Garmisch, Eschenlohe, Ettal, Oberammergau, Schwangau, Steingaden, Murnau, Schongau, Peiting, Peißenberg, Wessobrunn, Polling, Weilheim
2. erw. Aufl. 2015, zahlr. Illustr., 10 v. Heinz Schinzel – geb. – 296 S. **Preis 22,98 €**

Hexeneiche, Schwedenlärchen und Tassilolinde **EAN 9-783-921445-28-0**
Sagen um berühmte alte Bäume in Altbayern – gebunden – 176 Seiten
22 Illustrationen aus „Kreutterbuch" von 157 **Preis 19,80 €**

Zwerge, Wichtel u. Gnome **EAN 978-3-921445-34-1**
Sagen aus dem deutschsprachigen Raum, Teil I Süden – Mitautorin Antonie Schuch
50 Illustr., 10 Federz. v. Heinz Schinzel – geb. – 320 Seiten **Preis 19,80 €**

Die Blaue Kugel – Märchen von Gisela Schinzel-Penth **EAN 978-3-921445-35-8**
Abenteuerliche, spannende, zauberhafte, geheimnisvolle Märchen:
Das Rätsel der verwunschenen Burg – Das Geheimnis der strahlenden Insel – Die Blaue Kugel – Das Schwert der Freundschaft – Die Königin mit dem steinernen Herzen – Ariela im Reich der Geister – Das Glas mit der Blume des Friedens – Die Gabe der sieben Könige – Der dicke Sultan – Der unzufriedene Spatz – Zwei gleiche Steine – Die unbarmherzige Prinzessin – Die klugen Fische – Der Palast der Vollkommenheit – Nurabi und das Glück der Welt
20 farbige Bilder v. Norbert Gerstlacher – gebunden – 232 Seiten **Preis 19,80 €**

Sagen u. Legenden um Fünfseenland u. Wolfratshausen EAN 9-783-921445-41-9
Ammersee, Weßlinger See, Pilsensee, Wörthsee, Starnberger See
3. erw. Aufl. 2017, zahlr. Illustr., 21 v. Heinz Schinzel geb. – 416 S. **Preis 25,99 €**

Im EOS-Verlag Erzabtei St. Ottilien:

Was geschah damals wirklich? EAN 978-3-8306-7303-3
Passion und Auferstehung von Jesus Christus in Bibelberichten-Visionen-Forschungen
Vergleich der Visionen von Anna Katharina Emmerich und Therese Neumann über Passion und Aufesrstehung Jesu Christi mit den Berichten im Neuen Tewstament und mit den Ergebnissen neuer Forschungen. Mitautor Dr. Helmut Pflüger.
2. erw. Aufl. 2007 – zahlr. Illustr. – gebunden – 432 Seiten **Preis 19,80 €**